运筹与管理科学丛书 2

博弈论与非线性分析

俞 建 著

科 学 出 版 社

北 京

内 容 简 介

本书主要应用非线性分析的理论和方法，对博弈论中 Nash 平衡点的存在性，尤其是稳定性进行深入研究. 由于平衡点的研究与最优化问题、不动点问题、变分与拟变分不等式问题等都有密切联系，本书也对这些非线性问题进行了统一且有一定深度的研究. 内容包括：拓扑空间与度量空间、集值分析、不动点定理与 Ky Fan 不等式、Nash 平衡点的存在性、Arrow-Debreu 定理、Nash 平衡点集和若干非线性问题解集的通有稳定性、非线性问题解的通有唯一性、Nash 平衡点集和若干非线性问题解集本质连通区的存在性、有限理性与平衡点集的稳定性、良定问题.

本书可作为基础数学、应用数学及经济管理有关专业的高年级本科生或研究生教材，也可供从事数学及经济管理专业的工作者研究参考.

图书在版编目(CIP)数据

博弈论与非线性分析/俞建著. —北京：科学出版社，2008

(运筹与管理科学丛书；2)

ISBN 978-7-03-020720-3

I. 博… II. 俞… III. ①对策论-研究 ②非线性-泛函分析-研究 IV. O225 O177.91

中国版本图书馆 CIP 数据核字(2008) 第 186182 号

责任编辑：赵彦超 / 责任校对：陈玉凤
责任印制：徐晓晨 / 封面设计：王 浩

科学出版社 出版
北京东黄城根北街 16 号
邮政编码：100717
http://www.sciencep.com

北京凌奇印刷有限责任公司印刷

科学出版社发行 各地新华书店经销

*

2008 年 2 月第 一 版 开本：720×1000 1/16
2024 年 8 月第六次印刷 印张：15
字数：273 000

定价：98.00 元

(如有印装质量问题，我社负责调换)

《运筹与管理科学丛书》序

运筹学是运用数学方法来刻画、分析以及求解决策问题的科学. 运筹学的例子在我国古已有之, 春秋战国时期著名军事家孙膑为田忌赛马所设计的排序就是一个很好的代表. 运筹学的重要性同样在很早就被人们所认识, 汉高祖刘邦在称赞张良时就说道: "运筹帷幄之中, 决胜千里之外. "

运筹学作为一门学科兴起于第二次世界大战期间, 源于对军事行动的研究. 运筹学的英文名字 Operational Research 诞生于 1937 年. 运筹学发展迅速, 目前已有众多的分支, 如线性规划、非线性规划、整数规划、网络规划、图论、组合优化、非光滑优化、锥优化、多目标规划、动态规划、随机规划、决策分析、排队论、对策论、物流、风险管理等.

我国的运筹学研究始于 20 世纪 50 年代, 经过半个世纪的发展, 运筹学队伍已具相当大的规模. 运筹学的理论和方法在国防、经济、金融、工程、管理等许多重要领域有着广泛应用, 运筹学成果的应用也常常能带来巨大的经济和社会效益. 由于在我国经济快速增长的过程中涌现出了大量迫切需要解决的运筹学问题, 因而进一步提高我国运筹学的研究水平、促进运筹学成果的应用和转化、加快运筹学领域优秀青年人才的培养是我们当今面临的十分重要、光荣、同时也是十分艰巨的任务. 我相信,《运筹与管理科学丛书》能在这些方面有所作为.

《运筹与管理科学丛书》可作为运筹学、管理科学、应用数学、系统科学、计算机科学等有关专业的高校师生、科研人员、工程技术人员的参考书, 同时也可作为相关专业的高年级本科生和研究生的教材或教学参考书. 希望该丛书能越办越好, 为我国运筹学和管理科学的发展做出贡献.

袁亚湘

2007 年 9 月

前　　言

我们知道, 博弈论是随着 von Neumann 和 Morgenstern 在 1944 年出版的名著《博弈论与经济行为》[1] 而宣告诞生的. 他们主要研究了矩阵博弈: 设局中人 1 有 m 个策略 $\{a_1, \cdots, a_m\}$, 局中人 2 有 n 个策略 $\{b_1, \cdots, b_n\}$, 局中人 1 选择策略 a_i, 局中人 2 选择策略 b_j, 局中人 1 从局中人 2 得到的支付为 c_{ij}, 因为所有 $c_{ij}(i = 1, \cdots, m; j = 1, \cdots, n)$ 构成一个矩阵, 这一博弈就称为矩阵博弈. 每个局中人都是理性的, 都希望能获得最大的利益, 因此, 如果存在 $i^* \in \{i = 1, \cdots, m\}$, $j^* \in \{j = 1, \cdots, n\}$, 使

$$c_{i^*j^*} = \max_{1 \leqslant i \leqslant m} c_{ij^*},$$

$$c_{i^*j^*} = \min_{1 \leqslant j \leqslant n} c_{i^*j}.$$

则局中人 1 选择策略 a_{i^*}, 局中人 2 选择策略 b_{j^*}, 博弈就形成平衡, 因为谁也不能通过单独改变自己的策略而使自己获得更大的利益, 可惜并不能保证这样的 i^* 和 j^* 一定会存在. 在这种情况下, 每个局中人都将尽最大努力不让对手猜出自己将采取的策略, 他们可以用随机方法来确定自己的策略. 将 $A = \{a_1, \cdots, a_m\}$ 和 $B = \{b_1, \cdots, b_n\}$ 分别称为局中人 1 和局中人 2 的纯策略集, 而将 $X = \left\{x = (x_1, \cdots, x_m) : x_i \geqslant 0, \sum_{i=1}^{m} x_i = 1\right\}$ 和 $Y = \left\{y = (y_1, \cdots, y_n) : y_i \geqslant 0, \sum_{i=1}^{n} y_i = 1\right\}$ 分别称为局中人 1 和局中人 2 的混合策略集 (X 和 Y 分别是局中人 1 和局中人 2 在 A 和 B 上的所有概率分布的集合). 如果局中人 1 选择混合策略 $x = (x_1, \cdots, x_m) \in X$, 局中人 2 选择混合策略 $y = (y_1, \cdots, y_n) \in Y$(理解为局中人 1 以 x_1 的概率选择纯策略 $a_1, \cdots$, 以 x_m 的概率选择纯策略 a_m; 局中人 2 以 y_1 的概率选择纯策略 $b_1, \cdots$, 以 y_n 的概率选择纯策略 b_n), 并假定他们的选择是独立的, 则局中人 1 从局中人 2 得到的期望支付为 $\sum_{i=1}^{m}\sum_{j=1}^{n} c_{ij}x_i y_j$. 如果存在 $x^* = (x_1^*, x_2^*, \cdots, x_m^*) \in X$, $y^* = (y_1^*, y_2^*, \cdots, y_n^*) \in Y$, 使

$$\sum_{i=1}^{m}\sum_{j=1}^{n} c_{ij}x_i^* y_j^* = \max_{x \in X} \sum_{i=1}^{m}\sum_{j=1}^{n} c_{ij}x_i y_j^*,$$

$$\sum_{i=1}^{m}\sum_{j=1}^{n} c_{ij}x_i^* y_j^* = \min_{y \in Y} \sum_{i=1}^{m}\sum_{j=1}^{n} c_{ij}x_i^* y_j,$$

则称 (x^*, y^*) 是此矩阵博弈的一个鞍点或一个解或一个平衡点. 此时, 局中人 1 选择混合策略 x^*, 局中人 2 选择混合策略 y^*, 博弈就形成平衡, 因为谁也不能通过单独改变自己的策略来使自己获得更大的利益. von Neumann 证明了对任何矩阵博弈, 鞍点必存在.

因矩阵博弈的鞍点必存在, 则容易证明

$$\max_{x\in X}\min_{y\in Y}\sum_{i=1}^{m}\sum_{j=1}^{n}c_{ij}x_iy_j=\min_{y\in Y}\max_{x\in X}\sum_{i=1}^{m}\sum_{j=1}^{n}c_{ij}x_iy_j.$$

这一结果称为最大最小定理.

年轻的 Nash 对 von Neumann 矩阵博弈的模型在两个方面作了推广：将 2 个局中人推广到 n 个局中人, 尤其是将支付的零和 (局中人支付之和等于零) 推广到非零和 (局中人支付之和可以不为零), 这种博弈称为 n 人有限非合作博弈. 有限是指每个局中人的纯策略均为有限个; 非合作是指不允许局中人结盟, 也不允许局中人对他们的支付进行再分配. 以两人有限非合作博弈 (双矩阵博弈) 为例来说明：设 $A=\{a_1,\cdots,a_m\}$ 和 $B=\{b_1,\cdots,b_n\}$ 分别是局中人 1 和局中人 2 的纯策略集, 如果局中人 1 选择纯策略 a_i, 局中人 2 选择纯策略 b_j, 局中人 1 和局中人 2 得到的支付分别为 c_{ij} 和 d_{ij}(因所有 c_{ij} 和 d_{ij} 分别构成两个矩阵, 故这一博弈就称为双矩阵博弈), 未要求对任意 $i=1,\cdots,m$ 和任意 $j=1,\cdots,n$ 都有 $c_{ij}+d_{ij}=0$, 这是矩阵博弈的要求, 允许对某些 i 和 j 有 $c_{ij}>0$, $d_{ij}>0$, 此种情况称为双赢. 这样, 如果局中人 1 选择混合策略 $x=(x_1,\cdots,x_m)\in X$, 局中人 2 选择混合策略 $y=(y_1,\cdots,y_n)\in Y$, 则局中人 1 和局中人 2 得到的期望支付分别是 $\sum\limits_{i=1}^{m}\sum\limits_{j=1}^{n}c_{ij}x_iy_j$ 和 $\sum\limits_{i=1}^{m}\sum\limits_{j=1}^{n}d_{ij}x_iy_j$, 如果存在 $x^*=(x_1^*,x_2^*,\cdots,x_m^*)\in X$, $y^*=(y_1^*,y_2^*,\cdots,y_n^*)\in Y$, 使

$$\sum_{i=1}^{m}\sum_{j=1}^{n}c_{ij}x_i^*y_j^*=\max_{x\in X}\sum_{i=1}^{m}\sum_{j=1}^{n}c_{ij}x_iy_j^*,$$

$$\sum_{i=1}^{m}\sum_{j=1}^{n}d_{ij}x_i^*y_j^*=\max_{y\in Y}\sum_{i=1}^{m}\sum_{j=1}^{n}d_{ij}x_i^*y_j,$$

则称 (x^*, y^*) 为此双矩阵博弈的一个 Nash 平衡点, 此时, 无论是局中人 1 还是局中人 2, 谁都不能通过单独改变自己的策略而使自己获得更大的利益. Nash 证明了对任何 n 人有限非合作博弈 (双矩阵博弈为其特例), 平衡点必存在. 与矩阵博弈的鞍点一样, n 人有限非合作博弈的平衡点一般也不具有唯一性.

博弈论与经济学的关系极为密切, von Neumann 等在《博弈论与经济行为》中就指出："博弈论是建立经济行为的最恰当的方法". 在此之后, 博弈论不断有所发展, 尤其是从 20 世纪 70 年代中期之后更是发展迅速. 1994 年, 在 von Neumann 等

人的名著出版整整 50 年后, Nobel 经济奖授予 Harsanyi, Nash 和 Selten 三位博弈论学者, 主要是因为他们三人在非合作博弈平衡分析的研究中作出了开创性的贡献, 也正是因为这次获奖, 才确认了博弈论对经济理论的核心重要性. 2005 年, Nobel 经济奖又授予 Aumann 和 Schelling 两位博弈论学者, 主要是因为他们二人在冲突与合作的研究中作出了开创性的贡献. 应该指出, 1996 年、2001 年和 2007 年 Nobel 经济奖获得者的获奖工作虽然属于信息经济学的领域, 但是在他们的研究中都成功地应用了博弈论的思想和方法.

博弈论与经济学的关系极为密切, 这是可以理解的, 但是博弈论与非线性分析的关系又如何呢? 二者也是非常密切的.

首先, 在文献 [1] 中, von Neumann 是应用凸分析中的凸集分离定理证明矩阵博弈鞍点存在性的, 而在 1937 年发表的一篇重要论文中[2], 他应用了以下引理:

设 $X \subset R^m$, $Y \subset R^n$ 是两个非空有界闭凸集, $A, B \subset X \times Y$ 是两个非空闭集. 如果 $\forall x \in X$, $A(x) = \{y \in Y : (x, y) \in A\}$ 是非空凸集, $\forall y \in Y$, $B(y) = \{x \in X : (x, y) \in B\}$ 是非空凸集, 则 $A \cap B \neq \varnothing$.

在文献 [3], [4] 中, Nash 则分别应用了 Brouwer 不动点定理和 Kakutani 不动点定理来证明 n 人有限非合作博弈平衡点的存在性.

Brouwer 不动点定理 设 $C \subset R^n$ 是非空有界闭凸集, 映射 $f : C \to C$ 连续, 则存在 $x^* \in C$, 使 $x^* = f(x^*)$.

Kakutani 不动点定理 设 $C \subset R^n$ 是非空有界闭凸集, 从 C 到 C 中非空子集的集值映射 F 上半连续, 且 $\forall x \in C$, $F(x)$ 是 C 中的非空闭凸集, 则存在 $x^* \in C$, 使 $x^* \in F(x^*)$.

我们知道, Kakutani 不动点定理是应用 Brouwer 不动点定理来证明的, 它也是 Brouwer 不动点定理的推广[5], 而 Kakutani 不动点定理与 von Neumann 引理也是等价的[6]. 这样, 无论是 von Neumann 还是 Nash, 两位大师对博弈论研究的奠基之作就与凸分析、集值映射、不动点定理, 与非线性分析紧密联系在一起了.

在文献 [1] 之后, 很快就有工作将矩阵博弈推广到两人零和博弈.

设 X 和 Y 分别是局中人 1 和局中人 2 的策略集, 当局中人 1 选择策略 $x \in X$, 局中人 2 选择策略 $y \in Y$, 则局中人 1 从局中人 2 获得的支付为 $f(x, y)$(此时局中人 2 从局中人 1 获得的支付为 $-f(x, y)$, 支付和为零, 故称为两人零和博弈). 如果存在 $x^* \in X$, $y^* \in Y$, 使

$$f(x^*, y^*) = \max_{x \in X} f(x, y^*),$$
$$f(x^*, y^*) = \min_{y \in Y} f(x^*, y),$$

则称 (x^*, y^*) 为此两人零和博弈的平衡点, 此时 $\forall x \in X$, $\forall y \in Y$, 有

$$f(x, y^*) \leqslant f(x^*, y^*) \leqslant f(x^*, y),$$

即 (x^*,y^*) 是 f 在 $X\times Y$ 中的鞍点.

在文献 [3], [4] 之后, 很快也就有工作将 n 人有限非合作博弈推广到以下 n 人非合作博弈与广义博弈.

n 人非合作博弈：设 $N=\{1,2,\cdots,n\}$ 是局中人的集合, $\forall i\in N$, 设 X_i 是第 i 个局中人的策略集, $X=\prod\limits_{i=1}^{n}X_i$, $f_i:X\to R$ 是第 i 个局中人的支付函数. $\forall i\in N$, 记 $\hat{i}=N\backslash i$. 如果存在 $x^*=(x_1^*,x_2^*,\cdots,x_n^*)\in X$, 使 $\forall i\in N$, 有

$$f_i(x_i^*,x_{\hat{i}}^*)=\max_{u_i\in X_i}f_i(u_i,x_{\hat{i}}^*),$$

则称 x^* 为此 n 人非合作博弈的 Nash 平衡点.

广义博弈：设 $N=\{1,2,\cdots,n\}$ 是局中人的集合, $\forall i\in N$, 设 X_i 是第 i 个局中人的策略集, G_i 是第 i 个局中人的可行策略映射, 它是从 $X_{\hat{i}}$ 到 X_i 中非空子集的集值映射, $f_i:X\to R$ 是第 i 个局中人的支付函数. 如果存在 $x^*=(x_1^*,x_2^*,\cdots,x_n^*)\in X$, 使 $\forall i\in N$, 有 $x_i^*\in G_i(x_{\hat{i}}^*)$, 且

$$f_i(x_i^*,x_{\hat{i}}^*)=\max_{u_i\in G_i(x_{\hat{i}}^*)}f_i(u_i,x_{\hat{i}}^*),$$

则称 x^* 为此广义博弈的平衡点. 显然, 如果 $\forall i\in N$, $\forall x_{\hat{i}}\in X_{\hat{i}}$, 有 $G_i\left(x_{\hat{i}}\right)=X_i$, 则广义博弈的平衡点即为非合作博弈的 Nash 平衡点.

1954 年, Arrow 和 Debreu[7] 正是应用广义博弈平衡点的存在性证明了数理经济学中一般均衡的存在性. Arrow 和 Debreu 也主要是因为这一杰出的工作而分别在 1972 年和 1983 年获得 Nobel 经济奖.

当然, 在何种假设条件下, 以上两人零和博弈、n 人非合作博弈和广义博弈的平衡点存在, 这必须应用非线性分析的理论和方法深入研究.

另一方面, 我们知道, 无论是 von Neumann 还是 Nash, 在他们的模型中都假设每个局中人都是完全理性的, 是绝顶聪明的, 是不会犯错误的, 他们都能够在各自策略集中选择对自己最为有利的策略. 这一假设太理想太苛刻了, 而早在 1958 年, Simon (1978 年 Nobel 经济奖获得者) 就提出了 “有限理性” 及寻求 “满意解” 的概念[8]. 1975 年, Selten[9] 更提出了 Nash 平衡点的精炼问题, 仍以双矩阵博弈为例来说明.

Selten 假设局中人 1 和局中人 2 都不是完全理性的, 而是有限理性的, 是可能犯错误的, 在他们作出决策时可能会发生某种 “颤抖”. 设 $\varepsilon>0$ 足够小 (满足 $m\varepsilon<1$, $n\varepsilon<1$), 而

$X(\varepsilon)=\left\{x=(x_1,x_2,\cdots,x_m):x_i\geqslant\varepsilon,\sum\limits_{i=1}^{m}x_i=1\right\}$ 是扰动博弈中局中人 1 的策略集,

$Y(\varepsilon)=\left\{y=(y_1,y_2,\cdots,y_n):y_i\geqslant\varepsilon,\sum_{j=1}^{n}y_i=1\right\}$是扰动博弈中局中人 2 的策略集.

扰动博弈必存在 Nash 平衡点 $(x(\varepsilon),y(\varepsilon))$, 如果 (x^*,y^*) 是当 $\varepsilon_k\to 0$ 时 $(x(\varepsilon_k),y(\varepsilon_k))$ 的一个极限点, 即 (x^*,y^*) 是当局中人 1 和局中人 2 犯错误的概率逐渐减小, "颤抖" 逐渐消失时被扰动博弈平衡点的极限点, 则称 (x^*,y^*) 是原博弈的一个完美平衡点. Selten 证明了完美平衡点必存在. 这种经扰动而回复的平衡点, 当然具有一种稳定性. 用这种方法, Selten 就删除了一些不稳定的平衡点, 使太多的 Nash 平衡点得到了一种精炼.

在 Selten 之后, 考虑到各种形式的颤抖和扰动, 又有各种 Nash 平衡点的精炼概念[10~12], 应当指出的是中国数学家吴文俊和江加禾早在 1962 年就给出了一个深刻的结果[13]. 考虑到支付函数的扰动, 他们对 n 人有限非合作博弈引入了本质平衡点和本质博弈的概念, 并证明了任意有限非合作博弈都可以用一列本质博弈来任意逼近. 文献 [13] 和 [9] 的联系可见文献 [14].

无论是 Selten 等人的工作还是吴文俊等人的工作, 都是针对 n 人有限非合作博弈的, 对于一般的 n 人非合作博弈和广义博弈等平衡点的稳定性问题, 必须应用非线性分析的理论和方法深入研究.

1986 年, 为了更加全面地研究 Nash 平衡点的稳定性, Kohlberg 和 Mertens[15] 提出了这样的问题：一个稳定的 Nash 平衡点应该满足哪些必要的条件? 这是公理化的方法, 他们希望用这种方法对平衡点进行精炼. 通过细致的论证, 他们得出结论：一般还不能将它精炼成单点集, 它只能是集值的, 是所谓平衡点集的本质连通区. 因为在 n 人有限非合作博弈中, 每个局中人的策略集均为特殊的单纯形, 支付函数也均为特殊的多项式, 他们应用代数几何的方法证明了：任一 n 人有限非合作博弈, 其平衡点集的连通区必为有限个, 且至少有一个是本质的 (1963 年, 江加禾也证明了本质连通区的存在性[16]). 这一工作影响很大, 而他们的工作又被文献 [17], [18] 等改进和推广.

对于一般的 n 人非合作博弈和广义博弈等, 其平衡点集的本质连通区是否存在, 这也必须应用非线性分析的理论和方法, 深入研究.

这本书的书名是博弈论与非线性分析, 更具体一些, 应该是无限维空间中的平衡理论, 包括平衡点的存在性、唯一性和稳定性的研究. 由于平衡点的研究与最优化问题、不动点问题、变分与拟变分不等式问题等都紧密联系在一起, 本书也会对这些相关问题进行一定深度的研究. 本书将对问题的背景作必要的阐述, 更强调问题之间的联系及统一处理的模式, 而重点不在于对一些结果不断的改进和推广.

本书共分 10 章, 主要内容大致安排如下：第 1 章介绍拓扑空间与度量空间, 是本书的预备知识; 第 2 章介绍集值分析, 主要是集值映射的连续性; 第 3 章介绍不动点定理与 Ky Fan 不等式, 这是证明博弈论中平衡存在性的主要工具, 同时还介绍了变分与拟变分不等式等内容; 第 4 章是博弈论中平衡点的存在性研究, 包括 n 人非合作博弈平衡点的存在性、鞍点的存在性、广义博弈平衡点的存在性、多目标博弈平衡点的存在性等; 第 5 章介绍 Arrow-Debreu 定理, 证明了数理经济学中一般均衡的存在性, 同时给出了 Gale-Nikaido-Debreu 引理的一些推广; 第 6 章给出了"通有"(generic) 稳定性的概念, 证明了在 Baire 分类意义上, 大多数的 n 人非合作博弈、广义博弈和多目标博弈, 其平衡点集都是稳定的, 还用这种方法研究了多目标最优化问题的弱有效解集和微分包含的解集等, 都具有这种稳定性质; 第 7 章给出了 "通有" 唯一性的概念, 证明了在 Baire 分类意义上, 大多数最优化问题的解是唯一的, 大多数两人零和博弈的鞍点也是唯一的; 第 8 章是非线性问题解集本质连通区的研究, 证明了 n 人非合作博弈、广义博弈和多目标博弈平衡点集本质连通区的存在性, 同时还证明了不动点集和 KKM 点集等本质连通区的存在性; 第 9 章有限理性与平衡点集的稳定性和第 10 章良定问题都是稳定性研究的相关课题.

感谢国家教育部年轻优秀教师基金和国家自然科学基金的资助, 感谢贵州省科技厅和贵州大学的支持和帮助. 我曾于 1988~1989 年在美国哈佛大学经济系、1992~1993 年和 1999 年在加拿大达尔豪希大学数学与统计系、1996 年在澳大利亚昆士兰大学数学系做研究工作, 感谢 A Mas-Colell 教授、Kok Keong Tan (陈国强) 教授和 Xian Zhi Yuan (袁先智) 教授的邀请, 本书中有相当一部分内容是与陈教授和袁教授合作研究的结果. 感谢我的学生向淑文博士、罗群博士、杨辉博士、林志博士、周永辉博士和俞超, 本书中也有相当一部分内容是与他们合作研究的结果. 最后, 更要感谢我的母亲章学谢女士和妻子李静娥女士长期来对我的理解、鼓励、支持和帮助.

本书主要内容曾分别在中国科学院数学与系统科学研究院、南京大学数学系、浙江大学数学系、上海大学数学系、北京交通大学应用数学系、贵州大学数学系、武汉大学高级经济研究中心及中国科学院科技政策与管理科学研究所等单位讲授, 得到不少老师和同学的指正, 对此表示感谢. 本书在历次讲稿的基础上反复修改, 融入了一些新的思想. 尽管如此, 错误肯定不少, 敬请各位老师和同学们不吝赐教.

最后, 关于博弈论还想说几句. 博弈论近些年来发展很快, 它向数学提出了很多新的研究课题. 而博弈论的应用广泛而深刻, 不仅对经济学是如此, 因为博弈论抽象地分析利益冲突问题, 它的应用就远远超出了经济学的范围, 已经成为其他许多人文社会科学领域中普遍认可的、充满生机活力的工具和语言. 在这个意义上, 博弈论的发展和应用也充分展示了数学与经济学, 乃至许多人文社会科学的交叉与融合, 这是我们应当给予高度关注的.

作　者

目　　录

第 1 章　拓扑空间与度量空间

本书的预备知识是有关拓扑空间、度量空间以及线性拓扑空间的一些最基本的概念, 本章对这一部分内容作简明扼要的介绍, 主要参考了文献 [19]~[23].

1.1　拓扑空间

关于集合、子集、集合的并集、交集与余集等概念假定读者已熟悉. 以下是著名的 De Morgan 公式, 证明是简单的, 今后要多次用到.

设 $\{A_\lambda : \lambda \in \Lambda\}$ 是集合 X 的一族子集, 其中 Λ 是指标集, 可以是有限集和无限集, 则

$$X - \bigcup_{\lambda\in\Lambda} A_\lambda = \bigcap_{\lambda\in\Lambda} (X - A_\lambda),$$

$$X - \bigcap_{\lambda\in\Lambda} A_\lambda = \bigcup_{\lambda\in\lambda} (X - A_\lambda).$$

设 D 是一个非空集合, $\prec$ 是 D 中的一个二元关系, 如果 $\prec$ 具有下列性质: (1) $\forall\alpha \in D$, $\alpha \prec \alpha$; (2) $\forall\alpha, \beta \in D$, 如果 $\alpha \prec \beta$ 且 $\beta \prec \alpha$, 则 $\alpha = \beta$; (3) $\forall\alpha, \beta, \gamma \in D$, 如果 $\alpha \prec \beta, \beta \prec \gamma$, 则 $\alpha \prec \gamma$, 则称 $\prec$ 是 D 中的半序. 如果集合 D 中有半序, 就称 D 是一个半序集.

设 D 是一个半序集, $D_1 \subset D$, 如果 $\exists\beta \in D$, 使 $\forall\alpha \in D_1$, 有 $\alpha \prec \beta$, 则称 β 是 D_1 的上界. 如果 $\forall\alpha, \beta \in D_1$, $\alpha \prec \beta$ 和 $\beta \prec \alpha$ 中至少有一个成立, 则称 D_1 是 D 的全序子集. $\beta \in D$, 如果当 $\alpha \in D$ 且 $\beta \prec \alpha$ 时必有 $\alpha = \beta$, 则称 β 是 D 中的极大元.

以下是著名的 Zorn 引理, 今后也要用到.

设 D 是一个半序集, 如果 D 的任何全序子集都有上界, 则 D 中必有极大元.

注意到如果 D 中有极大元, 一般不一定是唯一的.

设 X 是一个非空集合, τ 是 X 中的一族子集, 如果它满足

(1) X 和 $\varnothing$ 都属于 τ;

(2) τ 中任意个集的并集属于 τ;

(3) τ 中有限个集的交集属于 τ,

则称 τ 是 X 上的一个拓扑, (X, τ) 是一个拓扑空间, 简记为 X, τ 中的成员称为 X 中的开集. 这样, 在拓扑空间 X 中,

(1) X 和 $\varnothing$ 都是开集;

(2) 任意个开集的并集是开集;

(3) 有限个开集的交集是开集.

设 τ_1 和 τ_2 是 X 中的两个拓扑, 如果 $\tau_1 \subset \tau_2$, 则称拓扑 τ_1 比 τ_2 更粗或 τ_2 比 τ_1 更细.

设 $\tau_1 \subset \tau$, 如果对 X 中的任意开集 U 及任意 $x \in U$, 都存在 $B \in \tau_1$, 使 $x \in B \subset U$, 则称 τ_1 是 X 中的一个基, 或者 τ 是由 τ_1 生成的拓扑.

开集的余集称为闭集, 应用 De Morgan 公式容易证明:

(1) X 和 $\varnothing$ 都是闭集;

(2) 任意个闭集的交集是闭集;

(3) 有限个闭集的并集是闭集.

设 $A \subset X$ 是一个非空子集, $x \in A$, 如果存在开集 U, 使 $x \in U \subset A$, 则称 x 是 A 的内点, A 是 x 的邻域. 显然, 邻域不一定是开集, 而开集中任何一点都是它的内点. A 中所有内点的集合记为 $\mathrm{int}A$, 这样, 如果 $x \in \mathrm{int}A$, 则存在开集 U, 使 $x \in U \subset \mathrm{int}A$, $\mathrm{int}A$ 必是开集. 包含 x 的开集称为 x 的开邻域. 如果对 $x \in X$ 的任何开邻域 $U(x)$, 都有 $U(x) \cap (A - \{x\}) \neq \varnothing$, 则称 x 是 A 的聚点.

设 D 是一个半序集, 如果 $\forall \alpha, \beta \in D$, $\exists \gamma \in D$, 使 $\alpha \prec \gamma, \beta \prec \gamma$, 则称 D 是一个有向集. 设 X 是一个拓扑空间, D 是一个有向集, $\{x_\alpha : \alpha \in D\}$ 就称为 X 中的一个网, 简记为 $\{x_\alpha\}$. 显然, 当 D 是自然数集且按 “大于或等于” 关系所成的有向集时, 网即为序列. $x \in X$, 如果对 x 的任何开邻域 $U(x)$, $\exists \alpha_0 \in D$, 使 $\forall \alpha \succ \alpha_0$, 有 $x_\alpha \in U(x)$, 则称网收敛于 x, 记为 $x_\alpha \to x$.

定理 1.1.1 设 X 是一个拓扑空间, $A \subset X$ 是一个非空子集, 如果 $x \in X$ 是 A 的聚点, 则存在 A 中的一个网 $\{x_\alpha\}$, 使 $x_\alpha \to x$.

证明 记 $x \in X$ 的开邻域全体为 D, $\forall U, V \in D$, 如果 $U \subset V$, 就定义 $V \prec U$, 则易知 D 是一个有向集. $\forall U \in D$, 因 x 是 A 的聚点, 故 $U \cap (A - \{x\}) \neq \varnothing$, 选取 $x_U \in U \cap (A - \{x\})$, 则 $\{x_U : U \in D\}$ 就是 A 中的一个网. 对 x 的任何开邻域 $U \in D$, $\forall V \in D$, 如果 $U \prec V$, 即 $U \supset V$, 则 $x_V \in V \subset U$, 这就证明了 $x_U \to x$.

注 如果 A 是 X 中的一个网, $x \in X$ 是 A 的聚点, 则存在 A 的一个子网收敛于 x.

设 X 是一个拓扑空间, $A \subset X$ 是一个非空子集, 包含 A 的最小闭集称为 A 的闭包, 记为 $\bar{A}$. 由此, A 为闭集当且仅当 $A = \bar{A}$.

定理 1.1.2 (1) $x \in \bar{A}$ 当且仅当存在 A 中的网 $\{x_\alpha\}$, 使 $x_\alpha \to x$;

(2) A 是闭集当且仅当对任何 A 中的网 $\{x_\alpha\}, x_\alpha \to x$.
则 $x \in A$.

证明 (1) 记 x 的开邻域全体为 D, $\forall U, V \in D$, 如果 $U \subset V$, 就定义 $V \prec U$, 则 D 是一个有向集. 设 $x \in \bar{A}$, 而 U 是 x 的任何开邻域. 如果 $U \cap A = \varnothing$, 则

$A \subset X - U$, 因 $X - U$ 是闭集, 得 $\bar{A} \subset \overline{X - U} = X - U$, 这与 $x \in \bar{A}$ 矛盾, 故 $U \cap A \neq \varnothing$. 取 $x_U \in U \cap A$, 同定理 1.1.1 中的证明, 必有 $x_U \to x$.

反之, 如果存在 A 中的网 $\{x_\alpha\}$, 使 $x_\alpha \to x$, 而 $x \notin \bar{A}$, 则 $x \in X - \bar{A}$. 因 $X - \bar{A}$ 是 x 的开邻域, $\exists \alpha_0 \in D$, 使 $\forall \alpha \succ \alpha_0$, 有 $x_\alpha \in X - \bar{A}$, 这与 $x_\alpha \in A$ 矛盾, 故 $x \in \bar{A}$.

(2) 如果 A 是闭集, 且存在 A 中的网 $\{x_\alpha\}$, 使 $x_\alpha \to x$, 因 (1) 成立, 则 $x \in \bar{A} = A$.

反之, 如果 A 不是闭集, 则 $\bar{A} - A \neq \varnothing$, 取 $x \in \bar{A} - A$, 因 $x \in \bar{A}$ 且 (1) 成立, 存在 A 中的网 $\{x_\alpha\}$, 使 $x_\alpha \to x$, 而这必推出 $x \in A$, 矛盾, 故 A 必是闭集.

设 (X, τ) 是一个拓扑空间, $A \subset X$ 是一个非空子集, 则 $\{A \cap U : U \in \tau\}$ 就是 A 上的一个拓扑, 称为子空间拓扑, 具有这种拓扑的 A 称为 X 的子空间.

设 X 和 Y 是两个拓扑空间, $f : X \to Y$ 是一个映射, 即 $\forall x \in X, f(x) \in Y$. $x \in X$, 如果对 $f(x)$ 在 Y 中的任何开邻域 V, 存在 x 在 X 中的开邻域 U, 使 $\forall x' \in U$, 有 $f(x') \in V$, 则称映射 f 在 x 是连续的. 如果 $\forall x \in X$, f 在 x 都是连续的, 则称 f 在 X 上是连续的.

定理 1.1.3 设 X 和 Y 是两个拓扑空间, $f : X \to Y$ 是一个映射, 则

(1) f 在 X 上是连续的充分必要条件为对任何 X 中的网 $\{x_\alpha\}$, $x_\alpha \to x$, 有 $f(x_\alpha) \to f(x)$;

(2) f 在 X 上是连续的充分必要条件为对 Y 中的任何开集 V, $f^{-1}(V) = \{x \in X : f(x) \in V\}$ 必是 X 中的开集;

(3) f 在 X 上是连续的充分必要条件为对 Y 中的任何闭集 F, $f^{-1}(F) = \{x \in X : f(x) \in F\}$ 必是 X 中的闭集.

证明 因 (3) 可以由 (2) 简单推出, 我们只证 (1) 和 (2).

(1) 必要性. 设 f 在 $x \in X$ 连续, 则对 $f(x)$ 的任何开邻域 V, 存在 x 的开邻域 U, 使 $\forall x' \in U$, 有 $f(x) \in V$. 由 $x_\alpha \to x$, $\exists \alpha_0 \in D$, 使 $\forall \alpha \succ \alpha_0$, 有 $x_\alpha \in U$, 从而 $f(x_\alpha) \in V$, 因此 $f(x_\alpha) \to f(x)$.

充分性. 用反证法. 设 f 在 $x \in X$ 不连续, 则存在 $f(x)$ 的开邻域 V, 使对 x 的任意开邻域 U, $\exists x_U \in U$, 而 $f(x_U) \notin V$. 这样, X 中的网 $\{x_U\}$ 收敛于 x, 而 Y 中的网 $\{f(x_U)\}$ 不收敛于 $f(x)$, 矛盾.

(2) 必要性. 对 Y 中的任何开集 V, 任取 $x \in f^{-1}(V)$, 则 $f(x) \in V$, V 是 $f(x)$ 在 Y 中的开邻域. 因 f 在 x 连续, 存在 x 在 X 中的开邻域 U, 使 $\forall x' \in U$, 有 $f(x') \in V$, 即 $x' \in f^{-1}(V)$, $x \in U \subset f^{-1}(V)$, $f^{-1}(V)$ 必是开集.

充分性. $\forall x \in X$, 设 V 是 $f(x)$ 的任意开邻域, 因 $f^{-1}(V)$ 是 X 中的开集, 且 $x \in f^{-1}(V)$, 得 $f^{-1}(V)$ 是 x 的开邻域. 这样, $\forall x' \in f^{-1}(V)$, 有 $f(x') \in V$, f 在 $x \in X$ 是连续的.

定理 1.1.4 设 X 和 Y 是两个拓扑空间, $X = A \cup B$, 其中 A, B 是 X 中的两个非空闭集. 映射 $f : A \to Y$ 和映射 $g : B \to Y$ 都是连续的, 且 $\forall x \in A \cap B$, 有

$f(x)=g(x)$, 现定义 $h:X\to Y$ 如下：

$$h(x)=\begin{cases} f(x), & 当\ x\in A, \\ g(x), & 当\ x\in B. \end{cases}$$

则映射 h 在 X 上是连续的.

证明　设 F 是 Y 中的任意闭集, 则易证

$$h^{-1}(F)=f^{-1}(F)\cup g^{-1}(F).$$

因映射 f 和 g 连续, 由定理 1.1.3(3), $f^{-1}(F)$ 和 $g^{-1}(F)$ 分别是 A 和 B 中的闭集. 因 A 和 B 分别是 X 中的闭集, 则 $f^{-1}(F)$ 和 $g^{-1}(F)$ 分别是 X 中的闭集, 从而 $h^{-1}(F)$ 必是 X 中的闭集. 再由定理 1.1.3 (3), 映射 h 在 X 上必是连续的.

1.2　可数性与分离性

设 X 是一个拓扑空间, 如果 $\forall x\in X$, 都有 x 的一个可数的局部基, 即一个 x 的可数个开邻域所构成的开邻域系, 使对 x 的任意开邻域 U, 都存在这个开邻域系中的一个 B, 使 $B\subset U$, 则称 X 满足第一可数性公理 (简称 C_1 公理). 如果 X 有一个可数基, 则称 X 满足第二可数性公理 (简称 C_2 公理).

当 X 是满足 C_1 公理的拓扑空间时, 可以用序列语言来描述闭包和连续性. 例如对于闭包, $x\in\bar{A}$ 当且仅当存在序列 $x_n\in A$, 使 $x_n\to x$. 又例如连续性, 设 X 和 Y 是两个拓扑空间, $f:X\to Y, x\in X$, 映射 f 在 x 连续当且仅当对任意序列 $x_n\in X, x_n\to x$, 有 $f(x_n)\to f(x)$.

设 A 和 B 是拓扑空间 X 的子集, 如果 $B\subset\bar{A}$, 则称 A 在 B 中稠密. 如果 $\bar{A}=X$, 则称 A 是 X 中的稠密子集. 存在可数稠密子集的拓扑空间称为可分的. 如果拓扑空间 X 满足 C_2 公理, 易证它必是可分空间. 如果 $A\subset X$, 而 $\mathrm{int}\left(\bar{A}\right)=\varnothing$, 则称 A 是无处稠密集, 此时对 X 中的任意非空开集 U, 总存在 X 中的非空开集 V, 使 $V\subset U$, 而 $V\cap A=\varnothing$.

可数个无处稠密集的并集称为第一范畴集, 或第一纲集, 否则就称为第二范畴集, 或第二纲集. 容易证明：如果 A 是第一纲集, $A\supset B$, 则 B 是第一纲的, 如果 A 是第二纲的, $B\supset A$, 则 B 是第二纲的. 此外, 可数个第一纲集的并集仍是第一纲集.

X 中可数个开集的交集称为 X 中的 G_δ 集, 如果拓扑空间 X 中任意可数个稠密开集的交集仍是 X 中的稠密子集, 则称 X 是一个 Baire 空间.

引理 1.2.1　X 是一个 Baire 空间的充分必要条件为 X 中任意非空开集都是第二纲集.

证明 必要性. 用反证法. 设 X 中非空开集 G 是第一纲的, 即 $G=\bigcup\limits_{n=1}^{\infty}F_n$, 其中 F_n 在 X 中无处稠密, $n=1,2,3,\cdots$, 故 $X-\bar{F}_n$ 是 X 中稠密的开集. 因 X 是 Baire 空间, $\bigcap\limits_{n=1}^{\infty}(X-\bar{F}_n)$ 必在 X 中稠密, 又 $X-G=\bigcap\limits_{n=1}^{\infty}(X-F_n)\supset\bigcap\limits_{n=1}^{\infty}(X-\bar{F}_n)$, $X-G$ 必在 X 中稠密, 这与 G 是非空开集矛盾, 故 G 必是第二纲的.

充分性. 用反证法. 设 $\{G_n\}$ 是 X 中一列稠密开集, 而 $\bigcap\limits_{n=1}^{\infty}G_n$ 在 X 中不是稠密的, 即存在 X 中的非空开集 U, 使 $U\cap\left(\bigcap\limits_{n=1}^{\infty}G_n\right)=\varnothing$. 这样, $U=U-\bigcap\limits_{n=1}^{\infty}G_n=\bigcup\limits_{n=1}^{\infty}(U-G_n)$, 因 G_n 是 X 中的稠密开集, $U-G_n$ 在 X 中必是无处稠密集, 从而开集 U 就是第一纲集, 矛盾.

定理 1.2.1 设 X 是一个 Baire 空间, $A=\bigcap\limits_{n=1}^{\infty}G_n$, 其中 G_n 是 X 中的稠密开集, $n=1,2,3,\cdots$, 则 A 必是第二纲的.

证明 首先, 因 X 是 Baire 空间, 由引理 1.2.1, X 本身必是第二纲的. 以下用反证法. 设 $A=\bigcap\limits_{n=1}^{\infty}G_n$ 是第一纲的, 则 $X-A=\bigcup\limits_{n=1}^{\infty}(X-G_n)$, 因 G_n 是 X 中的稠密开集, 故 $X-G_n$ 在 X 中无处稠密, $n=1,2,3,\cdots$, $X-A$ 是第一纲的, 从而 $X=A\cup(X-A)$ 必是第一纲的, 矛盾, 故 A 是第二纲的.

设 X 是一个拓扑空间, $Q\subset X$, 如果 Q 包含 X 中一列稠密开集的交集, 则称 Q 是 X 中的一个剩余集 (residual set). 如果 X 是 Baire 空间, Q 必在 X 中稠密, 且由定理 1.2.1, Q 必是第二纲的. 如果 $\forall x\in Q$, 依赖于 x 的性质 P 成立, 则称 P 是 X 上的通有性质 (generic property), 或者性质 P 在 X 上是通有成立的. 这样我们就可以说, 在 Baire 分类的意义上, 对大多数的 $x\in X$, 性质 P 都是成立的.

注意到在 Baire 分类的意义上的大多数与在测度论意义上的几乎处处是两个不同的概念, 不能从其中一个成立推出另外一个成立, 可见下例.

首先从 $[0,1]$ 中删除长度为 $\frac{\alpha}{2}\ (0<\alpha<1)$, 中点为 $\frac{1}{2}$ 的开区间 $\left(\frac{1}{2}-\frac{\alpha}{4},\frac{1}{2}+\frac{\alpha}{4}\right)$, 再从 $\left[0,\frac{1}{2}-\frac{\alpha}{4}\right]$ 和 $\left[\frac{1}{2}+\frac{\alpha}{4},1\right]$ 中分别删去长度为 $\frac{\alpha}{8}$, 中点为 $\frac{1}{4}-\frac{\alpha}{8}$ 和 $\frac{3}{4}+\frac{\alpha}{8}$ 的开区间. 如此继续, 共删去一列开集的并集 $G(\alpha)$. $G(\alpha)$ 是开集, 且 $G(\alpha)$ 显然在 $[0,1]$ 中稠密.

$G(\alpha)$ 的测度 $mG(\alpha)=\frac{\alpha}{2}+\frac{\alpha}{4}+\frac{\alpha}{8}+\cdots=\alpha$. 令 $Q=\bigcap\limits_{n=1}^{\infty}G\left(\frac{1}{2^n}\right)$, 则 Q 是 $[0,1]$ 中的稠密的剩余集.

$\forall n=1,2,3,\cdots,\ mQ\leqslant mG\left(\frac{1}{2^n}\right)=\frac{1}{2^n}$, 故 $mQ=0$, 而 Q 是第二纲的. 令

$F=[0,1]-Q$, F 是第一纲的, 而 $mF=1$. 这样,

$$F \text{ 第一纲 } \not\Rightarrow mF=0;\quad Q \text{ 第二纲 } \not\Rightarrow mQ=1;$$
$$mQ=0 \not\Rightarrow Q \text{ 第一纲};\quad mF=1 \not\Rightarrow F \text{ 第二纲}.$$

设 X 是一个拓扑空间, 下列公理称为分离公理：

T_0 公理　$\forall x,y\in X, x\neq y$, 必存在开集 U, 使 $x\in U, y\notin U$ 或者 $y\in U, x\notin U$.

T_1 公理　$\forall x,y\in X, x\neq y$, 必存在两个开集 U 和 V, 使 $x\in U, y\notin U$ 且 $x\notin V, y\in V$.

T_2 公理　$\forall x,y\in X, x\neq y$, 必存在两个开集 U 和 V, 使 $x\in U, y\in V$, 而 $U\cap V=\varnothing$.

正则公理　设 $A\subset X$ 是闭集, $x\notin A$, 必存在两个开集 U 和 V, 使 $x\in U, A\subset V$, 而 $U\cap V=\varnothing$.

正规公理　设 $A,B\subset X$ 是两个闭集, 必存在两个开集 U 和 V, 使 $A\subset U, B\subset V$, 而 $U\cap V=\varnothing$.

T_3 公理　同时满足 T_1 公理和正则公理.

T_4 公理　同时满足 T_1 公理和正规公理.

满足 T_i 公理的空间称为 T_i 空间, $i=1,2,3,4$; 满足正则公理和正规公理的空间分别称为正则空间和正规空间; T_2 空间称为 Hausdorff 空间, 这在应用中是最广泛和最重要的. 显然, T_2 空间必是 T_1 空间, T_1 空间必是 T_0 空间.

引理 1.2.2　拓扑空间 X 是 T_1 空间的充分必要条件为任何单点集都是闭集.

证明　必要性. 设 $\{x_0\}$ 是 T_1 空间 X 中的单点集, $\forall x\in X\backslash\{x_0\}$, 存在 X 中的开集 U, 使 $x\in U, x_0\notin U$. 这样, $x\in U\subset X\backslash\{x_0\}$, $X\backslash\{x_0\}$ 必是开集, 从而 $\{x_0\}$ 必是闭集.

充分性. $\forall x,y\in X, x\neq y$, 因 $\{x\}$ 和 $\{y\}$ 都是闭集, 令 $U=X\backslash\{y\}$, $V=X\backslash\{x\}$, 则 U,V 都是 X 中的开集, $x\in U, y\notin U$ 且 $x\notin V, y\in V$, X 必是 T_1 空间.

由此, T_4 空间必是 T_3 空间, T_3 空间必是 T_2 空间.

定理 1.2.2　设 X 是 Hausdorff 空间, $\{x_\alpha\}$ 是 X 中的一个网, 如果 $x_\alpha\to x$, $x_\alpha\to y$, 则 $x=y$.

证明　用反证法. 如果 $x_\alpha\to x$, $x_\alpha\to y$, $x\neq y$, 因 X 是 Hausdorff 空间, 存在 X 中两个开集 U 和 V, 使 $x\in U, y\in V$, 且 $U\cap V=\varnothing$. 由 $x_\alpha\to x$, $\exists\alpha_1\in D$, 使 $\forall\alpha\succ\alpha_1$, 有 $x_\alpha\in U$, 由 $x_\alpha\to y$, $\exists\alpha_2\in D$, 使 $\forall\alpha\succ\alpha_2$, 有 $x_\alpha\in V$. 因 D 是有向集, $\exists\alpha_0\in D$, 使 $\alpha_0\succ\alpha_1$, $\alpha_0\succ\alpha_2$, 这样, $x_{\alpha_0}\in U$, $x_{\alpha_0}\in V$, 与 $U\cap V=\varnothing$ 矛盾.

引理 1.2.3　设 X 是正规空间, F 是 X 中的闭集, U 是 X 中的开集, 且 $F\subset U$, 则存在 X 中的开集 V, 使 $F\subset V\subset\bar{V}\subset U$.

证明 因 X 正规空间, F 和 $X-U$ 是 X 中的两个闭集, 且 $F\cap(X-U)=\varnothing$, 则存在 X 中两个开集 V 和 W, 使 $F\subset V, X-U\subset W$, 且 $V\cap W=\varnothing$. 因 $V\subset X-W$, 得 $\bar{V}\subset\overline{X-W}=X-W\subset U$, 于是 $F\subset V\subset\bar{V}\subset U$.

定理 1.2.3 (Urysohn 引理) 设 X 是正规空间, A 和 B 是 X 中的两个闭集, 且 $A\cap B=\varnothing$, 则存在连续映射 $f:X\to[a,b]$, 使 $\forall x\in A, f(x)=a$ 而 $\forall x\in B, f(x)=b$.

证明 不妨设 $a=0, b=1$. 因 A 和 B 是正规空间 X 中两个不相交的闭集, 则 $X-B$ 是开集, 且 $A\subset X-B$. 由引理 1.2.3, 存在开集 $U_{\frac{1}{2}}$, 使 $A\subset U_{\frac{1}{2}}\subset\bar{U}_{\frac{1}{2}}\subset X-B$.

再次应用引理 1.2.3, 存在两个开集 $U_{\frac{1}{4}}$ 和 $U_{\frac{3}{4}}$, 使

$$A\subset U_{\frac{1}{4}}\subset\bar{U}_{\frac{1}{4}}\subset U_{\frac{1}{2}}\subset\bar{U}_{\frac{1}{2}}\subset U_{\frac{3}{4}}\subset\bar{U}_{\frac{3}{4}}\subset X-B.$$

如此继续, 可以得到一族开集, 它的足标是 $\dfrac{k}{2^n}$ 型的正分数, 记 Γ 为所有 $\dfrac{k}{2^n}$ 型的真分数的集合, 这种开集族记为 $\{U_\gamma\}_{\gamma\in\Gamma}$.

显然, Γ 在 $[0, 1]$ 中稠密, 且 $\forall\gamma,\gamma'\in\Gamma,\gamma<\gamma'$, 有

$$A\subset U_\gamma\subset\bar{U}_\gamma\subset U_{\gamma'}\subset\bar{U}_{\gamma'}\subset X-B.$$

定义映射 $f:X\to[0,1]$ 如下:

$$f(x)=\begin{cases}\inf\{\gamma:x\in U_\gamma\}, & x\text{ 属于某些 }U_\gamma,\\ 1, & x\text{ 不属于任何 }U_\gamma.\end{cases}$$

这样, 当 $x\in A$ 时, x 属于所有 U_γ, $f(x)=0$; 当 $x\in B$ 时, x 不属于所有 U_γ, $f(x)=1$.

以下来证明 f 的连续性. $\forall x\in X$, 不妨设 $f(x)\in(0,1)$(当 $f(x)=0$ 或 1 时, 证明的方法相同). $\forall\varepsilon>0$, 不妨设 ε 充分小, 满足 $0<f(x)-\varepsilon<f(x)<f(x)+\varepsilon<1$, 因 Γ 在 $[0, 1]$ 中稠密, $\exists\gamma,\gamma'\in\Gamma$, 使

$$0<f(x)-\varepsilon<\gamma<f(x)<\gamma'<f(x)+\varepsilon<1.$$

这样, $x\in U_{\gamma'}$, 而 $x\notin U_\gamma$, $U_{\gamma'}-\bar{U}_\gamma$ 就是 x 的开邻域, 记为 $U(x)$, $\forall x'\in U(x)$, $f(x)-\varepsilon<f(x')<f(x)+\varepsilon$, $|f(x)-f(x')|<\varepsilon$, f 在 x 是连续的.

定理 1.2.4 (Tietze 扩张定理) 设 X 是正规空间, A 是 X 中的非空闭集, 映射 $f:A\to[a,b]$ 连续, 则存在 f 的连续扩张 $g:X\to[a,b]$, 即 g 在 X 上是连续的, 且 $\forall x\in A$, 有 $g(x)=f(x)$.

证明 不妨设 $a=-1, b=1$. 记 $A_{-1}=f^{-1}\left[-1,-\dfrac{1}{3}\right]$, $A_1=f^{-1}\left[\dfrac{1}{3},1\right]$, 因 f 连续, 由定理 1.1.3(3), A_{-1}, A_1 是 X 中互不相交的闭子集. 由 Urysohn 引理, 存在

连续映射 $f_1 : X \to \left[-\frac{1}{3}, \frac{1}{3}\right]$, 使 $\forall x \in A_{-1}$, $f_1(x) = -\frac{1}{3}$, $\forall x \in A_1$, $f_1(x) = \frac{1}{3}$, 且易知 $\forall x \in A$, 有 $|f(x) - f_1(x)| \leqslant \frac{2}{3}$.

对连续映射 $f - f_{-1} : A \to \left[-\frac{2}{3}, \frac{2}{3}\right]$, 记 $A_{-2} = (f - f_1)^{-1}\left[-\frac{2}{3}, -\frac{2}{3^2}\right]$, $A_2 = (f - f_1)^{-1}\left[\frac{2}{3^2}, \frac{2}{3}\right]$, 则 A_{-2} 和 A_2 是 X 中的互不相交的闭子集. 由 Urysohn 引理, 存在连续映射 $f_2 : X \to \left[-\frac{2}{3^2}, \frac{2}{3^2}\right]$, 使 $\forall x \in A_{-2}$, $f_2(x) = -\frac{2}{3^2}$, $\forall x \in A_2$, $f_2(x) = \frac{2}{3^2}$, 且易知 $\forall x \in A$, 有 $|f(x) - f_1(x) - f_2(x)| \leqslant \frac{2^2}{3^2}$.

如此继续, $f_n : X \to \left[-\frac{2^{n-1}}{3^n}, \frac{2^{n-1}}{3^n}\right]$ 连续, $\forall x \in A$, 有

$$\left|f(x) - \sum_{i=1}^{n} f_i(x)\right| \leqslant \frac{2^n}{3^n}.$$

$\forall x \in X$, 令 $g(x) = \sum\limits_{n=1}^{\infty} f_n(x)$, 由 $|f_n(x)| \leqslant \frac{2^{n-1}}{3^n}$, 而级数 $\sum\limits_{n=1}^{\infty} \frac{2^{n-1}}{3^n}$ 收敛, 故级数 $\sum\limits_{n=1}^{\infty} f_n(x)$ 在 X 上一致收敛, $g(x)$ 必在 X 上连续, 且 $|g(x)| \leqslant \sum\limits_{n=1}^{\infty} \frac{2^{n-1}}{3^n} = 1$.

$\forall x \in A$, 因 $|f(x) - g(x)| = \lim\limits_{x \to \infty}\left|f(x) - \sum\limits_{i=1}^{n} f_i(x)\right| \leqslant \lim\limits_{x \to \infty}\left(\frac{2}{3}\right)^n = 0$, 得 $g(x) = f(x)$, g 必是 f 的连续扩张.

1.3 紧性与连通性

设 X 是一个拓扑空间, $A \subset X$, $\{G_\lambda : \lambda \in \Lambda\}$ 是 X 中的一族开集, 如果 $\bigcup\limits_{\lambda \in \Lambda} G_\lambda \supset A$, 则称 $\{G_\lambda : \lambda \in \Lambda\}$ 是 A 的开覆盖, 其中 Λ 是指标集. 当 Λ 是有限集时, 则称 $\{G_\lambda : \lambda \in \Lambda\}$ 是 A 的有限开覆盖. 如果 X 的任意开覆盖都存在有限开覆盖, 则称 X 为紧空间. 如果 X 的子空间 A 是紧空间, 则称 A 为 X 中的紧集. 显然, 如果 A 是有限点集, 则 A 必为紧的.

设 X 是一个拓扑空间, 如果 X 中的一族子集中任意有限个的交集非空, 则称这子集族具有有限交性质.

定理 1.3.1 拓扑空间 X 是紧空间的充分必要条件为: 对于 X 中具有有限交性质的任意闭集族 $\{F_\lambda : \lambda \in \Lambda\}$, 有 $\bigcap\limits_{\lambda \in \Lambda} F_\lambda \neq \varnothing$.

证明 必要性. 用反证法. 设对于 X 中具有有限交性质的闭集族 $\{F_\lambda : \lambda \in \Lambda\}$,

有 $\bigcap\limits_{\lambda\in\Lambda} F_\lambda = \varnothing$, 则 $\forall\lambda\in\Lambda$, $X-F_\lambda$ 是 X 中的开集, 应用 De Morgan 公式, 有 $X = X - \bigcap\limits_{\lambda\in\Lambda} F_\lambda = \bigcup\limits_{\lambda\in\Lambda}(X-F_\lambda)$, $\{X-F_\lambda:\lambda\in\Lambda\}$ 是 X 的开覆盖. 因 X 是紧空间, 存在有限开覆盖 $\{X-F_{\lambda_i}: i=1,2,\cdots,n\}$, 即 $X=\bigcup\limits_{i=1}^{n}(X-F_{\lambda_i})$. 再应用 De Morgan 公式, 有 $X = X-\bigcap\limits_{i=1}^{n}F_{\lambda_i}$, $\bigcap\limits_{i=1}^{n}F_{\lambda_i}=\varnothing$, 这与 $\{F_\lambda:\lambda\in\Lambda\}$ 具有有限交性质矛盾.

充分性. 设 $\{G_\lambda:\lambda\in\Lambda\}$ 是 X 中的任意开覆盖, $\forall\lambda\in\Lambda$, 令 $F_\lambda = X-G_\lambda$, 则 F_λ 是 X 中的闭集. 应用 De Morgan 公式, 有 $\bigcap\limits_{\lambda\in\Lambda}F_\lambda = X-\bigcup\limits_{\lambda\in\Lambda}G_\lambda=\varnothing$, 于是闭集族 $\{F_\lambda:\lambda\in\Lambda\}$ 不具有有限交性质, 必存在 $\lambda_1,\lambda_2,\cdots,\lambda_n\in\Lambda$, 使 $\bigcap\limits_{i=1}^{n}F_{\lambda_i}=\varnothing$. 再应用 De Morgan 公式, 有 $X = X-\bigcap\limits_{i=1}^{n}F_{\lambda_i}=\bigcup\limits_{i=1}^{n}(X-F_{\lambda_i})=\bigcup\limits_{i=1}^{n}G_{\lambda_i}$, $\{G_{\lambda_i}:i=1,2,\cdots,n\}$ 就是 X 中的有限开覆盖, X 必是紧空间.

定理 1.3.2 (1) 设 X 是紧空间, $F\subset X$ 是闭集, 则 F 是 X 中的紧集;

(2) 设 X 是 Hausdorff 拓扑空间, $F\subset X$ 是紧集, 则 F 是 X 中的闭集.

证明 (1) 设 $\{G_\lambda:\lambda\in\Lambda\}$ 是 F 中的任意开覆盖, 则 $\forall\lambda\in\Lambda$, 存在 X 中的开集 U_λ, 使 $G_\lambda = U_\lambda\cap F$. 因 $X-F$ 是开集, $(X-F)\cup\{U_\lambda:\lambda\in\Lambda\}$ 就是 X 的开覆盖. 因 X 是紧空间, 存在有限开覆盖 $(X-F)\cup\{U_{\lambda_i}:i=1,2,\cdots,n\}$, 于是 $\{U_{\lambda_i}:i=1,2,\cdots,n\}$ 就是 F 的有限开覆盖, 从而 $\{G_{\lambda_i}:i=1,2,\cdots,n\}$ 就是 F 的有限开覆盖, F 必是紧集.

(2) $\forall x\in X-F$, $\forall a\in F$, 因 X 是 Hausdorff 拓扑空间, 存在两开集 U_a 和 V_a, 使 $x\in U_a, a\in V_a$, 而 $U_a\cap V_a=\varnothing$. 因 $\{V_a:a\in F\}$ 是 F 的开覆盖, 而 F 是紧集, 存在有限开覆盖 $\{V_{a_i}:i=1,2,\cdots,n\}$. 令 $U=\bigcap\limits_{i=1}^{n}U_{a_i}$, $V=\bigcup\limits_{i=1}^{n}V_{a_i}$, 则 U 是开集, 且 $x\in U$. 由

$$U\cap F\subset U\cap V=\bigcup_{i=1}^{n}(U\cap V_{a_i})=\varnothing,$$

得 $x\in U\subset X-F$, 故 $X-F$ 是开集, F 必是闭集.

定理 1.3.3 设 X 是紧空间, $A\subset X$ 是一个无限点集, 则 A 在 X 中必有聚点.

证明 用反证法. 如果 A 在 X 中没有聚点, 则 $\forall x\in X$, 存在 x 的开邻域 $U(x)$, 使 $U(x)\cap(A-\{x\})=\varnothing$. 因 $\bigcup\limits_{x\in X}U(x)=X$, 而 X 是紧空间, 存在 $x_1,x_2,\cdots,x_n\in X$, 使 $\bigcup\limits_{i=1}^{n}U(x_i)=X$. 这样, $A\subset\{x_1,x_2,\cdots,x_n\}$, 这与 A 是无限点集矛盾.

定理 1.3.4 设 X 和 Y 是两个拓扑空间, $A\subset X$ 是一个紧集, $f:X\to Y$ 是一个连续映射, 则 $f(A)=\{f(x):x\in A\}$ 是 Y 中的紧集.

证明　设 $\{G_\lambda:\lambda\in\Lambda\}$ 是 $f(A)$ 的任意开覆盖, 因映射 f 连续, 由定理 1.1.3(2), $\left\{f^{-1}(G_\lambda):\lambda\in\Lambda\right\}$ 必是 A 的开覆盖. 因 A 是紧集, 存在 A 的有限开覆盖 $\{f^{-1}(G_{\lambda_i}):i=1,2,\cdots,n\}$, 于是, $\{G_{\lambda_i}:i=1,2,\cdots,n\}$ 必是 $f(A)$ 的有限开覆盖, $f(A)$ 必是紧集.

设 $X_1,X_2,\cdots,X_n$ 是 n 个集合, 它们的 Descartes 乘积

$$\prod_{i=1}^{n}X_i=\{(x_1,x_2,\cdots,x_n):x_i\in X_i,i=1,2,\cdots,n\}.$$

设 $(X_1,\tau_1),(X_2,\tau_2),\cdots,(X_n,\tau_n)$ 是 n 个拓扑空间, 它们的 Descartes 乘积 $\prod\limits_{i=1}^{n}X_i$ 仍然是一个拓扑空间, 它是由所有形如 $U_1\times U_2\times\cdots\times U_n$ 生成的拓扑, 其中 $U_1\in\tau_1$, $U_2\in\tau_2$, $\cdots$, $U_n\in\tau_n$, $U_1\times U_2\times\cdots\times U_n$ 称为 $\prod\limits_{i=1}^{n}X_i$ 中的基本开集.

定理 1.3.5　设 $X_1,X_2,\cdots,X_n$ 都是紧空间, 则 $\prod\limits_{i=1}^{n}X_i$ 必是紧空间.

证明　不妨就 $n=2$ 加以证明, 并记 $X_1=(X,\tau_1)$, $X_2=(Y,\tau_2)$.

首先证明 $\forall x\in X$, 对任意 $X\times Y$ 中的开集 G, 如果 $\{x\}\times Y\subset G$, 则存在 x 的开邻域 $U(x)$, 使 $U(x)\times Y\subset G$. 事实上, 因 $\{U\times V:U\in\tau_1,V\in\tau_2\}$ 是 $X\times Y$ 的基, 故基中包含在 G 中且与 $\{x\}\times Y$ 相交的所有开集构成 $\{x\}\times Y$ 的开覆盖. 因 Y 是紧空间, 易知 $\{x\}\times Y$ 必是 $X\times Y$ 中的紧集, 故存在 $\{x\}\times Y$ 的有限开覆盖 $\{U_i\times V_i:i=1,2,\cdots,n\}$. 令 $U(x)=\bigcap\limits_{i=1}^{n}U_i$, 这是 x 的开邻域, 而 $U(x)\times Y\subset\bigcup\limits_{i=1}^{n}(U_i\times V_i)\subset G$.

现在, 设 $\{G_\lambda:\lambda\in\Lambda\}$ 是 $X\times Y$ 的任意开覆盖, $\forall x\in X$, 因 $\{x\}\times Y$ 是紧集, 存在依赖于 x 的有限开覆盖 $\{G_i:i=1,2,\cdots,m\}$, 即 $\{x\}\times Y\subset\bigcup\limits_{i=1}^{m}G_i$. 由以上证明的事实, 存在 x 的开邻域 $U(x)$, 使 $U(x)\times Y\subset\bigcup\limits_{i=1}^{m}G_i$. 又 $\{U(x):x\in X\}$ 是 X 的开覆盖, X 是紧的, 存在有限个开覆盖 $\{U(x_j):j=1,2,\cdots,n\}$, 即 $X\times Y\subset\bigcup\limits_{j=1}^{n}(U(x_j)\times Y)$. 再由 $U(x_j)$ 的构造, $U(x_j)\times Y$ 能被 $\{G_\lambda:\lambda\in\Lambda\}$ 中的有限个开集所覆盖, 所以 $X\times Y$ 就能被 $\{G_\lambda:\lambda\in\Lambda\}$ 中的有限个开集所覆盖, $X\times Y$ 必是紧空间.

注 1.3.1　可以证明, 任意个紧空间的乘积是紧空间, 称为 Tychonoff 定理.

定理 1.3.6　$\forall i=1,2,\cdots,n$, 设 K_i 都是拓扑空间 X_i 中的紧集, G 是 $\prod\limits_{i=1}^{n}X_i$ 中的开集, 且 $G\supset\prod\limits_{i=1}^{n}K_i$, 则存在基本开集 $\prod\limits_{i=1}^{n}V_i$, 使 $\prod\limits_{i=1}^{n}K_i\subset\prod\limits_{i=1}^{n}V_i\subset G$.

证明 不妨就 $n=2$ 加以证明. 由定理 1.3.5, 因 $K_1\times K_2$ 是 $X_1\times X_2$ 的紧子集, G 是 $X_1\times X_2$ 中开集, 则它是一族 $X_1\times X_2$ 中基本开集的并集, 又 $G\supset K_1\times K_2$, 故存在有限个基本开集 $\{U_1\times V_1,U_2\times V_2,\cdots,U_m\times V_m\}$, 使 $K_1\times K_2\subset\bigcup\limits_{i=1}^{m}(U_i\times V_i)\subset G$.

$\forall x\in K_1$, 令 $U_x=\bigcap\limits_{x\in U_i}U_i$, 这是 x 的开邻域. 同样地, $\forall y\in K_2$, 令 $V_y=\bigcap\limits_{y\in V_i}V_i$, 这是 y 的开邻域. $\forall (x,y)\in K_1\times K_2$, 存在某 i, 使 $(x,y)\in U_i\times V_i$, 从而 $U_x\times V_y\subset U_i\times V_i$. 因 K_1 和 K_2 都是紧集, $\exists x_1,x_2,\cdots,x_m\in K_1$, $\exists y_1,y_2,\cdots,y_l\in K_2$, 使 $K_1\subset\bigcup\limits_{j=1}^{m}U_{x_j}$, $K_2\subset\bigcup\limits_{r=1}^{l}V_{y_r}$. 令 $U=\bigcup\limits_{j=1}^{m}U_{x_j}$, $V=\bigcup\limits_{r=1}^{l}V_{y_r}$, 则 $U\times V$ 是 $X_1\times X_2$ 中的基本开集, 且 $K_1\times K_2\subset U\times V\subset G$.

引理 1.3.1 设 X 是 Hausdorff 拓扑空间, A,B 是 X 中两个非空紧集, 且 $A\cap B=\varnothing$, 则存在 X 中两个开集 U,V, 使 $A\subset U,B\subset V$, 且 $U\cap V=\varnothing$.

证明 $\forall x\in A,\forall y\in B$, 因 X 是 Hausdorff 拓扑空间, 存在 x 的开邻域 $U_y(x)$ 和 y 的开邻域 $V_x(y)$, 使 $U_y(x)\cap V_x(y)=\varnothing$.

$\bigcup\limits_{y\in B}V_x(y)\supset B$, 因 B 是紧集, 存在 $y_1,y_2,\cdots,y_n\in B$, 使 $\bigcup\limits_{j=1}^{n}V_x(y_j)\supset B$. 记 $U(x)=\bigcap\limits_{j=1}^{n}U_{y_j}(x)$, 这是 x 的开邻域. 又记 $V_x=\bigcup\limits_{j=1}^{n}V_x(y_j)$, 它是开集, 注意到 $U(x)\cap V_x=\varnothing$, $V_x\supset B$.

因 $\bigcup\limits_{x\in A}U(x)\supset A$, 而 A 是紧集, 存在 $x_1,x_2,\cdots,x_m\in A$, 使 $\bigcup\limits_{i=1}^{m}U(x_i)\supset A$. 令 $U=\bigcup\limits_{i=1}^{m}U(x_i)$, 它是 X 中的开集, 又令 $V=\bigcap\limits_{i=1}^{m}V_{x_i}$, 它也是 X 中的开集. 这样, $U\supset A$, $V\supset B$, 且 $U\cap V=\varnothing$.

定理 1.3.7 设 X 是 Hausdorff 紧空间, 则它必是正规空间.

证明 对 X 中任意两个非空闭集 A 和 B, $A\cap B=\varnothing$, 由定理 1.3.2(1), A, B 必是 X 中的紧集. 因 X 是 Hausdorff 拓扑空间, 由引理 1.3.1, 存在 X 中两个开集 U 和 V, 使 $A\subset U,B\subset V$, 且 $U\cap V=\varnothing$, X 必是正规空间.

定理 1.3.8 设 X 是 Hausdorff 紧空间, $\{G_i:i=1,2,\cdots,n\}$ 是 X 的有限开覆盖, 则存在从属于此开覆盖的连续单位分划 $\{\beta_i:i=1,2,\cdots,n\}$, 即它满足

(1) $\forall i=1,2,\cdots,n$, $\beta_i:X\to[0,1]$ 在 X 上连续;

(2) $\forall i=1,2,\cdots,n$, $\forall x\in X$, 如果 $\beta_i(x)>0$, 则 $x\in G_i$;

(3) $\forall x\in X$, 有 $\sum\limits_{i=1}^{n}\beta_i(x)=1$.

证明 令 $F_1=X-\bigcup\limits_{i=2}^{n}G_i$, 则 F_1 是闭集, 且 $F_1\subset G_1$, 由定理 1.3.7, X 是正规空间, 又由引理 1.2.3, 存在 X 中的开集 U_1, 使 $F_1\subset U_1\subset\bar{U}_1\subset G_1$, 且易

知 $U_1 \cup \bigcup_{i=2}^{n} G_i = X$. 如此继续, 令 $F_k = X - \bigcup_{i=1}^{k-1} U_i - \bigcup_{i=k+1}^{n} G_i$, 则 F_k 是闭集, 且 $F_k \subset G_k$, 存在 X 中的开集 U_k, 使 $F_k \subset U_k \subset \bar{U}_k \subset G_k$, $k = 2, 3, \cdots, n-1$, 且易知 $\left(\bigcup_{i=1}^{k} U_i\right) \cup \left(\bigcup_{i=k+1}^{n} G_i\right) = X$, 最后有 $\bigcup_{i=1}^{n} U_i = X$.

因 $\bar{U}_i$ 和 $X - G_i$ 都是 X 中的闭集, 且 $\bar{U}_i \cap (X - G_i) = \varnothing$, 由 Urysohn 引理, 存在连续函数 $g_i : X \to [0,1]$, 使 $\forall x \in \bar{U}_i$, $g_i(x) = 1$, $\forall x \in X - G_i$, $g_i(x) = 0$, $i = 1, 2, \cdots, n$.

$\forall x \in X$, 首先来验证 $\sum_{i=1}^{n} g_i(x) > 0$. 事实上, 如果 $\sum_{i=1}^{n} g_i(x) = 0$, 则 $\forall i = 1, 2, \cdots, n$, 有 $g_i(x) = 0, x \notin \bar{U}_i$, 当然 $x \notin U_i$, 这与 $\bigcup_{i=1}^{n} U_i = X$ 矛盾.

$\forall i = 1, 2, \cdots, n, \forall x \in X$, 令 $\beta_i(x) = \dfrac{g_i(x)}{\sum_{i=1}^{n} g_i(x)}$. 因 $g_i(x)$ 在 X 上连续, 故 $\beta_i : X \to [0,1]$ 连续. $\forall i = 1, 2, \cdots, n$, $\forall x \in X$, 如果 $\beta_i(x) > 0$, 则 $g_i(x) > 0$, $x \in G_i$(如果 $x \notin G_i$, 则 $g_i(x) = 0$). 又 $\forall x \in X$, $\sum_{i=1}^{n} \beta_i(x) = 1$ 是显然的.

注 1.3.2 可以证明比定理 1.3.8 更强的结论, 但对我们今后的应用, 定理 1.3.8 已经足够了.

定理 1.3.9 设 X 是 Hausdorff 紧空间, 则它必是 Baire 空间.

证明 设 $\{G_n\}$ 是 X 中任意一列稠密开集, 我们要证明 $\bigcap_{n=1}^{\infty} G_n$ 必在 X 中稠密, 而这只需证明对 X 中的任意非空开集 U, 必有 $\bigcap_{n=1}^{\infty} G_n \cap U \neq \varnothing$.

首先, 由定理 1.3.7, X 必是正规空间. 因 G_1 在 X 中稠密, 则开集 $G_1 \cap U \neq \varnothing$, 取 $x_1 \in G_1 \cap U$, 因单点集 $\{x_1\}$ 是 X 中的闭集, 由引理 1.2.3, 存在 X 中的开集 V_1, 使 $x_1 \in V_1 \subset \bar{V}_1 \subset G_1 \cap U$. 因 G_2 在 X 中稠密, 则开集 $G_2 \cap V_1 \neq \varnothing$, 取 $x_2 \in G_2 \cap V_1$, 存在 X 中的开集 V_2, 使 $x_2 \in V_2 \subset \bar{V}_2 \subset G_2 \cap V_1$. 如此继续, 我们得到 X 中的一列开集 $\{V_n\} : V_n \subset \bar{V}_n \subset G_n \cap V_{n-1}$(记 $U = V_0$). 因 X 是紧空间, 而 $\{\bar{V}_n\}$ 是具有有限交性质的, 由定理 1.3.1, $\bigcap_{n=1}^{\infty} \bar{V}_n \neq \varnothing$, 从而 $\bigcap_{n=1}^{\infty} G_n \cap U \neq \varnothing$.

设 X 是拓扑空间, $x \in X$, 如果存在点 x 的紧邻域, 则称 X 在点 x 是局部紧的. 如果 $\forall x \in X$, X 在 x 都是局部紧的, 则称 X 是局部紧空间. 显然, 紧空间必是局部紧空间, 但反之不然, 例如 R^n, 它是非紧而局部紧的空间.

定理 1.3.10 设 X 是 Hausdorff 局部紧空间, 则它必是 Baire 空间.

证明 首先证明, 设 G 是 $x \in X$ 的开邻域, 则存在 X 中的开集 V, 使 $x \in V$, $\bar{V}$ 是紧集, 且 $\bar{V} \subset G$. 事实上, 因 X 是局部紧的, 存在 x 的紧邻域 W, 如果 $W \subset G$, 则

令 $V=\mathrm{int}W$, 已证. 以下设紧集 $A=W\cap(X-G)\neq\varnothing$. $\forall y\in A$, 因 X 是 Hausdorff 空间, 存在 y 的开邻域 U_y 和 x 的开邻域 $W_y\subset W$, 使 $U_y\cap W_y=\varnothing$. 因 A 是紧集, 存在 $y_1,y_2,\cdots,y_k\in A$, 使 $A\subset\bigcup\limits_{i=1}^{k}U_{y_i}$. 令 $V=\bigcap\limits_{i=1}^{k}W_{y_i}$, 则 $x\in V$, 且 V 是 X 中的开集. 又令 $U=\bigcup\limits_{i=1}^{k}U_{y_i}$, 它是 X 中的开集, 且 $U\cap V=\varnothing$. 因 $V\subset W$, 有 $\bar{V}\subset W$, 因 W 是紧集, 由定理 1.3.2(1), $\bar{V}$ 必是紧集, 因 $U\cap V=\varnothing$, 得 $V\subset X-U$, 由 $\bar{V}\subset\overline{X-U}=X-U$, 得 $\bar{V}\cap U=\varnothing$. 这样, 由

$$\bar{V}\cap(X-G)=\bar{V}\cap(W\cap(X-G))=\bar{V}\cap A\subset\bar{V}\cap U=\varnothing,$$

即推得 $\bar{V}\subset G$.

以下证明类似定理 1.3.9, 设 $\{G_n\}$ 是 X 中的任意一列稠密开集, 我们要证明对 X 中的任意非空开集 U, 必有 $\bigcap\limits_{n=1}^{\infty}G_n\cap U\neq\varnothing$.

因 G_1 在 X 中稠密, 则开集 $G_1\cap U\neq\varnothing$, 取 $x_1\in G_1\cap U$, 由以上证明的事实, 存在 X 中的开集 V_1, 使 $\bar{V}_1$ 是紧集, 且 $x_1\in V_1\subset\bar{V}_1\subset G_1\cap U$. 因 G_2 在 X 中稠密, 则开集 $G_2\cap V_1\neq\varnothing$, 取 $x_2\in G_2\cap V_1$, 存在 X 中的开集 V_2, 使 $x_2\in V_2\subset\bar{V}_2\subset G_2\cap V_1$. 如此继续, 我们得到 X 中的一列开集 $\{V_n\}$: $V_n\subset\bar{V}_n\subset G_n\cap V_{n-1}$(记 $U=V_0$). 因 $\bar{V}_1$ 是紧集, 而 $\{\bar{V}_n\}$ 是具有有限交性质的, 由定理 1.3.1, $\bigcap\limits_{n=1}^{\infty}\bar{V}_n\neq\varnothing$, 从而 $\bigcap\limits_{n=1}^{\infty}G_n\cap U\neq\varnothing$.

设 X 是一个 Hausdorff 拓扑空间, $f:X\to R$ 是一个泛函, $x\in X$, 如果 $\forall\varepsilon>0$, 存在 x 的开邻域 $U(x)$, 使 $\forall x'\in U(x)$, 有

$$f(x')<f(x)+\varepsilon\left(\text{或}f(x')>f(x)-\varepsilon\right),$$

则称泛函 f 在 x 是上半连续的 (或下半连续的).

如果 f 在 x 既上半连续又下半连续, 则称泛函 f 在 x 是连续的, 此时 $\forall x'\in U(x)$, 有 $|f(x')-f(x)|<\varepsilon$.

如果 $\forall x\in X$, f 在 x 连续 (或上半连续, 或下半连续), 则称泛函 f 在 X 上是连续的 (或上半连续的, 或下半连续的).

显然, f 在 x(或 X 上) 是上半连续的当且仅当 $-f$ 在 x(或 X 上) 是下半连续的.

定理 1.3.11 设 X 是 Hausdorff 拓扑空间, $f:X\to R$ 是一个泛函, 则

(1) f 在 X 上是上半连续的当且仅当 $\forall c\in R$, $\{x\in X:f(x)\geqslant c\}$ 是 X 中的闭集;

(2) f 在 X 上是下半连续的当且仅当 $\forall c\in R$, $\{x\in X:f(x)\leqslant c\}$ 是 X 中的闭集;

(3) f 在 X 上是连续的当且仅当 $\forall c\in R$, $\{x\in X: f(x)\geqslant c\}$ 和 $\{x\in X: f(x)\leqslant c\}$ 都是 X 中的闭集.

证明　我们只证 (1). 如果 f 在 X 上是上半连续的, $\forall c\in R$, $\forall x_\alpha\in\{x\in X: f(x)\geqslant c\}$, $x_\alpha\to x$, 我们要证明 $f(x)\geqslant c$. $\forall\varepsilon>0$, 存在 x 的开邻域 $U(x)$, 使 $\forall x'\in U(x)$, 有 $f(x')<f(x)+\varepsilon$. 由 $x_\alpha\to x$, $\exists\alpha_0\in D$, 使 $\forall\alpha\succ\alpha_0$, 有 $x_\alpha\in U(x)$, 从而 $c\leqslant f(x_\alpha)<f(x)+\varepsilon$, 因 ε 是任意的, 必有 $f(x)\geqslant c$.

反之, $\forall x\in X$, $\forall\varepsilon>0$, 因 $\{x'\in X: f(x')<f(x)+\varepsilon\}$ 是 X 中的开集, 而 $x\in\{x'\in X: f(x')<f(x)+\varepsilon\}$, 必存在 x 的开邻域 $U(x)$, 使 $U(x)\subset\{x'\in X: f(x')<f(x)+\varepsilon\}$, 即 $\forall x'\in U(x)$, 有 $f(x')<f(x)+\varepsilon$, f 在 x 是上半连续的.

又容易证明:

(1) f 在 x 是上半连续的当且仅当 $\forall x_\alpha\to x$, 有 $\overline{\lim}f(x_\alpha)\leqslant f(x)$;

(2) f 在 x 是下半连续的当且仅当 $\forall x_\alpha\to x$, 有 $\underline{\lim}f(x_\alpha)\geqslant f(x)$.

注意以下运算规则 (假定 f,g 都是 X 上的泛函, 以下各式左边有确定意义, 即不出现 $\infty+(-\infty)$ 或 $(-\infty)+\infty$ 的情况):

$$\underline{\lim}f(x_\alpha)+\underline{\lim}g(x_\alpha)\leqslant\underline{\lim}[f(x_\alpha)+g(x_\alpha)],$$

$$\overline{\lim}f(x_\alpha)+\overline{\lim}g(x_\alpha)\geqslant\overline{\lim}[f(x_\alpha)+g(x_\alpha)].$$

当 $\lim f(x_\alpha)$ 存在时, 有

$$\lim f(x_\alpha)+\underline{\lim}g(x_\alpha)=\underline{\lim}[f(x_\alpha)+g(x_\alpha)],$$

$$\lim f(x_\alpha)+\overline{\lim}g(x_\alpha)=\overline{\lim}[f(x_\alpha)+g(x_\alpha)].$$

又对任意 $a\in R$, 有

$$\overline{\lim}[a-f(x_\alpha)]=a-\underline{\lim}f(x_\alpha),$$

$$\underline{\lim}[a-f(x_\alpha)]=a-\overline{\lim}f(x_\alpha).$$

定理 1.3.12　设 X 是 Hausdorff 拓扑空间, $\forall\lambda\in\Lambda$, $f_\lambda: X\to R$, 则

(1) 如果 $\forall\lambda\in\Lambda$, f_λ 在 X 上是上半连续的, 则 $\inf\limits_{\lambda\in\Lambda}f_\lambda(x)$ 在 X 上也是上半连续的;

(2) 如果 $\forall\lambda\in\Lambda$, f_λ 在 X 上是下半连续的, 则 $\sup\limits_{\lambda\in\Lambda}f_\lambda(x)$ 在 X 上也是下半连续的.

证明　我们只证 (1). $\forall c\in R$, $\left\{x\in X: \inf\limits_{\lambda\in\Lambda}f_\lambda(x)\geqslant c\right\}=\{x\in X: f_\lambda(x)\geqslant c, \forall\lambda\in\Lambda\}=\bigcap\limits_{\lambda\in\Lambda}\{x\in X: f_\lambda(x)\geqslant c\}$. $\forall\lambda\in\Lambda$, 因 f_λ 在 X 上是上半连续的, 由定理

1.3.11(1), $\{x \in X : f_\lambda(x) \geqslant c\}$ 是闭集, 从而 $\left\{x \in X : \inf\limits_{\lambda \in \Lambda} f_\lambda(x) \geqslant c\right\} = \bigcap\limits_{\lambda \in \Lambda} \{x \in X : f_\lambda(x) \geqslant c\}$ 是闭集. 再由定理 1.3.11(1), $\inf\limits_{x \in X} f_\lambda(x)$ 在 X 上必是下半连续的.

定理 1.3.13 设 X 是 Hausdorff 紧拓扑空间, $f : X \to R$ 是一个泛函, 则

(1) 如果 f 在 X 上是上半连续的, 则 f 在 X 上有上界, 且达到其最大值;

(2) 如果 f 在 X 上是下半连续的, 则 f 在 X 上有下界, 且达到其最小值;

(3) 如果 f 在 X 上是连续的, 则 f 在 X 上既有上界又有下界, 且达到其最大值和最小值.

证明 我们只证 (1). 用反证法. 如果 f 在 X 上无上界, 则对任何正整数 n, 由定理 1.3.11(1) , $F_n = \{x \in X : f(x) \geqslant n\}$ 是 X 中的非空闭集. 显然 $\{F_n : n = 1, 2, 3, \cdots\}$ 满足有限交性质, 因 X 是紧集, 由定理 1.3.1, 有 $\bigcap\limits_{n=1}^{\infty} F_n \neq \varnothing$. 取 $x \in \bigcap\limits_{n=1}^{\infty} F_n$, 则 $f(x) = +\infty$, 矛盾.

记 $M = \sup\limits_{x \in X} f(x) < +\infty$, 则对任何正整数 n, 由定理 1.3.11(1) 和上确界定义, $K_n = \left\{x \in X, f(x) \geqslant M - \dfrac{1}{n}\right\}$ 是 X 中的非空闭集. 显然 $\{K_n : n = 1, 2, 3, \cdots\}$ 满足有限交性质, 因 X 是紧集, 由定理 1.3.1, 有 $\bigcap\limits_{n=1}^{\infty} K_n \neq \varnothing$. 取 $x \in \bigcap\limits_{n=1}^{\infty} K_n$, 则 $f(x) = M$, f 在 X 上达到其最大值.

设 X 是一个拓扑空间, 如果它不能表示成两个不相交的非空开集的并集, 则称 X 是一个连通空间. 当然也可以这样定义: 如果它不能表示成两个不相交的非空闭集的并集. 设 $A \subset X$, 如果子空间 A 是连通的, 则称 A 是 X 中的连通子集.

定理 1.3.14 设 X 是一个拓扑空间, $X = C \cup D$, 其中 C, D 是 A 中两个不相交的非空开集, 而 $A \subset X$ 是一个连通子集, 则 $A \subset C$ 或者 $A \subset D$.

证明 因 $A = AC \cup AD$, AC 和 AD 是 A 中两个不相交的开集, 而 A 是连通的, 则或者 $AC = \varnothing$ 或者 $AD = \varnothing$. 如果 $AD = \varnothing$, 则 $A \subset C$, 如果 $AC = \varnothing$, 则 $A \subset D$.

引理 1.3.2 设 $\{A_\lambda : \lambda \in \Lambda\}$ 是 X 中的一族连通子集, $\bigcap\limits_{\lambda \in \Lambda} A_\lambda \neq \varnothing$, 则 $\bigcup\limits_{\lambda \in \Lambda} A_\lambda$ 必是 X 中的连通子集.

证明 用反证法. 设 $\bigcup\limits_{\lambda \in \Lambda} A_\lambda = C \cup D$, 其中 C, D 是 X 中两个不相交的非空开集, 取 $x \in \bigcap\limits_{\lambda \in \Lambda} A_\lambda$, 不妨设 $x \in C$. $\forall \lambda \in \Lambda$, 因 A_λ 是连通的, 由定理 1.3.14, 必有 $A_\lambda \subset C$, 于是 $\bigcup\limits_{\lambda \in \Lambda} A_\lambda \subset C$, $D = \varnothing$, 矛盾.

引理 1.3.3 设 X 是拓扑空间, $A \subset X$ 是一个连通子集, 则 $\bar{A}$ 也是 X 的连通子集.

证明　用反证法. 设 $\bar{A}=C\cup D$, 而 C,D 是 $\bar{A}$ 中两个不相交的非空闭集. 因 A 是连通的, 由定理 1.3.4, 则 $A\subset C$ 或者 $A\subset D$. 如果 $A\subset C$, 则 $\bar{A}\subset\bar{C}=C$, $D=\varnothing$, 如果 $A\subset D$, 则 $\bar{A}\subset\bar{D}=D$, $C=\varnothing$, 我们都得到矛盾.

设 X 是拓扑空间, $A\subset X$ 是一个非空子集, $\forall x\in A$, 由定理 1.3.2, 所有 A 中包含 x 的连通子集的并集必是连通的, 它构成了 A 的一个连通区 (或连通分支)C_λ, 显然, 所有 A 的连通区必是两两不相交的.

定理 1.3.15　设 X 是 Hausdorff 拓扑空间, $A\subset X$ 是一个非空子集.

(1) 如果 A 是闭集, 则 A 的任意一个连通区 C 都必是闭集;

(2) 如果 A 是紧集, 则 A 的任意一个连通区 C 都必是紧集.

证明　(1) $C\subset A$, 因 A 是闭集, 必有 $\bar{C}\subset A$. 由引理 1.3.3, $\bar{C}$ 也是连通的, 又 C 是连通区, 故 $\bar{C}\subset C$, C 必是闭集.

(2) $C\subset A$, 因 A 是 Hausdorff 拓扑空间中的紧集, 由定理 1.3.2(2), A 必是闭集, 故 $\bar{C}\subset A$. 由引理 1.3.3, $\bar{C}$ 也是连通的, 又 C 是连通区, 故 $\bar{C}\subset C$, C 必是闭集. 因 A 是紧集, 再由定理 1.3.2(1), C 必是紧集.

定理 1.3.16　设 X 和 Y 是两个拓扑空间, 其中 X 是连通的, 映射 $f:X\to Y$ 连续, 则 $f(X)$ 必是连通的.

证明　用反证法. 设 $f(X)=C\cup D$, 其中 C,D 是 $f(X)$ 中两个不相交的非空开集, 则 $X=f^{-1}(C)\cup f^{-1}(D)$. 因 f 连续, 由定理 1.1.3(2), $f^{-1}(C)$ 和 $f^{-1}(D)$ 都是 X 中的非空开集, 且 $f^{-1}(C)\cap f^{-1}(D)=\varnothing$, 这与 X 的连通性矛盾.

定理 1.3.17　设 X 是连通空间, $f:X\to R$ 连续, 如果 $f(x_1)=a$, $f(x_2)=b$, 其中 $x_1,x_2\in X$, 且 $a<b$, 则 $\forall c\in(a,b)$, $\exists x^*\in X$, 使 $f(x^*)=c$.

证明　因 X 连通, f 连续, 由定理 1.3.16, $f(X)\subset R$ 必是连通的, 即 $f(X)$ 必是 R 的一个区间. 现 $a,b\in f(X)$, 故 $(a,b)\subset f(X)$, 由 $c\in(a,b)$, 得 $c\in f(X)$, 故 $\exists x^*\in X$, 使 $f(x^*)=c$.

1.4　度量空间

设 X 是一个非空的集合, 如果 $\forall x,y\in X$, 存在实数 $d(x,y)$ 与之对应, 满足

(1) $d(x,y)\geqslant 0$, 且 $d(x,y)=0$ 当且仅当 $x=y$;

(2) $d(x,y)=d(y,x)$;

(3) $\forall z\in X$, 有 $d(x,y)\leqslant d(x,z)+d(z,y)$.

则称 $d(x,y)$ 为 x,y 之间的距离, 称 X 按照距离 d 成为度量空间或距离空间, 记为 (X,d), 简记为 X.

$\forall\varepsilon>0$, $O(x,\varepsilon)=\{y\in X:d(x,y)<\varepsilon\}$ 称为以 x 为球心, ε 为半径的开球.

设 $\{x_n\}$ 是度量空间 X 中的一个序列, $x \in X$, 如果数列 $d(x_n, x) \to 0$, 则称序列 $\{x_n\}$ 收敛于 x, 记作 $x_n \to x$.

度量空间必满足 C_1 公理, 事实上, $\forall x \in X$, $\left\{O\left(x, \frac{1}{n}\right), n = 1, 2, 3, \cdots\right\}$ 就是 x 的可数局部基. 这样, 在度量空间中就可以用序列代替网来描述闭包和连续性.

设 X 是一个度量空间, $A \subset X$ 是一个非空子集, $x \in X$, 则

$$d(x, A) = \inf_{y \in A}(x, y)$$

称为点 x 和集合 A 间的距离. 易证 $d(x, y)$ 是 (x, y) 的二元连续函数, $d(x, A)$ 是 x 的连续函数, 而 $x \in \bar{A}$ 当且仅当 $d(x, A) = 0$.

设 $A \subset X$ 是一个非空子集, 如果 $\exists x_0 \in X$ 和 $a > 0$, 使 $O(x_0, a) \supset A$, 则称 A 是有界的. 设 $A \subset X$ 是一个有界子集, 则 $d(A) = \sup\limits_{x, y \in A} d(x, y)$ 称为 A 的直径.

定理 1.4.1 设 X 是度量空间, 则它必是正规空间.

证明 设 A, B 是 X 中任意两个非空闭集, $A \cap B = \varnothing$. $\forall x \in A$, 则 $d(x, B) > 0$, 而 $\forall y \in B$, $d(y, A) > 0$. 令 $U = \bigcup\limits_{x \in A} O\left(x, \frac{d(x, B)}{2}\right)$, $V = \bigcup\limits_{y \in B} O\left(y, \frac{d(y, A)}{2}\right)$, 则 U, V 都是 X 中的开集, $U \supset A$, $V \supset B$, 且 $U \cap V = \varnothing$, X 必是正规空间.

当 X 是度量空间时, 以下定理的证明会变得非常简单.

Urysohn 引理 (定理 1.2.3) 的证明 因 A, B 都是非空闭集, 且 $A \cap B = \varnothing$, 故 $\forall x \in X$, 有 $d(x, A) + d(x, B) > 0$.

$\forall x \in X$, 令 $f(x) = \dfrac{d(x, A)}{d(x, A) + d(x, B)}$, 因 $d(x, A)$ 和 $d(x, B)$ 都是 x 的连续函数, 故 $f : X \to [0, 1]$ 是连续的. $\forall x \in A$, $f(x) = 0$, $\forall x \in B$, $f(x) = 1$ 都是显然的.

连续单位分划的存在性定理 (定理 1.3.8) 的证明 X 是紧度量空间, $\{G_i : i = 1, 2, \cdots, n\}$ 是 X 的有限开覆盖, $\forall x \in X$, 如果 $\sum\limits_{i=1}^{n} d(x, X - G_i) = 0$, 则 $\forall i = 1, 2, \cdots, n$, 有 $d(x, X - G_i) = 0$, 因 $X - G_i$ 是闭集, 必有 $x \in X - G_i$, $x \notin G_i$, 这与 $\{G_i : i = 1, 2, \cdots, n\}$ 是 X 的开覆盖矛盾, 故 $\sum\limits_{i=1}^{n} d(x, X - G_i) > 0$.

$\forall x \in X$, $\forall i = 1, 2, \cdots, n$, 定义 $\beta_i(x) = \dfrac{d(x, X - G_i)}{\sum\limits_{i=1}^{n} d(x, X - G_i)}$.

$\forall i = 1, 2, \cdots, n$, $\beta_i : X \to [0, 1]$ 连续, 如果 $\beta_i(x) > 0$, 则 $x \notin X - G_i$, 故 $x \in G_i$, 又 $\forall x \in X$, $\sum\limits_{i=1}^{n} \beta_i(x) = 1$ 也是显然的.

设 (X, d) 是一个度量空间, $\{x_n\}$ 是 X 中的一个序列, 如果 $\forall \varepsilon > 0$, 存在正整数

$N(\varepsilon)$, 使 $\forall m, n \geqslant N(\varepsilon)$, 有 $d(x_m, x_n) < \varepsilon$, 则称 $\{x_n\}$ 是 X 中的一个 Cauchy 序列. 如果 X 中的任何一个 Cauchy 序列都收敛于 X 中的一点, 则称 X 是一个完备度量空间.

定理 1.4.2 设 X 是一个完备度量空间, $A \subset X$ 是一个非空闭集, 则子空间 A 是完备的.

证明 设 $\{x_n\}$ 是 A 中的任意一个 Cauchy 序列, 则它必是 X 中的一个 Cauchy 序列, 因 X 是完备的, $\exists x \in X$, 使 $x_n \to x$. 又因 A 是闭集, 必有 $x \in A$, A 必是完备的.

定理 1.4.3 (1) 设 X 是一个拓扑空间, $B = \left\{ f: X \to R: \sup\limits_{x \in X} |f(x)| < +\infty \right\}$, $\forall f, g \in B$, 定义距离 $\rho(f, g) = \sup\limits_{x \in X} |f(x) - g(x)|$, 则 (B, ρ) 是一个完备度量空间;

(2) 设 X 是一个拓扑空间, $C = \{f : X \to R : f$ 在 X 上是上半连续的 (或下半连续的, 或连续的), 且 $\sup\limits_{x \in X} |f(x)| < +\infty\}$, $\forall f, g \in C$, 定义距离 $\rho(f, g) = \sup\limits_{x \in X} |f(x) - g(x)|$, 则 (C, ρ) 是一个完备度量空间.

证明 (1) 设 $\{f_m\}$ 是 B 中任何一个 Cauchy 序列, 即 $\forall \varepsilon > 0$, 存在正整数 $N(\varepsilon)$, 使 $\forall m, n \geqslant N(\varepsilon)$, 有 $\rho(f_m, f_n) = \sup\limits_{x \in X} |f_m(x) - f_n(x)| < \varepsilon$.

$\forall x \in X$, $|f_m(x) - f_n(x)| < \varepsilon$, 因 R 是完备的, 存在实数 $f(x)$, 使 $f_n(x) \to f(x)$. 这样, $\forall m \geqslant N(\varepsilon)$, 有 $\sup\limits_{x \in X} |f_m(x) - f(x)| \leqslant \varepsilon$.

固定 $m \geqslant N(\varepsilon)$, 则 $\forall x \in X$, 有 $|f(x)| \leqslant |f_m(x)| + \varepsilon$, 因 $f_m \in B$, 得 $\sup\limits_{x \in X} |f(x)| \leqslant \sup\limits_{x \in X} |f_m(x)| + \varepsilon < +\infty$, $f \in B$, 且 $f_n \to f$, B 是完备的.

(2) 由定理 1.4.2, 我们只需证明 C 是 B 中的闭集.

$\forall f_n \in C$, $f_n \to f$, 即 $\forall \varepsilon > 0$, 存在正整数 $N(\varepsilon)$, 使 $\forall n \geqslant N(\varepsilon)$, 有 $\sup\limits_{x \in X} |f_n(x) - f(x)| < \varepsilon$. 固定 $n \geqslant N(\varepsilon)$, $\forall x \in X$, 因 $f_n(x)$ 在 x 是上半连续的, 存在 x 的开邻域 $O(x)$, 使 $\forall x' \in O(x)$, 有 $f_n(x') < f_n(x) + \varepsilon$. 这样, $\forall x' \in O(x)$, 有

$$f(x') < f_n(x') + \varepsilon < f_n(x) + 2\varepsilon < f(x) + 3\varepsilon.$$

f 在 x 是上半连续的, $f \in C, C$ 必是 B 中的闭集.

定理 1.4.4 设 X 是完备度量空间, 则必是 Baire 空间.

证明 设 $\{G_n\}$ 是 X 中的任意一列稠密开集, 我们要证明 $\bigcap\limits_{n=1}^{\infty} G_n$ 在 X 中稠密, 而这只需证明对 X 中的任意非空开集 U, 有 $\bigcap\limits_{n=1}^{\infty} G_n \cap U \neq \varnothing$.

因 G_1 在 X 中稠密, 则开集 $G_1 \cap U \neq \varnothing$. 取 $x_1 \in G_1 \cap U$, $\exists r_1 \in (0, 1)$, 使 $O_1 = O(x_1, r_1) \subset G_1 \cap U$. 因 G_2 在 X 中稠密, 则开集 $G_2 \cap O_1 \neq \varnothing$. 取 $x_2 \in G_2 \cap O_1$,

$\exists r_2 \in \left(0, \dfrac{1}{2}r_1\right)$, 使 $O_2 = O(x_2, r_2) \subset G_2 \cap O_1$, 且 $\bar{O}_2 \subset O_1$. 如此继续, 我们得到 X 中的一列开球 $\{O_n = O(x_n, r_n)\}$:$O_n \subset G_n$, $\bar{O}_n \subset O_{n-1}$, 且 $r_n \to 0$.

考虑 X 中的序列 $\{x_n\}$, $\forall m \geqslant n$, 由 $x_m \in O_m \subset O_n$, 得 $d(x_m, x_n) \leqslant 2r_n$, 因 $r_n \to 0$, $\{x_n\}$ 必是一个 Cauchy 序列, 因 X 是完备的, $\exists x \in X$, 使 $x_n \to x$.

固定 n, $\forall m \geqslant n$, 有 $x_m \in O_m \subset O_n$, 令 $m \to \infty$, 得 $x \in \bar{O}_n \subset O_{n-1}$. 这样, $x \in \bigcap\limits_{n=1}^{\infty} \bar{O}_n \subset \bigcap\limits_{n=2}^{\infty} O_{n-1} = \bigcap\limits_{n=1}^{\infty} O_n \subset \bigcap\limits_{n=1}^{\infty} G_n$, 且 $x \in O_1 \subset U$, 即 $\bigcap\limits_{n=1}^{\infty} G_n \cap U \neq \varnothing$.

设 X 是度量空间, $\varepsilon > 0$, 如果存在 X 中的有限子集 $\{x_1, x_2, \cdots, x_n\}$, 使 $X = \bigcup\limits_{i=1}^{n} O(x_i, \varepsilon)$, 则称 $\{x_1, x_2, \cdots, x_n\}$ 是 X 的一个 ε 网. 如果 $\forall \varepsilon > 0$, X 都存在 ε 网, 则称 X 是完全有界的.

设 X 是度量空间, 如果 X 中的任意序列都有收敛子序列, 则称 X 是序列紧的度量空间.

引理 1.4.1 设 X 是序列紧的度量空间, 则它必是完全有界的.

证明 用反证法. 设 X 不是完全有界的, 则 $\exists \varepsilon_0 > 0$, 使 X 没有 ε_0 网. 任取 $x_1 \in X$, 必 $\exists x_2 \in X$, 使 $d(x_1, x_2) \geqslant \varepsilon_0$. 又 $\exists x_3 \in X$, 使 $d(x_1, x_3) \geqslant \varepsilon_0$, $d(x_2, x_3) \geqslant \varepsilon_0$. 如此继续, 可以得到 X 中的序列 $\{x_n\}$, 使当 $i \neq j$ 时, 有 $d(x_i, x_j) \geqslant \varepsilon_0$. 显然, 序列 $\{x_n\}$ 没有收敛子序列, 矛盾.

定理 1.4.5 设 X 是序列紧的度量空间, $\{G_\lambda : \lambda \in \Lambda\}$ 是 X 的一族开覆盖, 则 $\exists \delta > 0$, 使对 X 中的任意子集 A, 其直径 $d(A) = \sup\limits_{x,y \in A} d(x, y) < \delta$, 必存在某 G_λ, 使 $A \subset G_\lambda$.

证明 用反证法. 假设结论不成立, 则 $\forall n = 1, 2, 3, \cdots$, 存在 $A_n \subset X$, $d(A_n) < \dfrac{1}{n}$, 而 A_n 不被任何 G_λ 所包含. 任取 $x_n \in A_n$, $n = 1, 2, 3, \cdots$, 因 X 是序列紧的, 不妨设 $x_n \to x \in X$. 存在某 G_λ, 使 $x \in G_\lambda$, 则 $a = d(x, X - G_\lambda) > 0$.

取 m 充分大, 使 $m > \dfrac{2}{a}$, 且 $d(x_m, x) < \dfrac{a}{2}$. $\forall y \in A_m$, 则

$$d(y, x) \leqslant d(y, x_m) + d(x_m, x) < \frac{1}{m} + \frac{a}{2} < \frac{a}{2} + \frac{a}{2} = a,$$

故 $y \notin X - G_\lambda$, $y \in G_\lambda$. 因 $y \in A_m$ 是任取的, 得 $A_m \subset G_\lambda$, 矛盾.

注 1.4.1 以上 δ 称为覆盖 $\{G_\lambda : \lambda \in \Lambda\}$ 的 Lebesgue 数.

定理 1.4.6 X 是紧度量空间当且仅当它是序列紧的度量空间.

证明 设 X 是紧度量空间, 由定理 1.3.3, 它必是序列紧的.

反之, 设 $\{G_\lambda : \lambda \in \Lambda\}$ 是 X 的任意一族开覆盖, 因 X 是序列紧的, 由定理 1.4.5, 设 ε 是此开覆盖的 Lebesgue 数. 由引理 1.4.1, 存在 X 的 $\dfrac{\varepsilon}{3}$ 网 $\{x_1, x_2, \cdots, x_n\}$, 即 $X = \bigcup\limits_{i=1}^{n} O\left(x_i, \dfrac{\varepsilon}{3}\right)$. 注意到 $O\left(x_i, \dfrac{\varepsilon}{3}\right)$ 的直径小于 ε, 存在某 G_i, 使 $G_i \supset O\left(x_i, \dfrac{\varepsilon}{3}\right)$,

$i=1,2,\cdots,n$, 这样, $\{G_i:i=1,2,\cdots,n\}$ 就是 X 的有限开覆盖, X 必是紧度量空间.

注 1.4.2 如果 X 是紧拓扑空间, $\{x_n\}$ 是 X 中的一个序列, 由定理 1.3.3, $\{x_n\}$ 必有聚点 $x\in X$, 但是不能由此断言 $\{x_n\}$ 必有子序列 $\{x_{n_k}\}$, 使 $x_{n_k}\to x$. 当 X 满足 (C_1) 公理, 特别地, 当 X 是度量空间时, 这一断言是正确的. 换句话说, 对拓扑空间 X 来说, X 紧 $\not\Rightarrow X$ 序列紧, 当 X 满足 (C_1) 公理时, X 紧 $\Rightarrow$ X 序列紧; 此外, 由 x 是 $\{x_n\}$ 的聚点可推出存在 $\{x_n\}$ 的子网 $\{z^\alpha\}$, 使 $z^\alpha\to x$, 其中 $z^\alpha=x_{n(\alpha)}$, 而 $n(\alpha)\to\infty$.

定理 1.4.7 X 是紧度量空间当且仅当它是完全有界的完备度量空间.

证明 必要性. 设 X 是紧度量空间, 由定理 1.4.6 和引理 1.4.1, 它必是序列紧的和完全有界的, 以下证明它是完备的. 设 $\{x_n\}$ 是 X 中的任意 Cauchy 序列, 即 $\forall\varepsilon>0$, 存在正整数 $N(\varepsilon)$, 使 $\forall m,n\geqslant N(\varepsilon)$, 有 $d(x_m,x_n)<\dfrac{\varepsilon}{2}$. 因 X 是序列紧的, 存在 $\{x_n\}$ 的收敛子序列 $\{x_{n_k}\}$, 使 $x_{n_k}\to x\in X$. 取 $n_{k_0}\geqslant N(\varepsilon)$, 并使 $d\left(x_{n_{k_0}},x\right)<\dfrac{\varepsilon}{2}$. 这样, 当 $n\geqslant N(\varepsilon)$ 时,

$$d(x_n,x)\leqslant d\left(x_n,x_{n_{k_0}}\right)+d\left(x_{n_{k_0}},x\right)<\frac{\varepsilon}{2}+\frac{\varepsilon}{2}=\varepsilon,$$

$x_n\to x$, X 必是完备的.

充分性. 设 X 是完全有界的完备度量空间, 由定理 1.4.6, 我们只需证明它是序列紧的. 又因 X 是完备的, 我们只需证明对 X 中的任意序列 $\{x_n\}$, 必存在它的一个子序列, 而此子序列是一个 Cauchy 序列.

因 X 是完全有界的, X 被有限个半径为 1 的开球所覆盖, 至少有一个, 记为 O_1, 包含无限个 x_n, 记 Z_+ 为正整数全体, 即 $\exists Z_1\in Z_+$, 使 $\{x_n:n\in Z_1\}\subset O_1$. 如此继续, 设已取定 Z_k, 则存在半径为 $\dfrac{1}{k+1}$ 的开球 O_{k+1} 和 $Z_{k+1}\subset Z_k$, 使 $\{x_n:n\in Z_{k+1}\}\subset O_{k+1}$. 现在, 取 $n_k\in Z_k$, 且 $n_{k+1}>n_k$, 当 $i,j\geqslant k$, $n_i,n_j\in Z_k$ 时, 必有 $d\left(x_{n_i},x_{n_j}\right)<\dfrac{2}{k}$, 即 $\{x_{n_k}\}$ 必是一个 Cauchy 序列.

我们知道 A 是 R^n 中紧集当且仅当它是有界闭集. 对于闭区间 $[a,b]$ 上连续函数的全体 $C[a,b]$, 我们要给出以下 Arzelà-Ascoli 定理.

设 $A\subset C[a,b]$, 如果 $\forall\varepsilon>0$, $\exists\delta>0$, 使 $\forall x,x'\in[a,b]$, $|x-x'|<\delta$, $\forall f\in A$, 都有 $|f(x)-f(x')|<\varepsilon$, 则称 A 是等度连续的.

定理 1.4.8 $A\subset C[a,b]$ 是紧集的充分必要条件是 A 为等度连续的有界闭集.

证明 必要性. 设 $A\subset C[a,b]$ 是紧集, 则易知它是有界闭集, 以下证明 A 是等度连续的. $\forall\varepsilon>0$, 存在 A 的有限 $\dfrac{\varepsilon}{3}$ 网 $\{f_1,f_2,\cdots,f_n\}$. $\forall i=1,2,\cdots,n$, 因 f_i 在 $[a,b]$ 上连续, $\exists\delta>0$, 使 $\forall x,x'\in[a,b]$, $|x-x'|<\delta$, 有 $|f_i(x)-f_i(x')|<\dfrac{\varepsilon}{3}$. $\forall f\in A$,

存在某 i, 使 $d(f,f_i)=\max\limits_{x\in[a,b]}|f(x)-f_i(x)|<\dfrac{\varepsilon}{3}$. $\forall x,x'\in[a,b]$, $|x-x'|<\delta$,

$$\begin{aligned}|f(x)-f(x')|\leqslant&|f(x)-f_i(x)|+|f_i(x)-f_i(x')|\\&+|f_i(x')-f(x')|<\frac{\varepsilon}{3}+\frac{\varepsilon}{3}+\frac{\varepsilon}{3}=\varepsilon,\end{aligned}$$

A 是等度连续的.

充分性. 因 A 是完备度量空间 $C[a,b]$ 中的闭集, 由定理 1.4.2, A 是完备的, 由定理 1.4.7, 我们只需证明 A 是完全有界的.

因 A 是等度连续的, $\forall\varepsilon>0$, $\exists\delta>0$, 使 $\forall x,x'\in[a,b]$, $|x-x'|<\delta$, $\forall f\in A$, 有 $|f(x)-f(x')|<\dfrac{\varepsilon}{3}$. 给定 $[a,b]$ 中的分点 $a=x_0<x_1<\cdots<x_n=b$, 使 $|x_{k+1}-x_k|<\delta$, $k=0,1,\cdots,n-1$. 因 A 是有界集, 故 $\tilde{A}=\{(f(x_1),f(x_2),\cdots,f(x_n)):f\in A\}\subset R^n$ 必是有界集, 从而是完全有界集. 这样, 存在 $f_1,f_2,\cdots,f_m\in A$, 使 $\{(f_i(x),f_i(x),\cdots,f_i(x)):i=1,2,\cdots,m\}$ 构成 $\tilde{A}$ 中的 $\dfrac{\varepsilon}{3}$ 网, 以下来证明 $\{f_1,f_2,\cdots,f_m\}$ 是 A 的 ε 网.

$\forall f\in A$, 因 $(f(x_1),f(x_2),\cdots,f(x_n))\in\tilde{A}$, 存在某 $i\in\{1,\cdots,m\}$, 使 $|f_i(x_j)-f(x_j)|<\dfrac{\varepsilon}{3}, j=1,2,\cdots,n$. $\forall x\in[a,b]$, 存在某 k, 使 $x\in[x_k,x_{k+1}]$. 这样,

$$\begin{aligned}|f(x)-f_i(x)|\leqslant&|f(x)-f(x_k)|+|f(x_k)-f_i(x_k)|\\&+|f_i(x_k)-f_i(x)|<\frac{\varepsilon}{3}+\frac{\varepsilon}{3}+\frac{\varepsilon}{3}=\varepsilon,\end{aligned}$$

$d(f,f_i)=\max\limits_{x\in[a,b]}|f(x)-f_i(x)|<\varepsilon, \{f_1,f_2,\cdots,f_m\}$ 是 A 的 ε 网, A 必是完全有界的.

1.5 线性拓扑空间

设 E 是线性空间, 对 X 中的任意两个非空集合 A,B, 定义

$$A+B=\{x+y:x\in A,y\in B\}.$$

对任意 $\lambda\in R$ 及 E 中任意非空集合 A, 定义

$$\lambda A=\{\lambda x:x\in A\}.$$

设 C 是 E 中的一个非空子集, $\forall\lambda\in(0,1)$, 则 $\lambda C+(1-\lambda)C\supset C$ 是显然的, 但如果有 $\lambda C+(1-\lambda)C\subset C$, 则称 C 是 E 中的凸集. 换句话说, 如果 $\forall\lambda\in(0,1)$, $\forall x_1,x_2\in C$, 有 $\lambda x_1+(1-\lambda)x_2\in C$, 则称 C 是 E 中的凸集. 规定空集 $\varnothing$ 是凸集. 设 A 是 E 中的一个非空子集, 包含 A 的最小凸集称为 A 的凸包, 记作 $\mathrm{co}(A)$,

它是 E 中所有可能凸组合 $\sum_{i=1}^{n}\lambda_i x_i$ 的全体, 其中 $x_i \in A$, $\lambda_i \geqslant 0, i=1,2,\cdots,n$, 而 $\sum_{i=1}^{n}\lambda_i = 1$. 显然 A 是凸集当且仅当 $A=\mathrm{co}\,(A)$.

引理 1.5.1 设 E 是线性空间, 则

(1) 对 E 中任意两个凸集 A, B 及 $a, b \in R$, $aA+bB$ 必是凸集;

(2) E 中任意个凸集的交集是凸集;

(3) 对 E 中任意两个非空点集 A 和 B, 有 $\mathrm{co}\,(A+B)=\mathrm{co}\,(A)+\mathrm{co}\,(B)$.

证明 (1) $\forall c_1, c_2 \in aA+bB$, 则 $\exists x_1, x_2 \in A$, $\exists y_1, y_2 \in B$, 使 $c_1 = ax_1+by_1$, $c_2 = ax_2+by_2$. $\forall \lambda \in (0,1)$, 因 $\lambda c_1 + (1-\lambda)\,c_2 = \lambda\,(ax_1+by_1)+(1-\lambda)(ax_2+by_2) = a(\lambda x_1+(1-\lambda)x_2)+b(\lambda y_1+(1-\lambda)y_2)$, 而 A, B 是凸集, 故 $\lambda x_1+(1-\lambda)\,x_2 \in A$, $\lambda y_1+(1-\lambda)\,y_2 \in B$, 从而 $\lambda c_1+(1-\lambda)\,c_2 \in aA+bB$, $aA+bB$ 必是凸集.

(2) $\forall \lambda \in \Lambda$, C_λ 是 E 中的凸集, 我们要证明 $C=\bigcap_{\lambda\in\Lambda} C_\lambda$ 是凸集. 如果 $C=\varnothing$, 按规定它是凸集. 如果 $C \neq \varnothing$, $\forall x_1, x_2 \in C$, 则 $\forall \lambda \in \Lambda$, 有 $x_1, x_2 \in C_\lambda$, 因 C_λ 是凸集, $\forall t \in (0,1)$, $tx_1+(1-t)\,x_2 \in C_\lambda$, 故 $tx_1+(1-t)\,x_2 \in C$, C 必是凸集.

(3) $\forall x \in A$, 易知 $x+\mathrm{co}\,(B) = \mathrm{co}\,(x+B) \subset \mathrm{co}\,(A+B)$, 从而 $A+\mathrm{co}\,(B) \subset \mathrm{co}\,(A+B)$. $\forall y \in \mathrm{co}\,(B)$, 则 $\mathrm{co}\,(A)+y=\mathrm{co}\,(A+y) \subset \mathrm{co}\,(A+\mathrm{co}\,(B)) \subset \mathrm{co}(\mathrm{co}(A+B))=\mathrm{co}\,(A+B)$, 从而 $\mathrm{co}\,(A)+\mathrm{co}\,(B) \subset \mathrm{co}\,(A+B)$. 又 $\mathrm{co}\,(A)+\mathrm{co}\,(B) \supset \mathrm{co}\,(A+B)$ 是显然的, 故 $\mathrm{co}\,(A+B)=\mathrm{co}\,(A)+\mathrm{co}\,(B)$.

设 C 是线性空间 E 中的一个凸集, $f: C \to R$, 如果 $\forall x_1, x_2 \in C$, $\forall \lambda \in (0,1)$, 有

$$f\,(\lambda x_1+(1-\lambda)\,x_2) \leqslant \lambda f\,(x_1)+(1-\lambda)\,f\,(x_2)\,.$$

则称 f 是 C 上的凸函数.

如果 $-f$ 是 C 上的凸函数, 则称 f 是 C 上的凹函数, 此时 $\forall x_1, x_2 \in C$, $\forall \lambda \in (0,1)$, 有

$$f\,(\lambda x_1+(1-\lambda)\,x_2) \geqslant \lambda f\,(x_1)+(1-\lambda)\,f\,(x_2)\,.$$

如果 $\forall x_1, x_2 \in C$, $\forall \lambda \in (0,1)$, 有

$$f\,(\lambda x_1+(1-\lambda)\,x_2) = \lambda f\,(x_1)+(1-\lambda)\,f\,(x_2)\,.$$

则称 f 是 C 上的仿射函数, 仿射函数既是凸函数又是凹函数.

显然, 如果 f_1, f_2 是 C 上的凸函数 (或凹函数), 则 f_1+f_2 必是 C 上的凸函数 (或凹函数). 如果 f 是 C 上的凸函数 (或凹函数), $\forall t>0$, tf 必是 C 上的凸函数 (或凹函数).

如果 $\forall x_1, x_2 \in C$, $\forall \lambda \in (0,1)$, 有

$$f(\lambda x_1 + (1-\lambda) x_2) \leqslant \max\{f(x_1), f(x_2)\}.$$

则称 f 是 C 上的拟凸函数.

如果 $-f$ 是 C 上的拟凸函数, 则称 f 是 C 上的拟凹函数, 此时 $\forall x_1, x_2 \in C$, $\forall \lambda \in (0,1)$, 有

$$f(\lambda x_1 + (1-\lambda) x_2) \geqslant \min\{f(x_1), f(x_2)\}.$$

显然, 如果 f 是 C 上的凸函数 (或凹函数), 则 f 必是 C 上的拟凸函数 (或拟凹函数), 但反之不然. 如果 f 是 C 上的凸函数, 则易证 $\forall x_i \in C$, $\forall \lambda_i \geqslant 0$, $i = 1, 2, \cdots, n$, $\sum_{i=1}^{n} \lambda_i = 1$, 有

$$f\left(\sum_{i=1}^{n} \lambda_i x_i\right) \leqslant \sum_{i=1}^{n} \lambda_i f(x_i).$$

如果 f 是 C 上的凹函数, 则易证 $\forall x_i \in C$, $\forall \lambda_i \geqslant 0$, $i = 1, 2, \cdots, n$, $\sum_{i=1}^{n} \lambda_i = 1$, 有

$$f\left(\sum_{i=1}^{n} \lambda_i x_i\right) \geqslant \sum_{i=1}^{n} \lambda_i f(x_i).$$

如果 f 是 C 上的拟凸函数, 则易证 $\forall x_i \in C$, $\forall \lambda_i \geqslant 0$, $i = 1, 2, \cdots, n$, $\sum_{i=1}^{n} \lambda_i = 1$, 有

$$f\left(\sum_{i=1}^{n} \lambda_i x_i\right) \leqslant \max_{1 \leqslant i \leqslant n} f(x_i).$$

如果 f 是 C 上的拟凹函数, 则易证 $\forall x_i \in C$, $\forall \lambda_i \geqslant 0$, $i = 1, 2, \cdots, n$, $\sum_{i=1}^{n} \lambda_i = 1$, 有

$$f\left(\sum_{i=1}^{n} \lambda_i x_i\right) \geqslant \min_{1 \leqslant i \leqslant n} f(x_i).$$

定理 1.5.1 设 C 是线性空间 E 中的一个凸集, $f: C \to R$, 则

(1) f 是 C 上的拟凸函数当且仅当 $\forall r \in R$, $\{x \in C : f(x) \leqslant r\}$ 是凸集;

(2) f 是 C 上的拟凹函数当且仅当 $\forall r \in R$, $\{x \in C : f(x) \geqslant r\}$ 是凸集.

证明 我们只证 (1). 必要性. $\forall r \in R$, $\forall x_1, x_2 \in \{x \in C : f(x) \leqslant r\}$, 则 $x_1, x_2 \in C$, 且 $f(x_1) \leqslant r$, $f(x_2) \leqslant r$. $\forall \lambda \in (0,1)$, 因 C 是凸集, $\lambda x_1 + (1-\lambda) x_2 \in C$, 且

因 f 是 C 上的拟凸函数, 有 $f(\lambda x_1+(1-\lambda)x_2)\leqslant \max\{f(x_1),f(x_2)\}\leqslant r$, 故 $\lambda x_1+(1-\lambda)x_2\in\{x\in C: f(x)\leqslant r\}$, $\{x\in C: f(x)\leqslant r\}$ 必是凸集.

充分性. $\forall x_1,x_2\in C$, $\forall\lambda\in(0,1)$, 令 $r=\max\{f(x_1),f(x_2)\}$, 则 $x_1,x_2\in\{x\in C: f(x)\leqslant r\}$. 因 $\{x\in C: f(x)\leqslant r\}$ 是凸集, 故 $\lambda x_1+(1-\lambda)x_2\in\{x\in C: f(x)\leqslant r\}$, $f(\lambda x_1+(1-\lambda)x_2)\leqslant r=\max\{f(x_1),f(x_2)\}$, f 必是 C 上的拟凸函数.

定理 1.5.2　设 C 是线性空间 E 中的一个凸集, $\forall\lambda\in\Lambda$, $f_\lambda: C\to R$, 则

(1) 如果 $\forall\lambda\in\Lambda$, f_λ 在 C 上是拟凸的, 则 $\sup\limits_{\lambda\in\Lambda} f_\lambda(x)$ 在 C 上也是拟凸的;

(2) 如果 $\forall\lambda\in\Lambda$, f_λ 在 C 上是拟凹的, 则 $\inf\limits_{\lambda\in\Lambda} f_\lambda(x)$ 在 C 上也是拟凹的.

证明　我们只证 (1). $\forall r\in R$,

$$\left\{x\in C: \sup_{\lambda\in\Lambda} f_\lambda(x)\leqslant r\right\}=\{x\in C: f_\lambda(x)\leqslant r,\forall\lambda\in\Lambda\}$$
$$=\bigcap_{\lambda\in\Lambda}\{x\in C: f_\lambda(x)\leqslant r\}.$$

$\forall\lambda\in\Lambda$, 因 f_λ 在 C 上是拟凸的, 由引理 1.5.1(1), $\{x\in C: f_\lambda(x)\leqslant r\}$ 是凸集, 由定理 1.5.1(2), $\bigcap\limits_{\lambda\in\Lambda}\{x\in C: f_\lambda(x)\leqslant r\}$ 是凸集, 再由定理 1.5.1(1), $\sup\limits_{\lambda\in\Lambda} f_\lambda(x)$ 在 C 上必是拟凸的.

定理 1.5.3　设 C 是线性空间 E 中的一个凸集, $\forall\lambda\in\Lambda$, $f_\lambda: C\to R$, 则

(1) 如果 $\forall\lambda\in\Lambda$, f_λ 在 C 上是凸的, 则 $\sup\limits_{\lambda\in\Lambda} f_\lambda(x)$ 在 C 上也是凸的;

(2) 如果 $\forall\lambda\in\Lambda$, f_λ 在 C 上是凹的, 则 $\inf\limits_{\lambda\in\Lambda} f_\lambda(x)$ 在 C 上也是凹的.

证明　我们只证 (1). $\forall x_1,x_2\in C$, $\forall t\in(0,1)$, 由上确界定义, $\forall\varepsilon>0$, $\exists\lambda_0\in\Lambda$, 使 $\sup\limits_{\lambda\in\Lambda} f_\lambda(tx_1+(1-t)x_2)<f_{\lambda_0}(tx_1+(1-t)x_2)+\varepsilon$.

因 f_{λ_0} 在 C 上是凸的, 故

$$f_{\lambda_0}(tx_1+(1-t)x_2)\leqslant tf_{\lambda_0}(x_1)+(1-t)f_{\lambda_0}(x_2)$$
$$\leqslant t\sup_{\lambda\in\Lambda} f_\lambda(x_1)+(1-t)\sup_{\lambda\in\Lambda} f_\lambda(x_2).$$

这样

$$\sup_{\lambda\in\Lambda} f_\lambda(tx_1+(1-t)x_2)<t\sup_{\lambda\in\Lambda} f_\lambda(x_1)+(1-t)\sup_{\lambda\in\Lambda} f_\lambda(x_2)+\varepsilon.$$

因 ε 是任意的, 得

$$\sup_{\lambda\in\Lambda} f_\lambda(tx_1+(1-t)x_2)\leqslant t\sup_{\lambda\in\Lambda} f_\lambda(x_1)+(1-t)\sup_{\lambda\in\Lambda} f_\lambda(x_2),$$

$\sup\limits_{\lambda\in\Lambda} f_\lambda(x)$ 在 C 上必是凸的.

设 E 是线性空间, 同时又是拓扑空间, 而 E 中的代数运算按其中的拓扑连续, 则称 E 是一个线性拓扑空间. 具体来说, $\forall x, y \in E$ 及 $x+y$ 的任意开邻域 O, 存在 x 的开邻域 U 和 y 的开邻域 V, 使 $U+V \subset O$, $\forall x \in E$, $\forall \lambda \in R$ 及 λx 的任意开邻域 O, 存在 x 的开邻域 U 及 $\delta>0$, 当 $|\lambda-\lambda'|<\delta$, 有 $\lambda' U \subset O$.

在应用中我们总假定线性拓扑空间是 Hausdorff 线性拓扑空间.

引理 1.5.2 设 C 是 Hausdorff 线性拓扑空间 E 中的非空凸集, 则 $\bar{C}$ 和 $\operatorname{int}C$ 都是凸集.

证明 $\forall x_1, x_2 \in \bar{C}$, 由定理 1.1.2(1), $\exists x_1^\alpha, x_2^\beta \in C$, 使 $x_1^\alpha \to x_1$, $x_2^\beta \to x_2$. $\forall \lambda \in (0,1)$, 因 C 是凸集, $\lambda x_1^\alpha + (1-\lambda) x_2^\beta \in C$. 对 $\{(\alpha,\beta)\}$, 规定 $(\alpha,\beta) \prec (\alpha',\beta')$ 当 $\alpha \prec \alpha', \beta \prec \beta'$ 同时成立, 由 $\lambda x_1^\alpha + (1-\lambda) x_2^\beta \to \lambda x_1 + (1-\lambda) x_2$, 得 $\lambda x_1 + (1-\lambda) x_2 \in \bar{C}$, $\bar{C}$ 必是凸集.

$\forall x_1, x_2 \in \operatorname{int}C$, 存在 E 中 O 点的开邻域 V, 使 $x_1 + V \subset C$. $\forall \lambda \in (0,1)$, 因 $\lambda x_1 + \lambda V \subset \lambda C$, $x_2 \in C$, $(1-\lambda) x_2 \in (1-\lambda) C$, 得 $\lambda x_1 + (1-\lambda) x_2 + \lambda V \subset \lambda C + (1-\lambda) C = C$, 而 λV 是 O 的开邻域, 故 $\lambda x_1 + (1-\lambda) x_2 \in \operatorname{int}C, \operatorname{int}C$ 必是凸集.

引理 1.5.3 设 A, B 是 Hausdorff 线性拓扑空间 E 中的两个非空紧集, 则 $\forall a, b \in R$, $aA+bB$ 必是 E 中的紧集.

证明 因 A, B 是紧集, 由定理 1.3.5, $A \times B$ 是紧集. 因 $f(x_1, x_2) = ax_1 + bx_2$ 是从 $A \times B$ 到 E 中的连续映射, 由定理 1.3.4, $f(A,B) = aA+bB$ 必是 E 中的紧集.

引理 1.5.4 (1) 设 $A = \{x_1, x_2, \cdots, x_{n+1}\}$ 是 Hausdorff 线性拓扑空间 E 中的有限点集, 则 $\operatorname{co}(A)$ 必是紧集;

(2) 设 A 是 R^n 中的非空紧集, 则 $\operatorname{co}(A)$ 也必是 R^n 中的紧集.

证明 (1) 令 $B = \left\{\lambda = (\lambda_1, \lambda_2, \cdots, \lambda_{n+1}) : \lambda_i \geqslant 0, \sum_{i=1}^{n+1} \lambda_i = 1\right\}$, 它是紧集. $\forall \lambda \in B$, 定义 $f(\lambda) = \sum_{i=1}^{n+1} \lambda_i x_i$, 这是从 B 到 E 中的连续映射, 由定理 1.3.4, $\operatorname{co}(A) = f(B)$ 必是紧集.

(2) 首先证明 $\forall x \in \operatorname{co}(A)$, x 必可表示成至多 $n+1$ 个点的凸组合. 设 $x = \sum_{i=1}^m \lambda_i x_i$, 其中 $x_i \in A$, $\lambda_i > 0$, $\sum_{i=1}^m \lambda_i = 1$, 其中 m 是最小的, 我们要证明 $m \leqslant n+1$.

用反证法. 如果 $m > n+1$, 则 $\{x_i - x_1 : i = 2, 3, \cdots, m\}$ 必是线性相关的, 存在不全为零的实数 $\alpha_2, \alpha_3, \cdots, \alpha_m$, 使 $\sum_{i=2}^m \alpha_i (x_i - x_1) = 0$. 记 $\alpha_1 = -\sum_{i=2}^m \alpha_i$, 则 $\sum_{i=1}^m \alpha_i = 0$, $\sum_{i=1}^m \alpha_i x_i = 0$.

不妨假定 $\alpha_m > 0$(否则可重新对标号排序), 且对 $\alpha_i > 0$ 的标号 i, 有 $\dfrac{\lambda_m}{\alpha_m} \leqslant \dfrac{\lambda_i}{\alpha_i}$. $\forall 1 \leqslant i \leqslant m$, 令 $\beta_i = \lambda_i - \left(\dfrac{\lambda_m}{\alpha_m}\right)\alpha_i$, 则 $\beta_i \geqslant 0$, 而 $\beta_m = 0$, 由

$$\sum_{i=1}^{m}\beta_i = \sum_{i=1}^{m}\lambda_i - \frac{\lambda_m}{\alpha_m}\sum_{i=1}^{m}\alpha_i = 1,$$

$$\sum_{i=1}^{m-1}\beta_i x_i = \sum_{i=1}^{m}\beta_i x_i = \sum_{i=1}^{m}\left(\lambda_i - \frac{\lambda_m}{\alpha_m}\alpha_i\right)x_i = \sum_{i=1}^{m}\lambda_i x_i - \frac{\lambda_m}{\alpha_m}\sum_{i=1}^{m}\alpha_i x_i = \sum_{i=1}^{m}\lambda_i x_i = x,$$

得 x 是 A 中 $m-1$ 个点的凸组合, 与 m 的最小性矛盾.

现在, $\forall \lambda \in B, \forall x_i \in A, i = 1, 2, \cdots, n+1$, 定义 $f(\lambda, x_1, x_2, \cdots, x_{n+1}) = \sum_{i=1}^{n+1}\lambda_i x_i$, 这是从紧集 $B \times \underbrace{A \times A \times \cdots \times A}_{n+1\text{个}}$ 到 R^n 中的连续映射, 由定理 1.3.4, $\operatorname{co}(A) = f(B, \underbrace{A, A, \cdots, A}_{n+1\text{个}})$ 必是紧集.

定理 1.5.4　设 C 是线性拓扑空间 E 中的一个凸集, $D = \{f : C \to R : f$ 是拟凸的 (或凸的, 或凹的, 或拟凹的), 且 $\sup\limits_{x\in C}|f(x)| < +\infty\}$, $\forall f, g \in D$, 定义距离 $\rho(f, g) = \sup\limits_{x\in C}|f(x) - g(x)|$, 则 (D, ρ) 是一个完备度量空间.

证明　由定理 1.4.2 和定理 1.4.3(1), 我们只需证明 D 是完备度量空间 B 中的闭集. 设 $f_n \in D$, $f_n \to f$, 即 $\forall \varepsilon > 0$, 存在正整数 $N(\varepsilon)$, 使 $\forall n \geqslant N(\varepsilon)$, 有 $\sup\limits_{x\in X}|f_n(x) - f(x)| < \varepsilon$.

固定 $n \geqslant N(\varepsilon)$, $\forall x_1, x_2 \in C$, $\forall \lambda \in (0, 1)$, 注意到 f_n 是拟凸函数, 有

$$\begin{aligned} f(\lambda x_1 + (1-\lambda)x_2) &< f_n(\lambda x_1 + (1-\lambda)x_2) + \varepsilon \\ &\leqslant \max(f_n(x_1), f_n(x_2)) + \varepsilon \\ &< \max(f(x_1), f(x_2)) + 2\varepsilon. \end{aligned}$$

因 ε 是任意的, 故 $f(\lambda x_1 + (1-\lambda)x_2) \leqslant \max(f(x_1), f(x_2))$, $f \in D$, D 必是 B 中的闭集.

注 1.5.1　定理 1.4.3 和定理 1.5.4 在今后都是有用的.

设 E 是一个线性空间, 如果 $\forall x \in E$, 存在实数 $\|x\|$ 与之对应, 满足

(1) $\|x\| \geqslant 0$, 且 $\|x\| = 0$ 当且仅当 $x = 0$;

(2) $\forall \alpha \in R, \|\alpha x\| = |\alpha|\,\|x\|$;

(3) $\forall y \in E, \|x + y\| \leqslant \|x\| + \|y\|$.

则称 $\|x\|$ 是 E 上的一个范数, 称 E 是一个线性赋范空间.

如果 E 是一个线性赋范空间, $\forall x, y \in E$, 定义 $d(x,y) = \|x-y\|$, 则 (E,d) 必是一个度量空间. 设 $\{x_n\}$ 是 E 中的一个序列, $x \in E$, 如果数列 $\|x_n - x\| \to 0$, 则称序列 $\{x_n\}$ 收敛于 x, 记作 $x_n \to x$. 完备的线性赋范空间称为 Banach 空间.

显然, 线性赋范空间必是 Hausdorff 线性拓扑空间.

设 E 是 Hausdorff 线性拓扑空间, $f: E \to R$, 如果 $\forall x_1, x_2 \in E$, $\forall a, b \in R$, 有 $f(ax_1 + bx_2) = af(x_1) + bf(x_2)$, 则称 f 是 E 上的线性泛函. 如果线性泛函 f 是连续的, 则称 f 是 E 上的连续线性泛函. 如果线性泛函在一点 $x_0 \in E$ 连续, 它必在 E 上连续. E 上连续线性泛函的全体记为 E^*.

设 $\{x_n\}$ 是线性赋范空间 E 中的一个序列, $x \in E$, 如果 $\forall f \in E^*$, 有 $f(x_n) \to f(x)$, 则称序列 $\{x_n\}$ 弱收敛于 x. 显然, 如果 $\{x_n\}$ 收敛于 x, 则 $\{x_n\}$ 必弱收敛于 x, 反之不然. 注意到在 R^n 中收敛和弱收敛是等价的.

设 E 是一个线性赋范空间, $\{f_n\}$ 是 E^* 中的一个序列, 如果 $\forall x \in E$, 有 $f_n(x) \to f(x)$, 则称 $\{f_n\}$ 弱 * 收敛于 f.

设 E 是一个线性赋范空间, 因 R 是完备的, 易证 E^* 是一个 Banach 空间. 设 $x \in E$, $f \in E^*$, 原来的想法是: 固定 f, 让 x 跑遍 E; 现在的想法是: 固定 x, 让 f 跑遍 E^*, 此时易知, $f(x)$ 就成了定义在 E^* 上的线性连续泛函, 由此 $\forall x \in E$, 它必对应于 E^{**} 中的某一成员, E 就可以看作 E^{**} 的一个子空间. 如果 $E = E^{**}$, 则称 E 是一个自反空间. 注意到 R^n 是自反 Banach 空间.

以下定理称为 Alaoglu 定理, 其证明可见文献 [23].

定理 1.5.5 设 E 是一个线性赋范空间, $B \subset E^*$ 是一个弱 * 闭集, 且 $\forall f \in B$, $\|f\| = \sup\limits_{\|x\|=1} |f(x)| \leqslant b$, 其中 b 为常数, 则 B 必是弱 * 紧集.

由定理 1.5.5 可推得以下定理, 其证明也可见文献 [23].

定理 1.5.6 设 E 是一个自反 Banach 空间, $B \subset E$ 是一个有界闭集, 则 B 必是一个弱紧集.

设 E 是一个 Hausdorff 线性拓扑空间, $f \in E^*$, $c \in R$, 则 $\{x \in E : f(x) = c\}$ 称为 E 中的一个超平面. 设 A, B 是 E 中的两个非空集合, 如果 $\exists f \in E^*$, 使

$$\sup_{x \in A} f(x) \leqslant \inf_{x \in B} f(x),$$

则称 A 和 B 是可分离的, 此时取 $c \in R$, 使 $\sup\limits_{x \in A} f(x) \leqslant c \leqslant \inf\limits_{x \in B} f(x)$, 则超平面 $\{x \in E : f(x) = c\}$ 就将 A 和 B 分离:

$$\forall x \in A, \quad f(x) \leqslant c, \quad \forall x \in B, \quad f(x) \geqslant c.$$

如果此时有

$$\sup_{x\in A} f(x) < \inf_{x\in B} f(x),$$

则称 A 和 B 是可严格分离的, 此时取 $c\in R$, 使 $a=\sup\limits_{x\in A} f(x) < c < \inf\limits_{x\in B} f(x)=b$, 则超平面 $\{x\in E: f(x)=c\}$ 就将 A 和 B 严格分离:

$$\forall x\in A,\quad f(x)\leqslant a<c,\quad \forall x\in B,\quad f(x)\geqslant b>c.$$

为证明凸集分离定理, 我们需要应用以下著名的 Hahn-Banach 定理[19].

设 E 是一个线性空间, $p: E\to R$ 满足 $\forall x,y\in E$, $p(x+y)\leqslant p(x)+p(y)$ 及 $\forall x\in E, \forall \alpha\geqslant 0$, $p(\alpha x)=\alpha p(x)$. 又设 f 是定义在 E 的子空间 S 上的线性泛函, 满足 $\forall x\in S$, $f(x)\leqslant p(x)$, 则存在定义在 E 上的线性泛函 F, 使 $\forall x\in E$, $F(x)\leqslant p(x)$, 且 $\forall x\in S$, 有 $F(x)=f(x)$.

设 K 是线性空间 E 中一个非空凸集, $x_0\in K$ 称为 K 的代数内点, 如果 $\forall x\in E$, $\exists \varepsilon>0$, 当 $|\lambda|<\varepsilon$ 时, 有 $x_0+\lambda x\in K$. 现在设 K 是包含 O 为代数内点的凸集, 定义 K 的支撑函数 $p: \forall x\in E$, $p(x)=\inf\{\lambda: \lambda^{-1}x\in K, \lambda>0\}$, 则易知 $\forall x,y\in E$, $p(x+y)\leqslant p(x)+p(y)$, $\forall x\in E$, $\forall \alpha\geqslant 0$, $p(\alpha x)=\alpha p(x)$, 且

$$\{x\in E: p(x)<1\}\subset K\subset \{x\in E: p(x)\leqslant 1\}.$$

定理 1.5.7　设 K_1, K_2 是线性空间 E 中的两个非空凸集, $K_1\cap K_2=\varnothing$, x_1 是 K_1 的代数内点, 则存在一个非零线性泛函 $f: E\to R$, 使 $\sup\limits_{x\in K_1} f(x)\leqslant \inf\limits_{x\in K_2} f(x)$.

证明　首先, 由引理 1.5.1(1), K_1-K_2 是凸集. $\forall x_2\in K_2$, 易知 $x_0=x_1-x_2$ 是 K_1-K_2 的代数内点. 令 $K=K_1-K_2-x_0$, 则 K 是包含 O 为代数内点的凸集. 由 $K_1\cap K_2=\varnothing$, 得 $O\notin K_1-K_2$, 从而 $-x_0\notin K$.

令 p 为 K 的支撑函数, 由 $-x_0\notin K$, 得 $p(-x_0)\geqslant 1$. 令 $S=\{\alpha x_0: \alpha\in R\}$, 它是 E 的一维子空间, 定义 $f: S\to R$, $f(\alpha x_0)=-\alpha$, 易知 f 是定义在 S 上的线性泛函, 且 $\forall x\in S$, $f(x)\leqslant p(x)$. 由 Hahn-Banach 定理, 可以将线性泛函 f 延拓定义到 E 上, 且 $\forall x\in E$, 有 $f(x)\leqslant p(x)$.

$\forall x\in K_1, \forall y\in K_2$, 则 $x-y-x_0\in K$,

$$f(x)-f(y)-f(x_0)=f(x-y-x_0)\leqslant p(x-y-x_0)\leqslant 1.$$

因 $f(x_0)=-1$, 得 $f(x)\leqslant f(y)$, 故 $\sup\limits_{x\in K_1} f(x)\leqslant \inf\limits_{x\in K_2} f(x_2)$. 又 $f(x_0)=-1$, f 是非零的.

以上凸集分离定理要求其中一个有代数内点, 我们要把这一条件去掉, 为此要引进局部凸空间的概念. 设 E 是 Hausdorff 线性拓扑空间, 如果存在 0 的局部基, 而

此局部基中的每个成员都是 E 中的凸集, 则称 E 是局部凸线性拓扑空间, 简称局部凸空间, 此时 $\forall x\in E$, 必存在 x 的局部基, 且此局部基中每个成员都是 E 中的凸集. 显然, 线性赋范空间必是局部凸空间.

定理 1.5.8 (1) 设 C 是 Hausdorff 局部凸空间 E 中的非空闭凸集, $0\notin C$, 则存在 E 中的超平面严格分离 0 和 C;

(2) 设 A,B 是 Hausdorff 局部凸空间 E 中的两个非空闭凸集, 且 B 是紧的, $A\cap B=\varnothing$, 则存在 E 中的超平面严格分离 A 和 B.

证明 (1) 因 E 是局部凸的, $O\notin C$, 而 C 是闭集, 则存在 E 中的凸开集 N, 使 $O\in N$, 而 $N\cap C=\varnothing$. 令 $G=N\cap(-N)$, 则 G 是 E 中的凸开集, $O\in G$, $-G=G$, 且 $G\cap C=\varnothing$. 因 O 是 G 的代数内点, 由定理 1.5.7, 存在一个非零线性泛函 f, 使 $\sup\limits_{x\in G}f(x)\leqslant\inf\limits_{x\in C}f(x)=\alpha$. $\forall x\in G$, $f(x)\leqslant\alpha$, 又 $-x\in G$, 故 $-f(x)=f(-x)\leqslant\alpha$, 从而 $|f(x)|\leqslant\alpha$. 因 f 是非零线性泛函, $\exists x_0\in E$, 使 $f(x_0)>0$. 因 O 是 G 的代数内点, 取 $\lambda_0>0$ 充分小, 使 $\lambda_0x_0\in G$, 于是 $\alpha\geqslant f(\lambda_0x_0)=\lambda_0f(x_0)>0$. $\forall\varepsilon>0$, $\forall x\in U=(\varepsilon\alpha^{-1})G$, 必有 $|f(x)|<\varepsilon$, 这表明线性泛函 f 在 O 点连续, 从而它在 E 上连续, $f\in E^*$. 因 $\inf\limits_{x\in C}f(x)=\alpha>0$, E 中的超平面 $\left\{x\in E:f(x)=\dfrac{\alpha}{2}\right\}$ 必严格分离 O 和 C.

(2) 令 $C=B-A$, 由引理 1.5.1(1), C 是凸集, 由 $A\cap B=\varnothing$, 得 $O\notin C$, 以下来证明 C 是闭集. 设$\{z_\alpha\}$是 C 中的一个网, $z_\alpha\to z$, 我们要证明 $z\in C$. 因 $z_\alpha\in C$, $\exists y_\alpha\in B$, $x_\alpha\in A$, 使 $z_\alpha=y_\alpha-x_\alpha$. 因 B 是紧集, 由定理 1.3.3, $\{y_\alpha\}$ 有聚点 $y\in B$, 从而 $\{x_\alpha\}$ 有聚点属于 $y-z$. 因 A 是闭集, 有 $x=y-z\in A$, 故 $z=y-x\in B-A=C$.

这样, 由已证明的 (1), 存在 E 中的超平面 $\{x\in E:f(x)=\beta\}$ 严格分离 O 和 C, 于是 $\inf\limits_{x\in C}f(x)>\beta>0$. 因 $C=B-A$, 得 $\beta+\sup\limits_{x\in A}f(x)<\inf\limits_{x\in B}f(x)$. 令 $\gamma=\dfrac{\beta}{2}+\sup\limits_{x\in A}f(x)$, 则 E 中的超平面 $\{x\in E:f(x)=\gamma\}$ 必严格分离凸集 A 和 B.

注 1.5.2 $x\in E$, $f\in E^*$, 线性连续泛函 f 在 x 的值也可表示为 $\langle f,x\rangle$.

设 E 是线性赋范空间, $C\subset E$, 如果对 C 中的任意序列 $\{x_n\}$, 由 $\{x_n\}$ 弱收敛于 x 必推出 $x\in C$, 则 C 称为 E 中的弱闭集. 因为由 $\{x_n\}$ 收敛于 x 必推出弱收敛于 x, 故弱闭集一定是闭集. 当 C 是凸集时, 闭集也一定是弱闭集, 见以下定理.

定理 1.5.9 设 C 是线性赋范空间 E 中的闭凸集, 则它必是 E 中的弱闭集.

证明 用反证法. 设 $\{x_n\}$ 是 C 中的一个序列, $\{x_n\}$ 弱收敛于 x_0 而 $x_0\notin C$. 因 $\{x_0\}$ 是凸紧集, 由定理 1.5.8(2), $\exists f\in E^*$ 及 $\alpha\in R$, 使 $\forall x\in C$, 有 $f(x)<\alpha<f(x_0)$, 于是 $f(x_n)<\alpha<f(x_0)$, $n=1,2,3,\cdots$. 因 f 在 x_0 连续, 得 $f(x_0)\leqslant\alpha<f(x_0)$, 矛盾.

这一节最后来介绍内积空间. 设 E 是一个线性空间, 如果 $\forall x, y \in E$, 存在实数 (x,y)(也可以记为 $<x,y>$) 与之对应, 满足

(1) $(x,y)=(y,x)$;

(2) $\forall \alpha, \beta \in R, \forall z \in E$, 有 $(\alpha x+\beta y, z)=\alpha(x,z)+\beta(y,z)$;

(3) $(x,x) \geqslant 0$, 且 $(x,x)=0$ 当且仅当 $x=0$,

则称 (x,y) 是 E 中的内积, 称 E 是一个内积空间.

设 E 是一个内积空间, 则易知 $\forall x, y \in E$, 有 $|(x,y)|^2 \leqslant (x,x)(y,y)$(Cauchy-Schwarz 不等式). $\forall x \in E$, 定义 $\|x\|=\sqrt{(x,x)}$, 则 E 必是一个线性赋范空间, 完备的内积空间称为 Hilbert 空间.

引理 1.5.5 设 E 是一个内积空间, 则 $\forall x, y \in E$, 平行四边形公式

$$\|x+y\|^2+\|x-y\|^2=2\left(\|x\|^2+\|y\|^2\right)$$

成立.

证明

$$\begin{aligned}\|x+y\|^2+\|x-y\|^2 &=(x+y, x+y)+(x-y, x-y)\\ &=(x,x)+2(x,y)+(y,y)+(x,x)-2(x,y)+(y,y)\\ &=2\left(\|x\|^2+\|y\|^2\right).\end{aligned}$$

定理 1.5.10 设 C 是内积空间 E 中的完备凸集, 则 $\forall x \in E$, 存在唯一的 $x_0 \in C$, 使

$$\|x-x_0\|=\inf_{y \in C}\|x-y\|.$$

证明 记 $d=\inf\limits_{y \in C}\|x-y\|$, 由下确界的定义, 存在 C 中的序列 $\{x_n\}$, 使 $\lim\limits_{n \to \infty}\|x-x_n\|=d$. 由引理 1.5.5, 有

$$\|x_m-x\|^2+\|x_n-x\|^2=2\left\|\frac{x_m+x_n}{2}-x\right\|^2+2\left\|\frac{x_m-x_n}{2}\right\|^2.$$

因 C 是凸集, $\frac{x_m+x_n}{2} \in C$, 故 $\left\|\frac{x_m+x_n}{2}-x\right\| \geqslant d$, 于是

$$0 \leqslant\left\|\frac{x_m-x_n}{2}\right\|^2 \leqslant\|x_m-x\|^2+\|x_n-x\|^2-2d^2.$$

令 $m, n \to \infty$, 得 $\lim\limits_{m, n \to \infty}\|x_m-x_n\|=0$, 即 $\{x_n\}$ 是 C 中的 Cauchy 序列, 因 C 是完备的, $\exists x_0 \in C$, 使 $x_n \to x_0$, 且 $\|x-x_0\|=\lim\limits_{n \to \infty}\|x-x_n\|=d$.

以下证明唯一性. 如果 $\exists x_0' \in C$, $x_0' \neq x_0$, 且 $\|x - x_0'\| = d$, 则由引理 1.5.5,

$$4\left\|x - \frac{x_0 + x_0'}{2}\right\|^2 + \|x_0 - x_0'\|^2 = 2\|x - x_0\|^2 + 2\|x - x_0'\|^2 = 4d^2.$$

因 C 是凸集, $\dfrac{x_0 + x_0'}{2} \in C$, 故 $4\left\|x - \dfrac{x_0 + x_0'}{2}\right\|^2 \geqslant 4d^2$, 于是 $\|x_0 - x_0'\|^2 = 0$, 这与 $x_0' \neq x_0$ 矛盾.

定理 1.5.11 设 C 是内积空间 E 中的完备凸集, $B \supset C$, 则存在连续映射 $r : B \to C$, 使 $\forall x \in C$, 有 $r(x) = x$.

证明 由定理 1.5.10, $\forall x \in B$, 存在唯一的 $r(x) \in C$, 使 $\|x - r(x)\| = \min\limits_{z \in C} \|x - z\|$, 且易知, $\forall x \in C$, 有 $r(x) = x$. 以下来证明映射 r 的连续性.

$\forall x, y \in B$, $\forall \theta \in (0,1)$, 因 C 是凸集, $\theta r(y) + (1-\theta) r(x) \in C$, 故

$$\begin{aligned}
&\|x - (\theta r(y) + (1-\theta) r(x))\|^2 \\
&= \|x - r(x)\|^2 - 2\theta (x - r(x), r(y) - r(x)) + \theta^2 \|r(y) - r(x)\|^2 \\
&\geqslant \|x - r(x)\|^2,
\end{aligned}$$

化简, 因 $\theta > 0$, 有

$$-2(x - r(x), r(y) - r(x)) + \theta \|r(y) - r(x)\|^2 \geqslant 0.$$

令 $\theta \to 0$, 得

$$(x - r(x), r(y) - r(x)) \leqslant 0.$$

交换 x 和 y, 得

$$(y - r(y), r(x) - r(y)) \leqslant 0.$$

这样

$$\begin{aligned}
\|x - y\|^2 &= \|[x - r(x) - (y - r(y))] + (r(x) - r(y))\|^2 \\
&= \|(x - r(x)) - (y - r(y))\|^2 + 2(x - r(x), r(x) - r(y)) \\
&\quad -2(y - r(y), r(x) - r(y)) + \|r(x) - r(y)\|^2 \geqslant \|r(x) - r(y)\|^2,
\end{aligned}$$

最后得

$$\|r(x) - r(y)\| \leqslant \|x - y\|.$$

映射 $r : B \to C$ 必是连续的.

注 1.5.3 在定理 1.5.10 中, x_0 称为 x 在完备凸集 C 上的投影, 定理 1.5.11 中的连续映射 r 称为从 B 到 C 的投影映射. 如果 E 是 Hilbert 空间, C 是 E 中的闭凸集, 则 C 必是完备的, 定理 1.5.10 和定理 1.5.11 都成立.

最后, 我们将在 E 是 Hilbert 空间的情况下, 对凸集的严格分离定理 (定理 1.5.8) 给出一个简单的证明.

因为在定理 1.5.8 中, (2) 可以由 (1) 导出, 我们只证 (1).

首先, 因 C 是闭集, 由定理 1.4.2, C 是完备的. 又因 C 是凸的, 在定理 1.5.10 中令 $x=0$, 则 $\exists x_0 \in C$, 使 $||x_0|| = \min\limits_{y\in C} ||y||$. 因 $0 \notin C$, 必有 $||x_0|| > 0$.

$\forall x \in C$, $\forall \theta \in (0,1)$, 因 C 是凸集, $\theta x + (1-\theta)x_0 \in C$, 故

$$||\theta x + (1-\theta)x_0||^2 \geqslant ||x_0||^2,$$

$$||x_0||^2 + 2\theta(x - x_0, x_0) + \theta^2||x - x_0||^2 \geqslant ||x_0||^2,$$

$$2(x - x_0, x_0) + \theta||x - x_0||^2 \geqslant 0.$$

令 $\theta \to 0$, 得 $(x - x_0, x_0) \geqslant 0$, $(x, x_0) \geqslant ||x_0||^2$. $\forall x \in E$, 令 $f(x) = (x, x_0)$, 易证 $f \in E^*$, 令 $\alpha = \dfrac{||x_0||^2}{2} > 0$, 则 $f(0) = 0 < \alpha$, $\forall x \in C$, $f(x) \geqslant ||x_0||^2 = 2\alpha > \alpha$, 超平面 $\{x \in X : f(x) = \alpha\}$ 严格分离 O 和 C.

第 2 章　集值分析

本章介绍集值分析, 主要是集值映射的连续性, 对集值映射的通有连续性也有专题介绍. 本章主要参考了文献 [23] ~ [25].

2.1　集网或集列的收敛性

设 (X,τ) 是一个 Hausdorff 拓扑空间, $P_0(X)$ 是 X 中所有非空子集的集合, 对任意 $G\in\tau$, 定义

$$[\cdot,G]=\{U\in P_0(X):U\subset G\},$$

$$I_G=\{U\in P_0(X):U\cap G\neq\varnothing\}.$$

在 $P_0(X)$ 上由所有 $[\cdot,G]$ 和 I_G 生成的拓扑称为 Vietoris 拓扑, 记为 $(P_0(X),\tau_v)$.

定理 2.1.1　设 $\{A_\alpha:\alpha\in D\}$ 是 Hausdorff 拓扑空间 X 中的一族集网, $\{A_\alpha\}$ 按 Vietoris 拓扑收敛于 A, 则

(1) 对 X 中任意开集 G, 如果 $G\supset A$, 则 $\exists\alpha_1\in D$, 使 $\forall\alpha\succ\alpha_1$, 有 $G\supset A_\alpha$;

(2) 对 X 中任意开集 G , 如果 $G\cap A\neq\varnothing$, 则 $\exists\alpha_2\in D$, 使 $\forall\alpha\succ\alpha_2$, 有 $G\cap A_\alpha\neq\varnothing$.

证明　(1) 因 $[\cdot,G]$ 是 $(P_0(X),\tau_v)$ 中的开集, 而 $G\supset A$, 故 $A\in[\cdot,G]$. 因 $\{A_\alpha\}$ 按 Vietoris 拓扑收敛于 A, 则 $\exists\alpha_1\in D$, 使 $\forall\alpha\succ\alpha_1$, 有 $A_\alpha\in[\cdot,G]$, 即 $G\supset A_\alpha$.

(2) 因 I_G 是 $(P_0(X),\tau_v)$ 中的开集, 而 $G\cap A\neq\varnothing$, 故 $A\in I_G$. 因 $\{A_\alpha\}$ 按 Vietoris 拓扑收敛于 A, 则 $\exists\alpha_2\in D$, 使 $\forall\alpha\succ\alpha_2$, 有 $A_\alpha\in I_G$, 即 $G\cap A_\alpha\neq\varnothing$.

定理 2.1.2　设 X 是一个 Hausdorff 拓扑空间, $\{A_\alpha\}$ 是 X 中一族集网, 按 Vietoris 拓扑收敛于紧集 A, 如果 $\forall\alpha\in D$, $x_\alpha\in A_\alpha$, 则 $\exists x\in A$, 使 x 是网 $\{x_\alpha\}$ 的一个聚点.

证明　用反证法. $\forall x\in A$, 因 x 不是 $\{x_\alpha\}$ 的聚点, 则存在 x 的开邻域 $O(x)$ 和 $\alpha(x)\in D$, 使 $\forall\alpha\succ\alpha(x)$, 有 $x_\alpha\notin O(x)$. 因 $A\subset\bigcup\limits_{x\in A}O(x)$, 而 A 是紧集, $\exists x^1,x^2,\cdots,x^n\in A$, 使 $A\subset\bigcup\limits_{x\in A}^{n}O(x^i)$. 令 $\alpha_0\succ\alpha(x^i)$, $i=1,\cdots,n$, 则 $\forall\alpha\succ\alpha_0$, 有 $x_\alpha\notin\bigcup\limits_{i=1}^{n}O(x^i)$. 因 $\{A_\alpha\}$ 按 Vietoris 拓扑收敛于 A, $\bigcup\limits_{i=1}^{n}O(x^i)$ 是开集, 且 $\bigcup\limits_{i=1}^{n}O(x^i)\supset A$, 由定理 2.1.1(1), $\exists\alpha_1\in D$, 使 $\forall\alpha\succ\alpha_1$, 有 $\bigcup\limits_{i=1}^{n}O(x^i)\supset A_\alpha$. 取

$\alpha_2 \succ \alpha_0$, $\alpha_2 \succ \alpha_1$, 则 $x_{\alpha_2} \in A_{\alpha_2}$, 而 $x_{\alpha_2} \notin \bigcup\limits_{i=1}^{n} O\left(x^i\right)$, 矛盾.

设 (X,d) 是一个度量空间, $A \subset X$ 是一个非空点集, $\forall \varepsilon > 0$, 记

$$U(\varepsilon, A) = \left\{x \in X : \exists a \in A, \text{ 使 } d(x,a) < \varepsilon\right\},$$

易证 $U(\varepsilon, A)$ 是 X 中的开集.

设 A, B 是 X 中任意两个非空有界闭集, 定义

$$h(A,B) = \inf\{\varepsilon > 0 : A \subset U(\varepsilon, B), B \subset U(\varepsilon, A)\}$$

为有界闭集 A 和 B 之间的 Hausdorff 距离.

定理 2.1.3　设 (X,d) 是一个度量空间, h 是定义在 X 上的 Hausdorff 距离, 则

(1) 对 X 中的任意两个非空有界闭集 A 和 B, 有 $h(A,B) \geqslant 0$, 而 $h(A,B) = 0$ 当且仅当 $A = B$;

(2) 对 X 中的任意两个非空有界闭集 A 和 B , 有 $h(A,B) = h(B,A)$;

(3) 对 X 中的任意三个非空有界闭集 A, B 和 C, 有

$$h(A,B) \leqslant h(A,C) + h(C,B).$$

证明　(1) 和 (2) 易证, 我们只证 (3). $\forall \delta > 0$, 由 Hausdorff 距离的定义, 有

$$A \subset U\left(h(A,C) + \frac{\delta}{2}, C\right), \quad C \subset U\left(h(A,C) + \frac{\delta}{2}, A\right),$$

$$C \subset U\left(h(C,B) + \frac{\delta}{2}, B\right), \quad B \subset U\left(h(C,B) + \frac{\delta}{2}, C\right).$$

于是

$$A \subset U(h(A,C) + h(C,B) + \delta, B),$$

$$B \subset U(h(A,C) + h(C,B) + \delta, A).$$

再由 Hausdorff 距离的定义, 有

$$h(A,B) \leqslant h(A,C) + h(C,B) + \delta.$$

因 δ 是任意的, 得

$$h(A,B) \leqslant h(A,C) + h(C,B).$$

以下两个引理给出了 Hausdorff 距离的两个等价定义.

引理 2.1.1　设 (X,d) 是一个度量空间, A, B 是 X 中任意两个非空有界闭集, 则有

$$h(A,B) = \max\left\{\sup_{a \in A} d(a,B), \sup_{b \in B} d(b,A)\right\}.$$

证明 $\forall \varepsilon > 0$, 由 Hausdorff 距离的定义, $\forall a \in A, \exists b \in B$, 使 $d(a,b) < h(A,B)+\varepsilon$, 于是 $d(a,B) < h(A,B)+\varepsilon$, $\sup_{a\in A} d(a,B) \leqslant h(A,B)+\varepsilon$. 同样, $\sup_{b\in B} d(b,A) \leqslant h(A,B)+\varepsilon$, 从而

$$\max\left\{\sup_{a\in A} d(a,B),\ \sup_{b\in B} d(b,A)\right\} \leqslant h(A,B)+\varepsilon.$$

因 ε 是任意的, 得

$$\max\left\{\sup_{a\in A} d(a,B),\ \sup_{b\in B} d(b,A)\right\} \leqslant h(A,B).$$

反之, $\forall \varepsilon > 0$, 因 $A \subset U\left(\sup_{a\in A} d(a,B)+\varepsilon, B\right)$, $B \subset U\left(\sup_{b\in B} d(b,A)+\varepsilon, A\right)$, 得

$$h(A,B) \leqslant \max\left\{\sup_{a\in A} d(a,B), \sup_{b\in B} d(b,A)\right\}+\varepsilon.$$

因 ε 是任意的, 得 $h(A,B) \leqslant \max\left\{\sup_{a\in A} d(a,B), \sup_{b\in B} d(b,A)\right\}$.

引理 2.1.2 设 (X,d) 是一个度量空间, A, B 是 X 中任意两个非空有界闭集, 则有

$$h(A,B) = \sup_{x\in X} |d(x,A)-d(x,B)|.$$

证明 $\forall x \in X, \forall a \in A, \forall b \in B$, 因

$$d(x,A)-d(x,b) \leqslant d(x,a)-d(x,b) \leqslant d(a,b),$$

则有

$$d(x,A)-d(x,b) \leqslant \inf_{a\in A} d(a,b) = d(b,A) \leqslant h(A,B),$$
$$d(x,A)-d(x,B) \leqslant h(A,B).$$

同样地有 $d(x,B)-d(x,A) \leqslant h(A,B)$, 故

$$|d(x,A)-d(x,B)| \leqslant h(A,B),$$

$$\sup_{x\in X} |d(x,A)-d(x,B)| \leqslant h(A,B).$$

反之, $\forall b \in B$, 因 $d(b,A) = |d(b,A)-d(b,B)| \leqslant \sup_{x\in X} |d(x,A)-d(x,B)|$, 得

$$\sup_{b\in B} d(b,A) \leqslant \sup_{x\in X} |d(x,A)-d(x,B)|.$$

同样地,

$$\sup_{a\in A} d(a,B) \leqslant \sup_{x\in X} |d(x,A)-d(x,B)|.$$

于是由引理 2.1.1 得

$$h(A,B)=\max\left\{\sup_{a\in A}d(a,B),\sup_{b\in B}d(b,A)\right\}\leqslant\sup_{x\in X}|d(x,A)-d(x,B)|.$$

定理 2.1.4 设 (X,d) 是一个完备度量空间, $F_0(X)$ 是 X 中的所有非空闭集的集合, h 是 X 上的 Hausdorff 距离, 则 $(F_0(X),h)$ 也是一个完备度量空间.

证明 设 $\{A_n\}$ 是 $(F_0(X),h)$ 中的任意一个 Cauchy 序列, 令 $A=\bigcap\limits_{n=1}^{\infty}\overline{\bigcup\limits_{m\geqslant n}A_m}$, 我们来证明 $h(A_n,A)\to 0$, 且 $A\in F_0(X)$.

记 $F_n=\overline{\bigcup\limits_{m\geqslant n}A_m}$, 则 F_n 是闭集, 且 $F_1\supset F_2\supset F_3\supset\cdots$, 故 $A=\bigcap\limits_{n=1}^{\infty}F_n$ 必是闭集. $\forall\varepsilon>0,\forall k=0,1,2,\cdots$, 因 $\{A_n\}$ 是 Cauchy 序列, 存在正整数 N_k, 使 $\forall n,m\geqslant N_k$, 有 $h(A_n,A_m)<\dfrac{\varepsilon}{2^{k+1}}$.

这样, 任取 $n_0\geqslant N_0$ 和 $x_0\in A_{n_0}$, 选取 $n_1>\max(n_0,N_1)$ 和 $x_1\in A_{n_1}$, 使 $d(x_0,x_1)<\dfrac{\varepsilon}{2}$, 再选取 $n_2>\max(n_1,N_2)$ 和 $x_2\in A_{n_2}$, 使 $d(x_1,x_2)<\dfrac{\varepsilon}{4}$. 如此继续, 易知 $\{x_k\}$ 是完备度量空间 (X,d) 中的 Cauchy 序列, $\exists x\in X$, 使 $x_k\to x$. 对任意 $n=1,2,3,\cdots$, 有 $x\in\overline{\bigcup\limits_{m\geqslant n}A_m}$, 从而 $x\in A$, 且

$$d(x,x_0)=\lim_{n\to\infty}d(x_n,x_0)\leqslant\overline{\lim_{n\to\infty}}\sum_{i=1}^{n}d(x_i,x_{i-1})\leqslant\varepsilon.$$

因 x_0 是在 A_{n_0} 中任取的, 故 $A_{n_0}\subset U\left(\dfrac{3}{2}\varepsilon,A\right)$. 又当 $n\geqslant n_0$ 时有 $h(A_n,A_{n_0})<\dfrac{\varepsilon}{2}$, 故 $A_n\subset\bigcup\left(\dfrac{\varepsilon}{2},A\right)$, 从而 $A_n\subset U(2\varepsilon,A)$.

另一方面, 如果 $x\in A$, 则 $x\in\overline{\bigcup\limits_{m\geqslant N_0}A_m}$, 存在 $m\geqslant N_0$ 和 $x'\in A_m$, 使 $d(x,x')<\varepsilon$. 当 $n\geqslant N_0$ 时, 由引理 2.1.2, 有

$$d(x,A_n)\leqslant d(x,A_m)+h(A_m,A_n)<\frac{3}{2}\varepsilon,$$

从而 $A\subset U(2\varepsilon,A_n)$.

综合以上, $\forall n\geqslant N_0$, 有 $h(A_n,A)<2\varepsilon$, 故 $h(A_n,A)\to 0$. 又显然 A 是有界的, 故 $A\in F_0(X)$, $(F_0(X),h)$ 是一个完备度量空间.

系 2.1.1 设 (X,d) 是一个完备度量空间, $K_0(x)$ 是 X 中所有非空紧集的集合, 则 $(K_0(x),h)$ 也是一个完备度量空间.

证明 我们只需指出在定理 2.1.4 中的证明中 A 必是紧集.

$\forall\varepsilon>0$, 我们已证明 $A\subset(2\varepsilon,A_{n_0})$, 因 A_{n_0} 是紧集, 由定理 1.4.7, 存在 A_{n_0} 的有限 ε 网, 即存在 $\{x_1,\cdots,x_m\}\subset A_{n_0}$, 使 $A_{n_0}\subset\bigcup\limits_{i=1}^{m}O(x_i,\varepsilon)$, 从而有 $A\subset\bigcup\limits_{i=1}^{m}O(x_i,3\varepsilon)$.

因 A 是完备度量空间 X 中的闭集, 它必是完备的. 同定理 1.4.7 中充分性的证明, 对 A 中的任意序列 $\{x_n\}$, 必存在 Cauchy 子序列 $\{x_{n_k}\}$, 因 A 是完备的. $\{x_{n_k}\}$ 必收敛, 故 A 是序列紧的. 再由定理 1.4.6, A 必是紧集.

定理 2.1.5 设 X 是一个 Banach 空间, $CF_0(X)$ 是 X 中所有非空有界闭凸集的集合, 则 $(CF_0(X), h)$ 也是一个完备度量空间.

证明 设 $\{A_n\}$ 是 $(CF_0(X), h)$ 中的任意一个 Cauchy 序列, 在定理 2.1.4 的证明中我们已指出, 存在 $A \in F_0(X)$, 使 $h(A_n, A) \to 0$, 其中 $A = \bigcap\limits_{n=1}^{\infty} \overline{\bigcup\limits_{m \geqslant n} A_m}$, 以下来证明 $A \in CF_0(X)$.

首先来证明 $A = \bigcap\limits_{\varepsilon>0} \bigcup\limits_{n=1}^{\infty} \bigcap\limits_{m \geqslant n} U(\varepsilon, A_m)$. $\forall \varepsilon > 0$, 由 $A_m \to A$, 存在正整数 $N(\varepsilon)$, 使 $\forall m \geqslant N(\varepsilon)$, 有 $A \subset U(\varepsilon, A_m)$. 这样, $A \subset \bigcup\limits_{n=1}^{\infty} \bigcap\limits_{m \geqslant n} U(\varepsilon, A_m)$, 从而 $A \subset \bigcap\limits_{\varepsilon>0} \bigcup\limits_{n=1}^{\infty} \bigcap\limits_{m \geqslant n} U(\varepsilon, A_m)$.

反之, $\forall x \in \bigcap\limits_{\varepsilon>0} \bigcup\limits_{n=1}^{\infty} \bigcap\limits_{m \geqslant n} U(\varepsilon, A_m)$, 则 $\forall \varepsilon > 0$, 存在正整数 $N(\varepsilon)$, 使 $\forall m \geqslant N(\varepsilon)$, 有 $x \in U(\varepsilon, A_m)$. 给定 n, 必有 $x \in U\left(\varepsilon, \bigcup\limits_{m \geqslant n} A_m\right)$, 因 $\varepsilon > 0$ 是任取的, 得 $x \in \overline{\bigcup\limits_{m \geqslant n} A_m}$, $x \in \bigcup\limits_{n=1}^{\infty} \overline{\bigcap\limits_{m \geqslant n} A_m} = A$, 从而 $\bigcap\limits_{\varepsilon>0} \bigcup\limits_{n=1}^{\infty} \bigcap\limits_{m \geqslant n} U(\varepsilon, A_m) \subset A$.

以下来证明 $U(\varepsilon, A_m)$ 是凸集. $\forall x_1, x_2 \in U(\varepsilon, A_m)$, 即 $\exists a_1, a_2 \in A_m$, 使 $\|x_1 - a_1\| < \varepsilon$, $\|x_2 - a_2\| < \varepsilon$. $\forall \lambda \in (0,1)$, 因 A_m 是凸集, $\lambda a_1 + (1-\lambda) a_2 \in A_m$, 这样,

$$\|[\lambda x_1 + (1-\lambda) x_2] - [\lambda a_1 + (1-\lambda) a_2]\| \leqslant \lambda \|x_1 - a_1\| + (1-\lambda) \|x_2 - a_2\| < \varepsilon,$$

故 $\lambda x_1 + (1-\lambda) x_2 \in U(\varepsilon, A_m)$, $U(\varepsilon, A_m)$ 必是凸集. 由引理 1.5.1(2), $\bigcap\limits_{m \geqslant n} U(\varepsilon, A_m)$ 必是凸集.

以下再来证明 $\bigcup\limits_{n=1}^{\infty} \bigcap\limits_{m \geqslant n} U(\varepsilon, A_m)$ 是凸集. $\forall x_1, x_2 \in \bigcup\limits_{n=1}^{\infty} \bigcap\limits_{m \geqslant n} U(\varepsilon, A_m)$, 则存在两个正整数 n_1 和 n_2, 使 $x_1 \in \bigcap\limits_{m \geqslant n_1} U(\varepsilon, A_m)$, $x_2 \in \bigcap\limits_{m \geqslant n_2} U(\varepsilon, A_m)$. 不妨设 $n_2 \geqslant n_1$, 因 $\bigcap\limits_{m \geqslant n_1} U(\varepsilon, A_m) \supset \bigcap\limits_{m \geqslant n_2} U(\varepsilon, A_m)$, 得 $x_2 \in \bigcap\limits_{m \geqslant n_1} U(\varepsilon, A_m)$. 因 $\bigcap\limits_{m \geqslant n_1} U(\varepsilon, A_m)$ 是凸集, $\forall \lambda \in (0,1)$, $\lambda x_1 + (1-\lambda) x_2 \in \bigcap\limits_{m \geqslant n_1} U(\varepsilon, A_m) \subset \bigcup\limits_{n=1}^{\infty} \bigcap\limits_{m \geqslant n} U(\varepsilon, A_m)$, $\bigcup\limits_{n=1}^{\infty} \bigcap\limits_{m \geqslant n} U(\varepsilon, A_m)$ 必是凸集.

最后, 再由引理 1.5.1(2), $A = \bigcap\limits_{\varepsilon>0} \bigcup\limits_{n=1}^{\infty} \bigcap\limits_{m \geqslant n} U(\varepsilon, A_m)$ 是凸集, $A \in CF_0(X)$, $(CF_0(X), h)$ 必是一个完备度量空间.

系 2.1.2 设 X 是一个 Banach 空间, $A \in CK_0(X)$ 是 X 中所有非空凸紧集的集合, 则 $(CK_0(X), h)$ 必是一个完备度量空间.

证明 设 $\{A_n\}$ 是 $(CK_0(X), h)$ 中的任意 Cauchy 序列, 由系 2.1.1 和定理 2.1.5, 存在 $A \in CK_0(X)$, 使 $h(A_n, A) \to 0$, 故 $(CK_0(X), h)$ 也是一个完备度量空间.

注 2.1.1 定理 2.1.4~ 系 2.1.2 在今后是有用的.

定理 2.1.6 设 X 是一个度量空间, $K \subset X$ 是一个非空紧集, $G \subset X$ 是一个开集, 且 $G \supset K$, 则 $\exists \delta > 0$, 使 $G \supset U(\delta, K)$.

证明 $\forall x \in K$, 则 $x \in G$, 因 G 是开集, $\exists \delta(x) > 0$, 使 $O(x, \delta(x)) \subset G$. 因 $\bigcup\limits_{x \in K} O\left(x, \dfrac{\delta(x)}{2}\right) \supset K$, 且 K 是紧集, $\exists x_1, x_2, \cdots, x_n \in K$, 使 $\bigcup\limits_{i=1}^{n} O\left(x_i, \dfrac{\delta(x_i)}{2}\right) \supset K$. 令 $\delta = \min\limits_{1 \leqslant i \leqslant n} \dfrac{\delta(x_i)}{2} > 0$, 以下来证明 $G \supset U(\delta, K)$.

$\forall x \in U(\delta, K)$, 则 $\exists x' \in K$, 使 $x \in O(x', \delta)$, 因 $K \subset \bigcup\limits_{i=1}^{n} O\left(x_i, \dfrac{\delta(x_i)}{2}\right)$, 存在某 i, 使 $x' \in O\left(x_i, \dfrac{\delta(x_i)}{2}\right)$, 这样 $x \in O\left(x_i, \dfrac{\delta(x_i)}{2} + \delta\right) \subset O(x_i, \delta(x_i)) \subset G$, 即 $G \supset U(\delta, K)$.

定理 2.1.7 设 X 是一个度量空间, $\{A_n\}$ 是 X 中一列非空紧集, $A_n \to A$, 其中 A 是 X 中一个非空紧集, 则

(1) $\bigcup\limits_{n=1}^{\infty} A_n \bigcup A$ 是 X 中的紧集;

(2) 如果 $x_n \in A_n$, $x_n \to x$, 则 $x \in A$.

证明 (1) 设 $\{G_\lambda\}$ 是 $\bigcup\limits_{n=1}^{\infty} A_n \bigcup A$ 的任意一族开覆盖, 则 $\bigcup\limits_{\lambda \in \Lambda} G_\lambda \supset A$. 因 A 是紧集, 存在 $\{G_\lambda\}$ 中的有限个开集, 不妨记为 $G_1, G_2, \cdots, G_m$, 使 $\bigcup\limits_{i=1}^{m} G_i \supset A$. 因 $\bigcup\limits_{i=1}^{m} G_i$ 是开集, 由定理 2.1.6, $\exists \delta > 0$, 使 $\bigcup\limits_{i=1}^{m} G_i \supset U(\delta, A)$. 因 $A_n \to A$, $\exists n_0$, 使 $\forall n \geqslant n_0$, 有 $h(A_n, A) < \delta$, 故 $\bigcup\limits_{i=1}^{m} G_i \supset U(\delta, A) \supset A_n$. 易知 $\bigcup\limits_{n=1}^{n_0-1} A_n$ 是紧集, 存在 $\{G_\lambda\}$ 中的有限个开集, 不妨记为 $G_{m+1}, G_{m+2}, \cdots, G_k$, 使 $\bigcup\limits_{i=m+1}^{k} G_i \supset \bigcup\limits_{n=1}^{n_0-1} A_n$. 于是 $\bigcup\limits_{i=1}^{k} G_i$ 就是 $\bigcup\limits_{n=1}^{\infty} A_n \bigcup A$ 的有限开覆盖, $\bigcup\limits_{n=1}^{\infty} A_n \bigcup A$ 必是紧集.

(2) 用反证法. 如果 $x \notin A$, 则存在 X 中两个开集 U 和 V, 使 $x \in U$, $A \subset V$, 且 $U \cap V = \varnothing$. 因 A 是紧集, 由定理 2.1.6, $\exists \delta > 0$, 使 $V \supset U(\delta, A)$. 因 $x_n \to x$, $A_n \to A$, $\exists n_0$, 使 $\forall n \geqslant n_0$, 有 $x_n \in U$, 且 $h(A_n, A) < \delta$, 故 $A_n \subset U(\delta, A) \subset V$, 这与 $x_n \in U$, $x_n \in A_n \subset V$, 而 $U \cap V = \varnothing$. 矛盾.

定理 2.1.8　设 (X,d) 是一个度量空间, 则在 $K_0(X)$ 上 Vietoris 拓扑与 Hausdorff 距离拓扑是一致的.

证明　首先我们要证明, 对 X 中的任意开集 G, $[\cdot,G]$ 和 I_G 都是 $(K_0(X),h)$ 中的开集. 对任意 $C\in K_0(X)$, 且 $C\in[\cdot,G]$, 则 $C\subset G$, 由定理 2.1.6, $\exists\delta>0$, 使 $U(\delta,C)\subset G$. 这样, 对任意 $D\in K_0(X)$, 当 $h(C,D)<\delta$ 时, 必有 $D\subset G$, 故 $D\in[\cdot,G]$, 于是, $[\cdot,G]$ 必是 $(K_0(X),h)$ 中的开集. 另一方面, 对任意 $C\in K_0(X)$, 且 $C\in I_G$, 则 $C\cap G\neq\varnothing$, 任取 $x\in C\cap G$, 则 $x\in G$, 因 G 是开集, $\exists\delta>0$, 使 $O(x,\delta)\subset G$, 这样, 对任意 $D\in K_0(X)$, 当 $h(C,D)<\delta$ 时, 因 $x\in G$, $\exists x'\in D$, 使 $d(x,x')<\delta$, $D\cap O(x,\delta)\neq\varnothing$, 故 $D\cap G\neq\varnothing$, $D\in I_G$, 于是 I_G 必是 $(K_0(X),h)$ 中的开集.

我们还要证明, 对任意 $C\in K_0(X)$, $\forall\delta>0$, 存在 $K_0(X)$ 按 Vietoris 拓扑意义下的开集 U, 使 $U\subset\{D\in K_0(X):h(C,D)<\delta\}$. 因 C 是紧集, $\forall\delta>0$, $\exists x_1,x_2,\cdots,x_n\in C$, 使 $\bigcup\limits_{i=1}^{n}O\left(x_i,\dfrac{\delta}{2}\right)\supset C$. 令 $U=[\cdot,U(\delta,C)]\cap I_V$, 其中 $V=\bigcap\limits_{i=1}^{n}O\left(x_i,\dfrac{\delta}{2}\right)$, 则 U 是 Vietoris 拓扑意义下的开集. 对任意 $D\in K_0(X)$, 且 $D\subset U$, 因 $D\subset[\cdot,U(\delta,C)]$, 得 $D\subset U(\delta,C)$. 又 $\forall x\in C$, 存在某 i, 使 $x\in O\left(x_i,\dfrac{\delta}{2}\right)$, 因 $D\subset U$, 则 $D\in I_V$, $D\cap O\left(x_i,\dfrac{\delta}{2}\right)\neq\varnothing$, 考虑到 $x\in O\left(x_i,\dfrac{\delta}{2}\right)$, 必 $\exists x'\in D$, 使 $d(x,x')<\delta$, 故 $C\subset U(\delta,D)$. 这样, $h(C,D)<\delta$, $U\subset\{D\in K_0(X):h(C,D)<\delta\}$.

2.2　集值映射的连续性

设 X 和 Y 是两个 Hausdorff 拓扑空间, $F:X\to P_0(Y)$ 是一个集值映射, 即 $\forall x\in X$, $F(x)$ 是 Y 中的非空集合. 如果对 Y 中的任意开集 G, $G\supset F(x)$, 存在 x 的开邻域 $O(x)$, 使 $\forall x'\in O(x)$, 有 $G\supset F(x')$, 则称集值映射 F 在 x 是上半连续的. 如果对 Y 中的任意开集 G, $G\cap F(x)\neq\varnothing$, 存在 x 的开邻域 $O(x)$, 使 $\forall x'\in O(x)$, 有 $G\cap F(x')\neq\varnothing$, 则称集值映射 F 在 x 是下半连续的. 如果集值映射 F 在 x 既上半连续又下半连续, 则称 F 在 x 是连续的. 如果 $\forall x\in X$, 集值映射 F 在 x 是连续的 (或上半连续的, 或下半连续的), 则称 F 在 X 上是连续的 (或上半连续的, 或下半连续的). $\forall x\in X$, 如果 $\exists y\in F(x)$, 使对 y 的任意开邻域 $U(y)$, 存在 x 的开邻域 $O(x)$, 使 $\forall x'\in O(x)$, 有 $F(x')\cap U(y)\neq\varnothing$, 则称集值映射 F 在 x 是弱下半连续的. 如果 $\forall x\in X$, 集值映射 F 在 x 是弱下半连续的, 则称 F 在 X 上是弱下半连续的. 显然, 如果集值映射 F 在 x 下半连续, 则 F 在 x 必是弱下半连续的, 但反之不然. 如果 $\forall x\in X$, $F(x)$ 是紧集, 且集值映射 F 在 x 是上半连续的, 则称 F 是 X 上的

一个 usco 映射, 这是一类非常重要的集值映射, 今后我们会有很多应用.

注意到如果映射 $f: X \to Y$ 连续, 则将其作为集值映射, 它必是连续的, 当然也是上半连续的和下半连续的.

又注意到集值映射上半连续和下半连续是两个不同的概念, 例如 $X = Y = [0,1]$,

$$F_1(x) = \begin{cases} 0, & x \neq 0, \\ [0,1], & x = 0. \end{cases}$$

F_1 在 0 点是上半连续的, 但不是下半连续的.

$$F_2(x) = \begin{cases} [0,1], & x \neq 0, \\ 0, & x = 0. \end{cases}$$

F_2 在 0 点是下半连续的, 但不是上半连续的.

设 $F: X \to P_0(Y)$ 是一个集值映射, F 的图定义为

$$\operatorname{graph}(F) = \{(x,y) \in X \times Y : y \in F(x)\}.$$

如果 $\operatorname{graph}(F)$ 是 $X \times Y$ 中的闭集, 则称集值映射 F 是闭的. 由此定义, $\forall (x_\alpha, y_\alpha) \in \operatorname{graph}(F)$, $(x_\alpha, y_\alpha) \to (x,y)$, 则必有 $(x,y) \in \operatorname{graph}(F)$, 即 $\forall x_\alpha \to x$, $\forall y_\alpha \in F(x_\alpha)$, $y_\alpha \to y$, 则必有 $y \in F(x)$.

引理 2.2.1　如果集值映射 $F: X \to P_0(Y)$ 是闭的, 则 $\forall x \in X$, $F(x)$ 是闭集.

证明　$\forall \alpha \in D$, 令 $x_\alpha = x$, 则 $x_\alpha \to x$, $\forall y_\alpha \in F(x_\alpha) = F(x)$, $y_\alpha \to y$, 则必有 $y \in F(x)$, 即 $F(x)$ 是闭集.

引理 2.2.2　设 X 和 Y 是两个 Hausdorff 拓扑空间, 其中 Y 还是正则空间, 如果 $F: X \to P_0(Y)$ 在 X 上是上半连续的, 且 $\forall x \in X$, $F(x)$ 是闭集, 则集值映射 F 必是闭的.

证明　用反证法. 设 $(x_\alpha, y_\alpha) \in \operatorname{graph}(F)$, $(x_\alpha, y_\alpha) \to (x,y)$, 而 $(x,y) \notin \operatorname{graph}(F)$, 即 $y \notin F(x)$. 因 $F(x)$ 是闭集, $y \notin F(x)$, 而 Y 是正则空间, 则存在 Y 中的两个开集 U 和 V, 使 $y \in U$, $F(x) \subset V$, 且 $U \cap V = \varnothing$. 因 $y_\alpha \to y$, $x_\alpha \to x$, 且 F 在 x 是上半连续的, 则 $\exists \alpha_0 \in D$, 使 $\forall \alpha \succ \alpha_0$, 有 $y_\alpha \in U$, 且 $F(x_\alpha) \subset V$, 这与 $y_\alpha \in F(x_\alpha)$, 而 $U \cap V = \varnothing$ 矛盾.

定理 2.2.1　设 X 和 Y 是两个 Hausdorff 拓扑空间, 而 Y 是紧空间, 如果集值映射 $F: X \to P_0(Y)$ 是闭的, 则 F 在 X 上必是上半连续的.

证明　用反证法. 设集值映射 F 在 $x \in X$ 不是上半连续的, 则存在 Y 中的开集 G, $G \supset F(x)$, $\exists x_\alpha \to x$, $\exists y_\alpha \in F(x_\alpha)$, 而 $y_\alpha \notin G$. 因 $y_\alpha \in Y - G$, 而 $Y - G$ 是紧空间 Y 中的闭集, 由定理 1.3.2(1), 它必是紧集, 由定理 1.3.3, $\{y_\alpha\}$ 必有聚点

$y_\alpha \to y \in Y - G$. 因集值映射 F 是闭的, 必有 $(x,y) \in \operatorname{graph}(F)$, $y \in F(x) \subset G$, 这与 y 是 $\{y_\alpha\}$ 的聚点且 $y_\alpha \notin G$ 矛盾.

定理 2.2.2 设 X 和 Y 是两个 Hausdorff 拓扑空间, $f,g: X \to P_0(Y)$ 是两个集值映射, 且 $\forall x \in X$, $f(x) \cap g(x) \neq \varnothing$. 如果 f 是闭的, 而 g 是上半连续的, 且 $\forall x \in X$, $g(x)$ 是紧的, 则集值映射 $f \cap g$ 是上半连续的.

证明 $\forall x \in X$, 设 G 是 Y 中的任意开集, $G \supset f(x) \cap g(x)$, 如果 $G \supset g(x)$, 则因 g 是上半连续的, 存在 x 的开邻域, 使 $\forall x' \in U(x)$, 有 $G \supset g(x') \supset f(x') \cap g(x')$, $f(x) \cap g(x)$ 在 x 就是上半连续的. 以下假设 $G \supset g(x)$ 不成立, 即 $g(x) - G \neq \varnothing$. 因 $g(x)$ 是紧的, 而 $g(x) - G = g(x) \cap (Y - G)$ 是 $g(x)$ 的闭子集, 故 $g(x) - G$ 是紧的. $\forall y \in g(x) - G$, 则 $y \notin f(x)$, $(x,y) \notin \operatorname{graph}(F)$, 因 $\operatorname{graph}(F)$ 是闭集, 存在 x 的开邻域 $U_y(x)$ 和 y 的开邻域 $V(y)$, 使 $\operatorname{graph}(F) \cap (U_y(x) \times V(y)) = \varnothing$, 即 $\forall x' \in U_y(x)$, $f(x') \cap V(y) = \varnothing$. 因 $g(x) - G$ 是紧集, $\exists y_1, y_2, \cdots, y_n \in g(x) - G$, 使 $\bigcup\limits_{i=1}^{n} V(y_i) \supset g(x) - G$. 这样, $\bigcup\limits_{i=1}^{n} V(y_i) \cup G \supset g(x)$. 因 g 在 x 是上半连续的, 存在 x 的开邻域 $U_0(x)$, 使 $\forall x' \in U_0(x)$, 有 $\bigcup\limits_{i=1}^{n} V(y_i) \cup G \supset g(x')$.

令 $U(x) = U_0(x) \cap \left(\bigcap\limits_{i=1}^{n} U_{y_i}(x)\right)$, 这是 x 的开邻域. $\forall x' \in U(x)$, 有 $g(x') \subset \bigcup\limits_{i=1}^{n} V(y_i) \bigcup G$, 由 $f(x') \bigcap \left[\bigcup\limits_{i=1}^{n} V(y_i)\right] = \varnothing$, 得 $f(x') \cap g(x') \subset G$, 从而集值映射 $f(x) \cap g(x)$ 在 x 是上半连续的.

定理 2.2.3 设 X 和 $Y_i\,(i = 1, 2, \cdots, n)$ 都是 Hausdorff 拓扑空间, $F_i: X \to P_0(Y_i)$ 在 X 上是上半连续的, 且 $\forall x \in X$, $F_i(x)$ 是紧的, 则集值映射 $F(x) = \prod\limits_{i=1}^{n} F_i(x): X \to \prod\limits_{i=1}^{n} Y_i = Y$ 在 X 上是上半连续的.

证明 $\forall x \in X$, 设 G 是 $Y = \prod\limits_{i=1}^{n} Y_i$ 中的任意开集, $G \supset F(x) = \prod\limits_{i=1}^{n} F_i(x)$, $\forall i = 1, 2, \cdots, n$, 因 $F_i(x)$ 是紧的, 则 $F(x)$ 是紧的, 由定理 1.3.6, 存在 Y 中的基本开集 $U = \prod\limits_{i=1}^{n} U_i$, 使 $F(x) \subset U \subset G$. $\forall i = 1, 2, \cdots, n$, 因 $F_i(x) \subset U_i$, F_i 在 x 是上半连续的, 存在 x 的开邻域 $O_i(x)$, 使 $\forall x' \in O_i(x)$, 有 $F_i(x') \subset U_i$. 令 $O(x) = \bigcap\limits_{i=1}^{n} O_i(x)$, 则 $\forall x' \in O(x)$, $F(x') = \prod\limits_{i=1}^{n} F_i(x') \subset \prod\limits_{i=1}^{n} U_i \subset G$, F 在 x 是上半连续的.

定理 2.2.4 设 X 是 Hausdorff 拓扑空间, Y 是 Hausdorff 线性拓扑空间, $F_1, F_2: X \to P_0(Y)$ 是两个集值映射. 如果 F_1, F_2 在 X 上都是上半连续的, 且 $\forall x \in X$, $F_1(x), F_2(x)$ 都是紧的, 则集值映射 $F(x) = F_1(x) + F_2(x): X \to P_0(Y)$ 在

X 上是上半连续的.

证明　$\forall x \in X$, 设 G 是 Y 中的任意开集, $G \supset F(x) = F_1(x) + F_2(x)$, 因 $F_1(x)$, $F_2(x)$ 都是紧的, 存在 Y 中的开集 U_1 和 U_2, 使 $U_1 \supset F_1(x)$, $U_2 \supset F_2(x)$, 且 $G \supset U_1 + U_2$. 因 F_1 和 F_2 在 x 是上半连续的, 存在 x 的两个开邻域 $O_1(x)$ 和 $O_2(x)$, 使 $\forall x' \in O_1(x)$, 有 $F_1(x') \subset U_1$, $\forall x' \in O_2(x)$, 有 $F_2(x') \subset U_2$. 令 $O(x) = O_1(x) \cap O_2(x)$, 这是 x 的开邻域, $\forall x' \in O(x)$, $G \supset U_1 + U_2 \supset F_1(x') + F_2(x') = F(x')$, F 在 x 是上半连续的.

注 2.2.1　易证在定理 2.2.4 的假设条件下, $G(x) = F_1(x) - F_2(x)$ 在 x 是上半连续的.

定理 2.2.5　设 X 和 Y 是两个 Hausdorff 拓扑空间, $F: X \to P_0(Y)$ 是一个集值映射, $x \in X$, 则 F 在 x 下半连续的充分必要条件是 $\forall x_\alpha \to x\,(\alpha \in D)$, $\forall y \in F(x)$, 则 $\exists D_1 \subset D$, 使 $\forall \alpha \in D_1$, $\exists y_\alpha \in F(x_\alpha)$, 而 $y_\alpha \to y$.

证明　必要性. $\forall y \in F(x)$, 对 y 的任意开邻域 V, 则 $F(x) \cap V \neq \varnothing$, 因 F 在 x 是下半连续的, 存在 x 的开邻域 U, 使 $\forall x' \in U$, 有 $F(x') \cap V \neq \varnothing$. 因 $x_\alpha \to x$, $\exists \alpha(U, V) \in D$, 使 $\forall \alpha \succ \alpha(U, V)$, 有 $x_\alpha \in U$, 且 $F(x_\alpha) \cap V \neq \varnothing$. 现在考虑有向集 $\Lambda: \forall \lambda = (\alpha, U, V) \in \Lambda$, 选取 $\alpha_\lambda \in D$, 使 $\alpha_\lambda \succ \alpha$, $\alpha_\lambda \succ \alpha(U, V)$, 因 $F(x_{\alpha_\lambda}) \cap V \neq \varnothing$, 取 $y_{\alpha_\lambda} \in F(x_{\alpha_\lambda}) \cap V$, 记 $D_1 = \{\alpha_\lambda\} \subset D$, 则 $y_{\alpha_\lambda} \to y$.

充分性. 用反证法. 设 F 在 X 不是下半连续的, 则存在 Y 中的开集 V, $F(x) \cap V \neq \varnothing$, 而对 x 的任意开邻域 U, 总存在 $x_u \in U$, 而 $F(x_u) \cap V = \varnothing$, 显然 $x_u \to x$. $\forall y \in F(x)$, 根据以上类似于必要性的论证, $\exists y_u \in F(x_u)$, 而 $y_u \to y$. 这样, $y_u \notin V$, 从而 $y \notin V$, 这与 $F(x) \cap V \neq \varnothing$ 矛盾.

定理 2.2.6　设 X, Y 和 Z 是三个 Hausdorff 拓扑空间, $F: X \to P_0(Y)$ 和 $G: Y \to P_0(Z)$ 是两个集值映射, 则

(1) 如果 F 在 X 上是上半连续的, G 在 Y 上是上半连续的, 则复合集值映射 $GF: X \to P_0(Z)$ 在 X 上是上半连续的;

(2) 如果 F 在 X 上是下半连续的, G 在 Y 上是下半连续的, 则复合集值映射 $GF: X \to P_0(Z)$ 在 X 上是下半连续的;

(3) 如果 F 在 X 上是连续的, G 在 Y 上是连续的, 则复合集值映射 $GF: X \to P_0(Z)$ 在 X 上是连续的.

证明　我们只证 (1). $x \in X$, 对 Z 中任意开集 U, $GF(x) = \bigcup\limits_{y \in F(x)} G(y) \subset U$, 则 $F(x) \subset \{y \in Y: G(y) \subset U\}$. 因 $G: Y \to P_0(Z)$ 是上半连续的, 易证 $V = \{y \in Y: G(y) \subset U\}$ 是 Y 中的开集. 因 $F: X \to P_0(Y)$ 是上半连续的, 又易证 $W = \{x \in X: F(x) \subset V\}$ 是 X 中的开集, 此时必存在 x 的开邻域 $O(x)$, 使 $O(x) \subset W$, 即 $\forall x' \in O(x)$, $F(x') \subset V$, 于是 $\forall y \in F(x')$, $G(y) \subset U$, $GF(x') = \bigcup\limits_{y \in F(x')} G(y) \subset U$,

复合集值映射 GF 在 X 上必是上半连续的.

定理 2.2.7 设 X 和 Y 是两个 Hausdorff 拓扑空间, $f: X\times Y\to R$ 下半连续, $G: Y\to P_0(X)$ 在 $y_0\in Y$ 下半连续, 则 $V(y)=\sup\limits_{x\in G(y)} f(x,y)$ 在 y_0 是下半连续的.

证明 $\forall\varepsilon>0$, $\exists x_0\in G(y_0)$, 使 $V(y_0)-\dfrac{\varepsilon}{2}<f(x_0,y_0)$. 因 f 在 (x_0,y_0) 是下半连续的, 存在 x_0 的开邻域 $U(x_0)$ 和 y_0 的开邻域 $V_1(y_0)$, 使 $\forall x\in U(x_0)$, $\forall y\in V_1(y_0)$, 有 $f(x_0,y_0)-\dfrac{\varepsilon}{2}<f(x,y)$. 因 G 在 y_0 是下半连续的, $G(y_0)\cap U(x_0)\neq\varnothing$, 存在 y_0 的开邻域 $V_2(y_0)$, 使 $\forall y\in V_2(y_0)$, 有 $G(y)\cap U(x_0)\neq\varnothing$.

令 $V(y_0)=V_1(y_0)\cap V_2(y_0)$, 这是 y_0 的开邻域. $\forall y\in V(y_0)$, 存在 $x\in G(y)\cap U(x_0)$, 使 $f(x,y)>f(x_0,y_0)-\dfrac{\varepsilon}{2}>V(y_0)-\varepsilon$, $V(y)=\sup\limits_{x\in G(y)} f(x,y)\geqslant f(x,y)>V(y_0)-\varepsilon$, $V(y)$ 在 y_0 是下半连续的.

定理 2.2.8 设 X 和 Y 是两个 Hausdorff 拓扑空间, $f: X\times Y\to R$ 上半连续, $G: Y\to P_0(X)$ 在 y_0 上半连续, 且 $G(y_0)$ 是紧集, 则 $V(y)=\sup\limits_{x\in G(y)} f(x,y)$ 在 y_0 是上半连续的.

证明 $\forall\varepsilon>0$, $\forall x\in G(y_0)$, 因 f 在 (x,y_0) 是上半连续的, 存在 x 的开邻域 $U(x)$ 和 y_0 的开邻域 $O_x(y_0)$, 使 $\forall x'\in U(x)$, $\forall y\in O_x(y_0)$, 有 $f(x',y)<f(x,y_0)+\varepsilon$. 因 $\bigcup\limits_{x\in G(y_0)} U(x)\supset G(y_0)$, 而 $G(y_0)$ 是紧集, 则 $\exists x_1,\cdots,x_n\in G(y_0)$, 使 $\bigcup\limits_{i=1}^{n} U(x_i)\supset G(y_0)$. 因 G 在 y_0 是上半连续的, 存在 y_0 的开邻域 $O(y_0)$, 使 $\forall y\in O(y_0)$, 有 $\bigcup\limits_{i=1}^{n} U(x_i)\supset G(y)$. 令 $N(y_0)=O(y_0)\cap\left[\bigcap\limits_{i=1}^{n} O_{x_i}(y_0)\right]$, 这是 y_0 的开邻域. $\forall y\in N(y_0)$, $\forall x\in G(y)$, 则 $x\in\bigcup\limits_{i=1}^{n} U(x_i)$, 存在某 i, 使 $x\in U(x_i)$, 又 $y\in O_{x_i}(y_0)$, 故

$$f(x,y)<f(x_i,y_0)+\varepsilon\leqslant V(y_0)+\varepsilon,$$

$$V(y)=\sup_{x\in G(y)} f(x,y)\leqslant V(y_0)+\varepsilon,$$

V 在 y_0 是上半连续的.

定理 2.2.9 设 X 和 Y 是两个 Hausdorff 拓扑空间, $f: X\times Y\to R$ 连续, $G: Y\to P_0(X)$ 连续, 且 $\forall y\in Y$, $G(y)$ 是紧集, 则

(1) $V(y)=\max\limits_{x\in G(y)} f(x,y)$ 是连续的;

(2) 集值映射 $M(y)=\{x\in G(y): f(x,y)=V(y)\}$ 在 Y 上是上半连续的.

证明 (1) 由定理 2.2.7 和 2.2.8 即推得, 以下来证明 (2).

$\forall y\in Y, M(y)=G(y)\cap K(y)$, 其中 $K(y)=\{x\in X: f(x,y)=V(y)\}$. 因 $f(x,y)$ 和 $V(y)$ 都是连续的, 易得 graph(K) 是闭集, 从而集值映射 K 是闭的. 又因 G 是连

续的, 且 $\forall y \in Y$, $G(y)$ 是紧集, 由定理 2.2.2, $M(y)$ 在 Y 上是上半连续的.

系 2.2.1 设 X 和 Y 是两个 Hausdorff 拓扑空间, 则

(1) 如果 $f: X \times Y \to R$ 上半连续, $G: Y \to P_0(X)$ 在 $y_0 \in Y$ 下半连续, 则 $W(y) = \inf\limits_{x \in G(y)} f(x,y)$ 在 y_0 是上半连续的;

(2) 如果 $f: X \times Y \to R$ 下半连续, $G: Y \to P_0(X)$ 在 $y_0 \in Y$ 上半连续, 且 $G(y_0)$ 是紧集, 则 $W(y) = \inf\limits_{x \in G(y)} f(x,y)$ 在 y_0 是下半连续的;

(3) 如果 $f: X \times Y \to R$ 连续, $G: Y \to P_0(X)$ 连续, 且 $G(y)$ 是紧集, 则 $W(y) = \inf\limits_{x \in G(y)} f(x,y)$ 是连续的, 且集值映射 $m(y) = \{x \in G(y) : f(x,y) = W(y)\}$ 在 Y 上是上半连续的.

证明 (1)~(3) 分别由定理 2.2.7~ 定理 2.2.9 推得.

定理 2.2.10 设 X 和 Y 是两个 Hausdorff 拓扑空间, 其中 X 是紧的, 如果集值映射 $F: X \to P_0(Y)$ 上半连续, 且 $\forall x \in X$, $F(x)$ 是紧的, 则 $F(X)$ 必是紧的.

证明 设 $\{G_\lambda\}$ 是 $F(X)$ 的任意一个开覆盖, 即 $\bigcup\limits_{\lambda \in \Lambda} G_\lambda \supset F(X)$, 则 $\forall x \in X$, $\bigcup\limits_{\lambda \in \Lambda} G_\lambda \supset F(x)$. 因 $F(x)$ 是紧集, 存在 $\{G_\lambda\}$ 中的有限个成员, 记其并集为 G_x, 使 $G_x \supset F(x)$. 因 F 在 x 是上半连续的, 存在 x 的开邻域 $O(x)$, 使 $\forall x' \in O(x)$, 有 $G_x \supset F(x')$. 因 $\bigcup\limits_{x \in X} O(x) = X$, 而 X 是紧的, $\exists x_1, \cdots, x_n \in X$, 使 $\bigcup\limits_{i=1}^{n} O(x_i) = X$. 令 $G = \bigcup\limits_{i=1}^{n} G_{x_i}$, 这是 $\{G_\lambda\}$ 中的有限个成员, $G \supset F(X)$, $F(X)$ 必是紧集.

定理 2.2.11 设 X 和 Y 是两个 Hausdorff 拓扑空间, Y 是度量空间, 集值映射 $F: X \to P_0(Y)$ 满足 $\forall x \in X$, $F(x)$ 是紧集, 则

(1) F 在 $x \in X$ 是上半连续的当且仅当 $\forall \varepsilon > 0$, 存在 x 的开邻域 $O(x)$, 使 $\forall x' \in O(x)$, 有 $F(x') \subset \bigcup(\varepsilon, F(x))$;

(2) F 在 $x \in X$ 是下半连续的当且仅当 $\forall \varepsilon > 0$, 存在 x 的开邻域 $O(x)$, 使 $\forall x' \in O(x)$, 有 $F(x) \subset \bigcup(\varepsilon, F(x'))$;

(3) F 在 x 是连续的当且仅当 $\forall \varepsilon > 0$, 存在 x 的开邻域 $O(x)$, 使 $\forall x' \in O(x)$, 有 $h(F(x'), F(x)) < \varepsilon$, 其中 h 是 Y 中的 Hausdorff 距离.

证明 (1) 设 F 在 $x \in X$ 是上半连续的, $\forall \varepsilon > 0$, 因 $\bigcup(\varepsilon, F(x))$ 是开集, 且 $\bigcup(\varepsilon, F(x)) \supset F(x)$, 必存在 x 的开邻域 $O(x)$, 使 $\forall x' \in O(x)$, 有 $F(x') \subset \bigcup(\varepsilon, F(x))$.

反之, 对 Y 中的任意开集 G, $G \supset F(x)$, 因 Y 是度量空间, $F(x)$ 是紧集, 由引理 2.1.3, $\exists \varepsilon > 0$, 使 $G \supset \bigcup(\varepsilon, F(x))$. 对此 $\varepsilon > 0$, 存在 x 的开邻域 $O(x)$, 使 $\forall x' \in O(x)$, 有 $F(x') \subset \bigcup(\varepsilon, F(x)) \subset G$, F 在 $x \in X$ 必是上半连续的.

(2) 设 F 在 $x \in X$ 是下半连续的, $\forall \varepsilon > 0$, $\forall y \in F(x)$, 由 $O\left(y, \dfrac{\varepsilon}{2}\right) \cap F(x) \neq \varnothing$, 存

在 x 的开邻域 $O_y(x)$, 使 $\forall x' \in O_y(x)$, 有 $O\left(y, \frac{\varepsilon}{2}\right) \cap F(x') \neq \varnothing$. 由 $\bigcup\limits_{y \in F(x)} O\left(y, \frac{\varepsilon}{2}\right) \supset F(x)$, 而 $F(x)$ 是紧集, $\exists y_1, \cdots, y_n \in F(x)$, 使 $\bigcup\limits_{i=1}^{n} O\left(y_i, \frac{\varepsilon}{2}\right) \supset F(x)$. 令 $O(x) = \bigcap\limits_{i=1}^{n} O_{y_i}(x)$, 这是 x 的开邻域, $\forall x' \in O(x)$, $\forall y \in F(x)$, 存在某 i, 使 $y \in O\left(y_i, \frac{\varepsilon}{2}\right)$, $\forall x' \in O(x) \subset O_{y_i}(x)$, 由 $O\left(y_i, \frac{\varepsilon}{2}\right) \cap F(x') \neq \varnothing$, 得 $y \in \bigcup(\varepsilon, F(x'))$, 故 $F(x) \subset \bigcup(\varepsilon, F(x'))$.

反之, 对 Y 中任意开集 G, $G \cap F(x) \neq \varnothing$, 取 $y \in G \cap F(x)$, 由 G 是开集, $\exists \varepsilon > 0$, 使 $O(y, \varepsilon) \subset G$. 对此 $\varepsilon > 0$, 存在 x 的开邻域 $O(x)$, 使 $\forall x' \in O(x)$, 有 $F(x) \subset \bigcup(\varepsilon, F(x'))$, 于是 $O(y, \varepsilon) \cap F(x') \neq \varnothing$, 从而 $G \cap F(x) \neq \varnothing$, F 在 x 必是下半连续的.

(3) 由 (1) 和 (2) 即推得.

定理 2.2.12 设 X 是 Hausdorff 拓扑空间, Y 是线性赋范空间, 集值映射 $f: X \to P_0(Y)$ 上半连续, 且 $\forall x \in X$, $f(x)$ 是紧集, 又 $\lambda: X \to R$ 是连续的, 则集值映射 $F = \lambda f: X \to P_0(Y)$ 是上半连续的.

证明 $\forall x \in X$, 首先, 由 $f(x)$ 是线性赋范空间 Y 中的紧集, 则易证 $F(x) = \lambda(x) f(x)$ 是 Y 中的非空紧集. 对 Y 中的任意开集 G, $G \supset F(x)$, 由引理 2.1.3, $\exists \varepsilon_0 > 0$, 使 $G \supset \bigcup(\varepsilon_0, F(x))$. 因 f 在 x 上半连续, $\lambda: X \to R$ 在 x 连续, 必存在 x 的开邻域, 使 $\forall x' \in O(x)$, 有 $F(x') = \lambda(x') f(x') \subset \bigcup(\varepsilon_0, \lambda(x) f(x)) = \bigcup(\varepsilon_0, F(x)) \subset G$, F 在 x 必是上半连续的.

定理 2.2.13 设 X 是 Hausdorff 拓扑空间, Y 是完备度量空间, $C = \{f: X \to P_0(Y): \forall x \in X, f(x)$ 是紧集, f 在 X 上上半连续, 且 $f(X)$ 有界$\}$, $\forall f, g \in C$, 定义

$$\rho(f, g) = \sup_{x \in X} h(f(x), g(x)),$$

其中 h 是 Y 上的 Hausdorff 距离, 则 (C, ρ) 是一个完备度量空间.

证明 设 $\{f_n\}$ 是 (C, ρ) 中任意一个 Cauchy 序列, 即 $\forall \varepsilon > 0$, 存在正整数 $N(\varepsilon)$, 使 $\forall n \geqslant N(\varepsilon)$, 有 $\rho(f_m, f_n) = \sup\limits_{x \in X} h(f_n(x), f_m(x)) < \varepsilon$, 于是, $\forall x \in X$, $h(f_n(x), f_m(x)) < \varepsilon$. 固定 $x \in X$, 因 Y 是完备度量空间, $f_n(x)$ 是紧集, 由系 2.1.1, 存在 X 中的非空紧集, 记为 $f(x)$, 使 $f_n(x) \to f(x)$, 且当 $n \geqslant N(\varepsilon)$ 时, 有 $\sup\limits_{x \in X} h(f_n(x), f(x)) \leqslant \varepsilon$.

要证明 $f \in C$, 只需证明 f 在 X 上是上半连续的. 取 $n_0 \geqslant N(\varepsilon)$, $\forall x \in X$, $h(f_{n_0}(x), f(x)) \leqslant \varepsilon$, 因 f_{n_0} 在 X 上是上半连续的, 存在 x 的开邻域 $O(x)$, 使 $\forall x' \in O(x)$, 有 $f_{n_0}(x') \subset \bigcup(\varepsilon, f_{n_0}(x))$, 于是,

$$f(x') \subset \bigcup(2\varepsilon, f_{n_0}(x')) \subset \bigcup(3\varepsilon, f_{n_0}(x)) \subset \bigcup(5\varepsilon, f(x)).$$

因 $\varepsilon > 0$ 是任意的, f 在 x 必是上半连续的, $f \in C$, (C,ρ) 必是一个完备度量空间.

系 2.2.2 设 X 是一个 Hausdorff 拓扑空间, Y 是一个 Banach 空间, $C_1 = \{f : X \to P_0(Y) : \forall x \in X, f(x)$ 是凸紧集, f 在 X 上上半连续, 且 $f(X)$ 有界$\}$, $\forall f, g \in C_1$, 定义

$$\rho(f,g) = \sup_{x\in X} h\left(f(x), g(x)\right),$$

其中 h 是 Y 上的 Hausdorff 距离, 则 (C_1, ρ) 是一个完备度量空间.

证明应用系 2.1.2, 类似于定理 2.2.13.

注 2.2.2 注意到在定理 2.2.13 和系 2.2.2 中, 如果将 f 上半连续改为下半连续, 或连续, 则结论仍然是成立的. 这些结果今后都很有用.

2.3 集值映射的通有连续性

以下定理 2.3.1 及其证明属于 Fort[26], 称为 Fort 定理.

定理 2.3.1 设 X 是一个 Hausdorff 拓扑空间, Y 是一个度量空间, $F : X \to P_0(Y)$ 是一个 usco 映射, 则存在 X 中的一个剩余集 Q, 使 $\forall x \in Q$, F 在 x 是下半连续, 从而连续的.

证明 $\forall \varepsilon > 0$, 定义 $C(\varepsilon) = \{x \in X$: 对满足 $0 < \varepsilon_1 < 3\varepsilon$ 的任意 ε_1 及 x 的任意开邻域 V, $\exists x' \in V$, 使 $F(x) \not\subset \bigcup(\varepsilon_1, F(x'))\}$.

首先证明 $C(\varepsilon)$ 是闭集. $\forall x \in \overline{C(\varepsilon)}$, 对满足 $0 < \varepsilon_1 < 3\varepsilon$ 的任意 ε_1, 选取 ε_2, 使 $\varepsilon_1 < \varepsilon_2 < 3\varepsilon$, 因 F 在 x 上半连续, 由定理 2.2.10(1), 存在 x 的开邻域 V, 使 $\forall x' \in V$, 有 $F(x') \subset \bigcup(\varepsilon_2 - \varepsilon_1, F(x))$. 由 $x \in \overline{C(\varepsilon)}$, 可选取 $x' \in C(\varepsilon) \cap V$, 由 $C(\varepsilon)$ 的定义, $\exists x'' \in V$, 使 $F(x') \not\subset \bigcup(\varepsilon_2, F(x''))$. 如果 $F(x) \subset \bigcup(\varepsilon_1, F(x''))$, 则必推出 $F(x') \subset \bigcup(\varepsilon_2, F(x''))$, 矛盾, 故 $F(x) \not\subset \bigcup(\varepsilon_1, F(x''))$, 从而 $x \in C(\varepsilon)$, $C(\varepsilon)$ 必是闭集.

其次证明 $C(\varepsilon)$ 在 X 中是无处稠密的. $\forall \varepsilon > 0$, 对 Y 中的任意紧集 A, 定义 $N(A,\varepsilon) = \min\{n : \exists y_1, \cdots, y_n$, 使 $\bigcup\limits_{i=1}^{n} O(y_i, \varepsilon) \supset A\}$, 则正整数 $N(A,\varepsilon)$ 是唯一确定的. 记 $n = N(F(x), \varepsilon)$, $x \in C(\varepsilon)$, $\exists y_1, \cdots, y_n \in F(x)$, 使 $\bigcup\limits_{i=1}^{n} O(y_i, \varepsilon) \supset F(x)$, 而对 x 的任意开邻域 V, 由 F 在 x 上半连续, $\exists x' \in V$, 使 $\bigcup\limits_{i=1}^{n} O(y_i, \varepsilon) \supset F(x')$, 且 $F(x) \not\subset \bigcup(2\varepsilon, F(x'))$. 选取 $y \in F(x) - \bigcup(2\varepsilon, F(x'))$, 因 $y \in F(x)$, 不妨设 $y \in O(y_n, \varepsilon)$. 如果 $F(x') \cap O(y_n, \varepsilon) \neq \varnothing$, 取 $y' \in F(x') \cap O(y_n, \varepsilon)$, 则 $y' \in F(x')$, $y' \in O(y_n, \varepsilon)$, 由此 $y \in O(y', 2\varepsilon)$, $y \in \bigcup(2\varepsilon, F(x'))$, 矛盾, 故 $F(x') \cap O(y_n, \varepsilon) = \varnothing$, $\bigcup\limits_{i=1}^{n-1} O(y_i, \varepsilon) \supset F(x')$, $N(F(x'), \varepsilon) \leqslant n - 1$. 如果闭集 $C(\varepsilon)$ 在 X 中不是无处稠密的, 即 $\text{int}C(\varepsilon) \neq \varnothing$, 则 $C(\varepsilon) \supset V_1$, 其中 V_1 是 X 中某一开集. 取 $x \in V_1$,

$\exists x' \in V_1$, 使 $N(F(x'),\varepsilon) \leqslant N(F(x),\varepsilon) - 1 = n-1$, 由 $x' \in C(\varepsilon)$, $\exists x'' \in V_1$, 使 $N(F(x''),\varepsilon) \leqslant N(F(x'),\varepsilon) \leqslant n-2, \cdots$, 由此必引出矛盾.

现在, 令 $Q = X - \bigcup_{n=1}^{\infty} C\left(\dfrac{1}{n}\right) = \bigcap_{n=1}^{\infty}\left(X - C\left(\dfrac{1}{n}\right)\right)$, 因 $X - C\left(\dfrac{1}{n}\right)$ 是 X 中的稠密开集, 故 Q 必是剩余集. 以下来证明: $\forall x \in Q$, F 在 x 是下半连续的. $\forall \varepsilon > 0$, 存在正整数 n_0, 使 $\dfrac{1}{n_0} < \dfrac{\varepsilon}{3}$, 由 $x \notin C\left(\dfrac{1}{n_0}\right)$, $\exists \varepsilon_1 < \dfrac{3}{n_0}$ 和 x 的开邻域 V, 使 $\forall x' \in V$, 有 $F(x) \subset \bigcup(\varepsilon_1, F(x')) \subset \bigcup(\varepsilon, F(x'))$, 由定理 2.2.11(2), F 在 x 必是下半连续的.

当 Y 是一个可分度量空间, 即存在 Y 中的一个可数基时, 对定理 2.3.1 可以给出另外一个证明.

设 $G_1, G_2, G_3, \cdots$ 是 Y 中的一个可数基, $\forall n = 1,2,3,\cdots$, 令 $K_n = \{x \in X : F(x) \cap \bar{G}_n \neq \varnothing\}$, 如果 K_n 不是闭集, 则 $\exists x^m \in K_n$, $x^m \to x$, 而 $x \notin K_n$. 由 $F(x) \cap \bar{G}_n = \varnothing$, 得 $F(x) \subset X - \bar{G}_n$, 因 $X - \bar{G}_n$ 是开集, 而 F 在 x 上半连续, 当 m 充分大时, 必有 $F(x^m) \subset X - \bar{G}_n$, $F(x^m) \cap \bar{G}_n = \varnothing$, 这与 $x^m \in K_n$ 矛盾, 故 K_n 必是闭集.

设 ∂K_n 是 K_n 的边界, 即 $\partial K_n = \bar{K}_n \cap \overline{(X - K_n)} = K_n \cap \overline{(X - K_n)}$, 以下证明 $\operatorname{int}(\partial K_n) = \varnothing$. 如果 $\operatorname{int}(\partial K_n) \neq \varnothing$, 取 $x_0 \in \operatorname{int}(\partial K_n)$, $\exists \delta > 0$, 使 $O(x_0,\delta) \subset \partial K_n \subset \overline{X - K_n}$, 于是 $\exists x \in O(x_0,\delta)$, 使 $x \in X - K_n$, 这与 $x \in O(x_0,\delta) \subset \partial K_n \subset K_n$ 矛盾.

令 $Q = X - \bigcup_{n=1}^{\infty} \partial K_n = \bigcap_{n=1}^{\infty} (X - \partial K_n)$, 因 $X - \partial K_n$ 是 X 中稠密的开集, 故 Q 是 X 中的剩余集, 以下证明 $\forall x \in Q$, 集值映射 F 在 x 是下半连续的. $\forall x \in Q$, 对 Y 中的任意开集 G, $F(x) \cap G \neq \varnothing$, 取 $y \in F(x) \cap G$, 则 $\forall n = 1,2,3,\cdots$, $x \notin \partial K_n$. 因 $G_1, G_2, G_3, \cdots$ 是 Y 中的基, $\exists n_1$, 使 $y \in G_{n_1} \subset G$. 因 $Y - G_{n_1}$ 是闭集, 存在 Y 中的两个开集 U 和 V, 使 $y \in U$, $Y - G_{n_1} \subset V$, 而 $U \cap V = \varnothing$. 因 $U \subset Y - V$, 得 $\overline{U} \subset \overline{Y - V} = Y - V \subset G_{n_1}$, 再因 $G_1, G_2, G_3, \cdots$ 是 Y 中的基, $\exists n_2$, 使 $y \in G_{n_2} \subset U \subset \overline{U} \subset G_{n_1} \subset G$. 这样, $y \in F(x) \cap \bar{G}_{n_2}$, $x \in K_{n_2}$. 因 $x \notin \partial K_{n_2} = K_{n_2} \cap \overline{(X - K_{n_2})}$, 得 $x \notin \overline{(X - K_{n_2})}$, 从而 $x \in \operatorname{int} K_{n_2}$, 于是存在 x 的开邻域 $O(x)$, 使 $O(x) \subset K_{n_2}$, 即 $\forall x' \in O(x)$, $x' \in K_{n_2}$, $F(x') \cap \bar{G}_{n_2} \neq \varnothing$, 故 $F(x') \cap G \neq \varnothing$, F 在 x 必是下半连续的.

定理 2.3.2 设 X 是一个 Baire 空间, Y 是一个度量空间, $F: X \to P_0(Y)$ 是一个 usco 映射, 则存在 X 中的一个稠密剩余集 Q, 使 $\forall x \in Q$, F 在 x 下半连续, 从而是连续的.

证明 因 X 是 Baire 空间, X 中的剩余集必是稠密的, 于是由定理 2.3.1 即推得结论.

注 2.3.1 在应用定理 2.3.2 时, 我们有时会说存在 X 中的一个稠密 G_δ 集 Q, 使 $\forall x \in Q$, F 在 x 是下半连续的, 从而是连续的.

2.4　集值映射的连续选取与连续逼近

设 X 和 Y 是两个 Hausdorff 拓扑空间, 集值映射 $F: X \to P_0(Y)$, 如果存在连续映射 $f: X \to Y$, 使 $\forall x \in X$, 有 $f(x) \in F(x)$, 则称 f 是集值映射 F 的连续选取.

以下定理属于 Browder[27].

定理 2.4.1　设 X 是 Hausdorff 线性拓扑空间 E 中的非空凸紧集, 集值映射 $F: X \to P_0(Y)$ 满足 $\forall x \in X$, $F(x)$ 是非空凸集, 且 $\forall y \in X$, $F^{-1}(y) = \{x \in X : y \in F(x)\}$ 是开的, 则存在连续映射 $f: X \to Y$, 使 $\forall x \in X$, 有 $f(x) \in F(x)$.

证明　$\forall x \in X$, 因 $F(x)$ 非空, 取 $y \in F(x)$, 则 $x \in F^{-1}(y)$, 于是 $X = \bigcup\limits_{y \in X} F^{-1}(y)$. 因 X 是紧集, $\exists y_1, \cdots, y_n \in X$, 使 $X = \bigcup\limits_{i=1}^{n} F^{-1}(y_i)$. 由定理 1.3.8, 存在从属于此开覆盖 $\left\{F^{-1}(y_i) : i = 1, \cdots, n\right\}$ 的连续单位分划 $\{\beta_i : i = 1, \cdots, n\}$, 即 $\forall i = 1, \cdots, n$, $\beta_i : X \to [0,1]$ 连续, $\forall x \in X$, $\sum\limits_{i=1}^{n} \beta_i(x) = 1$ 及如果 $\beta_i(x) > 0$, 则 $x \in F^{-1}(y_i)$.

$\forall x \in X$, 令 $f(x) = \sum\limits_{i=1}^{n} \beta_i(x) y_i$, 则 $f(x)$ 连续. $\forall x \in X$, 如果 $\beta_i(x) > 0$, 则 $x \in F^{-1}(y_i)$, 即 $y_i \in F(x)$. 因 $F(x)$ 是凸集, $\beta_i(x) \geqslant 0$, $\sum\limits_{i=1}^{n} \beta_i(x) = 1$, 得 $f(x) = \sum\limits_{i=1}^{n} \beta_i(x) y_i \in F(x)$.

引理 2.4.1　设 X 是紧度量空间, Y 是线性赋范空间, $F: X \to P_0(Y)$ 满足 $\forall x \in X$, $F(x)$ 是凸集, 且 F 在 x 是下半连续的, 则 $\forall \varepsilon > 0$, 存在连续映射 $f_\varepsilon : X \to Y$, 使 $\forall x \in X$, 有 $f_\varepsilon(x) \in U(\varepsilon, F(x))$.

证明　$\forall x \in X$, $\forall \varepsilon > 0$, 任取 $y(x) \in F(x)$, 因 F 在 x 是下半连续的, 存在 x 的开邻域 $O(x)$, 使 $\forall x' \in O(x)$, 有 $F(x') \cap O(y(x), \varepsilon) \neq \varnothing$. 因 $X = \bigcup\limits_{x \in X} O(x)$, X 是紧的, $\exists x_1, \cdots, x_n \in X$, 使 $X = \bigcup\limits_{i=1}^{n} O(x_i)$. 设 $\{\beta_i : i = 1, \cdots, n\}$ 是从属于开覆盖 $\{O(x_i) : i = 1, \cdots, n\}$ 的连续单位分划. $\forall x \in X$, 定义 $f_\varepsilon(x) = \sum\limits_{i=1}^{n} \beta_i(x) y(x_i)$, 则 $f_\varepsilon : X \to Y$ 是连续的.

如果 $\beta_i(x) > 0$, 则 $x \in O(x_i)$, $y(x_i) \in \cup(\varepsilon, F(x))$. 因 $F(x)$ 是凸集, 易知 $\cup(\varepsilon, F(x))$ 也是凸集, 必有 $f_\varepsilon(x) = \sum\limits_{i=1}^{n} \beta_i(x) y_i(x_i) \in \cup(\varepsilon, F(x))$.

以下定理属于 Michael[28].

定理 2.4.2 设 X 是紧度量空间, Y 是 Banach 空间, $F: X \to P_0(Y)$ 满足 $\forall x \in X$, $F(x)$ 是非空闭凸集, 且 F 在 x 是下半连续的, 则存在连续映射 $f: X \to Y$, 使 $\forall x \in X$, 有 $f(x) \in F(x)$.

证明 我们用归纳法来构造一列连续映射 $u_n: X \to Y$, 使 $\forall x \in X$, 有 $d(u_n(x), F(x)) < \dfrac{1}{2^n}$, 且 $\|u_n(x) - u_{n-1}(x)\| < \dfrac{1}{2^{n-2}}$, $n = 2, 3, \cdots$, 其中 d 是 Y 上的距离函数.

$n = 1$, 由引理 2.4.1, 存在连续映射 $u_1: X \to Y$, 使 $\forall x \in X$, 有 $d(u_1(x), F(x)) < \dfrac{1}{2}$.

假定 $u_n: X \to Y$ 已按要求构造, 以下来构造 u_{n+1}.

$\forall x \in X$, 定义 $F_{n+1}(x) = O\left(u_n(x), \dfrac{1}{2^n}\right) \cap F(x)$, 易知 $F_{n+1}(x)$ 是非空凸集, 还需要证明 F_{n+1} 在 x 是下半连续的. $\forall x_m \to x, \forall y \in F_{n+1}(x)$, 因 F 在 x 是下半连续的, 由定理 2.2.5, $\exists y_m \in F(x_m)$, 而 $y_m \to y$. 因 u_n 在 x 连续, 当 m 充分大时, 必有 $\|u_n(x_m) - y_m\| < \dfrac{1}{2^n}$, 从而 $y_m \in O\left(u_n(x_m), \dfrac{1}{2^n}\right) \cap F(x_m) = F_{n+1}(x_m)$. 再由定理 2.2.5, 得 F_{n+1} 在 x 是下半连续的. 由引理 2.4.1, 存在连续映射 $u_{n+1}(x): X \to Y$, 使 $\forall x \in X$, 有 $d(u_{n+1}(x), F_{n+1}(x)) < \dfrac{1}{2^{n+1}}$, 从而

$$d(u_{n+1}(x), F(x)) \leqslant d(u_{n+1}(x), F_{n+1}(x)) < \frac{1}{2^{n+1}},$$

$$\|u_{n+1}(x) - u_n(x)\| < \frac{1}{2^n} + \frac{1}{2^{n+1}} < \frac{1}{2^{(n+1)-2}}.$$

因 X 是紧集, Y 是 Banach 空间, 易证连续映射序列 $\{u_n\}$ 是 Cauchy 序列, 它在 X 上一致收敛于连续映射 f. 又因 $d(u_n(x), F(x)) < \dfrac{1}{2^n}$, 令 $n \to \infty$, 得 $d(f(x), F(x)) = 0$. 因 $F(x)$ 是闭集, 必有 $f(x) \in F(x)$.

以下逼近定理属于 Cellina[29].

定理 2.4.3 设 X 是紧度量空间, Y 是线性赋范空间, $F: X \to P_0(Y)$ 满足 $\forall x \in X$, $F(x)$ 是凸集, 且 F 在 X 是上半连续的, 则 $\forall \varepsilon > 0$, 存在连续映射 $f: X \to Y$, 使

$$\operatorname{graph}(f) \subset \cup(\varepsilon, \operatorname{graph}(F)).$$

证明 $\forall \varepsilon > 0, \forall x \in X$, 因 F 在 x 是上半连续, $\exists \delta(x) > 0$(可以设 $\delta(x) < 2\varepsilon$), 使 $\forall x' \in O(x, \delta(x))$, 有 $F(x') \subset U\left(\dfrac{\varepsilon}{2}, F(x)\right)$. 因 $X = \bigcup\limits_{x \in X} O\left(x, \dfrac{\delta(x)}{4}\right)$, 且 X 是

紧集, $\exists x_1,\cdots,x_n\in X$, 使 $X=\bigcup\limits_{i=1}^{n}O\left(x_i,\dfrac{\delta(x_i)}{4}\right)$. 设 $\{\beta_i:i=1,\cdots,n\}$ 是从属于开覆盖 $\left\{O\left(x_i,\dfrac{\delta(x_i)}{4}\right):i=1,\cdots,n\right\}$ 的连续单位分划.

$\forall i=1,\cdots,n$, 取 $y_i\in F\left(O\left(x_i,\dfrac{\delta(x_i)}{4}\right)\right)$, $\forall x\in X$, 定义 $f(x)=\sum\limits_{i=1}^{n}\beta_i(x)y_i$, 则 f 在 X 上是连续的.

$\forall x\in X$, 记 $I(x)=\{i:\beta_i(x)>0\}$, 则 $I(x)\neq\varnothing$. $\forall i\in I(x)$, $x\in O\left(x_i,\dfrac{\delta(x_i)}{4}\right)$, 当 $i,j\in I(x)$ 时, 必有 $d(x_i,x_j)\leqslant d(x_i,x)+d(x,x_j)<\dfrac{\delta(x_i)+\delta(x_j)}{4}$.

取 $k\in I(x)$, 使 $\delta_k=\delta(x_k)=\max\limits_{i\in I(x)}\delta(x_i)>0$, 则 $\forall i\in I(x)$, $x_i\in O\left(x_k,\dfrac{\delta_k}{2}\right)$, 从而 $y_i\in F\left(O\left(x_i,\dfrac{\delta(x_i)}{4}\right)\right)\subset F(O(x_k,\delta_k))\subset\cup\left(\dfrac{\varepsilon}{2},F(x_k)\right)$.

因 $F(x_k)$ 是凸集, 易知 $\cup\left(\dfrac{\varepsilon}{2},F(x_k)\right)$ 必是凸集, 故 $f(x)\in\cup\left(\dfrac{\varepsilon}{2},F(x_k)\right)$. 取 $z_k\in F(x_k)$, 使 $\|z_k-f(x)\|<\dfrac{\varepsilon}{2}$, 则乘积空间 $X\times Y$ 上的距离

$$d((x,f(x)),(x_k,z_k))\leqslant d(x,x_k)+\|z_k-f(x)\|<\frac{\delta_k}{4}+\frac{\varepsilon}{2}<\varepsilon.$$

因 $(x_k,z_k)\in\mathrm{graph}(F)$, 故 $\mathrm{graph}(f)\subset\cup(\varepsilon,\mathrm{graph}(F))$.

第 3 章 不动点定理与 Ky Fan 不等式

不动点定理与 Ky Fan 不等式是证明非线性问题解的存在性的两个主要工具，本章对此作了比较完备的介绍，主要参考了文献 [5], [6], [30], [31].

3.1 Brouwer 不动点定理与 Kakutani 不动点定理

以下是重要的 Brouwer 不动点定理.

定理 3.1.1 设 $C \subset R^n$ 是一个非空有界闭凸集, $f: C \to C$ 连续, 则映射 f 的不动点存在, 即 $\exists x^* \in C$, 使 $f(x^*) = x^*$.

这一定理证明方法较多, 这里首先证明 Sperner 引理, 然后利用 Sperner 引理证明 KKM 引理, 最后利用 KKM 引理来证明 Brouwer 不动点定理.

在 R^n 中给定 $n+1$ 个点 $v^0, v^1, \cdots, v^n$, 如果 $v^1 - v^0, \cdots, v^n - v^0$ 线性无关, 则称 $v^0, v^1, \cdots, v^n$ 的凸包 $\sigma = \mathrm{co}\left(v^0, v^1, \cdots, v^n\right)$ 是顶点为 $v^0, v^1, \cdots, v^n$ 的单纯形. 换句话说, σ 是所有点 $x = \sum\limits_{i=0}^{n} x_i v^i$ 的集合, 其中 $x_i \geqslant 0$, $i = 0, 1, \cdots, n$, 且 $\sum\limits_{i=0}^{n} x_i = 1$. 数 $x_0, x_1, \cdots, x_n$ 称为点 x 的重心坐标.

引理 3.1.1 $v^0, v^1, \cdots, v^n \in R^n$, 而 $v^1 - v^0, \cdots, v^n - v^0$ 线性无关, 如果 $x \in \mathrm{co}\left(v^0, v^1, \cdots, v^n\right)$, 即 $x = \sum\limits_{i=0}^{n} x_i v^i$, 其中 $x_i \geqslant 0$, $i = 0, 1, \cdots, n$, 且 $\sum\limits_{i=0}^{n} x_i = 1$, 则 $x_0, x_1, \cdots, x_n$ 是唯一确定的.

证明 因 $\sum\limits_{i=0}^{n} x_i = 1$, 有 $v^0 = \sum\limits_{i=0}^{n} x_i v^0$, 故 $x - v^0 = \sum\limits_{i=0}^{n} x_i \left(v^i - v^0\right)$. 因 $v^1 - v^0, \cdots, v^n - v^0$ 是线性无关的, 故 $x_1, \cdots, x_n$ 是唯一确定的, 从而 $x_0 = 1 - \sum\limits_{i=0}^{n} x_i$ 也是唯一确定的.

单纯形 $\sigma \subset R^n$ 是一个有界闭凸集, 它的边界元素是很复杂的: 边界元素的维数可以是 $n-1, \cdots$, 或 0. 维数 $k \leqslant n-1$ 的边界元素由 $k+1$ 个点 $v^{i_0}, \cdots, v^{i_k}$ 确定, 边界元素中点 x 的重心坐标满足 $x_{i_0} > 0, \cdots, x_{i_k} > 0$, 其余的都为 0.

如果 x 在由 $v^{i_0}, \cdots, v^{i_k}$ 确定的边界元素上, 定义指标函数 $m(x) = i_0, \cdots$, 或 i_k(这一规则称为 $(*)$), 至于 σ 的内点 x, 指标函数 $m(x) = 0, \cdots$, 或 n.

对于 $N = 2, 3, 4, \cdots$, 作单纯形 σ 的 N 次重心剖分, 顶点为 $\dfrac{1}{N}\left(k_0, k_1, \cdots, k_n\right)$,

其中 $k_i \geqslant 0$ 为整数, $i=0,1,\cdots,n$, 且 $\sum\limits_{i=0}^{n} k_i = N$. 单纯形 σ 被分划成许多个 n 维的格子, 称格子 $n-1$ 维的边界元素为它的面. 设单纯形 σ 的直径等于 Δ, 则每个格子的直径等于 $\dfrac{\sigma}{N}$.

如果某格子或其边界元素的顶点标号为 $m_0,\cdots,m_k (k=0,1,\cdots,n)$, 则称此格子或其边界元素属于 $(m_0,\cdots,m_k)$ 的类型, 规定类型的区分与 $m_0,\cdots,m_k$ 的次序无关.

现在给定一个按照规则 (*) 标号的重心剖分, 用 $F(a,\cdots,l)$ 表示类型 $(a,\cdots,l)$ 中元素的个数.

定理 3.1.2(Sperner 引理) 在单纯形 σ 的 N 次重心剖分中, 每个格子的顶点标上 $m(x)=0$ 或 $1\cdots$ 或 n, 在 σ 的边界上标号满足规则 (*), 则必存在某个全标号的格子, 即此格子的顶点的 $n+1$ 个标号恰是 $0,1,\cdots,n$.

证明 对 n 用数学归纳法, 但以下证明更强的结论: $F(0,1,\cdots,n)$ 必是奇数.

$n=1$, 观察标号为 0 的面 ($n=1$, 一个面就是一个点). 每个类型 $(0,0)$ 的格子具有两个标号为 0 的面, 每个类型 $(0,1)$ 的格子具有一个标号为 0 的面. 令 $S=2F(0,0)+F(0,1)$, 注意到 S 计算每个内部面二次, 但是对边界上的唯一面 0 只计算一次, 所以

$$2F(0,0)+F(0,1)=2F_i(0)+1,$$

其中$F_i(0)$表示内部面 0 的个数, 这就证明了 $F(0,1)=2F_i(0)+1-2F(0,0)$ 必是奇数.

设对 $n-1$ 结论成立, 以下来证明对 n 结论也成立. 考虑标号为 $(0,1,\cdots,n-1)$ 的面, 每个类型 $(0,1,\cdots,n-1,k)\,(k\leqslant n-1)$ 的格子具有两个格号为 $(0,1,\cdots,n-1)$ 的面, 每个类型 $(0,1,\cdots,n)$ 的格子具有一个标号为 $(0,1,\cdots,n-1)$ 的面. 令 $S=2\sum\limits_{k=0}^{n-1}F(0,1,\cdots,n-1,k)+F(0,1,\cdots,n)$, 注意到 S 计算每个内部面两次, 但是对边界上的每个面 $(0,1,\cdots,n-1)$ 只计算一次, 所以

$$2\sum_{k=0}^{n-1}F(0,1,\cdots,n-1,k)+F(0,1,\cdots,n)=2F_i(0,1,\cdots,n-1)+F_b(0,1,\cdots,n),$$

其中 $F_i(0,1,\cdots,n-1)$ 表示内部面 $(0,1,\cdots,n-1)$ 的个数, $F_b(0,1,\cdots,n-1)$ 表示边界上的面 $(0,1,\cdots,n-1)$ 的个数, 而它正是顶点为 $v^0,v^1,\cdots,v^{n-1}$ 的 $n-1$ 维单纯形中类型为 $(0,1,\cdots,n-1)$ 的格子数, 由归纳法假设, $F_b(0,1,\cdots,n-1)$ 必是奇数, 这就证明了 $F(0,1,\cdots,n)=2F_i(0,1,\cdots,n-1)+F_b(0,1,\cdots,n-1)-2\sum\limits_{k=0}^{n-1}F(0,1,\cdots,n-1,k)$ 必是奇数.

定理 3.1.3(KKM 引理) 设 $F_0,F_1,\cdots,F_n$ 是单纯形 σ 中的 $n+1$ 个闭集, 如果对任意 $i_0,\cdots,i_k (k=0,\cdots,n)$, 有

$$\mathrm{co}\left(v^{i_0},\cdots,v^{i_k}\right)\subset\bigcup_{m=0}^{k}F_{i_m}.$$

则 $\bigcap\limits_{i=0}^{n}F_i\neq\varnothing$.

证明 令 $i_0=0,\cdots,i_n=n$, 得 $\sigma=\bigcup\limits_{i=0}^{n}F_i$.

作单纯形 σ 的 N 次重心的剖分, 下面来对格子的顶点标号. 如果格子的顶点 x 在 σ 的边界上, 例如, 在由 $v^{i_0},\cdots,v^{i_k}$ 决定的边界元素上, 则由 $x\in\mathrm{co}\left(v^{i_0},\cdots,v^{i_k}\right)\subset\bigcup\limits_{m=0}^{k}F_{i_m}$, 必存在 m, 使 $x\in F_{i_m}$, 规定 $m(x)=i_m$. 如果格子的顶点不在 σ 的边界上, 则由 $x\in\sigma=\bigcup\limits_{i=0}^{n}F_i$, 必存在 i, 使 $x\in F_i$, 规定 $m(x)=i$.

显然, 以上标号满足规则 $(*)$, 由 Sperner 引理, 存在全标号的格子 σ_N, 设 σ_N 的顶点为 y_i^N, $i=0,1,\cdots,n$, 其中 $m\left(y_i^N\right)=i$. 由 $m\left(y_i^N\right)=i$, 得 $y_i^N\in F_i$, $i=0,1,\cdots,n$.

考虑 R^n 中有界闭集 σ 中的无限序列 $\left\{y_0^N:N=2,3,4,\cdots\right\}$, 不妨设 $y_0^N\to x^*$, 当 $N\to\infty$ 时, 因格子的直径 $\dfrac{\Delta}{N}\to0$, 故必有 $y_i^N\to x^*$, $i=1,\cdots,n$. 由 $y_i^N\in F_i$, 而 F_i 是闭集, 得 $x^*\in F_i$, $i=0,1,\cdots,n$, 故 $\bigcap\limits_{i=0}^{n}F_i\neq\varnothing$.

引理 3.1.2 设单纯形 $\sigma=\mathrm{co}\left(v^0,v^1,\cdots,v^n\right)$, 映射 $f:\sigma\to\sigma$, $\forall x=\sum\limits_{i=0}^{n}x_iv^i\in\sigma$, $f(x)=\sum\limits_{i=0}^{n}f_i(x)v^i\in\sigma$, 则 f 在 σ 上连续的充分必要条件是 $f_i(x)$ 在 σ 上连续, $i=0,1,\cdots,n$.

证明 充分性易证, 以下证必要性.

首先证明, 如果 $a_1,\cdots,a_n\in R^n$ 线性无关, $\forall x\in R^n$, $g(x)=\sum\limits_{i=1}^{n}g_i(x)a_i$, 其中 $g_i:R^n\to R$, 则由 g 连续可推得 g_i 连续, $i=1,\cdots,n$.

因 $\left\|\sum\limits_{i=1}^{n}u_ia_i\right\|$ 是 $u=(u_1,\cdots,u_n)$ 的连续函数, 而 $B=\Big\{u=(u_1,\cdots,u_n):\sum\limits_{i=1}^{n}u_i^2=1\Big\}$ 是 R^n 中的紧集, 故 $b=\min\limits_{u\in B}\left\|\sum\limits_{i=1}^{n}u_ia_i\right\|$ 存在, 且因 $a_1,\cdots,a_n$ 线性无关, 有 $b>0$.

$\forall x,x'\in R^n,g(x)\neq g(x')$,则

$$\left\|g(x)-g(x')\right\|=\left\|\sum_{i=1}^{n}\left[g_i(x)-g_i(x')\right]a_i\right\|$$

$$= \sqrt{\sum_{i=1}^{n}\left[g_i(x)-g_i(x')\right]^2}\left\| \sum_{i=1}^{n} \frac{g_i(x)-g_i(x')}{\sqrt{\sum_{i=1}^{n}\left[g_i(x)-g_i(x')\right]^2}} a_i \right\|$$

$$\geqslant b\sqrt{\sum_{i=1}^{n}\left[g_i(x)-g_i(x')\right]^2}.$$

注意到当 $g(x) = g(x')$ 时, 有 $g_i(x) = g_i(x')$, $i = 0,1,\cdots,n$, 故不等式 $\|g_i(x)-g_i(x')\| \geqslant b\sqrt{\sum_{i=1}^{n}\left[g_i(x)-g_i(x')\right]^2}$ 仍然成立, 由此如果 g 连续, 则由 $|g_i(x)-g_i(x')| \leqslant \frac{1}{b}\|g_i(x)-g_i(x')\|$, 得 g_i 必是连续的, $i = 1,\cdots,n$.

回到单纯形 σ 的情况. $\forall x \in \sigma$, 由 $f(x) = \sum_{i=0}^{n} f_i(x)v^i$, 其中 $f_i(x) \geqslant 0, i = 0,1,\cdots,n, \sum_{i=0}^{n} f_i(x) = 1$, 得 $v^0 = \sum_{i=0}^{n} f_i(x)v^0, g(x) = f(x) - v^0 = \sum_{i=0}^{n} f_i(x)\left(v^i - v^0\right)$. 因 $v^1 - v^0,\cdots,v^n - v^0$ 线性无关, $g(x) = f(x) - v^0$ 在 σ 上连续, 即可推得 $f_i(x)$ 连续, $i = 1,\cdots,n$, 再由 $f_0(x) = 1 - \sum_{i=1}^{n} f_i(x)$, 得 $f_0(x)$ 在 σ 上连续.

Brouwer 不动点定理的证明 (C 为单纯形 σ 的情况).

$$\forall x = \sum_{i=0}^{n} x_i v^i \in \sigma, \quad f(x) = \sum_{i=0}^{n} f_i(x)v^i \in \sigma.$$

$\forall i = 0,1,\cdots,n$, 定义 $F_i = \{x \in \sigma : f_i(x) \leqslant x_i\}$, 因 $f(x)$ 连续, 由引理 3.1.2, $f_i(x)$ 连续, 故 F_i 必是闭集. 对任意 $i_0,\cdots,i_k (k = 0,\cdots,n)$, 以下来证明

$$\mathrm{co}\left(v^{i_0},\cdots,v^{i_k}\right) \subset \bigcup_{m=0}^{k} F_{i_m}.$$

用反证法. 如果存在 $\sum_{i=0}^{k} x_{i_m} v^{i_m} \in \mathrm{co}\left(v^{i_0},\cdots,v^{i_k}\right)$, 而 $\sum_{i=0}^{k} x_{i_m} v^{i_m} \notin \bigcup_{m=0}^{k} F_{i_m}$, 则 $x_{i_m} < f_{i_m}(x)$, $m = 0,\cdots,k$, 于是

$$1 = \sum_{m=0}^{k} x_{i_m} < \sum_{m=0}^{k} f_{i_m}(x) \leqslant \sum_{i=0}^{n} f_i(x) = 1,$$

矛盾. 这样, 由 KKM 引理, 存在 $x^* \in \bigcap_{i=0}^{n} F_i$, 即 $f_i(x^*) \leqslant x_i^*$, $i=0,1,\cdots,n$, 但是 $\sum_{i=0}^{n} f_i(x^*) = 1 = \sum_{i=0}^{n} x_i^*$, 故 $f_i(x^*) = x_i^*$, $i=0,1,\cdots,n$, $f(x^*) = x^*$.

Brouwer 不动点定理的证明 (一般情况): 因 C 是有界的, 存在单纯形 σ, 使 $\sigma \supset C$. 由定理 1.5.11, 存在连续映射 $r: \sigma \to C$, 使 $\forall x \in C$, 有 $r(x) = x$.

现在定义复合映射 $g: \sigma \to \sigma$, $\forall x \in \sigma$, $g(x) = f(r(x)) \in C \subset \sigma$. 因 r 和 f 都连续, 故 g 是连续的, $\exists x^* \in \sigma$, 使 $x^* = g(x^*) = f(r(x^*)) \in C$. 因 $x^* \in C$, 有 $r(x^*) = x^*$, 从而 $f(x^*) = x^*$.

我们已经由 KKM 引理推得 Brouwer 不动点定理, 以下再来由 Brouwer 不动点定理推得 KKM 引理, 由此 KKM 引理与 Brouwer 不动点定理是等价的.

首先, $\sigma = \operatorname{co}(v^0, v^1, \cdots, v^n)$ 是 R^n 中的有界闭凸集, 如果 $\bigcap_{i=0}^{n} F_i = \varnothing$, 则 $\{\sigma - F_i : i=0,1,\cdots,n\}$ 就是 σ 的有限开覆盖, 设 $\{\beta_i : i=0,1,\cdots,n\}$ 是从属于此开覆盖的连续单位分划.

$\forall x \in \sigma$, 定义 $g(x) = \sum_{i=0}^{n} \beta_i(x) v^i \in \sigma$, 则 $g(x)$ 连续. 由 Brouwer 不动点定理, $\exists x^* \in \sigma$, 使 $x^* = g(x^*)$. 记 $I(x^*) = \{i : \beta_i(x^*) > 0\}$, 则 $I(x^*) \neq \varnothing$. 当 $i \in I(x^*)$ 时, 有 $x^* \in \sigma - F_i$, 从而 $x^* \notin F_i$. 由 $x^* = \sum_{i \in I(x^*)} \beta_i(x^*) v^i$, 得 $x^* \in \operatorname{co}\{v^i : i \in I(x^*)\} \subset \bigcup_{i \in I(x^*)} F_i$, 这与 $x^* \notin \bigcup_{i \in I(x^*)} F_i$ 矛盾.

定理 3.1.4(Kakutani) 设 $C \subset R^n$ 是一个非空有界闭凸集, $F: C \to P_0(C)$ 满足 $\forall x \in C$, $F(x)$ 是 C 中的非空闭凸集, 且集值映射 F 在 C 上是上半连续的, 则 $\exists x^* \in C$, 使 $x^* \in F(x^*)$.

证明 先对 C 是单纯形 σ 的情形加以证明.

作 σ 的 N 重心剖分, 定义映射 $f^N(x)$ 如下: 如果 x 是格子的顶点, 任取 $y \in F(x)$, 定义 $f^N(x) = y \in \sigma$, 如果 x 不是格子的顶点, 则它必在某顶点为 $x^0, x^1, \cdots, x^n$ 的格子中, 设 $x = \sum_{i=0}^{n} \theta_i x^i$, 其中 $\theta_i \geqslant 0$, $i=0,1,\cdots,n$, $\sum_{i=0}^{n} \theta_i = 1$, 定义 $f^N(x) = \sum_{i=0}^{n} \theta_i f^N(x^i)$, 因 σ 是凸集, $f^N(x^i) \in \sigma$, 得 $f^N(x) \in \sigma$. 注意到如果 x 在两个格子分享的面上, $f^N(x)$ 的定义是一致的, 于是由定理 1.1.4, $f^N(x)$ 是从 σ 到 σ 的连续映射. 由 Brouwer 不动点定理, $\exists x^{(N)} \in \sigma$, 使 $f^N(x^{(N)}) = x^{(N)}$.

设 $x^{(N)}$ 在顶点为 $x^{N_0}, x^{N_1}, \cdots, x^{N_n}$ 的格子中, 即 $x^{(N)} = \sum_{i=0}^{n} \theta_{N_i} x^{N_i}$, 其中 $\theta_{N_i} \geqslant$

$0,\ i=0,1,\cdots,n,\ \sum_{i=0}^{n}\theta_{N_i}=1.\ f^N\left(x^N\right)=\sum_{i=0}^{n}\theta_{N_i}f^N\left(x^{N_i}\right)=\sum_{i=0}^{n}\theta_{N_i}y^{N_i}=x^{(N)}$, 其中 $y^{N_i}=f^{(N)}\left(x^{N_i}\right)\in F\left(x^{N_i}\right),\ i=0,1,\cdots,n$.

由 $\left\{x^{(N)}:N=2,3,\cdots\right\}\subset\sigma$, $\{\theta_{N_i}:i=0,1,\cdots,n,N=2,3,\cdots\}\subset[0,1]$, $\left\{y^{N_i}:i=0,1,\cdots,n,N=2,3,\cdots\right\}\subset\sigma$, 而 σ 和 $[0,1]$ 都是紧集, 必存在 $\left\{N_k:k=1,2,3,\cdots\right\}$, 使当 $N_k\to\infty$ 时, 有

$$x^{(N_k)}\to x^*\in\sigma,\quad \theta_{N_{ki}}\to\theta_i\geqslant 0,\quad i=0,1,\cdots,n,\quad 且\sum_{i=0}^{n}\theta_i=1,$$

$$y^{N_{ki}}\to y^i\in\sigma,\quad i=0,1,\cdots,n.$$

因 $\sum_{i=0}^{n}\theta_{N_{ki}}y^{N_{ki}}=x^{(N_k)}$, 令 $N_k\to\infty$, 得 $\sum_{i=0}^{n}\theta_i y^i=x^*$.

注意到当 $N_k\to\infty$ 时, σ 的 N 次重心剖分中格子的直径趋于 0, 因此格子的顶点 $x^{N_{ki}}\to x^*$, $i=0,1,\cdots,n$. 又 $y^{N_{ki}}\in F\left(x^{N_{ki}}\right)$, $y^{N_{ki}}\to y^i$, 因集值映射 F 是上半连续的, 且 $\forall x\in\sigma$, $F(x)$ 是闭集, 由定理 2.2.2, 集值映射是闭的, 此时必有 $y^i\in F(x^*)$, $i=0,1,\cdots,n$. 因 $F(x^*)$ 是凸集, 必有 $x^*=\sum_{i=0}^{n}\theta_i y^i\in F(x^*)$.

再对一般情形加以证明.

因 C 是有界的, 存在单纯形 σ, 使 $\sigma\supset C$. 由定理 1.5.11, 存在连续映射 $r:\sigma\to C$, 使 $\forall x\in C$, 有 $r(x)=x$.

现在定义复合映射 $G:\sigma\to P_0(\sigma):\forall x\in\sigma$, $G(x)=F(r(x))\subset C\subset\sigma$. $\forall x\in\sigma$, $G(x)$ 是 σ 中的非空闭凸集, 因 r 连续, F 上半连续, 由定理 2.2.6(1), 复合映射 $G=F(r(x))$ 是上半连续的, 故 $\exists x^*\in\sigma$, 使 $x^*\in G(x^*)=F(r(x^*))\subset C\subset\sigma$. 因 $x^*\in C$, 有 $r(x^*)=x^*$, 从而 $x^*\in F(x^*)$.

利用集值映射的逼近定理, 可以给出 Kakutani 不动点定理另一个证明.

$\forall n=1,2,3,\cdots$, 由定理 2.4.3, 存在连续映射 $f_n:C\to C$, 使

$$\operatorname{graph}(f_n)\subset\bigcup\left(\frac{1}{n},\operatorname{graph}(F)\right).$$

由 Brouwer 不动点定理, $\exists x_n\in C$, 使 $x_n=f_n(x_n)$, 因 C 是 R^n 中的有界闭集, 不妨设 $x_n\to x^*\in C$. 因 F 在 C 上是上半连续的, 且 $\forall x\in X$, $F(x)$ 是闭集, 由引理 2.2.2, graph (F) 是闭集. 乘积空间上的距离

$$\begin{aligned}d\left((x^*,x^*),\operatorname{graph}(F)\right)&=\lim_{n\to\infty}d((x_n,x_n),\operatorname{graph}(F))\\&=\lim_{n\to\infty}d\left((x_n,f(x_n)),\operatorname{graph}(F)\right)=0,\end{aligned}$$

又 graph(F) 是闭集, 得 $(x^*, x^*) \in \text{graph}(F)$, 从而有 $x^* \in F(x^*)$.

利用集值映射的选取定理, 可以给出以下不动点定理.

定理 3.1.5 设 $C \subset R^n$ 是一个非空有界闭凸集, $F: C \to P_0(C)$ 满足 $\forall x \in C$, $F(x)$ 是 C 中的非空闭凸集, 且集值映射 F 在 C 上是下半连续的, 则 $\exists x^* \in C$, 使 $x^* \in F(x^*)$.

证明 由定理 2.4.2, 存在连续映射 $f: C \to C$, 使 $\forall x \in C$, 有 $f(x) \in F(x)$. 由 Brouwer 不动点定理, $\exists x^* \in C$, 使 $x^* = f(x^*) \in F(x^*)$.

3.2 Ky Fan 不等式

以下定理是 Ky Fan 对 KKM 引理的重要推广[32], 也称 KKMF 引理.

定理 3.2.1 设 X 是 Hausdorff 线性拓扑空间 E 中的任一集合, $\forall x \in X$, $F(x)$ 是 E 中的闭集, 且 $\exists x_0 \in X$, 使 $F(x_0)$ 是紧集, 又 $\forall \{x_1, \cdots, x_n\} \subset X$, 有

$$\text{co}\{x_1, \cdots, x_n\} \subset \bigcup_{i=1}^n F(x_i).$$

则 $\bigcap_{x \in X} F(x) \neq \varnothing$.

证明 $\forall \{x_1, \cdots, x_n\} \subset X$, 考虑以 $v^1, \cdots, v^n$ 为顶点的单纯形 σ, 其中 $v^1 = (1, 0, \cdots, 0)$, $\cdots$, $v^n = (0, \cdots, 0, 1)$. 定义映射 $\varphi: \sigma \to E$:$\forall x \in \sigma$, 则 $\exists \theta_i \in [0,1]$, $i = 1, \cdots, n$, $\sum_{i=1}^n \theta_i = 1$, 使 $x = \sum_{i=1}^n \theta_i v^i$, 定义 $\varphi(x) = \sum_{i=1}^n \theta_i x_i \in E$. 因 φ 连续, $\forall i = 1, \cdots, n$, 由定理 1.1.3(2), $S_i = \varphi^{-1} F(x_i)$ 为 σ 中的闭集. 以下来证明对任意的 $v^{i_1}, \cdots, v^{i_k}$, 有 $\text{co}\left\{v^{i_1}, \cdots, v^{i_k}\right\} \subset \bigcup_{m=1}^k S_{i_m}$.

用反证法. 如果 $\exists \theta_{i_m} \in [0,1]$, $m = 1, \cdots, k$, $\sum_{m=1}^k \theta_{i_m} = 1$, 使 $\sum_{m=1}^k \theta_{i_m} v^{i_m} \notin \bigcup_{m=1}^k S_{i_m}$, 即 $\sum_{m=1}^k \theta_{i_m} v^{i_m} \notin S_{i_m} = \varphi^{-1} F(x_{i_m})$, 则 $\sum_{m=1}^k \theta_{i_m} x_{i_m} = \varphi\left(\sum_{k=1}^m \theta_{i_m} v^{i_m}\right) \notin F(x_{i_m})$,$m = 1, \cdots, k$, $\text{co}\{x_{i_1}, \cdots, x_{i_n}\} \not\subset \bigcup_{m=1}^k F(x_{i_m})$, 矛盾.

这样, 由 KKM 引理, 有 $\bigcap_{i=1}^n S_i \neq \varnothing$, 从而 $\bigcap_{i=1}^n F(x_i) \neq \varnothing$.

$\forall x \in X$, 令 $F_1(x) = F(x) \cap F(x_0)$, 因 $F_1(x)$ 是闭集, 紧集 $F(x_0)$ 的闭子集 $F_1(x)$ 必是紧集. 又 $\forall \{x_1, \cdots, x_n\} \subset X$, $\bigcap_{i=1}^n F_1(x_i) = \bigcap_{i=0}^n F(x_i) \neq \varnothing$, 因 $F(x_0)$ 是紧集, 由定理 1.3.1, 有 $\bigcap_{x \in X} F_1(x) \neq \varnothing$, 从而 $\bigcap_{x \in X} F(x) \neq \varnothing$.

以下定理是著名的 Ky Fan 不等式[33].

定理 3.2.2 设 X 是 Hausdorff 线性拓扑空间 E 中的非空凸紧集, $f: X\times X\to R$ 满足

(1) $\forall x\in X,\ y\to f(x,y)$ 在 X 上是下半连续的;

(2) $\forall y\in X,\ x\to f(x,y)$ 在 X 上是拟凹的.

则

$$\min_{y\in X}\sup_{x\in X} f(x,y)\leqslant \sup_{x\in X} f(x,x).$$

证明 首先, 因 (1) 成立, 由定理 1.3.12(2), $y\to \sup\limits_{x\in X} f(x,y)$ 在 X 上是下半连续的, 由 X 是紧集, $\min\limits_{y\in X}\sup\limits_{x\in X} f(x,y)$ 必存在.

令 $b=\sup\limits_{x\in X} f(x,x)$, 我们可假设 $b<+\infty$. $\forall x\in X$, 令 $F(x)=\{y\in X: f(x,y)\leqslant b\}$, 由 (1), 它必是闭集, 从而是紧集.

$\forall \{x_1,\cdots,x_n\}\subset X$, 如果 $\mathrm{co}\{x_1,\cdots,x_n\}\not\subset \bigcup\limits_{i=1}^n F(x_i)$, 则 $\exists \lambda_i\geqslant 0, i=1,\cdots,n$, $\sum\limits_{i=1}^n\lambda_i=1$, 而 $\sum\limits_{i=1}^n\lambda_i x_i\notin\bigcup\limits_{i=1}^n F(x_i)$, 即 $\forall i=1,\cdots,n$, 有 $f\left(x_i,\sum\limits_{i=1}^n\lambda_i x_i\right)>b$. 由 (2), 有 $f\left(\sum\limits_{i=1}^n\lambda_i x_i,\sum\limits_{i=1}^n\lambda_i x_i\right)>b$, 这与 $b=\sup\limits_{x\in X} f(x,x)$ 矛盾, 故 $\mathrm{co}\{x_1,\cdots,x_n\}\subset \bigcup\limits_{i=1}^n F(x_i)$.

这样, 由 KKMF 引理, 有 $\bigcap\limits_{x\in X} F(x)\neq\varnothing$, 取 $y^*\in\bigcap\limits_{x\in X} F(x)$, 则 $\forall x\in X$, 有 $f(x,y^*)\leqslant b$, $\sup\limits_{x\in X} f(x,y^*)\leqslant b$, $\min\limits_{y\in X}\sup\limits_{x\in X} f(x,y)\leqslant\sup\limits_{x\in X} f(x,y^*)\leqslant b=\sup\limits_{x\in X} f(x,x)$.

以下定理是 Ky Fan 不等式的另一等价形式.

定理 3.2.3 设 X 是 Hausdorff 线性拓扑空间 E 中的非空凸紧集, $f: X\times X\to R$ 满足

(1) $\forall x\in X,\ y\to f(x,y)$ 在 X 上是下半连续的;

(2) $\forall y\in X,\ x\to f(x,y)$ 在 X 上是拟凹的;

(3) $\forall x\in X,\ f(x,x)\leqslant 0$.

则 $\exists y^*\in X$, 使 $\forall x\in X$, 有 $f(x,y^*)\leqslant 0$.

以下定理称 Ky Fan 引理[33].

定理 3.2.4 设 X 是 Hausdorff 线性拓扑空间 E 中的非空凸紧集, $B\subset X\times X$ 满足

(1) $\forall x\in X$, $\{y\in X:(x,y)\in B\}$ 在 X 中是开的;

(2) $\forall y\in X$, $\{x\in X:(x,y)\in B\}$ 是非空凸的.

则 $\exists x^* \in X$, 使 $(x^*, x^*) \in B$.

证明 定义 $f: X \times X \to R$ 如下:

$$f(x,y) = \begin{cases} 1, & (x,y) \in B, \\ 0, & (x,y) \notin B. \end{cases}$$

$\forall x \in X, \quad \forall r \in R$, 因

$$\{y \in X : f(x,y) > r\} = \begin{cases} X, & r < 0, \\ \varnothing, & r \geqslant 1, \\ \{y \in X : (x,y) \in B\}, & 0 \leqslant r < 1 \end{cases}$$

是开集, 由定理 1.3.11(2), $y \to f(x,y)$ 在 X 上是下半连续的. $\forall y \in X, \quad \forall r \in R$, 因

$$\{x \in X : f(x,y) > r\} = \begin{cases} X, & r < 0, \\ \varnothing, & r \geqslant 1, \\ \{x \in X : (x,y) \in B\}, & 0 \leqslant r < 1 \end{cases}$$

是凸集, 由定理 1.5.1(2), $x \to f(x,y)$ 在 X 上是拟凹的.

如果定理的结论不成立, 即 $\forall x \in X$, $(x,x) \notin B$, 则 $f(x,x) = 0$. 由 Ky Fan 不等式, $\exists y^* \in X$, 使 $\forall x \in X$, 有 $f(x,y^*) \leqslant 0$, 即 $\{x \in X : (x,y^*) \in B\} = \varnothing$, 与 (2) 矛盾, 于是必存在 $x^* \in X$, 使 $(x^*, x^*) \in B$.

Ky Fan 引理有以下等价形式.

定理 3.2.5 设 X 是 Hausdorff 线性拓扑空间 E 中的非空凸紧集, $B \subset X \times X$ 满足

(1) $\forall x \in X$, $\{y \in X : (x,y) \in B\}$ 在 X 中是开的;

(2) $\forall y \in X$, $\{x \in X : (x,y) \in B\}$ 是凸的;

(3) $\forall x \in X$, $(x,x) \notin B$.

则 $\exists y^* \in X$, 使 $\forall x \in X$, 有 $(x, y^*) \notin B$.

证明 用反证法. 如果 $\forall y \in X$, $\exists x \in X$, 使 $(x,y) \in B$, 即 $\forall y \in X$, $\big\{x \in X : (x,y) \in B\big\} \neq \varnothing$, 则由定理 3.2.4, $\exists x^* \in X$, 使 $(x^*, x^*) \in B$, 而这与 (3) 矛盾.

Ky Fan 引理还有以下等价形式.

定理 3.2.6 设 X 是 Hausdorff 线性拓扑空间 E 中的非空凸紧集, $A \subset X \times X$ 满足

(1) $\forall x \in X$, $\{y \in X : (x,y) \in A\}$ 在 X 中是闭的;

(2) $\forall y \in X$, $\{x \in X : (x,y) \notin A\}$ 是凸的;

(3) $\forall x \in X$, $(x,x) \in A$.

则 $\exists y^* \in X$, 使 $\forall x \in X$, 有 $(x, y^*) \in A$(或表示成 $X \times \{y^*\} \subset A$).

证明 令 $B = (X \times X) - A$, 由定理 3.2.5, $\exists y^* \in X$, 使 $\forall x \in X$, 有 $(x, y^*) \notin B$, 即 $\forall x \in X$, $(x, y^*) \in A$.

注 3.2.1 关于 Ky Fan 引理的推广可见文献[34], [35].

以下是著名的 Fan–Browder 不动点定理[27].

定理 3.2.7 设 X 是 Hausdorff 线性拓扑空间 E 中的非空凸紧集, $F : X \to P_0(X)$ 满足

(1) $\forall x \in X$, $F(x)$ 是 X 中的非空凸集;

(2) $\forall y \in X$, $F^{-1}(y) = \{x \in X : y \in F(x)\}$ 是 X 中的开集.

则 $\exists x^* \in X$, 使 $x^* \in F(x^*)$.

证明 令 $B = \{(x, y) \in X \times X : y \in F(x)\}$,

$$\forall x \in X, \quad \{y \in X : (x, y) \in B\} = \{y \in X : y \in F(x)\} = F(x)\text{是非空凸的},$$

$$\forall y \in X, \quad \{x \in X : (x, y) \in B\} = \{x \in X : y \in F(x)\} = F^{-1}(y)\text{是 X 中的开集}.$$

由 Ky Fan 引理 (定理 3.2.3), $\exists x^* \in X$, 使 $(x^*, x^*) \in B$, 即 $x^* \in F(x^*)$.

注 3.2.2 Fan-Browder 不动点定理可以由集值映射的连续选择定理推出. 事实上, 由定理 2.4.1, 存在连续映射 $f : X \to X$, 使 $\forall x \in X$, 有 $f(x) \in F(x)$, 其中 $f(x) = \sum_{i=1}^{n} \beta_i(x) y_i$, $y_1, \cdots, y_n \in X$, $\left\{F^{-1}(y_i) : i = 1, \cdots, n\right\}$ 是 X 的有限开覆盖, 而 $\{\beta_i : i = 1, \cdots, n\}$ 是从属于此开覆盖的连续单位分划. 令 $\sigma = \mathrm{co}\{y_1, \cdots, y_n\}$, 则 $\forall x \in \sigma$, $f(x) \in \sigma$, 由 Brouwer 不动点定理, $\exists x^* \in \sigma \subset X$, 使 $x^* = f(x^*) \in F(x^*)$.

我们已经由 Ky Fan 不等式 ⇒Ky Fan 引理 ⇒Fan-Browder 不动点定理, 以下要做的是由 Fan-Browder 不动点定理 ⇒Ky Fan 不等式, 这样就证明了这些重要结果的等价性.

$\forall y \in X$, 定义 $F(y) = \{x \in X : f(x, y) > 0\}$. 如果 Ky Fan 不等式不成立, 则 $\forall y \in X$, $F(y) \neq \varnothing$ 且是凸集. $\forall x \in X$, $F^{-1}(x) = \left\{y \in X : x \in F(y)\right\} = \{y \in X : f(x, y) > 0\}$, 它是开的. 由 Fan-Browder 不动点定理, $\exists y^* \in X$, 使 $y^* \in F(y^*)$, 即 $f(y^*, y^*) > 0$, 矛盾.

以下再应用 Fan-Browder 不动点定理来证明截口定理[36], 先规定一个记号, $N = \{1, \cdots, n\}$, $\forall i \in N$, 记 $\hat{i} = N \backslash i$, 这在序言中已经提及, 而今后更是一用再用.

定理 3.2.8 $\forall i \in N$, 设 X_i 是 Hausdorff 线性拓扑空间 E_i 中的非空紧凸集, K_i 是 $X = \prod_{i=1}^{n} X_i$ 中的非空子集, 满足

(1) $\forall x_{\hat{i}} \in X_{\hat{i}}$, $\{y_i \in X_i : (y_i, x_{\hat{i}}) \in K_i\}$ 是非空凸的;

(2) $\forall x_i \in X_i$, $\{y_{\hat{i}} \in X_{\hat{i}} : (x_i, y_{\hat{i}}) \in K_i\}$ 在 $X_{\hat{i}}$ 中是开的.

则 $\bigcap_{i=1}^{n} K_i \neq \varnothing$.

证明 $\forall x \in X$, 定义 $F(x) = \prod_{i=1}^{n} F_i(x_{\hat{i}})$, 其中 $F_i(x_{\hat{i}}) = \{y_i \in X_i : (y_i, x_{\hat{i}}) \in K_i\}$, $i = 1, \cdots, n$, 则由 (1), $F(x) \subset X$ 是非空凸的.

$\forall y \in X, F^{-1}(y) = \bigcap_{i=1}^{n} (X_i \times \{x_{\hat{i}} \in X_{\hat{i}} : (y_i, x_{\hat{i}}) \in K_i\})$, 由 (2),$\forall i \in N, \{x_{\hat{i}} \in X_{\hat{i}} : (y_i, x_{\hat{i}}) \in K_i\}$ 在 $X_{\hat{i}}$ 中是开的, 从而 $F^{-1}(y)$ 在 X 中是开的.

因 X 是 Hausdorff 线性拓扑空间 $E = \prod_{i=1}^{n} E_i$ 中的非空凸紧集, 由 Fan-Browder 不动点定理, $\exists x^* \in X$, 使 $x^* \in F(x^*)$, 则 $\forall i \in N$, $x_i^* \in F_i\left(x_{\hat{i}}^*\right)$, 于是 $x^* = \left(x_i^*, x_{\hat{i}}^*\right) \in K_i$, $\bigcap_{i=1}^{n} K_i \neq \varnothing$.

前言中提及的 von Neumann 引理[2] 可以由 Kakutani 不动点定理导出.

定理 3.2.9 设 $X \subset R^m$, $Y \subset R^n$ 是两个非空有界闭凸集, E, F 是 $X \times Y$ 中的两个非空闭集, 满足

(1) $\forall x \in X \quad \{y \in Y : (x, y) \in E\}$ 是非空凸集;

(2) $\forall y \in Y$, $\{x \in X : (x, y) \in F\}$ 是非空凸集.

则 $E \cap F \neq \varnothing$.

证明 令 $Z = X \times Y$, 这是 R^{m+n} 中的非空凸紧集. $\forall z = (x, y) \in Z$, 定义 $F(z) = F_1(y) \times F_2(x)$, 其中 $F_1(y) = \{x \in X : (x, y) \in F\} \subset X$, $F_2(x) = \{y \in X : (x, y) \in E\} \subset Y$, 因 E, F 是闭集, 且由 (1) 和 (2), $F(z)$ 是 Z 中的非空闭凸集. 又因 E, F 是闭集, 易知集值映射 F_1, F_2 的图都是闭的, 再由 X, Y 是紧集, 得 F_1, F_2 都是上半连续的, 从而集值映射 F 是上半连续的. 由 Kakutani 不动点定理, $\exists z^* = (x^*, y^*) \in Z$, 使 $z^* \in F(z^*)$, 故 $x^* \in F_1(y^*)$, $y^* \in F_2(x^*)$, 从而 $(x^*, y^*) \in F$, $(x^*, y^*) \in E$, $E \bigcap F \neq \varnothing$.

注 3.2.3 在文献 [37] 中, Kakutani 正是如此导出 von Neumann 引理的, 而事实上, 由 von Neumann 引理也可以推出 Kakutani 不动点定理.

令 $X = Y = C$, 这是 R^n 中的非空有界闭凸集, $A = \mathrm{graph}(F) = \{(x, y) \in C \times C : y \in F(x)\}$, $B = \{(x, y) \in C \times C : x = y\}$, 则 A, B 都是 $C \times C$ 中的非空闭集.

$$\forall x \in C, \quad \{y \in C : (x, y) \in A\} = F(x), \quad \text{它是非空凸集.}$$

$$\forall y \in C, \quad \{x \in C : (x, y) \in B\} = y, \quad \text{它是非空凸集.}$$

于是由 von Neumann 引理, $A \cap B \neq \varnothing$. 取 $(x^*, y^*) \in A \cap B$, 由 $(x^*, y^*) \in A$, 得 $y^* \in F(x^*)$, 由 $(x^*, y^*) \in B$, 得 $x^* = y^*$, 故 $x^* \in F(x^*)$.

以下著名的 Fan-Glicksberg 不动点定理[38,39] 是 Brouwer 不动点定理和 Kakutani 不动点定理的推广.

定理 3.2.10 设 X 是 Hausdorff 局部凸线性拓扑空间 E 中的非空凸紧集, 集值映射 $F: X \to P_0(X)$ 满足 $\forall x \in X$, $F(x)$ 是非空凸紧集, 且 F 在 X 上是上半连续的, 则 $\exists x^* \in X$, 使 $x^* \in F(x^*)$.

证明 用反证法. 如果 $\forall x \in X$, $x \notin F(x)$, 因 E 是局部凸的, $F(x)$ 是非空凸紧集, 由定理 1.5.8(1), $\exists p \in E^*$, 使 $\langle p, x\rangle - \sup\limits_{y \in F(x)} \langle p, y\rangle > 0$.

因集值映射 F 上半连续且 $\forall x \in X$, $F(x)$ 是非空紧集, 由定理 2.2.8, $x \to \sup\limits_{y \in F(x)} \langle p, y\rangle$ 是上半连续的, 从而 $x \to \langle p, x\rangle - \sup\limits_{y \in F(x)} \langle p, y\rangle$ 是下半连续的.

记 $V(p) = \left\{x \in X : \langle p, x\rangle - \sup\limits_{y \in F(x)} \langle p, y\rangle > 0\right\}$, 由定理 1.3.11(2), 它是开集.

由 $X = \bigcup\limits_{p \in E^*} V(p)$, 而 X 是紧集, $\exists p_1, \cdots, p_n \in E^*$, 使 $X = \bigcup\limits_{i=1}^{n} V(p_i)$, 设 $\{\beta_i : i = 1, \cdots, n\}$ 是从属于开覆盖 $\{V(p_i) : i = 1, \cdots, n\}$ 的连续单位分划. $\forall x \in X$, $\forall y \in X$, 定义

$$f(x, y) = \sum_{i=1}^{n} \beta_i(x) \langle p_i, x - y\rangle.$$

容易验证

$$\forall x \in X, \quad y \to f(x, y) \text{是凹的},$$
$$\forall y \in X, \quad x \to f(x, y) \text{是连续的},$$
$$\forall x \in X, \quad f(x, x) = 0.$$

应用 Ky Fan 不等式, $\exists x^* \in X$, 使 $\forall y \in X$, 有

$$f(x^*, y) = \sum_{i=1}^{n} \beta_i(x^*) \langle p_i, x^* - y\rangle \leqslant 0.$$

记 $I(x^*) = \{i : \beta_i(x^*) > 0\}$, 则 $I(x^*) \neq \varnothing$. 任取 $y^* \in F(x^*) \subset X$, 当 $i \in I(x^*)$ 时, $x^* \in V(p_i)$, $\langle p_i, x^* - y^*\rangle > 0$. 这样,

$$f(x^*, y^*) = \sum_{i \in I(x^*)} \beta_i(x^*) \langle p_i, x^* - y^*\rangle > 0,$$

这与 $y^* \in X$, $f(x^*, y^*) \leqslant 0$ 矛盾, 故 $\exists x^* \in X$, 使 $x^* \in F(x^*)$.

注 3.2.4 用 Ky Fan 不等式可以非常简单地导出 Brouwer 不动点定理.

设 $C \subset R^n$ 是非空有界闭凸集, $f : C \to C$ 连续, $\forall x \in C$, $\forall y \in C$, 定义

$$\varphi(x,y) = \langle x - f(x), x - y \rangle .$$

容易验证

$$\begin{aligned}&\forall y \in C, \quad x \to \varphi(x,y)\text{是连续的},\\&\forall x \in C, \quad y \to \varphi(x,y)\text{是凹的},\\&\forall x \in C, \quad \varphi(x,x) = 0.\end{aligned}$$

由 Ky Fan 不等式, $\exists x^* \in C$, 使 $\forall y \in C$, 有

$$\varphi(x^*, y) = \langle x^* - f(x^*), x^* - y \rangle \leqslant 0.$$

令 $y = f(x^*) \in C$, 得 $\varphi(x^*, x^*) = \|x^* - f(x^*)\|^2 \leqslant 0$, 从而 $f(x^*) = x^*$.

由 Fan-Glicksberg 不动点定理可直接得到以下不动点定理.

定理 3.2.11 设 X 是线性赋范空间 E 中的非空凸紧集, $f : X \to X$ 连续, 则 $\exists x^* \in X$, 使 $f(x^*) = x^*$.

以下是 Schauder 不动点定理.

定理 3.2.12 设 X 是 Banach 空间 E 中的非空闭凸集, $f : X \to X$ 连续, 且存在 X 中的紧集 A, 使 $f(X) \subset A$, 则 $\exists x^* \in X$, 使 $f(x^*) = x^*$.

证明 首先证明 $\mathrm{co}(A)$ 是完全有界的:$\forall \varepsilon > 0$, 因 A 是紧集, 由定理 1.4.7, 存在 A 的 $\dfrac{\varepsilon}{2}$ 网, 即 $\exists x_1^0, \cdots, x_k^0 \in A$, 使 $A \subset \bigcup\limits_{i=1}^{k} O\left(x_i^0, \dfrac{\varepsilon}{2}\right)$. $\forall y = \sum\limits_{i=1}^{n} \alpha_i x_i \in \mathrm{co}(A)$, 因 $x_1, \cdots, x_n \in A$, 不妨设 $x_1, \cdots, x_{l_1} \in O\left(x_1^0, \dfrac{\varepsilon}{2}\right)$, $x_{l_1+1}, \cdots, x_{l_2} \in O\left(x_2^0, \dfrac{\varepsilon}{2}\right)$, $\cdots$. 记 $\beta_1 = \sum\limits_{i=1}^{l_1} \alpha_i$, $\beta_2 = \sum\limits_{i=l_1+1}^{l_2} \alpha_i$, $\cdots$, 则 $\beta_i \geqslant 0$, $i = 1, \cdots, k$, $\sum\limits_{i=1}^{k} \beta_i = \sum\limits_{i=1}^{n} \alpha_i = 1$. 再记 $l_0 = 0$, $l_k = n$, 则

$$\begin{aligned}\left\|\sum_{i=1}^{k} \beta_i x_i^0 - \sum_{j=1}^{n} \alpha_i x_j\right\| &= \left\|\sum_{i=1}^{k} \left[\left(\sum_{j=l_{i-1}+1}^{l_i} \alpha_i\right) x_i^0 - \sum_{j=l_{i-1}+1}^{l_i} \alpha_i x_j\right]\right\| \\ &\leqslant \sum_{i=1}^{k} \sum_{j=l_{i-1}+1}^{l_i} \alpha_j \left\|x_i^0 - x_j\right\| < \frac{\varepsilon}{2}.\end{aligned}$$

这说明 $\forall y \in \mathrm{co}(A)$, $\exists y^0 = \sum\limits_{i=1}^{k} \beta_i x_i^0 \in \mathrm{co}\left(x_1^0, \cdots, x_k^0\right)$, 使 $\|y - y^0\| < \dfrac{\varepsilon}{2}$. 由 $\mathrm{co}(x_1^0, \cdots, x_k^0)$ 是有限维空间中的有界集, 它必存在有限 $\dfrac{\varepsilon}{2}$ 网, 即 $\exists y_1^0, \cdots, y_m^0 \in \mathrm{co}\left(x_1^0, \cdots, x_k^0\right)$,

使 $\mathrm{co}\left(x_1^0,\cdots,x_k^0\right)\subset\bigcup\limits_{p=1}^{m}O\left(y_p^0,\dfrac{\varepsilon}{2}\right)$. 这样, $\forall y\in\mathrm{co}(A)$, $\exists y_p^0\in\mathrm{co}\left(x_1^0,\cdots,x_k^0\right)\subset\mathrm{co}\,(A)$, 使 $\left\|y-y_p^0\right\|<\dfrac{\varepsilon}{2}+\dfrac{\varepsilon}{2}=\varepsilon$, $y_1^0,\cdots,y_m^0$ 是 $\mathrm{co}(A)$ 的有限 ε 网, $\mathrm{co}(A)$ 是完全有界的.

令 $K=\overline{\mathrm{co}(A)}$, K 是凸集, 且因 X 是完备的, $\overline{\mathrm{co}(A)}$ 是完全有界的, 由定理 1.4.7, K 必是紧集. $\forall x\in K$, $f(x)\in f(K)\subset f(X)\subset A\subset K$, $f:K\to K$ 连续, 由定理 3.2.11, $\exists x^*\in K\subset X$, 使 $f(x^*)=x^*$.

以下介绍变分不等式和拟变分不等式解的存在性定理.

定理 3.2.13 设 $X\subset R^n$ 是非空有界闭凸集, $f:X\to R^n$ 连续, 则变分不等式的解存在, 即 $\exists x^*\in X$, 使 $\forall y\in X$, 有 $\langle f\left(x^*\right),y-x^*\rangle\geqslant 0$.

证明 $\forall x\in X$, $\forall y\in X$, 定义

$$\varphi(x,y)=\langle f(x),x-y\rangle\,.$$

容易验证

$$\begin{aligned}
&\forall y\in X,\quad x\to\varphi(x,y)\text{是连续的},\\
&\forall x\in X,\quad y\to\varphi(x,y)\text{是凹的},\\
&\forall x\in X,\quad \varphi(x,x)=0.
\end{aligned}$$

由 Ky Fan 不等式, $\exists x^*\in X$, 使 $\forall y\in X$, 有 $\varphi\left(x^*,y\right)=\langle f(x^*),x^*-y\rangle\leqslant 0$, 从而 $\forall y\in X$, 有 $\langle f\left(x^*\right),y-x^*\rangle\geqslant 0$.

注 3.2.5 可以用 Brouwer 不动点定理推出变分不等式解的存在性定理.

$\forall x\in X$, 由定理 1.5.11 和注 1.5.3, $r\left(x-f\left(x\right)\right)$ 是 $x-f(x)$ 到 X 的投影, 且 r 是连续的. 由 Brouwer 不动点定理, $\exists x^*\in X$, 使 $x^*=r\left(x^*-f\left(x^*\right)\right)$, 且由定理 1.5.10 有

$$\left\|x^*-f\left(x^*\right)-x^*\right\|=\min_{x\in X}\left\|x^*-f(x^*)-x\right\|.$$

$\forall y\in X,\quad\forall\lambda\in(0,1),\quad\lambda y+(1-\lambda)x^*\in X$, 则

$$\begin{aligned}
\left\|f(x^*)\right\|^2&\leqslant\left\|x^*-f(x^*)-\lambda y-(1-\lambda)x^*\right\|^2=\left\|\lambda\left(x^*-y\right)-f(x^*)\right\|^2\\
&=\lambda^2\left\|x^*-y\right\|^2+\left\|f\left(x^*\right)\right\|^2-2\lambda\left\langle f(x^*),x^*-y\right\rangle.
\end{aligned}$$

化简, 有

$$-\lambda\left\|x^*-y\right\|^2\leqslant 2\left\langle f\left(x^*\right),y-x^*\right\rangle,$$

令 $\lambda\to 0$, 得 $\forall y\in X$, 有

$$\left\langle f\left(x^*\right),y-x^*\right\rangle\geqslant 0.$$

实际上, 也可由变分不等式解的存在性定理推出 Brouwer 不动点定理.

设 $T: X \to X$ 连续, 则 $\forall x \in X$, 令 $f(x) = x - T(x)$, $f: X \to R^n$ 连续, 由定理 3.2.13, $\exists x^* \in X$, 使 $\forall y \in X$, 有 $\langle f(x^*), y - x^* \rangle \geqslant 0$, 即 $\langle x^* - T(x^*), y - x^* \rangle \geqslant 0$. 令 $y = T(x^*) \in X$, 得

$$-\|x^* - T(x^*)\| \geqslant 0.$$

故 $x^* = T(x^*)$, Brouwer 不动点定理成立.

定理 3.2.14 设 $X \subset R^n$ 是非空有界闭凸集, $F: X \to P_0(R^n)$ 上半连续, 且 $\forall x \in X$, $F(x)$ 是非空有界闭凸集, 则广义变分不等式的解存在, 即 $\exists x^* \in X$, $\exists u^* \in F(x^*)$, 使 $\forall y \in X$, 有 $\langle u^*, y - x^* \rangle \geqslant 0$.

证明 首先, 因 X 是紧集, $\forall x \in X$, $F(x)$ 是紧集, 且 F 在 X 上是上半连续的, 由定理 2.2.10, $F(X)$ 是紧集, 再由引理 1.5.4(2), $K = \mathrm{co}F(x) \subset R^n$ 必是凸紧集.

$\forall (x, u) \in X \times K$, 定义集值映射

$$\varphi(x, u) = \left\{ w \in X : \langle u, x - w \rangle = \max_{y \in X} \langle u, x - y \rangle \right\},$$

$$\Phi(x, u) = \varphi(x, u) \times F(x).$$

易知 $\varphi(x, u)$ 是 X 中的非空凸紧集, 且由定理 2.2.9(2), 集值映射 φ 在 $X \times K$ 上是上半连续的, 于是 $\Phi(x, u)$ 是 $X \times K$ 中的非空凸紧集, 且集值映射 Φ 在 $X \times K$ 是上半连续的.

由 Kakutani 不动点定理, $\exists (x^*, u^*) \in X \times K$, 使

$$(x^*, u^*) \in \Phi(x^*, u^*) = \varphi(x^*, u^*) \times F(x^*).$$

这样, $x^* \in \varphi(x^*, u^*) \subset X$, $u^* \in F(x^*)$, 由 $x^* \in \varphi(x^*, u^*)$, 得

$$0 = \langle u^*, x^* - x^* \rangle = \max_{y \in X} \langle u^*, x^* - y \rangle,$$

于是 $\forall y \in X$, $\langle u^*, x^* - y \rangle \leqslant 0$, 从而 $\langle u^*, y - x^* \rangle \geqslant 0$.

定理 3.2.15 设 X 是 Hausdorff 局部凸空间 E 中的非空凸紧集, $G: X \to P_0(X)$ 满足 $\forall x \in X$, $G(x)$ 是非空凸紧集, 且 G 在 X 上是上半连续的, $f: X \times X \to R$ 满足

(1) $\forall y \in X$, $x \to f(x, y)$ 是下半连续的;

(2) $\forall x \in X$, $y \to f(x, y)$ 是凹的;

(3) $\forall x \in X$, $f(x, x) \leqslant 0$, 且 $\left\{ x \in X : \alpha(x) = \sup\limits_{y \in G(x)} f(x, y) \leqslant 0 \right\}$ 是 X 中的闭集.

则拟变分不等式的解存在, 即 $\exists x^* \in X$, 使 $x^* \in G(x^*)$, 且 $\forall y \in G(x^*)$, 有 $f(x^*, y) \leqslant 0$.

证明 用反证法. 此时 $\forall x \in X$, 或者 $x \notin G(x)$, 或者 $\alpha(x) > 0$.

如果 $x \notin G(x)$, 因 X 是局部凸的, $\exists p \in E^*$, 使 $\langle p, x\rangle - \sup\limits_{y\in G(x)} \langle p, y\rangle > 0$.

令 $V_0 = \{x \in X : \alpha(x) > 0\}$, 因 $\{x \in X : \alpha(x) \leqslant 0\}$ 是闭集, 故 V_0 是开集. 令 $V_p = \left\{x \in X : \langle p, x\rangle - \sup\limits_{y\in G(x)} \langle p, y\rangle > 0\right\}$, 同定理 3.2.10 中的证明, V_p 是开集. 因 $X = V_0 \cup \bigcup\limits_{p\in E^*} V(p)$, 而 X 是紧集, $\exists p_1, \cdots, p_n \in E^*$, 使 $X = V_0 \cup \bigcup\limits_{i=1}^{n} V(p_i)$, 设 $\{\beta_i : i = 0, 1, \cdots, n\}$ 是从属于开覆盖 $\{V_0, V(p_i) : i = 1, \cdots, n\}$ 的连续单位分划.

$\forall x \in X, \forall y \in X$, 定义

$$\varphi(x, y) = \beta_0(x) f(x, y) + \sum_{i=1}^{n} \beta_i(x) \langle p_i, x - y\rangle.$$

容易验证:

(1) $\forall x \in X$, $y \to f(x, y)$ 是凹的;

(2) $\forall y \in X$, $x \to f(x, y)$ 是下半连续的;

(3) $\forall x \in X$, $f(x, x) \leqslant 0$.

由 Ky Fan 不等式, $\exists x^* \in X$, 使 $\forall y \in X$, 有

$$\varphi(x^*, y) = \beta_0(x^*) f(x^*, y) + \sum_{i=1}^{n} \beta_i(x^*) \langle p_i, x^* - y\rangle \leqslant 0.$$

如果 $\beta_0(x^*) > 0$, 则 $x^* \in V_0$, $\alpha(x^*) > 0$, 选取 $y^* \in G(x^*) \subset X$, 使 $f(x^*, y^*) > 0$, 令 $I(x^*) = \{i \in \{1, \cdots, n\} : \beta_i(x^*) > 0\}$, 如果 $I(x^*) = \varnothing$, 则 $\varphi(x^*, y^*) = \beta_0(x^*) f(x^*, y^*) > 0$. 如果 $I(x^*) \neq \varnothing$, 则 $\forall i \in I(x^*)$, $x^* \in V(p_i)$, $\langle p_i, x^* - y^*\rangle > 0$, 故

$$\varphi(x^*, y^*) = \beta_0(x^*) f(x^*, y^*) + \sum_{i\in I(x^*)} \beta_i(x^*) \langle p_i, x^* - y^*\rangle > 0.$$

如果 $\beta_0(x^*) = 0$, 则 $I(x^*) \neq \varnothing$, 任取 $y^* \in G(x^*) \subset X$, 有

$$\varphi(x^*, y^*) = \sum_{i\in I(x^*)} \beta_i(x^*) \langle p_i, x^* - y^*\rangle > 0.$$

无论何种情况, 我们都得到矛盾, 故拟变分不等式的解必存在.

注 3.2.6 可以由定理 3.2.15 导出 Fan-Glicksberg 不动点定理.

设 X 是 Hausdorff 局部凸空间 E 中的非空凸紧集, $G : X \to P_0(X)$ 满足 $\forall x \in X$, $G(x)$ 是非空凸紧集, 且 G 在 X 上是上半连续的, $\forall x \in X$, $\forall y \in X$, 令 $f(x,y) = 0$, 则定理 3.2.15 的假设条件全部满足, $\exists x^* \in X$, 使 $x^* \in G(x^*)$.

系 3.2.1 设 X 是 Hausdorff 局部凸空间 E 中的非空凸紧集, $G : X \to P_0(X)$ 满足 $\forall x \in X$, $G(x)$ 是非空凸紧集, 且 G 在 X 上是连续的, $f : X \times X \to R$ 满足

(1) $f(x,y)$ 在 $X \times X$ 上是下半连续的;

(2) $\forall x \in X$, $y \to f(x,y)$ 是凹的;

(3) $\forall x \in X$, $f(x,x) \leqslant 0$.

则拟变分不等式的解存在, 即 $\exists x^* \in X$, 使 $x^* \in G(x^*)$, 且 $\forall y \in G(x^*)$, 有 $f(x^*,y) \leqslant 0$.

证明 由定理 2.1.15 , 我们只需证明

$$\left\{x \in X : \alpha(x) = \sup_{y \in G(x)} f(x,y) \leqslant 0\right\} 是X中的闭集.$$

事实上, 因 $f(x,y)$ 下半连续, $G : X \to P_0(X)$ 连续, 由定理 2.2.6, $\alpha(x)$ 必是下半连续的, 故 $\{x \in X : \alpha(x) \leqslant 0\}$ 必是 X 中的闭集.

以下证明集值映射零点的存在性定理.

定理 3.2.16 设 X 是 Hausdorff 局部凸空间 E 中的非空凸紧集, $F : X \to P_0(E)$ 满足

(1) $\forall x \in X$, $F(x)$ 是非空凸紧集;

(2) F 在 X 上是上半连续的;

(3) $\forall x \in X$, $F(x) \cap \overline{\left(\bigcup_{h>0} \dfrac{1}{h}(X - x)\right)} \neq \varnothing$.

则集值映射 F 的零点存在, 即 $\exists x^* \in X$, 使 $0 \in F(x^*)$.

证明 用反证法. 如果 $\forall x \in X$, $0 \notin F(x)$, 因 X 是局部凸的, $F(x)$ 是非空凸紧集, 由定理 1.5.8(1), $\exists p \in E^*$, 使 $\inf\limits_{y \in F(x)} \langle p, y\rangle > 0$. 由系 2.2.1(2), $x \to \inf\limits_{y \in F(x)} \langle p, y\rangle$ 是下半连续的, 故 $V_p = \left\{x \in X : \inf\limits_{y \in F(x)} \langle p, y\rangle > 0\right\}$ 是 X 中的开集. 因 $X = \bigcup\limits_{p \in E^*} V(p)$, 而 X 是紧的, $\exists p_1, \cdots, p_n \in E^*$, 使 $X = \bigcup\limits_{i=1}^{n} V(p_i)$. 设 $\{\beta_i : i = 1, \cdots, n\}$ 是从属于开覆盖 $\{V(p_i) : i = 1, \cdots, n\}$ 的连续单位分划.

$\forall x \in X$, $\forall y \in X$, 定义

$$\varphi(x,y) = \sum_{i=1}^{n} \beta_i(x) \langle p_i, y - x\rangle.$$

容易验证:

(1) $\forall y \in X$, $x \to \varphi(x,y)$ 是下半连续的;

(2) $\forall x \in X$, $y \to \varphi(x,y)$ 是凹的;

(3) $\forall x \in X$, $\varphi(x,x)=0$.

由 Ky Fan 不等式, $\exists x^* \in X$, 使 $\forall y \in X$, 有

$$\varphi\left(x^*, y\right)=\sum_{i=1}^n \beta_i\left(x^*\right)\left\langle p_i, y-x^*\right\rangle \leqslant 0.$$

由 $F\left(x^*\right) \cap \overline{\left(\bigcup_{h>0} \frac{X-x^*}{h}\right)} \neq \varnothing$, 取 $v \in F(x^*) \cap \overline{\left(\bigcup_{h>0} \frac{X-x^*}{h}\right)}$, 则 $v \in F\left(x^*\right)$, 且 $\exists v_\alpha=\dfrac{z_\alpha-x^*}{h_\alpha}$, 使 $v_\alpha \to v$, 其中 $h_\alpha>0$, $z_\alpha \in X$. 由

$$\left\langle\sum_{i=1}^n \beta_i\left(x^*\right) p_i, v_\alpha\right\rangle=\frac{1}{h_\alpha}\left\langle\sum_{i=1}^n \beta_i\left(x^*\right) p_i, z_\alpha-x^*\right\rangle=\frac{1}{h_\alpha} \varphi\left(x^*, z_\alpha\right) \leqslant 0,$$

取极限, 得 $\left\langle\sum_{i=1}^n \beta_i\left(x^*\right) p_i, v\right\rangle \leqslant 0$.

另一方面,

$$\inf_{y \in F(x^*)}\left\langle\sum_{i=1}^n \beta_i\left(x^*\right) p_i, y\right\rangle \geqslant \sum_{i=1}^n \beta_i\left(x^*\right) \inf_{y \in F(x^*)}\left\langle p_i, y\right\rangle .$$

当 $\beta_i(x^*)>0$ 时, 有 $x^* \in V(p_i)$, $\inf_{y \in F(x^*)}\langle p, y\rangle>0$. 这样, 因 $I\left(x^*\right)=\left\{i: \beta_i\left(x^*\right)>0\right\} \neq \varnothing$, 得 $\sum_{i=1}^n \beta_i\left(x^*\right) \inf_{y \in F(x^*)}\left\langle p_i, y\right\rangle>0$, 这与 $v \in F\left(x^*\right)$, $\left\langle\sum_{i=1}^n \beta_i\left(x^*\right) p_i, v\right\rangle \leqslant 0$ 矛盾, 故集值映射 F 的零点必存在.

注 3.2.7　可以由定理 3.2.16 导出 Fan-Glicksberg 不动点定理.

事实上, $\forall x \in X$, 令 $G(x)=F(x)-x$, 则 $G(x)$ 是非空凸紧集, G 在 X 上是上半连续的, 且 $G(x) \subset X-x \subset \overline{\bigcup_{h>0} \frac{1}{h} \in(X-x)}$, 即 $G(x) \cap \overline{\left(\bigcup_{h>0} \frac{1}{h}(X-x)\right)} \neq \varnothing$. 由定理 3.2.15, $\exists x^* \in X$, 使 $0 \in G(x^*)=F(x^*)-x^*$, 故 $x^* \in F(x^*)$.

以下介绍集值映射叠合点的存在性定理.

定理 3.2.17　设 X 是 Hausdorff 局部凸空间 E 中的非空凸紧集, $f, g: X \to P_0(E)$ 满足

(1) $\forall x \in X$, $f(x)$ 和 $g(x)$ 都是非空凸紧集;

(2) f, g 在 X 上都是上半连续的;

(3) $\forall x \in X$, $(f(x) - g(x)) \cap \left(\bigcup_{h>0} \frac{1}{h}(X - x)\right) \neq \varnothing$.

则集值映射 f 和 g 的叠合点存在, 即 $\exists x^* \in X$, 使 $f(x^*) \cap g(x^*) \neq \varnothing$.

证明 $\forall x \in X$, 令 $F(x) = f(x) - g(x)$, 由引理 1.5.1(1) 和引理 1.5.3, $F(x)$ 是非空凸紧集, 且由定理 2.2.4 和注 2.2.1, 集值映射 F 在 X 上是上半连续的. 又由 (3), $F(x) \cap \left(\bigcup_{h>0} \frac{1}{h}(X - x)\right) \neq \varnothing$. 这样, 由定理 3.2.16, $\exists x^* \in X$, 使 $0 \in F(x^*) = f(x^*) - g(x^*)$, 即 $f(x^*) \cap g(x^*) \neq \varnothing$.

注 3.2.8 如果 $\forall x \in X$, 有 $g(x) = x$, 则集值映射 f 和 g 的叠合点即为集值映射 f 的不动点.

以下介绍变分不等式与互补问题、广义变分不等式与广义互补问题的等价性定理.

定理 3.2.18 设 $R_+^n = \{x = (x_1, \cdots, x_n) \in R^n : x_1 \geqslant 0, \cdots, x_n \geqslant 0\}$, $f : R_+^n \to R^n$, 则 x^* 是变分不等式的解, 即 $x^* \in R_+^n$, $\forall y \in R_+^n$, 有 $\langle f(x^*), y - x^* \rangle \geqslant 0$ 当且仅当 x^* 是互补问题的解, 即 $x^* \in R_+^n$, $f(x^*) \in R_+^n$, 且 $\langle f(x^*), x^* \rangle = 0$.

证明 必要性. 设 $x^* \in R_+^n$ 是变分不等式的解, 即 $\forall y \in R_+^n$, 有 $\langle f(x^*), y - x^* \rangle \geqslant 0$. 令 $y = 2x^* \in R_+^n$, 得 $\langle f(x^*), x^* \rangle \geqslant 0$, 又令 $y = \frac{1}{2}x^* \in R_+^n$, 得 $-\frac{1}{2}\langle f(x^*), x^* \rangle \geqslant 0$, 故 $\langle f(x^*), x^* \rangle = 0$. $\forall y \in R_+^n$, 因 $\langle f(x^*), y \rangle \geqslant \langle f(x^*), x^* \rangle = 0$, 故 $f(x^*) \in R_+^n$, x^* 必是互补问题的解.

充分性. 设 $x^* \in R_+^n$ 是互补问题的解, 即 $f(x^*) \in R_+^n$, 且 $\langle f(x^*), x^* \rangle = 0$, 则 $\forall y \in R_+^n$, 有 $\langle f(x^*), y - x^* \rangle = \langle f(x^*), y \rangle - \langle f(x^*), x^* \rangle = \langle f(x^*), y \rangle \geqslant 0$, x^* 必是变分不等式的解.

定理 3.2.19 设 $R_+^n = \{x = (x_1, \cdots, x_n) \in R^n : x_1 \geqslant 0, \cdots, x_n \geqslant 0\}$, $F : R_+^n \to P_0(R^n)$, 则 x^* 是广义变分不等式的解, 即 $x^* \in R_+^n$, $\exists u^* \in F(x^*)$, 使 $\forall y \in R_+^n$, 有 $\langle u^*, y - x^* \rangle \geqslant 0$ 当且仅当 x^* 是广义互补问题的解, 即 $x^* \in R_+^n$, $\exists u^* \in F(x^*)$, $u^* \in R_+^n$, 使 $\langle u^*, x^* \rangle = 0$.

证明 必要性. 设 $x^* \in R_+^n$ 是广义变分不等式的解, 即 $u^* \in F(x^*)$, $\forall y \in R_+^n$, 有 $\langle u^*, y - x^* \rangle \geqslant 0$. 令 $y = 2x^* \in R_+^n$, 得 $\langle u^*, x^* \rangle \geqslant 0$, 又令 $y = \frac{1}{2}x^* \in R_+^n$, 得 $-\frac{1}{2}\langle u^*, x^* \rangle \geqslant 0$, 故 $\langle u^*, x^* \rangle = 0$. $\forall y \in R_+^n$, 因 $\langle u^*, y \rangle \geqslant \langle u^*, x^* \rangle = 0$, 故 $u^* \in R_+^n$, x^* 必是广义互补问题的解.

充分性. 设 $x^* \in R_+^n$ 是广义互补问题的解, 即 $\exists u^* \in F(x^*)$, $u^* \in R_+^n$, 且 $\langle u^*, x^* \rangle = 0$. $\forall y \in R_+^n$, $\langle u^*, y - x^* \rangle = \langle u^*, y \rangle - \langle u^*, x^* \rangle = \langle u^*, y \rangle \geqslant 0$, x^* 必是广义变分不等式的解.

3.3　若干改进与推广

3.1 和 3.2 节中的一些结果都可以改进和推广, 这一节要以 Ky Fan 不等式为例给出若干推广, 当然还可以在此基础上再改进和推广.

3.3.1　空间条件的推广

将 E 是 Hausdorff 线性拓扑空间推广到所谓的 H 空间, 可以得到相应结果, 这里不涉及了, 可参见文献 [40], [41].

如果 E 是自反 Banach 空间, 则有以下结果.

定理 3.3.1　设 X 是自反 Banach 空间 E 中的非空有界闭凸集, $f: X\times X\to R$ 满足

(1) $\forall y\in X$, $x\to f(x,y)$ 在 X 上是弱下半连续的;

(2) $\forall x\in X$, $y\to f(x,y)$ 在 X 上是拟凹的;

(3) $\forall y\in X$, $f(y,y)\leqslant 0$.

则 $\exists x^*\in X$, 使 $\forall y\in X$, 有 $f(x^*,y)\leqslant 0$.

证明　因 E 是自反的 Banach 空间, X 是 E 中的闭凸集, 由定理 1.5.9, X 必是 E 中的弱闭集, 且因 X 是有界的, 由定理 1.5.6, X 必是弱紧集. 这样, 由定理 3.2.2, 即可推得结论.

3.3.2　两个函数有关条件的推广

定理 3.3.2　设 X 是 Hausdorff 线性拓扑空间 E 中的非空凸紧集, $f,g: X\times X\to R$ 满足 $\forall x\in X$, $\forall y\in X$, 有 $f(x,y)\leqslant g(x,y)$, 且

(1) $\forall y\in X$, $x\to f(x,y)$ 在 X 上是下半连续的;

(2) $\forall x\in X$, $y\to g(x,y)$ 在 X 上是拟凹的;

(3) $\forall y\in X$, $g(y,y)\leqslant 0$.

则 $\exists x^*\in X$, 使 $\forall y\in X$, 有 $f(x^*,y)\leqslant 0$.

证明　$\forall y\in X$, 令 $F(y)=\{x\in X: f(x,y)\leqslant 0\}$, 则由 (1), $F(y)$ 是 X 中的闭集, 从而是紧集.

$\forall\{y_1,\cdots,y_n\}\subset X$, 如果 $\operatorname{co}\{y_1,\cdots,y_n\}\not\subset\bigcup\limits_{i=1}^{n}F(y_i)$, 则 $\exists\lambda_i\geqslant 0, i=1,\cdots,n$, $\sum\limits_{i=1}^{n}\lambda_i=1$, 而 $\sum\limits_{i=1}^{n}\lambda_i y_i\notin\bigcup\limits_{i=1}^{n}F(y_i)$, 由此 $f\left(\sum\limits_{i=1}^{n}\lambda_i y_i, y_i\right)>0, i=1,\cdots,n$. 因 $g\left(\sum\limits_{i=1}^{n}\lambda_i y_i, y_i\right)\geqslant f\left(\sum\limits_{i=1}^{n}\lambda_i y_i, y_i\right)>0$, 再由 (2), 有 $g\left(\sum\limits_{i=1}^{n}\lambda_i y_i,\sum\limits_{i=1}^{n}\lambda_i y_i\right)>0$, 与 (3) 矛盾.

这样, 由 KKMF 引理, $\bigcap_{y\in X} F(y) \neq \varnothing$, 取 $x^* \in \bigcap_{y\in X} F(y)$, 则 $\forall y \in X$, 有 $f\big(x^*, y\big) \leqslant 0$.

3.3.3 紧性条件的推广

定理 3.3.3 设 $X = \bigcup_{n=1}^{\infty} C_n$, 其中 C_n 是 Hausdorff 线性拓扑空间 E 中的非空凸紧集, $n = 1, 2, 3, \cdots$, 且 $C_1 \subset C_2 \subset C_3 \subset \cdots$, $f : X \times X \to R$ 满足

(1) $\forall y \in X$, $x \to f(x, y)$ 是下半连续的;

(2) $\forall x \in X$, $y \to f(x, y)$ 是拟凹的;

(3) $\forall y \in X$, $f(y, y) \leqslant 0$;

(4) 对任意 X 中的序列 $\{x_n\}$, 满足 $x_n \in C_n$, $n = 1, 2, 3, \cdots$, 且对任何 n, $\exists x_m \notin C_n$, 必存在正整数 n_0 及 $y \in C_{n_0}$, 使 $f(x_{n_0}, y) > 0$.

则 $\exists x^* \in X$, 使 $\forall y \in X$, 有 $f(x^*, y) \leqslant 0$.

证明 $\forall n = 1, 2, 3, \cdots$, 因 C_n 是非空凸紧集, 由 Ky Fan 不等式, $\exists x_n \in C_n$, 使 $\forall y \in C_n$, 有 $f(x_n, y) \leqslant 0$.

对 X 中的序列 $\{x_n\}$, 如果对任何 n, $\exists x_m \notin C_n$, 由 (4), 存在正整数 n_0 及 $y \in C_{n_0}$, 使 $f(x_{n_0}, y) > 0$, 这与 $f(x_{n_0}, y) \leqslant 0$ 矛盾, 故存在正整数 N, 使 $\{x_n\} \subset C_N$. 因 C_N 是紧集, $\{x_n\}$ 必有聚点 $x^* \in C_N \subset X$, 即存在 $\{x_n\}$ 的子网 $\{z^\alpha\}$, 使 $z^\alpha \to x^*$. 记 $z^\alpha = x_{n(\alpha)}$, 其中 $n(\alpha) \to \infty$.

$\forall y \in X$, 存在正整数 m, 使 $y \in C_m$, 当 $n(\alpha) \geqslant m$ 时, 有 $f(z^\alpha, y) \leqslant 0$. 因 $z^\alpha \to x^*$, 由 (1), 得 $f(x^*, y) \leqslant \varliminf_{\alpha} f(z^\alpha, y) \leqslant 0$.

注 3.3.1 关于紧性条件推广的一系列结果, 还可见文献 [42], [43].

定理 3.3.4 设 X 是自反 Banach 空间 E 中的非空闭凸集, $f : X \times X \to R$ 满足

(1) $\forall y \in X$, $x \to f(x, y)$ 是弱下半连续的;

(2) $\forall x \in X$, $y \to f(x, y)$ 是拟凹的;

(3) $\forall y \in X$, $f(y, y) \leqslant 0$;

(4) 对任意 X 中的序列 $\{x_n\}$, 其中 $\|x_n\| \to +\infty$, 必存在正整数 n_0 及 $y \in X$, 使 $\|y\| \leqslant \|x_{n_0}\|$, 而 $f(x_{n_0}, y) > 0$.

则 $\exists x^* \in X$, 使 $\forall y \in X$, 有 $f(x^*, y) \leqslant 0$.

证明 $\forall n = 1, 2, 3, \cdots$, 令 $C_n = \{x \in X : \|x\| \leqslant n\}$, 不妨设 $C_n \neq \varnothing$, 因 X 是闭凸集, 故 C_n 必是 X 中的有界闭凸集. 因 X 是自反 Banach 空间, 由定理 1.5.6, C_n 必是弱紧集. 由 Ky Fan 不等式, $\exists x_n \in C_n$, 使 $\forall y \in C_n$, 有 $f(x_n, y) \leqslant 0$.

如果 $\{x_n\}$ 无界, 不妨设 $\|x_n\| \to +\infty$(否则取子序列), 由 (4), 存在 n_0 及 $y \in X$, 使 $\|y\| \leqslant \|x_{n_0}\|$, 而 $f(x_{n_0}, y) > 0$, 这与 $\|y\| \leqslant \|x_{n_0}\| \leqslant n_0$, 从而 $y \in C_{n_0}$ 矛盾, 故

$\{x_n\}$ 必有界, 存在正整数 N, 使 $\{x_n\} \subset C_N$. 因 C_N 是弱紧集, $\{x_n\}$ 按弱拓扑必有聚点 $x^* \in C_N \subset X$.

以下证明同定理 3.3.3, $\forall y \in X$, 必有 $f(x^*, y) \leqslant 0$.

定理 3.3.5 设 X 是 Hausdorff 线性拓扑空间 E 中的非空凸紧集, $f: X \times X \to R$ 满足

(1) $\forall y \in X$, $x \to f(x,y)$ 是下半连续的;

(2) $\forall x \in X$, $y \to f(x,y)$ 是拟凹的;

(3) $\forall y \in X$, $f(y,y) \leqslant 0$;

(4) 存在 X 中的非空紧集 K 及 $y_0 \in X$, 使 $\forall x \in X \backslash K$, 有 $f(x, y_0) > 0$.

则 $\exists x^* \in X$, 使 $\forall y \in X$, 有 $f(x^*, y) \leqslant 0$.

证明 $\forall y \in X$, 令 $F(y) = \{x \in X : f(x,y) \leqslant 0\}$, 由 (1), $F(y)$ 必是闭集. 由 (2) 和 (3), 易证 $\forall \{y_1, \cdots, y_n\} \subset X$, 有 $\mathrm{co}\{y_1, \cdots, y_n\} \subset \bigcup\limits_{i=1}^{n} F(y_i)$.

由 (4), 有 $F(y_0) \cap (X \backslash K) = \varnothing$, 从而 $F(y_0) \subset K$, 因 K 是紧集, 故 $F(y_0)$ 必是紧集. 由 KKMF 引理, 得 $\bigcap\limits_{y \in X} F(y) \neq \varnothing$. 取 $x^* \in \bigcap\limits_{y \in X} F(y)$, 则 $\forall y \in X$, 有 $f(x^*, y) \leqslant 0$.

3.3.4 连续性条件的推广

定理 3.3.6 设 X 是 Hausdorff 线性拓扑空间 E 中的非空凸紧集, $f: X \times X \to R$ 满足

(1) $\forall x \in X$, $\forall y \in X$, 如果 $f(x,y) > 0$, 必 $\exists y' \in X$, 存在 x 的开邻域 $O(x)$, 使 $\forall x' \in O(x)$, 有 $f(x', y') > 0$;

(2) $\forall x \in X$, $y \to f(x,y)$ 是拟凹的;

(3) $\forall y \in X$, $f(y,y) \leqslant 0$,

则 $\exists x^* \in X$, 使 $\forall y \in X$, 有 $f(x^*, y) \leqslant 0$.

证明 $\forall y \in X$, 令 $F(y) = \{x \in X : f(x,y) \leqslant 0\}$, 则因 $y \in F(y)$, $\overline{F(y)}$ 是 X 中的非空闭集, 从而是紧集. 易证 $\forall \{y_1, \cdots, y_n\} \subset X$, 有 $\mathrm{co}\{y_1, \cdots, y_n\} \subset \bigcup\limits_{i=1}^{n} \overline{F(y_i)}$, 故由 KKMF 引理, 有 $\bigcap\limits_{y \in X} \overline{F(y)} \neq \varnothing$.

取 $x^* \in \bigcap\limits_{y \in X} \overline{F(y)}$, 我们来证明 $x^* \in \bigcap\limits_{y \in X} F(y)$. 用反证法. 如果 $\exists y \in X$, 使 $x^* \notin F(y)$, 则 $f(x^*, y) > 0$. 由 (1), $\exists y' \in X$, 存在 x^* 的开邻域 $O(x^*)$, 使 $\forall x' \in O(x^*)$, 有 $f(x', y') > 0$. 这样, $\forall x' \in O(x^*)$, 有 $x' \notin F(y')$, 从而 $x' \notin \overline{F(y')}$, 这与 $x^* \in \bigcap\limits_{y \in X} \overline{F(y)}$ 矛盾, 故 $x^* \in \bigcap\limits_{y \in X} F(y)$, $\forall y \in X$, 有 $f(x^*, y) \leqslant 0$.

注 3.3.2 如果 $\forall y \in X$, $x \to f(x,y)$ 是下半连续的, 而 $f(x,y) > 0$, 则取 $y' = y$, 存在 x 的开邻域 $O(x)$, 使 $\forall x' \in O(x)$, 有 $f(x', y) > 0$, 定理 3.3.6 中假设条件 (1) 必

成立.

3.3.5 凸性条件的推广

定理 3.3.7 设 X 是 Hausdorff 线性拓扑空间 E 中的非空凸紧集, $f: X\times X\to R$ 满足

(1) $\forall y\in X,\ x\to f(x,y)$ 是下半连续的;

(2) $\forall\{y_1,\cdots,y_n\}\subset X$, 有 $\mathrm{co}\{y_1,\cdots,y_n\}\subset\bigcup\limits_{i=1}^n\{x\in X: f(x,y)\leqslant 0\}$;

(3) $\forall y\in X,\ f(y,y)\leqslant 0$.

则 $\exists x^*\in X$, 使 $\forall y\in X$, 有 $f(x^*,y)\leqslant 0$.

证明 $\forall y\in X$, 令 $F(y)=\{x\in X: f(x,y)\leqslant 0\}$, 由 (1), $F(y)$ 是 X 中的闭集, 从而是紧集. 由 (2) 和 (3), $\forall\{y_1,\cdots,y_n\}\subset X$, 有 $\mathrm{co}\{y_1,\cdots,y_n\}\subset\bigcup\limits_{i=1}^n F(y_i)$. 由 KKMF 引理, $\bigcap\limits_{y\in X}F(y)\neq\varnothing$. 取 $x^*\in\bigcap\limits_{y\in X}F(y)$, 则 $\forall y\in X$, 有 $f(x^*,y)\leqslant 0$.

注 3.3.3 如果 $\forall x\in X,\ y\to f(x,y)$ 是拟凹的, 则考虑到 $\forall y\in X$, 有 $f(y,y)\leqslant 0$, 易证 $\forall\{y_1,\cdots,y_n\}\subset X$, 必有 $\mathrm{co}\{y_1,\cdots,y_n\}\subset\bigcup\limits_{i=1}^n\{x\in X: f(x,y)\leqslant 0\}$, 定理 3.3.7 中假设条件 (2) 必成立. 如果 $f(x,y)$ 关于 y 是对角拟凹的[44], 即 $\forall\{y_1,\cdots,y_n\}\subset X$, $\forall y_0\in\mathrm{co}\{y_1,\cdots,y_n\}$, 有 $f(y_0,y_0)\geqslant\min\limits_{1\leqslant i\leqslant n}f(y_0,y_i)$, 则同样可以证明定理 3.3.7 中假设条件 (2) 成立. 事实上, 如果 $\mathrm{co}\{y_1,\cdots,y_n\}\not\subset\bigcup\limits_{i=1}^n F(y_i)$, 则 $\exists\lambda_i\geqslant 0,\ i=1,\cdots,n$, $\sum\limits_{i=1}^n\lambda_i=1$, 而 $y_0=\sum\limits_{i=1}^n\lambda_i y_i\notin\bigcup\limits_{i=1}^n F(y_i)$, 由此 $f(y_0,y_i)>0$. 因 $f(x,y)$ 关于 y 是对角拟凹的, 故 $f(y_0,y_0)\geqslant\min\limits_{1\leqslant i\leqslant n}f(y_0,y_i)>0$, 矛盾. 关于进一步的改进和推广还可见文献 [45].

第 4 章　Nash 平衡点的存在性

应用不动点定理与 Ky Fan 不等式, 本章依次证明了 n 人非合作博弈平衡点的存在性、鞍点的存在性、广义博弈平衡点的存在性和多目标博弈平衡点的存在性等一系列定理.

4.1　矩阵博弈、连续博弈和 n 人有限非合作博弈平衡点的存在性

关于矩阵博弈, 在引言中已经说过, 设局中人 1 的纯策略集是 $A=\{a_1,\cdots,a_m\}$, 局中人 2 的纯策略集是 $B=\{b_1,\cdots,b_n\}$, 当局中人 1 选取纯策略 a_i, 局中人 2 选取纯策略 b_j, 局中人 1 从局中人 2 得到的支付是 c_{ij}; 局中人 1 的混合策略集是 $X=\{x=(x_1,\cdots,x_m): x_i\geqslant 0,\sum\limits_{i=1}^{m}x_i=1\}$, 局中人 2 的混合策略集是 $Y=\left\{y=(y_1,\cdots,y_n): y_j\geqslant 0,\sum\limits_{j=1}^{n}y_j=1\right\}$, 如果局中人 1 选取混合策略 $x=(x_1,\cdots,x_m)\in X$, 局中人 2 选取混合策略 $y=(y_1,\cdots,y_n)\in Y$, 则局中人 1 从局中人 2 得到的期望支付是 $\sum\limits_{i=1}^{m}\sum\limits_{j=1}^{n}c_{ij}x_iy_j$, 局中人 1 当然希望此期望支付越大越好, 而局中人 2 则希望此期望支付越小越好.

记 $v_1=\max\limits_{x\in X}\min\limits_{y\in Y}\sum\limits_{i=1}^{m}\sum\limits_{j=1}^{n}c_{ij}x_iy_j$, 这是局中人 1 至少能够得到的支付;

$v_2=\min\limits_{y\in Y}\max\limits_{x\in X}\sum\limits_{i=1}^{m}\sum\limits_{j=1}^{n}c_{ij}x_iy_j$, 这是局中人 2 至多能够拿出的支付.

引理 4.1.1　$v_1\leqslant v_2$.

证明　$\forall x\in X, \forall y\in Y$, 有

$$\min_{y\in Y}\sum_{i=1}^{m}\sum_{j=1}^{n}c_{ij}x_iy_j\leqslant\sum_{i=1}^{m}\sum_{j=1}^{n}c_{ij}x_iy_j\leqslant\max_{x\in X}\sum_{i=1}^{m}\sum_{j=1}^{n}c_{ij}x_iy_j,$$

于是

$$v_1=\max_{x\in X}\min_{y\in Y}\sum_{i=1}^{m}\sum_{j=1}^{n}c_{ij}x_iy_j\leqslant\min_{y\in Y}\max_{x\in X}\sum_{i=1}^{m}\sum_{j=1}^{n}c_{ij}x_iy_j=v_2.$$

引理 4.1.2 如果 $v_1 = v_2$, 则 $\exists x^* = (x_1^*, \cdots, x_m^*) \in X$, $y^* = (y_1^*, \cdots, y_n^*) \in Y$, 使 $\forall x = (x_1, \cdots, x_m) \in X$, $y = (y_1, \cdots, y_n) \in Y$, 有

$$\sum_{i=1}^{m}\sum_{j=1}^{n} c_{ij}x_i y_j^* \leqslant \sum_{i=1}^{m}\sum_{j=1}^{n} c_{ij}x_i^* y_j^* \leqslant \sum_{i=1}^{m}\sum_{j=1}^{n} c_{ij}x_i^* y_j,$$

或者

$$\sum_{i=1}^{m}\sum_{j=1}^{n} c_{ij}x_i^* y_j^* = \max_{x\in X}\sum_{i=1}^{m}\sum_{j=1}^{n} c_{ij}x_i y_j^*,$$

$$\sum_{i=1}^{m}\sum_{j=1}^{n} c_{ij}x_i^* y_j^* = \min_{y\in Y}\sum_{i=1}^{m}\sum_{j=1}^{n} c_{ij}x_i^* y_j.$$

证明 如果 $v_1 = v_2$, 记 $v = v_1 = v_2$, 则

$$\exists x^* = (x_1^*, \cdots, x_m^*) \in X, \text{ 使 } \min_{y\in Y}\sum_{i=1}^{m}\sum_{j=1}^{n} c_{ij}x_i^* y_j = v,$$

$$\exists y^* = (y_1^*, \cdots, y_n^*) \in Y, \text{ 使 } \max_{x\in X}\sum_{i=1}^{m}\sum_{j=1}^{n} c_{ij}x_i y_j^* = v.$$

这样, $\forall x = (x_1, \cdots, x_m) \in X$, $y = (y_1, \cdots, y_n) \in Y$, 有

$$\sum_{i=1}^{m}\sum_{j=1}^{n} c_{ij}x_i y_j^* \leqslant v \leqslant \sum_{i=1}^{m}\sum_{j=1}^{n} c_{ij}x_i^* y_j.$$

将 $x^* = (x_1^*, \cdots, x_m^*) \in X$, $y^* = (y_1^*, \cdots, y_n^*) \in Y$ 代入上式, 得

$$v = \sum_{i=1}^{m}\sum_{j=1}^{n} c_{ij}x_i^* y_j^*.$$

再代入前式, 得

$$\sum_{i=1}^{m}\sum_{j=1}^{n} c_{ij}x_i y_j^* \leqslant \sum_{i=1}^{m}\sum_{j=1}^{n} c_{ij}x_i^* y_j^* \leqslant \sum_{i=1}^{m}\sum_{j=1}^{n} c_{ij}x_i^* y_j.$$

注 4.1.1 引理 4.1.2 表明, 当 $v_1 = v_2$ 时, (x^*, y^*) 是函数 $\sum_{i=1}^{m}\sum_{j=1}^{n} c_{ij}x_i y_j$ 在 $X \times Y$ 中的鞍点.

定理 4.1.1 $v_1 = v_2$.

我们按照文献 [1], 用凸集分离定理来证明这一最大最小值定理, 首先证明一个引理.

引理 4.1.3　设 $A=(c_{ij})$ 是一个 $m\times n$ 矩阵, 则下列两个不等式之一必成立:

(1) $\exists y_j\geqslant 0,\ j=1,\cdots,n,\ \sum\limits_{j=1}^{n}y_j=1$, 使

$$\sum_{j=1}^{n}c_{ij}y_j\leqslant 0,\quad i=1,\cdots,m;$$

(2) $\exists x_i>0,\ i=1,\cdots,m,\ \sum\limits_{i=1}^{m}x_i=1$, 使

$$\sum_{i=1}^{m}c_{ij}x_i>0,\quad j=1,\cdots,n.$$

证明　设 H 是以下 $n+m$ 个点

$$c^{(1)}=(c_{11},c_{21},\cdots,c_{m1}),\quad\cdots,\quad c^{(n)}=(c_{1n},c_{2n},\cdots,c_{mn});$$

$$e^{(1)}=(1,0,\cdots,0),\quad\cdots,\quad e^{(m)}=(0,0,\cdots,1)$$

的凸包, 它是有界闭凸集.

(1) 如果 $0\in H$, 则 $\exists t_1,\cdots,t_{n+m}\geqslant 0,\ \sum\limits_{j=1}^{n+m}t_j=1$, 使

$$t_1c^{(1)}+\cdots+t_nc^{(n)}+t_{n+1}e^{(1)}+\cdots+t_{n+m}e^{(m)}=0,$$

于是

$$t_1c_{i1}+\cdots+t_nc_{in}+t_{n+i}=0,\quad i=1,\cdots,m,$$

$$t_1c_{i1}+\cdots+t_nc_{in}=-t_{n+i}\leqslant 0,\quad i=1,\cdots,m.$$

如果 $t_1+\cdots+t_n=0$, 则必有 $t_{n+i}=0,\ i=1,\cdots,m,\ \sum\limits_{j=1}^{n+m}t_j=0$, 矛盾, $t_1+\cdots+t_n>0$.

令 $y_j=\dfrac{t_j}{t_1+\cdots+t_n}$, 则 $y_j\geqslant 0,\ j=1,\cdots,n,\ \sum\limits_{j=1}^{n}y_j=1$, 而

$$\sum_{j=1}^{n}c_{ij}y_j=\frac{1}{t_1+\cdots+t_n}\sum_{j=1}^{n}c_{ij}t_j=\frac{-t_{n+i}}{t_1+\cdots+t_n}\leqslant 0,\quad i=1,\cdots,m.$$

(2) 如果 $0\notin H$, 则由凸集分离定理, $\exists s\in(s_1,\cdots,s_m)$, 使

$$s_1c_{1j}+\cdots+s_mc_{mj}>0,\quad j=1,\cdots,n;$$

$$\left\langle s, e^{(i)} \right\rangle = s_i > 0, \quad i = 1, \cdots, m.$$

令 $x_i = \dfrac{s_i}{s_1 + \cdots + s_m} > 0, i = 1, \cdots, m$, 则 $\sum\limits_{i=1}^{m} x_i = 1$, 而

$$\sum_{i=1}^{m} c_{ij} x_i = \frac{1}{s_1 + \cdots + s_m} \sum_{i=1}^{m} s_i c_{ij} > 0, \quad j = 1, \cdots, n.$$

定理 4.1.1 的证明 首先, 由引理 4.1.1, 有 $v_1 < v_2$, 我们只需证明 $v_1 < v_2$ 不可能. 如果 $v_1 < v_2$, 不失一般性, 可以假设 $v_1 < 0$, $v_2 > 0$.

由引理 4.1.3, 下列两种情况之一必成立.

(1) $\exists y_j \geqslant 0, j = 1, \cdots, n, \sum\limits_{j=1}^{n} y_j = 1$, 使

$$\sum_{j=1}^{n} c_{ij} y_j \leqslant 0, \quad i = 1, \cdots, m.$$

于是 $\forall x \in X$, $\sum\limits_{i=1}^{m} \sum\limits_{j=1}^{n} c_{ij} x_i y_j = \sum\limits_{i=1}^{m} \left(\sum\limits_{j=1}^{n} c_{ij} y_j \right) x_i \leqslant 0$,

$$\max_{x \in X} \sum_{i=1}^{m} \sum_{j=1}^{n} c_{ij} x_i y_j \leqslant 0, \quad v_2 = \min_{y \in Y} \max_{x \in X} \sum_{i=1}^{m} \sum_{j=1}^{n} c_{ij} x_i y_j \leqslant 0.$$

(2) $\exists x_i > 0, i = 1, \cdots, m, \sum\limits_{i=1}^{m} x_i = 1$, 使

$$\sum_{i=1}^{m} c_{ij} x_i > 0, \quad j = 1, \cdots, n,$$

于是 $\forall y \in Y$, $\sum\limits_{i=1}^{m} \sum\limits_{j=1}^{n} c_{ij} x_i y_j = \sum\limits_{j=1}^{n} \left(\sum\limits_{i=1}^{m} c_{ij} x_i \right) y_j > 0$,

$$\min_{y \in Y} \sum_{i=1}^{m} \sum_{j=1}^{n} c_{ij} x_i y_j > 0, \quad v_1 = \max_{x \in X} \min_{y \in Y} \sum_{i=1}^{m} \sum_{j=1}^{n} c_{ij} x_i y_j > 0.$$

这样, $v_1 \leqslant 0$ 与 $v_2 > 0$ 不能同时发生, $v_1 < v_2$ 不可能发生, 故 $v_1 = v_2$.

矩阵博弈最简单的推广是把局中人 1 和局中人 2 的纯策略集从有限集推广到无限集, 例如 $[0,1]$, 设局中人 1 从 $[0,1]$ 中选择数 x, 局中人 2 从 $[0,1]$ 中选择数 y, 局中人 2 支付局中人 $1A(x,y)$, $A(x,y)$ 对 (x,y) 连续.

$\forall x \in [0,1]$, 令 $F(x) = P(\xi \leqslant x)$, 这是 $[0,1]$ 上随机变量 ξ 的分布函数, 则 $F(0) = 0, F(1) = 1, F(x)$ 单调上升且右连续. 同样地, $\forall y \in [0,1]$, 令 $G(y) = P(\eta \leqslant y)$, 则 $G(0) = 0, G(1) = 1, G(y)$ 单调上升且右连续. 可以将 $F(x)$ 和 $G(y)$ 分别看作局中人 1 和局中人 2 的混合策略. 如果局中人 1 采用纯策略 x, 局中人 2 采用混合策略 $G(y)$, 则局中人 1 的期望支付为 $E(x,G) = \int_0^1 A(x,y)\,\mathrm{d}G(y)$, 这一积分为 Stieltjes 积分[46]. 如果局中人 1 采用混合策略 $F(x)$, 局中人 2 采用纯策略 y, 则局中人 1 的期望支付为 $E(F,y) = \int_0^1 A(x,y)\,\mathrm{d}F(x)$. 如果局中人 1 采用混合策略 $F(x)$, 局中人 2 采用混合策略 $G(y)$, 则局中人 1 的期望支付为 $E(F,G) = \int_0^1 \int_0^1 A(x,y)\,\mathrm{d}F(x)\mathrm{d}G(y)$.

因为局中人 1 和局中人 2 的纯策略集都是无限集, 这一博弈称为无限博弈, 又因为 $A(x,y)$ 连续, 这一博弈也称为连续博弈.

与矩阵博弈的分析相同, 局中人 1 当然希望期望支付 $E(F,G)$ 越大越好, 而局中人 2 则希望此期望支付越小越好.

设 D 是 $[0,1]$ 中分布函数全体的集合, 形式地写出

$$v_1 = \sup_{F\in D}\inf_{G\in D} E(F,G), \quad v_2 = \inf_{G\in D}\sup_{F\in D} E(F,G).$$

引理 4.1.4　如果 $A(x,y)$ 连续, 则以上 v_1, v_2 的表达式中, sup 和 inf 可以用 max 和 min 来代替.

证明　只对 v_2 加以证明. 首先, $E(F,G) = \int_0^1\int_0^1 A(x,y)\,\mathrm{d}F(x)\mathrm{d}G(y) = \int_0^1 \left[\int_0^1 A(x,y)\mathrm{d}G(y)\right]\mathrm{d}F(x) = \int_0^1 P(x)\mathrm{d}F(x)$, 其中 $P(x) = \int_0^1 A(x,y)\,\mathrm{d}G(y)$. 因 $A(x,y)$ 在 $[0,1]\times[0,1]$ 上一致连续, 有

$$|P(x) - P(x')| \leqslant \int_0^1 |A(x,y) - A(x',y)|\,\mathrm{d}G(y) \to 0\,(x' \to x),$$

故 $P(x)$ 在 $[0,1]$ 上连续, $\exists x_0 \in [0,1]$, 使 $P(x_0) = \max_{x\in[0,1]} P(x)$.

对任意 $F \in D$, 由 $\int_0^1 P(x)\mathrm{d}F(x) \leqslant P(x_0)\int_0^1 \mathrm{d}F(x) = P(x_0)$, 得

$$\sup_{F\in D}\int_0^1 P(x)\,\mathrm{d}F(x) \leqslant P(x_0).$$

另一方面, 如果 $x_0>0$, 令 $F_0(x)=\begin{cases}0, & x<x_0,\\ 1, & x\geqslant x_0.\end{cases}$ 则 $F_0\in D$, 且

$$\sup_{F\in D}\int_0^1 P(x)\,\mathrm{d}F(x)\geqslant\int_0^1 P(x)\,\mathrm{d}F_0(x)=P(x_0).$$

如果 $x_0=0$, 令 $F_n(x)=\begin{cases}0, & x<\dfrac{1}{n},\\ 1, & x\geqslant\dfrac{1}{n}.\end{cases}$, 则 $F_n\in D$, 且

$$\sup_{F\in D}\int_0^1 P(x)\,\mathrm{d}F(x)\geqslant\int_0^1 P(x)\,\mathrm{d}F_n(x)=P\left(\frac{1}{n}\right),$$

因 $P(x)$ 是右连续的, 令 $n\to\infty$, 得 $\sup\limits_{F\in D}\int_0^1 P(x)\mathrm{d}F(x)\geqslant P(0)$.

总之, $\max\limits_{F\in D}\int_0^1\int_0^1 A(x,y)\,\mathrm{d}F(x)\,\mathrm{d}G(y)$ 必存在, 且等于 $\max\limits_{0\leqslant x\leqslant 1}\int_0^1 A(x,y)\,\mathrm{d}G(y)$.

由 $v_2=\inf\limits_{G\in D}\max\limits_{F\in D}E(F,G)$, 存在 $\{G_n(y)\}\subset D$, 使 $v_2=\lim\limits_{n\to\infty}\max\limits_{F\in D}E(F,G_n)$. 由 Helly 第一和第二定理[47], 可以不妨设 $G_n(y)\to G_0(y)$, $G_0\in D$, 且对任意 $[0,1]$ 上的连续函数 $f(y)$, 有 $\lim\limits_{n\to\infty}\int_0^1 f(y)\mathrm{d}G_n(y)=\int_0^1 f(y)\mathrm{d}G_0(y)$.

由下确界定义, $\max\limits_{F\in D}E(F,G_0)\geqslant v_2$. 另一方面, 记

$$\max_{0\leqslant x\leqslant 1}\int_0^1 A(x,y)\,\mathrm{d}G_0(y)=\int_0^1 A(x^*,y)\,\mathrm{d}G_0(y),$$

则

$$\begin{aligned}v_2&=\lim_{n\to\infty}\max_{F\in D}E(F,G_n)=\lim_{n\to\infty}\max_{0\leqslant x\leqslant 1}\int_0^1 A(x,y)\,\mathrm{d}G_n(y)\\&\geqslant\lim_{n\to\infty}\int_0^1 A(x^*,y)\mathrm{d}G_n(y)=\int_0^1 A(x^*,y)\mathrm{d}G_0(y)=\max_{F\in D}E(F,G_0).\end{aligned}$$

这样, $v_2=\max\limits_{F\in D}E(F,G_0)$, $\min\limits_{G\in D}\max\limits_{F\in D}E(F,G)$ 必存在, 且等于 v_2.

引理 4.1.5 $v_1\leqslant v_2$.

证明 对任意 $F,G\in D$, 有

$$\begin{aligned}\min_{G\in D}\int_0^1\int_0^1 A(x,y)\,\mathrm{d}F(x)\,\mathrm{d}G(y)&\leqslant\int_0^1\int_0^1 A(x,y)\,\mathrm{d}F(x)\mathrm{d}G(y)\\&\leqslant\max_{F\in D}\int_0^1\int_0^1 A(x,y)\,\mathrm{d}F(x)\mathrm{d}G(y).\end{aligned}$$

于是

$$\begin{aligned} v_1 =& \max_{F\in D}\min_{G\in D}\int_0^1\int_0^1 A(x,y)\,\mathrm{d}F(x)\mathrm{d}G(y)\\ \leqslant& \min_{G\in D}\max_{F\in D}\int_0^1\int_0^1 A(x,y)\,\mathrm{d}F(x)\mathrm{d}G(y)=v_2. \end{aligned}$$

定理 4.1.2 $v_1 = v_2$.

证明 $\forall\varepsilon>0$, 由 $A(x,y)$ 在 $[0,1]\times[0,1]$ 上一致连续, 存在 n 充分大, 使当 $|x-x'|<\dfrac{1}{n}$, $|y-y'|<\dfrac{1}{n}$ 时, 有 $|A(x,y)-A(x',y')|<\varepsilon$.

将 $[0,1]\times[0,1]$ 分成 n^2 个相等的小正方形, 并令

$$\begin{aligned} &A_1(x,y)=A\left(\frac{i}{n},\frac{j}{n}\right),\ \text{当}\ \frac{i}{n}\leqslant x<\frac{i+1}{n},\frac{j}{n}\leqslant y<\frac{j+1}{n},\\ &i=0,1,\cdots,n-1,\quad j=0,1,\cdots,n-1. \end{aligned}$$

对任意 $F\in D$, $E\in D$, 有

$$\int_0^1\int_0^1 A_1(x,y)\,\mathrm{d}F(x)\mathrm{d}G(y)=\sum_{i=0}^{n-1}\sum_{j=0}^{n-1}a_{ij}x_iy_j,$$

其中 $a_{ij}=A\left(\dfrac{i}{n},\dfrac{j}{n}\right)$, $x_i=F\left(\dfrac{i+1}{n}\right)-F\left(\dfrac{i}{n}\right)\geqslant 0$, $y_j=G\left(\dfrac{j+1}{n}\right)-G\left(\dfrac{j}{n}\right)\geqslant 0$, $\sum\limits_{i=0}^{n-1}x_i=F(1)-F(0)=1$, $\sum\limits_{j=0}^{n-1}y_j=G(1)-G(0)=1$.

由定理 4.1.1, 得

$$\max_{x\in D_1}\min_{y\in D_1}\sum_{i=0}^{n-1}\sum_{j=0}^{n-1}a_{ij}x_iy_j=\min_{y\in D_1}\max_{x\in D_1}\sum_{i=0}^{n-1}\sum_{j=0}^{n-1}a_{ij}x_iy_j,$$

其中 $D_1=\left\{(u_0,\cdots,u_{n-1}):u_k\geqslant 0,\sum\limits_{k=0}^{n-1}u_k=1\right\}$, 于是

$$\max_{F\in D}\min_{G\in D}\int_0^1\int_0^1 A_1(x,y)\,\mathrm{d}F(x)\mathrm{d}G(y)=\min_{G\in D}\max_{F\in D}\int_0^1\int_0^1 A_1(x,y)\,\mathrm{d}F(x)\,\mathrm{d}G(y).$$

另一方面, 对任意 $F,G\in D$, 由

$$\int_0^1\int_0^1|A(x,y)-A_1(x,y)|\,\mathrm{d}F(x)\,\mathrm{d}G(y)<\varepsilon\int_0^1\int_0^1\mathrm{d}F(x)\mathrm{d}G(y)=\varepsilon,$$

得

$$\begin{aligned} \int_0^1\int_0^1 A_1(x,y)\,\mathrm{d}F(x)\mathrm{d}G(y)-\varepsilon<&\int_0^1\int_0^1 A(x,y)\,\mathrm{d}F(x)\,\mathrm{d}G(y)\\ <&\int_0^1\int_0^1 A_1(x,y)\,\mathrm{d}F(x)\mathrm{d}G(y)+\varepsilon. \end{aligned}$$

这样

$$\begin{aligned}v_2 &= \min_{G\in D}\max_{F\in D}\int_0^1\int_0^1 A(x,y)\,\mathrm{d}F(x)\mathrm{d}G(y)\\ &\leqslant \min_{G\in D}\max_{F\in D}\int_0^1\int_0^1 A_1(x,y)\,\mathrm{d}F(x)\,\mathrm{d}G(y)+\varepsilon\\ &= \max_{F\in D}\min_{G\in D}\int_0^1\int_0^1 A_1(x,y)\,\mathrm{d}F(x)\mathrm{d}G(y)+\varepsilon\\ &\leqslant \max_{F\in D}\min_{G\in D}\int_0^1\int_0^1 A(x,y)\,\mathrm{d}F(x)\mathrm{d}G(y)+2\varepsilon\\ &= v_1+2\varepsilon.\end{aligned}$$

因 ε 是任意的, 得 $v_2 \leqslant v_1$, 再由引理 4.1.5, $v_1 \leqslant v_2$, 最后得 $v_1 = v_2$.

关于 n 人有限非合作博弈, 在引言中已经说过, 以 $n=2$, 即双矩阵博弈为例, 设局中人 1 的纯策略集是 $A=\{a_1,\cdots,a_m\}$, 局中人 2 的纯策略集是 $B=\{b_1,\cdots,b_n\}$, 当局中人 1 选取纯策略 a_i, 局中人 2 选取纯策略 b_j, 局中人 1 和局中人 2 得到的支付分别是 c_{ij} 和 d_{ij}; 局中人 1 的混合策略集是 $X=\left\{x=(x_1,\cdots,x_m): x_i\geqslant 0, \sum\limits_{i=1}^m x_i=1\right\}$, 局中人 2 的混合策略集是 $Y=\left\{y=(y_1,\cdots,y_n): y_j\geqslant 0, \sum\limits_{j=1}^n y_j=1\right\}$, 如果局中人 1 选取混合策略 $x=(x_1,\cdots,x_m)\in X$, 局中人 2 选取混合策略 $y=(y_1,\cdots,y_n)\in Y$, 则局中人 1 和局中人 2 得到的期望支付分别是 $\sum\limits_{i=1}^m\sum\limits_{j=1}^n c_{ij}x_iy_j$ 和 $\sum\limits_{i=1}^m\sum\limits_{j=1}^n d_{ij}x_iy_j$, 他们当然都希望自己的期望支付越大越好. 如果 $\exists x^*\in(x_1^*,\cdots,x_m^*)\in X$, $y^*\in(y_1^*,\cdots,y_n^*)\in Y$, 使

$$\sum_{i=1}^m\sum_{j=1}^n c_{ij}x_i^*y_j^* = \max_{x\in X}\sum_{i=1}^m\sum_{j=1}^n c_{ij}x_iy_j^*,$$

$$\sum_{i=1}^m\sum_{j=1}^n d_{ij}x_i^*y_j^* = \max_{y\in Y}\sum_{i=1}^m\sum_{j=1}^n d_{ij}x_i^*y_j.$$

则称 (x^*,y^*) 为此双矩阵博弈的 Nash 平衡点.

定理 4.1.3 双矩阵博弈必存在 Nash 平衡点.

证明 我们将用 Brouwer 不动点定理给出其证明.

易知 $X\subset R^m$, $Y\subset R^n$ 都是有界闭凸集, 故 $C=X\times Y\subset R^{m+n}$ 也是有界闭

凸集. $\forall (x,y)\in X\times Y=C$, 定义映射 $f(x,y)=(x',y')$ 如下

$$x_i'=\frac{x_i+\max\left(0,\sum_{j=1}^{n}c_{ij}y_j-\sum_{i=1}^{m}\sum_{j=1}^{n}c_{ij}x_iy_j\right)}{1+\sum_{i=1}^{m}\max\left(0,\sum_{j=1}^{n}c_{ij}y_j-\sum_{i=1}^{m}\sum_{j=1}^{n}c_{ij}x_iy_j\right)},\quad i=1,\cdots,m;$$

$$y_j'=\frac{y_j+\max\left(0,\sum_{i=1}^{m}d_{ij}x_i-\sum_{i=1}^{m}\sum_{j=1}^{n}d_{ij}x_iy_j\right)}{1+\sum_{j=1}^{n}\max\left(0,\sum_{i=1}^{m}d_{ij}x_i-\sum_{i=1}^{m}\sum_{j=1}^{n}d_{ij}x_iy_j\right)},\quad j=1,\cdots,n.$$

容易验证：$x_i'\geqslant 0,\ i=1,\cdots,m,\ \sum_{i=1}^{m}x_i'=1$, 从而 $x'=(x_1',\cdots,x_m')\in X$; $y_j'\geqslant 0, j=1,\cdots,n,\sum_{j=1}^{n}y_j'=1$, 从而 $y'=(y_1',\cdots,y_n')\in Y$. 这样, $f(x,y)=(x',y')\in X\times Y=C$, 显然 $f(x,y)$ 连续, 由 Brouwer 不动点定理, 存在 $(x^*,y^*)\in X\times Y=C$, 使 $f(x^*,y^*)=(x^*,y^*)$, 即

$$x_i^*=\frac{x_i^*+\max\left(0,\sum_{j=1}^{n}c_{ij}y_j^*-\sum_{i=1}^{m}\sum_{j=1}^{n}c_{ij}x_i^*y_j^*\right)}{1+\sum_{i=1}^{m}\max\left(0,\sum_{j=1}^{n}c_{ij}y_j^*-\sum_{i=1}^{m}\sum_{j=1}^{n}c_{ij}x_i^*y_j^*\right)},\quad i=1,\cdots,m;$$

$$y_j^*=\frac{y_j^*+\max\left(0,\sum_{j=1}^{m}d_{ij}x_i^*-\sum_{i=1}^{m}\sum_{j=1}^{n}d_{ij}x_i^*y_j^*\right)}{1+\sum_{i=1}^{m}\max\left(0,\sum_{i=1}^{m}d_{ij}x_i^*-\sum_{i=1}^{m}\sum_{j=1}^{n}d_{ij}x_i^*y_j^*\right)},\quad j=1,\cdots,n.$$

令 $I(x^*)=\{i:x_i^*>0\}$, 则 $I(x^*)\neq\varnothing$.

如果 $\forall i\in I(x^*)$, 都有 $\max\left(0,\sum_{j=1}^{n}c_{ij}y_j^*-\sum_{i=1}^{m}\sum_{j=1}^{n}c_{ij}x_i^*y_j^*\right)>0$, 则

$$\sum_{j=1}^{n}c_{ij}y_j^*>\sum_{i=1}^{m}\sum_{j=1}^{n}c_{ij}x_i^*y_j^*,\quad x_i^*\sum_{j=1}^{n}c_{ij}y_j^*>x_i^*\sum_{i=1}^{m}\sum_{j=1}^{n}c_{ij}x_i^*y_j^*.$$

注意到当 $i \notin I(x^*)$, 即 $x_i^* = 0$ 时也有 $x_i^* \sum_{j=1}^{n} c_{ij} y_j^* = x_i^* \sum_{i=1}^{m} \sum_{j=1}^{n} c_{ij} x_i^* y_j^*$. 对所有 i 求和, 因 $\sum_{i=1}^{m} x_i^* = 1$, 得

$$\sum_{i=1}^{m} \sum_{j=1}^{n} c_{ij} x_i^* y_j^* > \sum_{i=1}^{m} \sum_{j=1}^{n} c_{ij} x_i^* y_j^*.$$

矛盾, 故存在某 $i \in I(x^*)$, 使 $\max\left(0, \sum_{j=1}^{n} c_{ij} y_j^* - \sum_{i=1}^{m} \sum_{j=1}^{n} c_{ij} x_i^* y_j^*\right) = 0$, 从而

$$\sum_{i=1}^{m} \max\left(0, \sum_{j=1}^{n} c_{ij} y_j^* - \sum_{i=1}^{m} \sum_{j=1}^{n} c_{ij} x_i^* y_j^*\right) = 0.$$

这样, $\forall i = 1, \cdots, m$, 有 $\sum_{j=1}^{n} c_{ij} y_j^* \leqslant \sum_{i=1}^{m} \sum_{j=1}^{n} c_{ij} x_i^* y_j^*$.

$\forall x = (x_1, \cdots, x_m) \in X$, $\quad \forall i = 1, \cdots, m$, 由

$$x_i \sum_{i=1}^{m} \sum_{j=1}^{n} c_{ij} x_i^* y_j^* \geqslant x_i \sum_{j=1}^{n} c_{ij} y_j^* = \sum_{j=1}^{n} c_{ij} x_i y_j^*.$$

对所有 i 求和, 因 $\sum_{i=1}^{m} x_i = 1$, 得

$$\sum_{i=1}^{m} \sum_{j=1}^{n} c_{ij} x_i^* y_j^* \geqslant \sum_{i=1}^{m} \sum_{j=1}^{n} c_{ij} x_i y_j^*,$$

$$\sum_{i=1}^{m} \sum_{j=1}^{n} c_{ij} x_i^* y_j^* = \max_{x \in X} \sum_{i=1}^{m} \sum_{j=1}^{n} c_{ij} x_i y_j^*.$$

同样地, $\sum_{i=1}^{m} \sum_{j=1}^{n} d_{ij} x_i^* y_j^* = \max_{y \in Y} \sum_{i=1}^{m} \sum_{j=1}^{n} d_{ij} x_i^* y_j$, (x^*, y^*) 就是此双矩阵博弈的 Nash 平衡点.

4.2　n 人非合作博弈 Nash 平衡点的存在性

设 $N = \{1, \cdots, n\}$ 是局中人的集合, $\forall i \in N$, 设 X_i 是第 i 个局中人的策略集, 记 $\hat{i} = N \backslash i$, 又记 $X = \prod_{i=1}^{n} X_i$, $f_i : X \to R$ 是第 i 个局中人的支付函数.

如果 $\exists x^* \in (x_1^*, \cdots, x_n^*) \in X$, 使 $\forall i \in N$, 有

$$f_i\left(x_i^*, x_{\hat{i}}^*\right) = \max_{u_i \in X_i} f_i\left(u_i, x_{\hat{i}}^*\right).$$

则称 x^* 为此 n 人非合作博弈的 Nash 平衡点.

如果 $N = \{1, 2\}$, $X_1 = X$, $X_2 = Y$, $f_1 = f$, $f_2 = -f$(即 $f_1 + f_2 = 0$), 此博弈就称为两人零和博弈. 如果 (x^*, y^*) 是此博弈的 Nash 平衡点, 即

$$f\left(x^*, y^*\right) = \max_{x \in X} f\left(x, y^*\right),$$

$$-f\left(x^*, y^*\right) = \max_{y \in Y}\left[-f\left(x^*, y\right)\right] = -\min_{y \in Y} f\left(x^*, y\right).$$

由此

$$f\left(x^*, y^*\right) = \min_{y \in Y} f\left(x^*, y\right).$$

则 $\forall (x, y) \in X \times Y$, 有

$$f\left(x, y^*\right) \leqslant f\left(x^*, y^*\right) \leqslant f\left(x^*, y\right),$$

(x^*, y^*) 是函数 $f(x, y)$ 在 $X \times Y$ 中的鞍点.

这一节我们要给出 Nash 平衡点的一系列存在性定理, 下一节则来给出鞍点的存在性定理.

定理 4.2.1　$\forall i \in N$, 设 X_i 是 Hausdorff 局部凸空间 E_i 中的非空凸紧集, $f_i : X \to R$ 连续, 且 $\forall x_{\hat{i}} \in X_{\hat{i}}$, $u_i \to f_i(u_i, x_{\hat{i}})$ 在 X_i 上是拟凹的, 则此博弈的 Nash 平衡点必存在.

证明　$\forall i \in N$, 定义集值映射 $F_i : X_{\hat{i}} \to P_0(X_i)$ 如下: $\forall x_{\hat{i}} \in X_{\hat{i}}$,

$$F_i\left(x_{\hat{i}}\right) = \left\{w_i \in X_i : f_i\left(w_i, x_{\hat{i}}\right) = \max_{u_i \in X_i} f_i\left(u_i, x_{\hat{i}}\right)\right\}.$$

因 f_i 连续, X_i 是紧集, $F_i(x_{\hat{i}}) \neq \varnothing$. 又易证 $f_i(x_{\hat{i}})$ 是闭集, 它是紧集 X_i 的闭子集, 必是紧集.

记 $c = \max\limits_{u_i \in X_i} f_i(u_i, x_{\hat{i}})$, 则 $\forall w_i \in X_i$, $f_i(w_i, x_{\hat{i}}) \leqslant c$. 因 $\forall x_{\hat{i}} \in X_{\hat{i}}$, $u_i \to f_i(u_i, x_{\hat{i}})$ 是拟凹的, 由定理 1.5.1(2),

$$F_i\left(x_{\hat{i}}\right) = \left\{w_i \in X_i : f_i\left(w_i, x_{\hat{i}}\right) = c\right\} = \left\{w_i \in X_i : f_i\left(w_i, x_{\hat{i}}\right) \geqslant c\right\}$$

必是凸集. 这样, $\forall x_{\hat{i}} \in X_{\hat{i}}, F_i(x_{\hat{i}})$ 必是 X_i 中的非空凸紧集. 又由定理 2.2.9(2), $F_i : X_{\hat{i}} \to P_0(X_i)$ 是上半连续的.

现在定义集值映射 $F: X \to P_0(X)$ 如下：$\forall x \in X$,

$$F(x) = \prod_{i=1}^{n} F_i(x_{\hat{i}}).$$

$\forall x \in X, F(x)$ 是 X 中的非空凸紧集, 且由定理 2.2.3, 集值映射 F 是上半连续的.

因 $X = \prod_{i=1}^{n} X_i$ 是 Hausdorff 局部凸空间 $E = \prod_{i=1}^{n} E_i$ 中的非空凸紧集, 由 Fan-Glicksberg 不动点定理, $\exists x^* = (x_1^*, \cdots, x_n^*) \in X$, 使 $x^* \in F(x^*)$, 于是 $\forall i \in N$, 有 $x_i^* \in F_i\left(x_{\hat{i}}^*\right)$, 故 $f_i\left(x_i^*, x_{\hat{i}}^*\right) = \max\limits_{u_i \in X_i} f_i\left(u_i, x_{\hat{i}}^*\right)$.

注 4.2.1 显然, 定理 4.1.1 和定理 4.1.3 都可以简单地由定理 4.2.1 导出.

定理 4.2.2 $\forall i \in N$, 设 X_i 是 Hausdorff 线性拓扑空间 E_i 中的非空凸紧集, $f_i: X \to R$ 连续, 且 $\forall x_{\hat{i}} \in X_{\hat{i}}$, $y_i \to f_i(y_i, x_{\hat{i}})$ 在 X_i 上是凹的, 则此博弈的 Nash 平衡点必存在.

证明 定义 $\varphi: X \times X \to R$ 如下：$\forall x = (x_1, \cdots, x_n)$, $y = (y_1, \cdots, y_n) \in X$,

$$\varphi(x, y) = \sum_{i=1}^{n} [f_i(y_i, x_{\hat{i}}) - f_i(x_i, x_{\hat{i}})].$$

则容易验证：

$$\begin{aligned} &\forall y \in X, \quad x \to \varphi(x, y) \text{ 是连续的}, \\ &\forall x \in X, \quad y \to \varphi(x, y) \text{ 是凹的}, \\ &\forall x \in X, \quad \varphi(x, x) = 0. \end{aligned}$$

由 Ky Fan 不等式, $\exists x^* = (x_1^*, \cdots, x_n^*) \in X$, 使 $\forall y = (y_1, \cdots, y_n) \in X$, 有

$$\varphi(x^*, y) = \sum_{i=1}^{n} \left[f_i\left(y_i, x_{\hat{i}}^*\right) - f_i\left(x_i^*, x_{\hat{i}}^*\right)\right] \leqslant 0.$$

$\forall i \in N, \quad \forall u_i \in X_i$, 令 $y = \left(u_i, x_{\hat{i}}^*\right) \in X$, 则

$$\varphi(x^*, y) = f_i\left(u_i, x_{\hat{i}}^*\right) - f_i\left(x_i^*, x_{\hat{i}}^*\right) \leqslant 0,$$

$$f_i\left(x_i^*, x_{\hat{i}}^*\right) = \max_{u_i \in X_i} f_i\left(u_i, x_{\hat{i}}^*\right).$$

定理 4.2.3 和定理 4.2.4 均出自文献 [48]

定理 4.2.3 $\forall i \in N$, 设 X_i 是 Hausdorff 线性拓扑空间 E_i 中的非空凸紧集, $\sum\limits_{i=1}^{n} f_i$ 在 X 上是上半连续的, $\forall x_i \in X_i$, $y_{\hat{i}} \to f_i(x_i, y_{\hat{i}})$ 在 $X_{\hat{i}}$ 上是下半连续的, 且 $\forall x_{\hat{i}} \in X_{\hat{i}}$, $y_i \to f_i(y_i, x_{\hat{i}})$ 在 X_i 上是凹的, 则此博弈的 Nash 平衡点必存在.

证明　定义 $\varphi: X\times X\to R$ 如下: $\forall x=(x_1,\cdots,x_n)$, $y=(y_1,\cdots,y_n)\in X$,

$$\varphi(x,y)=\sum_{i=1}^{n}[f_i(y_i,x_{\hat{i}})-f_i(x_i,x_{\hat{i}})].$$

则容易验证

$$\forall y\in X,\quad x\to\varphi(x,y)\ \text{是下半连续的},$$
$$\forall x\in X,\quad y\to\varphi(x,y)\ \text{是凹的},$$
$$\forall x\in X,\quad \varphi(x,x)=0.$$

以下证明与定理 4.2.2 相同, 此博弈的 Nash 平衡点必存在.

这一结果还可以改进为以下定理.

定理 4.2.4　$\forall i\in N$, 设 X_i 是 Hausdorff 线性拓扑空间 E_i 中的非空凸紧集, $\sum\limits_{i=1}^{n}f_i$ 在 X 上是上半连续的, $\forall y\in X$, $x\to\sum\limits_{i=1}^{n}f_i(y_i,x_{\hat{i}})$ 在 X 上是下半连续的, 且 $\forall x\in X$, $y\to\sum\limits_{i=1}^{n}f_i(y_i,x_{\hat{i}})$ 在 X 上是拟凹的, 则此博弈的 Nash 平衡点必存在.

证明　定义 $\varphi: X\times X\to R$ 如下: $\forall x=(x_1,\cdots,x_n)$, $y=(y_1,\cdots,y_n)\in X$,

$$\varphi(x,y)=\sum_{i=1}^{n}[f_i(y_i,x_{\hat{i}})-f_i(x_i,x_{\hat{i}})].$$

则容易验证

$$\forall y\in X,\quad x\to\varphi(x,y)\ \text{是下半连续的},$$
$$\forall x\in X,\quad y\to\varphi(x,y)\ \text{是拟凹的},$$
$$\forall x\in X,\quad \varphi(x,x)=0.$$

以下证明与定理 4.2.2 相同, 此博弈的 Nash 平衡点必存在.

注 4.2.2　在定理 4.2.4 中, 如果用假设条件 $\forall x_{\hat{i}}\in X_{\hat{i}}$, $y_i\to f_i(y_i,x_{\hat{i}})$ 在 X_i 上是拟凹的来代替假设条件 $\forall x\in X$, $y\to\sum\limits_{i=1}^{n}f_i(y_i,x_{\hat{i}})$ 是拟凹的, 则结论是不成立的[49,50], 因为有限个凹函数之和仍是凹函数, 但是有限个拟凹函数之和不一定是拟凹的.

定理 4.2.5　$\forall i\in N$, 设 X_i 是 Hausdorff 线性拓扑空间 E_i 中的非空凸紧集, $f_i: X\to R$ 连续, 且 $\forall x_{\hat{i}}\in X_{\hat{i}}$, $y_i\to f_i(y_i,x_{\hat{i}})$ 在 X_i 上是拟凹的, 则此博弈的 Nash 平衡点必存在.

证明　$\forall k=1,2,3,\cdots$, 定义集值映射 $W_k: X\to P_0(X)$ 如下: $\forall x\in X$,

$$W_k(x)=\prod_{i=1}^{n}\left\{y_i\in X_i: f_i(y_i,x_{\hat{i}})>\max_{u_i\in X_i}f_i(u_i,x_{\hat{i}})-\frac{1}{k}\right\},$$

易证 $W_k(x) \neq \varnothing$, 且 $W_k(x)$ 是 X 中的凸集.

$$\forall y \in X, \quad W_k^{-1}(y) = \bigcap_{i=1}^{n} \left\{ x \in X : f_i(y_i, x_{\hat{i}}) > \max_{u_i \in X_i} f_i(u_i, x_{\hat{i}}) - \frac{1}{k} \right\},$$

我们要证明 $W_k^{-1}(y)$ 是开集, 只要证明 $\forall i \in N$, $\left\{ x \in X : f_i(y_i, x_{\hat{i}}) > \max\limits_{u_i \in X_i} f_i(u_i, x_{\hat{i}}) - \frac{1}{k} \right\}$ 是开集. 事实上, 由定理 2.2.9(1), $\max\limits_{u_i \in X_i} f_i(u_i, x_{\hat{i}})$ 对 $x_{\hat{i}}$ 是连续的, 又 $f_i(y_i, x_{\hat{i}})$ 对 $x_{\hat{i}}$ 也是连续的, 故 $\left\{ x \in X : f_i(y_i, x_{\hat{i}}) > \max\limits_{u_i \in X_i} f_i(u_i, x_{\hat{i}}) - \frac{1}{k} \right\}$ 必是开集, 从而 $W_k^{-1}(y)$ 是开集.

这样, 由 Fan-Browder 不动点定理, $\exists x^k \in X$, 使 $x^k \in W_k(x^k)$, 于是 $\forall i \in N$, 有 $f_i\left(x_i^k, x_{\hat{i}}^k\right) > \max\limits_{u_i \in X_i} f_i\left(u_i, x_{\hat{i}}^k\right) - \frac{1}{k}$.

因 X 是紧集, $\{x^k\}$ 必有聚点 $x^* \in X$, 即存在 $\{x^k\}$ 的子网 $\{z^\alpha\}$, 使 $z^\alpha \to x^*$. 记 $z^\alpha = x^{n(\alpha)}$, 其中 $n(\alpha) \to \infty$. 再次注意到 $\max\limits_{u_i \in X_i} f_i(u_i, x_{\hat{i}})$ 对 $x_{\hat{i}}$ 是连续的, 则 $\forall i \in N$, 有

$$f_i\left(x_i^*, x_{\hat{i}}^*\right) = \lim_{\alpha} f_i\left(z_i^\alpha, z_{\hat{i}}^\alpha\right) \geqslant \lim_{\alpha} \max_{u_i \in X_i} f_i\left(u_i, z_{\hat{i}}^\alpha\right) = \max_{u_i \in X_i} f_i(u_i, x_{\hat{i}}^*).$$

此博弈的 Nash 平衡点必存在.

为推广定理 4.2.5, 需要以下引理.

引理 4.2.1　设 X 和 Y 是两个 Hausdorff 拓扑空间, 其中 X 是紧的, $f : X \times Y \to R$ 是上半连续的, 且 $\forall x \in X$, $y \to f(x, y)$ 是下半连续的, 则 $\varphi(y) = \max\limits_{u \in X} f(u, y)$ 在 Y 上是连续的.

证明　首先, 由定理 2.2.8, $\varphi(y)$ 在 Y 上是上半连续的, 以下证明它在 Y 上是下半连续的.

$\forall y \in X, \exists x \in X$, 使 $\varphi(y) = f(x, y)$.$\forall \varepsilon > 0$, 固定 x, 因 $f(x, y)$ 在 y 是下半连续的, 存在 y 的开邻域 $O(y)$, 使 $\forall y' \in O(y)$, 有 $f(x, y') > f(x, y) - \varepsilon$, 于是

$$\varphi(y') \geqslant f(x, y') > f(x, y) - \varepsilon = \varphi(y) - \varepsilon,$$

$\varphi(y)$ 在 Y 上是下半连续的, 从而是连续的.

定理 4.2.6　$\forall i \in N$, 设 X_i 是 Hausdorff 线性拓扑空间 E_i 中的非空凸紧集, $f_i : X \to R$ 在 X 上是上半连续的, $\forall x_i \in X_i$, $y_{\hat{i}} \to f_i(x_i, y_{\hat{i}})$ 在 $X_{\hat{i}}$ 上是下半连续的, 且 $\forall x_{\hat{i}} \in X_{\hat{i}}$, $y_i \to f_i(y_i, x_{\hat{i}})$ 在 X_i 上是拟凹的, 则此博弈的 Nash 平衡点必存在.

证明　由引理 4.2.1, $\forall i \in N$, $\max\limits_{u_i \in X_i} f_i(u_i, x_{\hat{i}})$ 对 $x_{\hat{i}}$ 是连续的.

同定理 4.2.5 的证明, $\forall k=1,2,3,\cdots$, $\exists x^k\in X$, 使 $\forall i\in N$, 有

$$f_i\left(x_i^k,x_{\hat{i}}^k\right)>\max_{u_i\in X_i}f_i\left(u_i,x_{\hat{i}}^k\right)-\frac{1}{k}.$$

因 X 是紧集, $\left\{x^k\right\}$ 有子网 $\{z^\alpha\}$, 使 $z^\alpha\to x^*\in X$. $\forall i\in N$, 因 f_i 在 X 上是上半连续的, 得

$$f\left(x_i^*,x_{\hat{i}}^*\right)\geqslant\overline{\lim_{\alpha}}f_i\left(z_i^\alpha,z_{\hat{i}}^\alpha\right)\geqslant\lim_{\alpha}\max_{u_i\in X_i}f_i\left(u_i,z_{\hat{i}}^\alpha\right)=f_i\left(u_i,x_{\hat{i}}^*\right),$$

此博弈的 Nash 平衡点必存在.

以下是连续博弈 Nash 平衡点的存在性定理.

定理 4.2.7　$\forall i\in N$, 设第 i 个局中人的纯策略集是紧度量空间 X_i, S_i 是 X_i 上所有概率测度 μ_i(也称混合策略) 的空间, 期望支付函数 $u_i\left(\mu_1,\cdots,\mu_n\right)=\displaystyle\int_X f_i\left(x\right)\mathrm{d}\mu_1,\cdots,\mathrm{d}\mu_n$, 其中 $f_i:X=\displaystyle\prod_{i=1}^n X_i\to R$ 是第 i 个局中人在纯策略组合集 X 上的连续支付函数, 则此连续博弈必存在 Nash 平衡点, 即 $\exists\mu^*=\left(\mu_1^*,\cdots,\mu_n^*\right)\in S_1\times\cdots\times S_n=S$, 使 $\forall i\in N$, 有

$$u_i\left(\mu^*\right)=\max_{\mu_i\in S_i}u_i\left(\mu_i,\mu_{\hat{i}}^*\right).$$

证明　因 $S=\displaystyle\prod_{i=1}^n S_i$ 按弱 * 拓扑是 Hausdorff 局部凸空间 $\displaystyle\prod_{i=1}^n C\left(s_i\right)^*$ 中的凸紧集 (其中 $\forall i\in N, C\left(S_i\right)^*$ 是连续函数空间 $C\left(S_i\right)$ 上所有连续线性泛函的空间), $\forall i\in N$, u_i 在 S 上连续, 且 $\forall\mu_{\hat{i}}\in S_{\hat{i}}$, $v_i\to u_i\left(v_i,\mu_{\hat{i}}\right)$ 是拟凹的. 由定理 4.2.1, Nash 平衡点必存在.

以下在自反 Banach 空间中给出 Nash 平衡点的存在性定理, 这一结果是新的.

定理 4.2.8　$\forall i\in N$, 设第 i 个局中人的策略集 X_i 是自反 Banach 空间 E_i 中的非空闭凸集, 其支付函数 $f_i:X=\displaystyle\prod_{i=1}^n X_i\to R$ 满足

(1) $\displaystyle\sum_{i=1}^n f_i$ 在 X 上是弱上半连续的;

(2) $\forall y=\left(y_1,\cdots,y_n\right)\in X$, $x\to\displaystyle\sum_{i=1}^n f_i\left(y_i,x_{\hat{i}}\right)$ 在 X 上是弱下半连续的;

(3) $\forall x=\left(x_1,\cdots,x_n\right)\in X$, $y\to\displaystyle\sum_{i=1}^n f_i\left(y_i,x_{\hat{i}}\right)$ 在 X 上是拟凹的;

(4) 对任何 $\left\{x^m=\left(x_1^m,\cdots,x_n^m\right)\right\}\subset X$, 其中 $\|x^m\|=\displaystyle\sum_{i=1}^n\|x_i^m\|\to\infty$, 则存在 $i\in N$, 正整数 m_0 及 $y_i\in X_i$, 使 $\|y_i\|\leqslant\|x_i^{m_0}\|$, 而 $f_i\left(y_i,x_{\hat{i}}^{m_0}\right)-f_i\left(x_i^{m_0},x_{\hat{i}}^{m_0}\right)>0$.

则此博弈的 Nash 平衡点必存在.

证明　首先, $X=\prod_{i=1}^{n} X_i$ 是自反 Banach 空间 $E=\prod_{i=1}^{n} E_i$ 中的非空闭凸集. $\forall x=(x_1,\cdots,x_n),y=(y_1,\cdots,y_n)\in X$, 定义

$$\varphi(x,y)=\sum_{i=1}^{n}[f_i(y_i,x_{\hat{i}})-f_i(x_i,x_{\hat{i}})].$$

则容易验证

$$\forall y\in X,\quad x\to\varphi(x,y)\ \text{是弱下半连续的},$$
$$\forall x\in X,\quad y\to\varphi(x,y)\ \text{是拟凹的},$$
$$\forall x\in X,\quad \varphi(x,x)=0.$$

由 (4), 对任意 X 中的序列 $\{x^m\}$, 其中 $\|x^m\|\to+\infty$, 则存在 $i\in N$, 正整数 m_0 及 $y_i\in X_i$, 使 $\|y_i\|\leqslant\|x_i^{m_0}\|$, 而 $f_i\left(y_i,x_{\hat{i}}^{m_0}\right)-f_i\left(x_i^{m_0},x_{\hat{i}}^{m_0}\right)>0$. 令 $y^{m_0}=\left(y_i,x_{\hat{i}}^{m_0}\right)\in X$, 则 $\|y^{m_0}\|\leqslant\|x^{m_0}\|$, 且

$$\varphi(x^{m_0},y^{m_0})=f_i\left(y_i,x_{\hat{i}}^{m_0}\right)-f_i\left(x_i^{m_0},x_{\hat{i}}^{m_0}\right)>0.$$

由定理 3.3.4, $\exists x^*=(x_1^*,\cdots,x_n^*)\in X$, 使 $\forall y=(y_1,\cdots,y_n)\in X$, 有 $\varphi(x^*,y)\leqslant 0$. 以下证明与定理 4.2.2 相同, 此博弈的 Nash 平衡点必存在.

用以上方法还可以解决 $X\subset R^n$ 无界时变分不等式、广义变分不等式、互补问题和广义互补问题解的存在性问题, 这些结果都是新的.

定理 4.2.9　设 $X\subset R^n$ 是非空闭凸集, $f:X\to R^n$ 连续, 以下条件 (C_1) 成立: 给定 $\hat{x}\in R^n$, 对任何 $\{x_n\}\subset X$, 其中 $\|x_n\|\to+\infty$, 必存在正整数 n_0 及 $y\in X$, 使 $\|y-\hat{x}\|\leqslant\|x_{n_0}-\hat{x}\|$, 而 $\langle f(x_{n_0}),x_{n_0}-y\rangle>0$, 则

(1) 变分不等式的解必存在, 即 $\exists x^*\in X$, 使 $\forall y\in X$, 有 $\langle f(x^*),y-x^*\rangle\geqslant 0$;

(2) 变分不等式的解集 $K=\{x\in X:\langle f(x),y-x\rangle\geqslant 0,\forall y\in X\}$ 必是紧集.

证明　(1) $\forall n=1,2,3,\cdots$, 定义 $X_n=\{x\in X:\|x-\hat{x}\|\leqslant n\}$, 不妨设 $X_n\neq\varnothing$, 因 X 是闭凸集, 则 X_n 必是有界闭凸集. 由定理 3.2.13, $\exists x_n\in X_n$, 使 $\forall y\in X_n$, 有 $\langle f(x_n),y-x_n\rangle\geqslant 0$.

如果 $\{x_n\}$ 无界, 不妨设 $\|x_n\|\to+\infty$, 因条件 (C_1) 成立, 存在正整数 n_0 及 $y\in X$, 使 $\|y-\hat{x}\|\leqslant\|x_{n_0}-\hat{x}\|\leqslant n_0$, 即 $y\in X_{n_0}$, 而 $\langle f(x_{n_0}),x_{n_0}-y\rangle>0$, 矛盾, 因此 $\{x_n\}$ 必有界, 存在正整数 N, 使 $\{x_n\}\subset X_N$. 因 X_N 是紧集, 存在 $\{x_n\}$ 的子序列 $\{x_{n_k}\}$, 使 $x_{n_k}\to x^*\in X_N$.

$\forall y\in X$, 存在正整数 k_0, 使 $y\in X_{n_{k_0}}$. 因 $X_1\subset X_2\subset X_3\subset\cdots$, 则 $\forall k\geqslant k_0$, 必有 $y\in X_{n_k}$, 此时 $\langle f(x_{n_k}),y-x_{n_k}\rangle\geqslant 0$. 因 f 在 x^* 连续, 令 $n_k\to+\infty$, 得 $\langle f(x^*),y-x^*\rangle\geqslant 0$, 变分不等式的解必存在.

(2) 易证 K 是闭集, 如果 K 无界, 存在 $\{x_n\} \subset K \subset X$, 使 $\|x_n\| \to +\infty$. 因条件 (C_1) 成立, 存在正整数 n_0 及 $y \in X$, 使 $\langle f(x_{n_0}), x_{n_0} - y\rangle > 0$, 这与 $x_{n_0} \in K$ 矛盾, 故 K 是 R^n 中的有界闭集, 必是紧集.

定理 4.2.10 设 $X \subset R^n$ 是非空闭凸集, $f: X \to R^n$ 连续, 以下条件 (C_2) 成立：给定 $\hat{x} \in R^n$, 对任何 $\{x_n\} \subset X$, 其中 $\|x_n\| \to +\infty$, 必存在正整数 n_0 及 $y \in X$, 使 $\|y - \hat{x}\| < \|x_{n_0} - \hat{x}\|$, 而 $\langle f(x_{n_0}), x_{n_0} - y\rangle \geqslant 0$, 则变分不等式的解必存在, 即 $\exists x^* \in X$, 使 $\forall y \in X$, 有 $\langle f(x^*), y - x^*\rangle \geqslant 0$.

证明 用反证法. 设变分不等式的解不存在, 我们来证明此时条件 (C_2) 成立 $\Rightarrow$ 条件 (C_1) 成立, 由定理 4.2.9 得变分不等式的解存在, 从而引出矛盾.

因条件 (C_2) 成立, 给定 $\hat{x} \in R^n$, 对任何 $\{x_n\} \subset X$, 其中 $\|x_n\| \to +\infty$, 必存在正整数 n_0 及 $y \in X$, 使 $\|y - \hat{x}\| < \|x_{n_0} - \hat{x}\|$, 而 $\langle f(x_{n_0}), x_{n_0} - y\rangle \geqslant 0$. 因 x_{n_0} 不是变分不等式的解, 则 $\exists u_0 \in X$, 使 $\langle f(x_{n_0}), u_0 - x_{n_0}\rangle < 0$. 因 $\|x_{n_0} - \hat{x}\| - \|y - \hat{x}\| > 0$, 取 $\lambda_0 > 0$ 充分小, 使 $\lambda_0 \|u_0 - \hat{x}\| \leqslant (1 - \lambda_0)(\|x_{n_0} - \hat{x}\| - \|y - \hat{x}\|)$, 令 $z = (1 - \lambda_0) y + \lambda_0 u_0$, 因 X 是凸集, 则 $z \in X$, 且

$$\|z - \hat{x}\| \leqslant (1 - \lambda_0)\|y - \hat{x}\| + \lambda_0 \|u_0 - \hat{x}\| \leqslant (1 - \lambda_0)\|x_{n_0} - \hat{x}\| < \|x_{n_0} - \hat{x}\|,$$

$$\begin{aligned}\langle f(x_{n_0}), x_{n_0} - z\rangle &= (1 - \lambda_0)\langle f(x_{n_0}), x_{n_0} - y\rangle + \lambda_0 \langle f(x_{n_0}), x_{n_0} - u_0\rangle \\ &\geqslant \lambda_0 \langle f(x_{n_0}), x_{n_0} - u_0\rangle > 0.\end{aligned}$$

这表明条件 (C_1) 成立.

注 4.2.3 文献 [51], [52] 中在以下条件 (C_3) 成立时推得变分不等式的解存在且为紧集：给定 $\hat{x} \in R^n$, 对任何 $\{x_n\} \subset X$, 其中 $\|x_n\| \to +\infty$, 必存在正整数 n_0 及 $y_{n_0} \in X$, 使 $\|y - \hat{x}\| < \|x_{n_0} - \hat{x}\|$, 而 $\langle f(x_{n_0}), x_{n_0} - y\rangle > 0$, 显然, 定理 4.2.9 推广了这一结果. 又文献 [51], [52] 中证明是基于例外簇与拓扑度的深入分析之上的, 而以上证明直接且简洁.

又关于变分不等式解的存在性研究可见文献 [53].

系 4.2.1 设 $f: R^n_+ \to R^n$ 连续, 给定 $\hat{x} \in R^n$, 对任何 $\{x_n\} \subset R^n_+$, 其中 $\|x_n\| \to +\infty$, 必存在正整数 n_0 及 $y \in R^n_+$, 使 $\|y - \hat{x}\| \leqslant \|x_{n_0} - \hat{x}\|$, 且 $\langle f(x_{n_0}), x_{n_0} - y\rangle > 0$, 则互补问题必有解, 即 $\exists x^* \in R^n_+$, $f(x^*) \in R^n_+$, 而 $\langle f(x^*), x^*\rangle = 0$, 且解集必是紧集.

证明 令 $X = R^n_+$, 由定理 4.2.9 和定理 3.2.18 即得.

系 4.2.2 设 $f: R^n_+ \to R^n$ 连续, 给定 $\hat{x} \in R^n$, 对任何 $\{x_n\} \subset R^n_+$, 其中 $\|x_n\| \to +\infty$, 必存在正整数 n_0 及 $y \in R^n_+$, 使 $\|y - \hat{x}\| < \|x_{n_0} - \hat{x}\|$, 且 $\langle f(x_{n_0}), x_{n_0} - y\rangle \geqslant 0$, 则互补问题必有解, 即 $\exists x^* \in R^n_+$, $f(x^*) \in R^n_+$, 而 $\langle f(x^*), x^*\rangle = 0$.

证明 令 $X = R^n_+$, 由定理 4.2.10 和定理 3.2.18 即得.

为给出 $X \subset R^n$ 无界时广义不等式和广义互补问题解的存在性定理, 我们需要以下引理, 而这一引理在今后也是有用的.

引理 4.2.2 (1) 设 X 是一个 Hausdorff 拓扑空间, $\{A_n\}$ 是 X 中一列非空子集, A 是 X 中一个非空紧集. 如果对 X 中任一开集 O, $O \supset A$, 存在正整数 N, 使 $\forall n \geqslant N$, 有 $O \supset A_n$, 则对任意序列 $\{x_n\}$, 其中 $x_n \in A_n$, $\{x_n\}$ 必有聚点 $x^* \in A$.

(2) 设 X 和 Y 是两个 Hausdorff 拓扑空间, $x \in X$, 集值映射 $F: X \to P_0(Y)$ 在 x 上半连续, 且 $F(x)$ 是一个非空紧集, 则 $\forall x_n \to x$, $\forall y_n \in F(x_n)$, $\{y_n\}$ 必有聚点 $y^* \in F(x)$.

证明 (1) 用反证法. 如果结论不成立, 则 $\forall x \in A$, 因 x 不是 $\{x_n\}$ 的聚点, 存在 x 的开邻域 $O(x)$ 和正整数 $n(x)$, 使 $\forall n \geqslant n(x)$, 有 $x_n \notin O(x)$. 因 $A \subset \bigcup\limits_{x \in A} O(x)$, 而 A 是紧集, $\exists x^1, \cdots, x^p \in A$, 使 $A \subset \bigcup\limits_{i=1}^{p} O(x^i)$. 令 $n_0 = \max\{n(x^1), \cdots, n(x^p)\}$, 则 $\forall n \geqslant n_0$, 有 $x_n \notin \bigcup\limits_{i=1}^{p} O(x^i)$. 因 $\bigcup\limits_{i=1}^{p} O\left(x^i\right)$ 是 X 中的开集, 且 $\bigcup\limits_{i=1}^{p} O\left(x^i\right) \supset A$, 则 $\exists n_1 \geqslant n_0$, 使 $\forall n \geqslant n_1$, 有 $\bigcup\limits_{i=1}^{p} O\left(x^i\right) \supset A_n$, 从而 $x_{n_1} \in \bigcup\limits_{i=1}^{p} O\left(x^i\right)$, 矛盾.

(2) 对 Y 中的任意开集 O, $O \supset F(x)$, 因集值映射 F 在 x 上半连续, $x_n \to x$, 存在正整数 N, 使 $\forall n \geqslant N$, 有 $O \supset F(x_n)$, 又 $F(x)$ 是紧集, $y_n \in F(x_n)$, 于是由 (1) 即推得结论.

定理 4.2.11 设 $X \subset R^n$ 是非空闭凸集, $F: X \to P_0(R^n)$ 上半连续, $\forall x \in X$, $F(x)$ 是非空有界闭凸集, 以下条件 (C_1') 成立: 给定 $\hat{x} \in R^n$, 对任何 $\{x_n\} \subset X$, 其中 $\|x_n\| \to +\infty$, 对任何 $\{u_n\}$, 其中 $u_n \in F(x_n)$, 必存在正整数 n_0 及 $y \in X$, 使 $\|y - \hat{x}\| \leqslant \|x_{n_0} - \hat{x}\|$, 而 $\langle u_{n_0}, x_{n_0} - y\rangle > 0$, 则

(1) 广义变分不等式的解存在, 即 $\exists x^* \in X$, $\exists u^* \in F(x^*)$, 使 $\forall y \in X$, 有 $\langle u^*, y - x^*\rangle \geqslant 0$;

(2) 广义变分不等式的解集 $K = \{x \in X : \exists u \in F(x), 使\ \forall y \in X, \langle u, y - x\rangle \geqslant 0\}$ 必是紧集.

证明 (1) $\forall n = 1, 2, 3, \cdots$, 定义 $X_n = \{x \in X : \|x - \hat{x}\| \leqslant n\}$, 不妨设 $X_n \neq \varnothing$, 因 X 是闭凸集, 则 X_n 必是有界闭凸集. 由定理 3.2.14, $\exists x_n \in X_n$, $\exists u_n \in F(x_n)$, 使 $\forall y \in X_n$, 有 $\langle u_n, y - x_n\rangle \geqslant 0$.

如果 $\{x_n\}$ 无界, 不妨设 $\|x_n\| \to +\infty$, 因条件 (C_1') 成立, 存在正整数 n_0 及 $y \in X$, 使 $\|y - \hat{x}\| \leqslant \|x_{n_0} - \hat{x}\|$, 即 $y \in X_{n_0}$, 而 $\langle u_{n_0}, x_{n_0} - y\rangle > 0$, 矛盾, 因此 $\{x_n\}$ 必有界, 存在正整数 N, 使 $\{x_n\} \subset X_N$. 因 X_N 是紧集, 存在 $\{x_n\}$ 的子序列 $\{x_{n_k}\}$, 使 $x_{n_k} \to x^* \in X_N$.

因 $F(x^*)$ 是紧集, 集值映射 F 在 x^* 上半连续, $u_n \in F(x_n)$, 由引理 4.2.2(2), 不妨设 $u_{n_k} \to u^* \in F(x^*)$.

$\forall y \in X$, 存在正整数 k_0, 使 $y \in X_{n_{k_0}}$. 因 $X_1 \subset X_2 \subset X_3 \subset \cdots$, 则 $\forall k \geqslant k_0$, 必

有 $y \in X_{n_k}$, 此时 $\langle u_{n_k}, y - x_{n_k} \rangle \geqslant 0$. 令 $n_k \to +\infty$, 得 $\langle u^*, y - x^* \rangle \geqslant 0$, 广义变分不等式的解必存在.

(2) 首先证明 K 是闭集：$\forall x_n \in K$, $x_n \to x$, 要证明 $x \in K$. 由 $x_n \in K$, $\exists u_n \in F(x_n)$, 使 $\forall y \in X$, 有 $\langle u_n, y - x_n \rangle \geqslant 0$. 因 $F(x)$ 是紧集, 集值映射 F 在 x 上半连续, 由引理 4.2.2(2), 不妨设 $u_n \to u \in F(x)$, 则对 $\langle u_n, y - x_n \rangle \geqslant 0$ 取极限, 得 $\langle u, y - x \rangle \geqslant 0$, 从而 $x \in K$. 再证明 K 是有界的. 用反证法. 如果 K 无界, 则存在 $\{x_n\} \subset K \subset X$, 使 $\|x_n\| \to +\infty$. 因条件 (C_1') 成立, 存在正整数 n_0 及 $y \in X$, 使 $\|y - \hat{x}\| \leqslant \|x_{n_0} - \hat{x}\|$, 而 $\langle u_{n_0}, x_{n_0} - y \rangle > 0$, 这与 $x_{n_0} \in K$ 矛盾, 故 K 是 R^n 中的有界闭集, 必是紧集.

定理 4.2.12 设 $X \subset R^n$ 是非空闭凸集, $F: X \to P_0(R^n)$ 上半连续, $\forall x \in X$, $F(x)$ 是非空有界闭凸集, 以下条件 (C_2') 成立：给定 $\hat{x} \in R^n$, 对任何 $\{x_n\} \subset X$, 其中 $\|x_n\| \to +\infty$, 对任何 $\{u_n\}$, 其中 $u_n \in F(x_n)$, 必存在正整数 n_0 及 $y \in X$, 使 $\|y - \hat{x}\| < \|x_{n_0} - \hat{x}\|$, 而 $\langle u_{n_0}, x_{n_0} - y \rangle \geqslant 0$, 则广义变分不等式的解必存在, 即 $\exists x^* \in X$, $\exists u^* \in F(x^*)$, 使 $\forall y \in X$, 有 $\langle u^*, y - x^* \rangle \geqslant 0$.

证明 用反证法. 设广义变分不等式的解存在, 则同定理 4.2.10 中的证明, 此时条件 (C_2') 成立 $\Rightarrow$ 条件 (C_1') 成立, 由定理 4.2.11 得广义不等式的解存在, 从而引出矛盾.

系 4.2.3 设集值映射 $F: R_+^n \to P_0(R^n)$ 上半连续, $\forall x \in R_+^n$, $F(x)$ 是非空有界闭凸集, 给定 $\hat{x} \in R^n$, 对任何 $\{x_n\} \subset R_+^n$, 其中 $\|x_n\| \to +\infty$, 对任何 $\{u_n\}$, 其中 $u_n \in F(x_n)$, 必存在正整数 n_0 及 $y \in R_+^n$, $\|y - \hat{x}\| \leqslant \|x_{n_0} - \hat{x}\|$, 且 $\langle u_{n_0}, x_{n_0} - y \rangle > 0$, 则广义互补问题必有解, 即 $\exists x^* \in R_+^n$, $\exists u^* \in F(x^*)$, 且 $u^* \in R_+^n$, 使 $\langle u^*, x^* \rangle = 0$, 且解集必是紧集.

证明 令 $X = R_+^*$, 由定理 4.2.11 和定理 3.2.19 即得.

系 4.2.4 设集值映射 $F: R_+^n \to P_0(R^n)$ 上半连续, $\forall x \in R_+^n$, $F(x)$ 是非空有界闭凸集, 给定 $\hat{x} \in R^n$, 对任何 $\{x_n\} \subset R_+^n$, 其中 $\|x_n\| \to +\infty$. 对任何 $\{u_n\}$, 其中 $u_n \in F(x_n)$, 必存在正整数 n_0 及 $y \in R_+^n$, $\|y - \hat{x}\| < \|x_{n_0} - \hat{x}\|$, 且 $\langle u_{n_0}, x_{n_0} - y \rangle \geqslant 0$, 则广义互补问题必有解, 即 $\exists x^* \in R_+^n$, $\exists u^* \in F(x^*)$, 且 $u^* \in R_+^n$, 使 $\langle u^*, x^* \rangle = 0$.

证明 令 $X = R_+^n$, 由定理 4.2.12 和定理 3.2.19 即得.

以下来研究 ε 平衡点的存在性, 引理 4.2.3～ 引理 4.2.5 均出自文献 [54].

引理 4.2.3 设 $V \subset R^m$ 是上有界的, 即 $\exists c = (c_1, \cdots, c_m) \in R^m$, 使 $\forall v = (v_1, \cdots, v_m) \in V$, 有 $v_i \leqslant c_i\,(i = 1, \cdots, m)$, 则 $\forall \varepsilon > 0$, 存在 V 的有限子集 W, 使 $\forall v \in V$, $\exists w \in W$, 使 $v_i \leqslant w_i + \varepsilon\,(i = 1, \cdots, m)$.

证明 不妨设 $m = 2$, V 是闭集, 且 $c = (0, 0)$, 即 $V \subset (-\infty, 0] \times (-\infty, 0]$.

令 $a = \sup\left\{x : \exists y \in (-\infty, 0]，使 (x, y) \in V\right\}$，则 $a \leqslant 0$. $b = \sup\{y : \exists x \in (-\infty, 0]，使 (x, y) \in V\}$，则 $b \leqslant 0$.

$\forall \varepsilon > 0, \exists (x_1, y_1) \in V$，使 $x_1 > a - \varepsilon$，不妨设 $y_1 < b$(如果 $y_1 = b$，则令 $W = \{(x_1, y_1)\}$，引理已证). 又 $\exists (x_2, y_2) \in V$，使 $y_2 > b - \varepsilon$，不妨设 $x_2 < a$(如果 $x_2 = a$，则令 $W = \{(x_2, y_2)\}$，引理已证).

因 $V \cap \{[x_2, a] \times [y_1, b]\}$ 是紧集，存在有限 ε 网 $\left\{w^1, \cdots, w^n\right\} \subset V$，这样，$W = \left\{w^1, \cdots, w^n; (x_1, y_1), (x_2, y_2)\right\}$ 即满足引理的要求.

事实上，当 $v = (v_1, v_2) \in (-\infty, a] \times (-\infty, y_1)$，则 $v_1 < x_1 + \varepsilon$，$v_2 < y_1 + \varepsilon$.

当 $v = (v_1, v_2) \in (-\infty, x_2) \times (-\infty, b]$，则 $v_1 < x_2 + \varepsilon$，$v_2 < y_2 + \varepsilon$.

当 $v = (v_1, v_2) \in [x_2, a] \times [y_1, b]$，存在某 $w^i = \left(w_i^1, w_i^2\right)$，使 $\left\|v - w^i\right\| < \varepsilon$，则 $v_1 < w_i^1 + \varepsilon$，$v_2 < w_i^2 + \varepsilon$.

注 4.2.4 引理 4.2.3 出自文献 [54]，而文献 [54] 是直接引用文献 [55]，因未能查阅到文献 [55]，以上证明是新给出的.

设 X 是 Hausdorff 拓扑空间，A 是 X 上的一族实值函数，如果 $\forall x \in X, \forall \varepsilon > 0$，存在 x 的开邻域 $O(x)$，使 $\forall x' \in O(x), \forall f \in A$，有 $|f(x) - f(x')| < \varepsilon$，则称 A 是一族等度连续的实值函数.

引理 4.2.4 设 X 是 Hausdorff 紧拓扑空间，A 是 X 上一族上有界的等度连续的实值函数，则 $\forall \varepsilon > 0$，存在有限子集 $B \subset A$，使 $\forall f \in A, \exists g \in B$，使 $\forall x \in X$，有 $f(x) \leqslant g(x) + \varepsilon$.

证明 $\forall \varepsilon > 0, \forall x \in X$，因 A 是等度连续的，存在 x 的开邻域 $O(x)$，使 $\forall x' \in O(x), \forall f \in A$，有 $|f(x) - f(x')| < \dfrac{\varepsilon}{3}$. 因 X 是紧集，$\exists x_1, \cdots, x_m \in X$，使 $X = \bigcup\limits_{i=1}^{m} O(x_i)$.

因 $\{f(x_1), \cdots, f(x_m) : f \in A\} \subset R^m$ 是上有界的，由引理 4.2.3，存在有限子集 $B \subset A$，使 $\forall f \in A, \exists g \in B$，使 $f(x_i) \leqslant g(x_i) + \dfrac{\varepsilon}{3}$，$i = 1, \cdots, m$. $\forall x \in X$，存在 i，使 $x \in O(x_i)$，于是

$$\begin{aligned} f(x) &= [f(x) - f(x_i)] + [f(x_i) - g(x_i)] + [g(x_i) - g(x)] + g(x) \\ &< \frac{\varepsilon}{3} + \frac{\varepsilon}{3} + \frac{\varepsilon}{3} + g(x) = g(x) + \varepsilon. \end{aligned}$$

记博弈 $\Gamma = (X_i, f_i)_{i \in N}$，其中 $\forall i \in N$，X_i 是第 i 个局中人的策略集，$f_i : X = \prod\limits_{i=1}^{n} X_i \to R$ 是第 i 个局中人的支付函数. 如果 $\forall i \in N$，$Y_i \subset X_i$，则 $\Gamma' = (Y_i, f_i)_{i \in N}$ 称为 Γ 的子博弈. 记 $\delta = (\delta_1, \cdots, \delta_n)$，其中 $\forall i \in N$，$\delta_i \geqslant 0$，如果 $\forall i \in N, \forall x_i \in X_i$，$\exists y_i \in Y_i$，使 $\forall z \in X_{\hat{i}}$，有 $f_i(x_i, z) \leqslant f_i(y_i, z) + \delta_i$，则称子博弈 Γ' 是 Γ 的 δ 近似.

记 $\varepsilon = (\varepsilon_1, \cdots, \varepsilon_n)$, 其中 $\forall i \in N$, $\varepsilon_i \geqslant 0$, 如果 $\exists x^* = (x_1^*, \cdots, x_n^*) \in X$, 使 $\forall i \in N$, $\forall x_i \in X_i$, 有 $f_i\left(x_i, x_{\hat{i}}^*\right) \leqslant f_i\left(x_i^*, x_{\hat{i}}^*\right) + \varepsilon_i$, 则称 x^* 是博弈 Γ 的 ε 平衡点.

引理 4.2.5　如果子博弈 Γ' 是博弈 Γ 的 δ 近似, 则子博弈 Γ' 的 ε 平衡点必是博弈 Γ 的 $(\varepsilon + \delta)$ 平衡点.

证明　设 $x^* = (x_1^*, \cdots, x_n^*) \in Y = \prod\limits_{i=1}^{n} Y_i$ 是博弈 Γ' 的 ε 平衡点, 则 $\forall i \in N$, $\forall y_i \in Y_i$, 有

$$f_i\left(y_i, x_{\hat{i}}^*\right) \leqslant f_i\left(x_i^*, x_{\hat{i}}^*\right) + \varepsilon_i.$$

因子博弈 Γ' 是博弈 Γ 的 δ 近似, 则 $\forall i \in N$, $\forall x_i \in X_i$, $\exists y_i \in Y_i$, 使

$$f_i\left(x_i, x_{\hat{i}}^*\right) \leqslant f_i\left(y_i, x_{\hat{i}}^*\right) + \delta_i \leqslant f_i\left(x_i^*, x_{\hat{i}}^*\right) + (\delta_i + \varepsilon_i).$$

因 $x^* \in Y \subset X$, x^* 必是博弈 Γ 的 $(\varepsilon + \delta)$ 平衡点.

以下定理 4.2.13 和定理 4.2.14 出自文献 [48].

定理 4.2.13　设博弈 $\Gamma = (X_i, f_i)_{i \in N}$ 满足

(1) $\forall i \in N$, X_i 是 Hausdorff 线性拓扑空间 E_i 中的非空凸集;

(2) $\forall i \in N \backslash \{n\}$, X_i 是紧集;

(3) $\forall i \in N$, f_i 在 X 上是上半连续的, 且 $\forall x_i \in X_i$, $u_{\hat{i}} \to f_i(x_i, u_{\hat{i}})$ 在 $X_{\hat{i}}$ 上是下半连续的;

(4) $\forall i \in N$, $\forall x_{\hat{i}} \in X_{\hat{i}}$, $u_i \to f_i(u_i, x_{\hat{i}})$ 在 X_i 上是拟凹的;

(5) $A = \{f_n(x_n, \cdot) : x_n \in X_n\}$ 在 $X_{\hat{n}}$ 上是上有界和等度连续的.

则 $\forall \varepsilon > 0$, 博弈 Γ 存在 $(0, \cdots, 0, \varepsilon)$ 平衡点.

证明　$\forall \varepsilon > 0$, 因 $X_{\hat{n}}$ 是紧集, 且 (5) 式成立, 由引理 4.2.4, 存在 X_n 的有限子集 Z_n, 使 $\forall x \in X$, $\forall f_n \in A$, $\exists g_n \in B = \{f_n(x_n, \cdot) : x_n \in Z_n\}$, 使 $f_n(x) \leqslant g_n(x) + \varepsilon$.

因 Z_n 是有限集, 由引理 1.5.4(1), $\operatorname{co}(Z_n)$ 必是凸紧集. $\Gamma' = (X_1, \cdots, X_{n-1}, Z_n; f_1, \cdots, f_n)$ 是 Γ 的 ε 近似, 由 $X_n \supset \operatorname{co}(Z_n) \supset Z_n$, $\Gamma'' = (X_1, \cdots, X_{n-1}, \operatorname{co}(Z_n); f_1, \cdots, f_n)$ 也是 Γ 的 ε 近似. 由定理 4.2.6, 博弈 $\Gamma'' = (X_1, \cdots, X_{n-1}, \operatorname{co}(Z_n); f_1, \cdots, f_n)$ 的 Nash 平衡点必存在, 再由引理 4.2.5, 博弈 Γ 必存在 $(0, \cdots, 0, \varepsilon)$ 平衡点.

定理 4.2.14　设博弈 $\Gamma = (X_i, f_i)_{i \in N}$ 满足

(1) $\forall i \in N$, X_i 是 Hausdorff 线性拓扑空间 E_i 中的非空凸集;

(2) $\forall i \in N \backslash \{n\}$, X_i 是紧集;

(3) $\sum\limits_{i=1}^{n} f_i$ 在 X 上是上半连续的;

(4) $\forall y \in (y_1, \cdots, y_n) \in X$, $x \to \sum\limits_{i=1}^{n} f_i(y_i, x_{\hat{i}})$ 在 X 上是下半连续的;

(5) $\forall x \in (x_1, \cdots, x_n) \in X$, $y \to \sum_{i=1}^{n} f_i(y_i, x_{\hat{i}})$ 在 X 上是拟凹的;

(6) $A = \{f_n(x_n, \cdot) : x_n \in X_n\}$ 在 $X_{\hat{n}}$ 上是上有界和等度连续的.

则 $\forall \varepsilon > 0$, 博弈 Γ 存在 $(0, \cdots, 0, \varepsilon)$ 平衡点.

证明 同定理 4.2.11 的证明方法, 由定理 4.2.4, 博弈 $\Gamma' = (X_1, \cdots, X_{n-1}, \mathrm{co}(Z_n); f_1, \cdots, f_n)$ 的 Nash 平衡点必存在, 再由引理 4.2.4, 博弈 Γ 存在 $(0, \cdots, 0, \varepsilon)$ 平衡点.

4.3 鞍点的存在性

设 X 和 Y 是任意两个集合, $f : X \times Y \to R$, 如果 $\exists (x^*, y^*) \in X \times Y$, 使 $\forall (x, y) \in X \times Y$, 有

$$f(x, y^*) \leqslant f(x^*, y^*) \leqslant f(x^*, y).$$

则称 (x^*, y^*) 是 f 在 $X \times Y$ 中的鞍点. 上节已说过, 鞍点是两人零和博弈的平衡点, 其中 $X_1 = X$, $X_2 = Y$, $f_1 = f$, $f_2 = -f$.

定理 4.3.1 f 在 $X \times Y$ 中存在鞍点的充分必要条件是

$$\max_{x \in X} \inf_{y \in Y} f(x, y) = \min_{y \in Y} \sup_{x \in X} f(x, y).$$

证明 必要性. 设 (x^*, y^*) 是 f 在 $X \times Y$ 中的鞍点, 则 $\forall x \in X$, 有 $f(x, y^*) \leqslant f(x^*, y^*)$, 从而 $\inf_{y \in Y} f(x, y) \leqslant f(x^*, y^*)$. 另一方面, $f(x^*, y^*) \leqslant f(x^*, y)$, 故 $\inf_{y \in Y} f(x^*, y) = f(x^*, y^*)$. 于是

$$\max_{x \in X} \inf_{y \in Y} f(x, y) = \inf_{y \in Y} f(x^*, y) = f(x^*, y^*).$$

同样地, $\min_{y \in Y} \sup_{x \in X} f(x, y) = f(x^*, y^*)$, 故 $\max_{x \in X} \inf_{y \in Y} f(x, y) = \min_{y \in Y} \sup_{x \in X} f(x, y)$.

充分性. 如果 $\max_{x \in X} \inf_{y \in Y} f(x, y) = \min_{y \in Y} \sup_{x \in X} f(x, y)$, 记此值为 v, 则 $\exists (x^*, y^*) \in X \times Y$, 使 $\inf_{y \in Y} f(x^*, y) = \sup_{x \in X} f(x, y^*) = v$. $\forall (x, y) \in X \times Y$, 有 $f(x^*, y) \geqslant v$, $f(x, y^*) \leqslant v$, 从而 $f(x^*, y^*) = v$. $\forall (x, y) \in X \times Y$, 必有

$$f(x, y^*) \leqslant f(x^*, y^*) \leqslant f(x^*, y),$$

(x^*, y^*) 是 f 在 $X \times Y$ 中的鞍点.

定理 4.3.2 记 f 在 $X \times Y$ 中的鞍点全体为 $S(f)$, 如果 $(x_1, y_1) \in S(f)$, $(x_2, y_2) \in S(f)$, 则 $f(x_1, y_1) = f(x_2, y_2)$, 且 $(x_1, y_2) \in S(f)$, $(x_2, y_1) \in S(f)$.

证明 $\forall (x,y)\in X\times Y$, 因 $(x_1,y_1)\in S(f)$, $(x_2,y_2)\in S(f)$, 必有

$$f(x,y_1)\leqslant f(x_1,y_1)\leqslant f(x_1,y), \tag{1}$$

$$f(x,y_2)\leqslant f(x_2,y_2)\leqslant f(x_2,y). \tag{2}$$

在 (1) 中, 令 $x=x_2$, $y=y_2$, 在 (2) 中, 令 $x=x_1$, $y=y_1$, 则有

$$f(x_2,y_1)\leqslant f(x_1,y_1)\leqslant f(x_1,y_2)\leqslant f(x_2,y_2)\leqslant f(x_2,y_1),$$

于是

$$f(x_2,y_1)=f(x_1,y_1)=f(x_1,y_2)=f(x_2,y_2).$$

代入 (1) 和 (2), $\forall (x,y)\in X\times Y$, 有

$$f(x,y_1)\leqslant f(x_2,y_1)\leqslant f(x_2,y),$$

$$f(x,y_2)\leqslant f(x_1,y_2)\leqslant f(x_1,y),$$

从而

$$(x_1,y_2)\in S(f),\quad (x_2,y_1)\in S(f).$$

注 4.3.1 注意到以上定理 4.3.2 是两人零和博弈特有的性质, 对两人非零和博弈一般不成立. 这样, 对两人零和博弈 (包括矩阵博弈), 如果 (x_1,y_1), (x_2,y_2) 是鞍点, 则 (x_1,y_2) 和 (x_2,y_1) 也是鞍点, 且 $f(x_1,y_1)=f(x_2,y_2)=f(x_1,y_2)=f(x_2,y_1)$, 即当鞍点不唯一时, 也不存在鞍点的选取问题, 局中人 1 选择策略 x_1 或 x_2, 局中人 2 选择策略 y_1 或 y_2, 得到的都是鞍点, 且无论在哪个鞍点处, 局中人 1 从局中人 2 得到的支付都是相等的.

定理 4.3.3 设 X 和 Y 是两个凸集, $f: X\times Y\to R$ 满足 $\forall x\in X$, $y\to f(x,y)$ 是拟凸的, $\forall y\in Y$, $x\to f(x,y)$ 是拟凹的, 则 $S(f)$ 必是凸集.

证明 如果 $S(f)=\varnothing$, 则它是凸集. 以下假设 $S(f)\neq\varnothing$, $\forall (x,y)\in S(f)$, 由定理 4.3.2, 则 $f(x,y)=v$(常数).

$\forall x\in X$, 定义 $D(x)=\{y\in Y: f(x,y)\leqslant v\}$, 因 $\forall x\in X, y\to f(x,y)$ 是拟凸的, 故 $D(x)$ 是凸集, 从而 $D=\bigcap\limits_{x\in X} D(x)$ 必是凸集.

$\forall y\in Y$, 定义 $C(y)=\{x\in X: f(x,y)\geqslant v\}$, 因 $\forall y\in Y,\quad x\to f(x,y)$ 是拟凹的, 故 $C(y)$ 是凸集, 从而 $C=\bigcap\limits_{y\in Y} C(x)$ 必是凸集.

以下来证明 $S(f)=C\times D$, 从而 $S(f)$ 必是凸集. $\forall (x_1,y_1)\in S(f)$, 则 $\forall (x,y)\in X\times Y$, 有

$$f(x,y_1)\leqslant v\leqslant f(x_1,y).$$

$\forall x \in X$, 由 $y_1 \in D(x)$, 得 $y_1 \in D$, $\forall y \in Y$, 由 $x_1 \in C(y)$, 得 $x_1 \in C$, 故 $(x_1, y_1) \in C \times D$.

反之, $\forall (x_2, y_2) \in C \times D$, 则 $\forall (x, y) \in X \times Y$, 有

$$f(x, y_2) \leqslant v \leqslant f(x_2, y).$$

在上式中, 令 $x = x_2$, $y = y_2$, 得 $f(x_2, y_2) = v$. $\forall (x, y) \in X \times Y$, 有

$$f(x, y_2) \leqslant f(x_2, y_2) \leqslant f(x_2, y),$$

$$(x_2, y_2) \in S(f).$$

设 X 和 Y 是两个集合, $f: X \times Y \to R$, $\varepsilon > 0$, 如果 $\exists (x_\varepsilon, y_\varepsilon) \in X \times Y$, 使 $\forall (x, y) \in X \times Y$, 有

$$f(x, y_\varepsilon) - \varepsilon \leqslant f(x_\varepsilon, y_\varepsilon) \leqslant f(x_\varepsilon, y) + \varepsilon.$$

则称 $(x_\varepsilon, y_\varepsilon)$ 是 f 在 $X \times Y$ 中的 ε 鞍点.

定理 4.3.4 设 f 在 $X \times Y$ 上有界, 则 $\forall \varepsilon > 0$, f 在 $X \times Y$ 中的 ε 鞍点存在的充分必要条件是

$$\sup_{x \in X} \inf_{y \in Y} f(x, y) = \inf_{y \in Y} \sup_{x \in X} f(x, y).$$

证明 记 $v_1 = \sup\limits_{x \in X} \inf\limits_{y \in Y} f(x, y)$, $v_2 = \inf\limits_{y \in Y} \sup\limits_{x \in X} f(x, y)$.

必要性. 首先, 易证 $v_1 \leqslant v_2$. $\forall \varepsilon > 0$, $\exists (x_\varepsilon, y_\varepsilon) \in X \times Y$, 使 $\forall (x, y) \in X \times Y$, 有

$$f(x, y_\varepsilon) - \varepsilon \leqslant f(x_\varepsilon, y_\varepsilon) \leqslant f(x_\varepsilon, y) + \varepsilon,$$

则

$$\begin{aligned}\inf_{y \in Y} \sup_{x \in X} f(x, y) - \varepsilon &\leqslant \sup_{x \in X} f(x, y_\varepsilon) - \varepsilon \leqslant f(x_\varepsilon, y_\varepsilon) \\ &\leqslant \inf_{y \in Y} f(x_\varepsilon, y) + \varepsilon \leqslant \sup_{x \in X} \inf_{y \in Y} f(x, y) + \varepsilon,\end{aligned}$$

即

$$v_2 \leqslant v_1 + 2\varepsilon.$$

因 ε 是任意的, 得 $v_2 \leqslant v_1$, 从而 $v_2 = v_1$.

充分性. 如果 $v_1 = v_2$, 记此值为 v, 则 $\forall \varepsilon > 0$, $\exists (x_\varepsilon, y_\varepsilon) \in X \times Y$, 使

$$\inf_{y \in Y} f(x_\varepsilon, y) \geqslant v - \frac{\varepsilon}{2}, \quad \sup_{x \in X} f(x, y_\varepsilon) \leqslant v + \frac{\varepsilon}{2}.$$

$\forall y \in Y$, 有 $f(x_\varepsilon, y) \geqslant v - \frac{\varepsilon}{2}$, $\forall x \in X$, 有 $f(x, y_\varepsilon) \leqslant v + \frac{\varepsilon}{2}$. 这样, $\forall (x, y) \in X \times Y$, 有

$$f(x, y_\varepsilon) - \varepsilon \leqslant v - \frac{\varepsilon}{2} \leqslant f(x_\varepsilon, y_\varepsilon) \leqslant v + \frac{\varepsilon}{2} \leqslant f(x_\varepsilon, y) + \varepsilon,$$

f 在 $X \times Y$ 中的 ε 鞍点必存在.

注 4.3.2 关于 ε 鞍点和鞍点的深入研究还可见文献 [56], [57].

以下定理属于 Sion[58].

定理 4.3.5 设 X 和 Y 分别是 Hausdorff 线性拓扑空间 E 和 F 中的非空凸紧集, $f: X \times Y \to R$ 满足

(1) $\forall x \in X$, $y \to f(x, y)$ 是下半连续和拟凸的;

(2) $\forall y \in Y$, $x \to f(x, y)$ 是上半连续和拟凹的.

则

$$\max_{x \in X} \min_{y \in Y} f(x, y) = \min_{y \in Y} \max_{x \in X} f(x, y).$$

证明 首先, 易证 $\max\limits_{x \in X} \min\limits_{y \in Y} f(x, y) \leqslant \min\limits_{y \in Y} \max\limits_{x \in X} f(x, y)$. 以下用反证法. 如果等号不成立, 则 $\exists r \in R$, 使

$$\max_{x \in X} \min_{y \in Y} f(x, y) < r < \min_{y \in Y} \max_{x \in X} f(x, y).$$

令 $C = X \times Y$, 这是 Hausdorff 线性拓扑空间 $E \times F$ 中的非空凸紧集.

$\forall x \in X$, 令 $F_1(x) = \{y \in Y : f(x, y) < r\}$, 则 $F_1(x) \neq \varnothing$, 且由条件 (2), $F_1(x)$ 是凸集.

$\forall y \in Y$, 令 $F_2(y) = \{x \in X : f(x, y) > r\}$, 则 $F_2(y) \neq \varnothing$, 且由条件 (1), $F_2(y)$ 是凸集.

现在定义 $F: C \to P_0(C)$ 如下: $\forall u = (x, y) \in C$,

$$F(u) = F_2(y) \times F_1(x) \subset X \times Y = C, \quad \text{它是非空凸集.}$$

$\forall v = (x', y') \in C$,

$$\begin{aligned} F^{-1}(v) &= \{(x, y) \in C : v = (x', y') \in F(u) = F_2(y) \times F_1(x)\} \\ &= \{(x, y) \in C : x' \in F_2(y), y' \in F_1(x)\} \\ &= \{(x, y) \in C : f(x', y) > r, f(x, y') < r\} \\ &= \{x \in X : f(x, y') < r\} \times \{y \in Y, f(x', y) > r\}. \end{aligned}$$

由条件 (1) (2), $\{x \in X : f(x, y') < r\}$ 和 $\{y \in Y, f(x', y) > r\}$ 都是开集, 从而 $F^{-1}(v)$ 是开集.

由 Fan-Browder 不动点定理, $\exists u^* = (x^*, y^*) \in F(u^*) = F_2(y^*) \times F_1(x^*)$. 由 $x^* \in F_2(y^*)$, 得 $f(x^*, y^*) > r$, 由 $y^* \in F_1(x^*)$, 得 $f(x^*, y^*) < r$, 矛盾.

注 4.3.3 如果 $\max\limits_{x\in X}\min\limits_{y\in Y} f(x,y) = \min\limits_{y\in Y}\max\limits_{x\in X} f(x,y)$, 由定理 4.3.1, f 在 $X \times Y$ 中的鞍点必存在.

4.4 广义博弈平衡点的存在性

设 $N = \{1, \cdots, n\}$ 是局中人的集合, $\forall i \in N$, 设 X_i 是第 i 个局中人的策略集, $G_i : X_{\hat{i}} \to P_0(X_i)$ 是第 i 个局中人的可行策略映射, $f_i : X = \prod\limits_{i=1}^{n} X_i \to R$ 是第 i 个局中人的支付函数. 如果 $\exists x^* = (x_1^*, \cdots, x_n^*) \in X$, 使 $\forall i \in N$, 有 $x_i^* \in G_i\left(x_{\hat{i}}^*\right)$, 且

$$f_i\left(x_i^*, x_{\hat{i}}^*\right) = \max_{u_i \in G_i\left(x_{\hat{i}}^*\right)} f_i\left(u_i, x_{\hat{i}}^*\right).$$

则称 x^* 是此广义博弈的平衡点.

定理 4.4.1 $\forall i \in N$, 设 X_i 是 Hausdorff 局部凸空间 E_i 中的非空凸紧集, $G_i : X_{\hat{i}} \to P_0(X_i)$ 连续, 且 $\forall x_{\hat{i}} \in X_{\hat{i}}$, $G_i(x_{\hat{i}})$ 是非空凸紧集, 又 $f_i : X \to R$ 连续, 且 $\forall x_{\hat{i}} \in X_{\hat{i}}$, $u_i \to f_i(u_i, x_{\hat{i}})$ 在 X_i 上是拟凹的, 则此广义博弈的平衡点必存在.

证明 $\forall i \in N$, 定义集值映射 $F_i : X_{\hat{i}} \to P_0(X_i)$ 如下: $\forall x_{\hat{i}} \in X_{\hat{i}}$,

$$F_i(x_{\hat{i}}) = \left\{ w_i \in G_i(x_{\hat{i}}) : f_i(w_i, x_{\hat{i}}) = \max_{u_i \in G_i\left(x_{\hat{i}}\right)} f_i(u_i, x_{\hat{i}}) \right\}.$$

与定理 4.2.1 的证明相同, $F_i(x_{\hat{i}})$ 是非空凸紧集, 且 $F_i : X_{\hat{i}} \to P_0(X_i)$ 是上半连续的.

现在定义集值映射 $F : X \to P_0(X)$ 如下: $\forall x \in X$,

$$F(x) = \prod_{i=1}^{n} F_i(x_{\hat{i}}).$$

$\forall x \in X, F(x)$ 是 X 中的非空凸紧集, 且 F 在 X 中是上半连续的.

因 $X = \prod\limits_{i=1}^{n} X_i$ 是 Hausdorff 局部凸空间 $E = \prod\limits_{i=1}^{n} E_i$ 中的非空凸紧集, 由 Fan-Glicksberg 不动点定理, $\exists x^* = (x_1^*, \cdots, x_n^*) \in X$, 使 $x^* \in F(x^*) = \prod\limits_{i=1}^{n} F_i\left(x_{\hat{i}}^*\right)$, 故 $\forall i \in N$, 有 $x_i^* \in F_i\left(x_{\hat{i}}^*\right)$, 从而有 $x_i^* \in G_i\left(x_{\hat{i}}^*\right)$, 且

$$f_i\left(x_i^*, x_{\hat{i}}^*\right) = \max_{u_i \in G_i\left(x_{\hat{i}}^*\right)} f_i\left(u_i, x_{\hat{i}}^*\right).$$

定理 4.4.1 也可以由拟变分不等式解的存在性定理推出, 假设条件稍作修改.

定理 4.4.2　$\forall i \in N$, 设 X_i 是 Hausdorff 局部凸空间 E_i 中的非空凸紧集, $G_i : X_{\hat{i}} \to P_0(X_i)$ 连续, 且 $\forall x_{\hat{i}} \in X_{\hat{i}}$, $G_i(x_{\hat{i}})$ 是非空凸紧集, 又 $f_i : X \to R$ 满足

(1) $\sum\limits_{i=1}^{n} f_i$ 在 X 上是上半连续的;

(2) $\forall y \in X$, $x \to \sum\limits_{i=1}^{n} f_i(y_i, x_{\hat{i}})$ 在 X 上是下半连续的;

(3) $\forall x \in X$, $y \to \sum\limits_{i=1}^{n} f_i(y_i, x_{\hat{i}})$ 在 X 上是凹的.

则此广义博弈的平衡点必存在.

证明　$\forall x = (x_1, \cdots, x_n)$, $y = (y_1, \cdots, y_n) \in X$, 定义

$$\varphi(x, y) = \sum_{i=1}^{n} [f_i(y_i, x_{\hat{i}}) - f_i(x_i, x_{\hat{i}})].$$

$\forall x = (x_1, \cdots, x_n) \in X$, 定义 $G(x) = \prod\limits_{i=1}^{n} G_i(x_{\hat{i}})$. 则容易验证:

(1) $\forall y \in X$, $x \to \varphi(x, y)$ 是下半连续的;

(2) $\forall x \in X$, $y \to \varphi(x, y)$ 是凹的;

(3) $\forall y \in X$, $\varphi(y, y) = 0$.

又集值映射 $G : X \to P_0(X)$ 连续, 且 $\forall x \in X$, $G(x)$ 是非空凸紧集.

这样, 由系 3.2.1, 拟变分不等式的解必存在, 即 $\exists x^* \in G(x^*)$, 且 $\forall y \in G(x^*)$, 有 $\varphi(x^*, y) \leqslant 0$. 由 $x^* \in G(x^*)$, 得 $\forall i \in N$, 有 $x_i^* \in G_i\left(x_{\hat{i}}^*\right)$, $\forall u_i \in G_i\left(x_{\hat{i}}^*\right)$, 令 $y = \left(u_i, x_{\hat{i}}^*\right) \in G(x^*)$, 则

$$\varphi(x^*, y) = f_i\left(u_i, x_{\hat{i}}^*\right) - f_i\left(x_i^*, x_{\hat{i}}^*\right) \leqslant 0,$$

$$f_i\left(x_i^*, x_{\hat{i}}^*\right) = \max_{u_i \in G_i\left(x_{\hat{i}}^*\right)} f_i\left(u_i, x_{\hat{i}}^*\right).$$

4.5　多目标博弈平衡点的存在性[59]~[62]

设 $N = \{1, \cdots, n\}$ 是局中人的集合, $\forall i \in N$, 设 X_i 是第 i 个局中人的策略集, $F^i = \left\{f_1^i, \cdots, f_k^i\right\} : X = \prod\limits_{i=1}^{n} X_i \to R^k$ 是第 i 个局中人的向量值支付函数. 如果 $\exists x^* = (x_1^*, \cdots, x_n^*) \in X$, 使 $\forall i \in N$, $\forall y_i \in X_i$, 有

$$F^i\left(y_i, x_{\hat{i}}^*\right) - F^i\left(x_i^*, x_{\hat{i}}^*\right) \notin R_+^k \backslash \{0\} \, (\text{或 } F^i\left(y_i, x_{\hat{i}}^*\right) - F^i\left(x_i^*, x_{\hat{i}}^*\right) \notin \operatorname{int} R_+^k).$$

则称 x^* 是此多目标博弈的 Pareto-Nash 平衡点 (或弱 Pareto-Nash 平衡点), 其中 $R_+^k=\{(u_1,\cdots,u_n)\in R^k:u_1\geqslant 0,\cdots,u_k\geqslant 0\}$, $\mathrm{int}R_+^k=\{(u_1,\cdots,u_n)\in R^k:u_1>0,\cdots,u_k>0\}$.

为给出弱 Pareto-Nash 平衡点的存在性定理, 先给出向量值 Ky Fan 不等式.

设 C 是 Hausdorff 线性拓扑空间 H 中的非空子集, 如果 $\forall x\in C$, $\forall\lambda>0$, 都有 $\lambda x\in C$, 则称 C 是 H 中的一个锥, 此时必有 $\lambda C=C$. 如果锥 C 是闭集, 则称 C 是闭锥, 此时必有 $0\in C$. 如果锥 C 是凸集, 则称 C 是凸锥, 此时必有 $C+C=C$. 如果 C 是锥, 而且 $\forall x\in C\setminus\{0\}$, 必有 $-x\notin C$, 则称 C 是尖锥. 以下总假定 C 是闭尖凸锥, 且 $\mathrm{int}C\neq\varnothing$. 我们开始所说的 R_+^k 就是闭尖凸锥, 且 $\mathrm{int}R_+^k\neq\varnothing$.

设 X 是 Hausdorff 拓扑空间 E 中的非空子集, $f:X\to H$, $x_0\in X$, 如果对 H 中 0 的任何开邻域 V, 存在 x_0 在 X 中的开邻域 U, 使 $\forall x\in U$, 有 $f(x)\in f(x_0)+V+C$, 则称 f 在 x_0 是 C 下半连续的 (如果此时有 $f(x)\in f(x_0)+V-C$, 则称 f 在 x_0 是 C 上半连续的).

设 X 是 Hausdorff 拓扑空间 E 中的非空凸集, 如果 $\forall x_1,x_2\in X$, $\forall\lambda\in(0,1)$, 有

$$f(\lambda x_1+(1-\lambda)x_2)-(\lambda f(x_1)+(1-\lambda)f(x_2))\in C.$$

则称 f 是 C 凹的.

如果 $-f$ 是 C 凹的, 则称 f 是 C 凸的, 此时 $\forall x_1,x_2\in C$, $\forall\lambda\in(0,1)$, 有

$$(\lambda f(x_1)+(1-\lambda)f(x_2))-f(\lambda x_1+(1-\lambda)x_2)\in C.$$

显然, 如果 f_1, f_2 是 C 凹的 (或 C 凸的), 则 f_1+f_2 也必是 C 凹的 (或 C 凸的).

如果 $\forall x_1,x_2\in C$, $\forall\lambda\in(0,1)$, $\forall y\in H$, 由 $f(x_1)\in y+C$, $f(x_2)\in y+C$, 可推得 $f(\lambda x_1+(1-\lambda)x_2)\in y+C$, 则称 f 是 C 拟凹的.

如果 $-f$ 是 C 拟凹的, 则称 f 是 C 拟凸的.

引理 4.5.1 如果 f 是 C 凹的, 则它必是 C 拟凹的.

证明 $\forall x_1,x_2\in C$, $\forall\lambda\in(0,1)$, $\forall y\in H$, 如果 $f(x_1)\in y+H$, $f(x_2)\in y+H$, 因 C 是凸锥, 必有 $\lambda f(x_1)\in\lambda y+C$, $(1-\lambda)f(x_2)\in(1-\lambda)y+C$, 于是

$$\lambda f(x_1)+(1-\lambda)f(x_2)\in\lambda y+C+(1-\lambda)y+C=y+C.$$

因 f 是 C 凹的, 则

$$f(\lambda x_1+(1-\lambda)x_2)\in\lambda f(x_1)+(1-\lambda)f(x_2)+C\in y+C+C=y+C,$$

故 f 必是 C 拟凹的.

引理 4.5.2 如果 C 是凸锥, $\mathrm{int}C\neq\varnothing$, 则 $\mathrm{int}C+C\subset\mathrm{int}C$.

证明　我们只需要证明 $\forall x \in \text{int}C, \forall y \in C$, 则 $x+y \in \text{int}C$.

因 $x \in \text{int}C$, 存在 0 在 H 中的开邻域 V, 使 $x+V \subset C$. 因 C 是凸锥, 得 $y+x+V \subset C+C=C$, 从而 $y+x \in \text{int}C$.

引理 4.5.3　如果 C 是凸锥, $\text{int}C \neq \varnothing$, 则 $\text{int}C$ 是凸锥.

证明　由引理 1.5.2, $\text{int}C$ 是凸集, 以下证明它是锥.

$\forall x \in \text{int}C$, 则存在 0 在 H 中的开邻域 V, 使 $x+V \subset C$, 因 C 是锥, 则 $\forall \lambda > 0$, 有 $\lambda x + \lambda V \subset \lambda C = C$. 因 λV 是 0 在 H 中的开邻域, 故 $\lambda x \in \text{int}C$, $\text{int}\ C$ 是锥.

引理 4.5.4　如果 f 是 C 拟凹的, 则 $D=\{x \in X: f(x) \in \text{int}C\}$ 是凸集.

证明　$\forall x_1, x_2 \in D$, 则 $x_1, x_2 \in X$, $f(x_1), f(x_2) \in \text{int}C$. $\forall \lambda \in (0,1)$, 因 X 是凸集, 有 $\lambda x_1 + (1-\lambda) x_2 \in X$. 由 $f(x_1), f(x_2) \in \text{int}C$, 存在 0 在 H 中的开邻域 V, 使 $f(x_1)+V \subset C$, $f(x_2)+V \subset \text{int}C$. 由引理 4.5.3, $\text{int}C$ 是凸锥, 我们可选取 $y \in \text{int}C$, 而 $-y \in V$, 则 $f(x_1), f(x_2) \in y+C$. 因 f 是 C 拟凹的, 由引理 4.5.2,

$$f(\lambda x_1 + (1-\lambda) x_2) \in y + C \subset \text{int}C + C \subset \text{int}C,$$

故 $\lambda x_1 + (1-\lambda) x_2 \in D$, D 必是凸集.

定理 4.5.1　设 X 是 Hausdorff 线性拓扑空间 E 中的非空凸紧集, $\varphi: X \times X \to R$ 满足

(1) $\forall y \in X$, $x \to \varphi(x,y)$ 是 C 下半连续的;

(2) $\forall x \in X$, $y \to \varphi(x,y)$ 是 C 拟凹的;

(3) $\forall x \in X$, $\varphi(x,x) \notin \text{int}C$.

则向量值 Ky Fan 不等式成立, 即 $\exists x^* \in X$, 使 $\forall y \in X$, 有 $\varphi(x^*, y) \notin \text{int}C$.

证明　用反证法. 如果结论不成立, 则 $\forall x \in X$, $F(x)=\{y \in X: \varphi(x,y) \in \text{int}C\} \neq \varnothing$. 由引理 4.5.4, $F(x)$ 是凸集. $\forall y \in X$, $F^{-1}(x) = \{x \in X: \varphi(x,y) \in \text{int}C\}$, 以下来证明它是开集. $\forall x \in F^{-1}(y)$, 则 $\varphi(x,y) \in \text{int}C$, 存在 H 中 0 的开邻域 V, 使 $\varphi(x,y)+V \subset \text{int}C$. 因 $x \to \varphi(x,y)$ 是 C 下半连续的, 必存在 x 在 X 中的开邻域 U, 使 $\forall x' \in U$, 有

$$\varphi(x', y) \in \varphi(x,y) + V + C \subset \text{int}C + C = \text{int}C.$$

这表明 $U \subset F^{-1}(y)$, $F^{-1}(y)$ 必是开集.

这样, 由 Fan-Browder 不动点定理, $\exists x^* \in X$, 使 $x^* \in F(x^*)$, 即 $\varphi(x^*, x^*) \in \text{int}C$, 这与条件 (3) 矛盾.

以下来研究多目标博弈.

定理 4.5.2　$\forall i \in N$, 设 X_i 是 Hausdorff 线性拓扑空间 E_i 中的非空凸紧集, $F^i = \left\{f_1^i, \cdots, f_k^i\right\}: X \to R^k$ 满足

(1) $\forall j=1,\cdots,k$, $\sum_{i=1}^{n} f_j^i$ 在 X 上是上半连续的;

(2) $\forall j=1,\cdots,k$, $\forall y\in X$, $x\to\sum_{i=1}^{n} f_j^i\left(y_i,x_{\hat{i}}\right)$ 在 X 上是下半连续的;

(3) $\forall j=1,\cdots,k$, $\forall x\in X$, $y\to\sum_{i=1}^{n} f_j^i\left(y_i,x_{\hat{i}}\right)$ 在 X 上是拟凹的.

则 $\exists x^*=(x_1^*,\cdots,x_n^*)\in X$, 使 $\forall i\in N$, $\forall y_i\in X_i$, 有

$$F^i\left(y_i,x_{\hat{i}}^*\right)-F^i\left(x_i^*,x_{\hat{i}}^*\right)\notin \operatorname{int}R_+^k.$$

在证明定理 4.5.2 之前, 再给出两个引理.

引理 4.5.5 设 X 是 Hausdorff 线性拓扑空间 E 中的非空子集, $f:X\to R^k$ 是一个向量值函数, 其中 $f=(f_1,\cdots,f_k)$, 则 f 在 X 上是 R_+^k 下半连续的当且仅当 f_j 在 X 上是下半连续的, $j=1,\cdots,k$.

证明 必要性. $\forall x_0\in X$, $\forall\varepsilon>0$. 令 $V=((-\varepsilon,\varepsilon),\cdots,(-\varepsilon,\varepsilon))$, 这是 R^k 中 0 的开邻域, 因 f 在 x_0 是 R_+^k 下半连续的, 存在 x_0 的开邻域 U, 使 $\forall x\in U$, 有

$$f(x)\in f\left(x_0\right)+V+R_+^k=\left(\left(f_1\left(x_0\right)-\varepsilon,+\infty\right),\cdots,\left(f_k\left(x_0\right)-\varepsilon,+\infty\right)\right),$$

于是, $\forall j=1,\cdots,k$, $\forall x\in U$, 有 $f_j\left(x\right)>f_j\left(x_0\right)-\varepsilon$, f_j 在 x_0 是下半连续的.

充分性. $\forall x_0\in X$, 对 R^k 中 0 的任意开邻域 V, $\exists\varepsilon>0$, 使 $((-\varepsilon,\varepsilon),\cdots,(-\varepsilon,\varepsilon))\subset V$. $\forall j=1,\cdots,k$, 因 f_j 在 x_0 是下半连续的, 存在 x_0 的开邻域 U, 使 $\forall x\in U$, 有 $f_j(x)>f_j\left(x_0\right)-\varepsilon$. 这样,

$$f(x)\in f\left(x_0\right)+((-\varepsilon,\varepsilon),\cdots,(-\varepsilon,\varepsilon))+R_+^k\subset f\left(x_0\right)+V+R_+^k,$$

f 在 x_0 是 R_+^k 下半连续的.

引理 4.5.6 设 X 是 Hausdorff 线性拓扑空间 E 中的非空凸集, $f:X\to R^k$ 是一个向量值函数, 其中 $f=(f_1,\cdots,f_k)$, 则 f 是 R_+^k 拟凹的当且仅当 f_j 在 X 上是拟凹的, $j=1,\cdots,k$.

证明 必要性. $\forall x_1,x_2\in X$, $\forall\lambda\in(0,1)$, $\forall j=1,\cdots,k$, 令 $y_j=\min\{f_j\left(x_1\right),f_j\left(x_2\right)\}$, $y=(y_1,\cdots,y_k)\in R^k$, 则 $f\left(x_1\right)\in y+R_+^k$, $f\left(x_2\right)\in y+R_+^k$. 因 f 是 R_+^k 拟凹的, 有 $f\left(\lambda x_1+(1-\lambda)x_2\right)\in y+R_+^k$, 这表明 $\forall j=1,\cdots,k$, $f_j\left(\lambda x_1+(1-\lambda)x_2\right)\in y_j+r_j$, 其中 $r_j\geqslant 0$, 于是 $f_j\left(\lambda x_1+(1-\lambda)x_2\right)\geqslant y_j=\min\left\{f_j\left(x_1\right),f_j\left(x_2\right)\right\}$, f_j 在 X 上是拟凹的.

充分性. $\forall x_1,x_2\in X$, $\forall\lambda\in(0,1)$, $\forall y\in R^k$, 如果 $f\left(x_1\right)\in y+R_+^k$, $f\left(x_2\right)\in y+R_+^k$, 则 $\forall j=1,\cdots,k$, 有 $f_j\left(x_1\right)=y_j+r_{1j}$, $f_j\left(x_2\right)=y_j+r_{2j}$, 其中 $r_{1j}\geqslant 0$, $r_{2j}\geqslant 0$. 因

f_j 在 X 上是拟凹的, 则

$$f_j\left(\lambda x_1+(1-\lambda)x_2\right)\geqslant\min\left\{f_j\left(x_1\right),f_j\left(x_2\right)\right\}=y_j+r_j,$$

其中 $r_j=\min\{r_{1j},r_{2j}\}\geqslant 0$, 从而 $f_j\left(\lambda x_1+(1-\lambda)x_2\right)=y_j+r_j'$, 其中 $r_j'\geqslant r_j\geqslant 0$.

令 $r=(r_1',\cdots,r_k')\in R_+^k$, 则 $f\left(\lambda x_1+(1-\lambda)x_2\right)=y+r\in y+R_+^k$, f 是 R_+^k 拟凹的.

注 4.5.1 可以类似地证明: f 在 X 上是 R_+^k 上半连续的当且仅当 f_j 在 X 上是上半连续的, f 是 R_+^k 拟凸的当且仅当 f_j 在 X 上是拟凸的, f 是 R_+^k 凸的 (或凹的) 当且仅当 f_j 在 X 上是凸的 (或凹的), $j=1,\cdots,k$.

定理 4.5.2 的证明 令 $C=R_+^k$, $\forall x=(x_1,\cdots,x_n)$, $y=(y_1,\cdots,y_n)\in X$, 定义

$$\varphi(x,y)=\sum_{i=1}^{n}\left[F^i\left(y_i,x_{\hat{i}}\right)-F^i\left(x_i,x_{\hat{i}}\right)\right].$$

$\forall y\in X,\forall j=1,\cdots,k$, 因 $x\to\sum_{i=1}^{n}\left[f_j^i\left(y_i,x_{\hat{i}}\right)-f_j^i\left(x_i,x_{\hat{i}}\right)\right]$ 是下半连续的, 由引理 4.5.5, $x\to\varphi(x,y)$ 是 R_+^k 下半连续的.

$\forall x\in X,\forall j=1,\cdots,k$, 因 $y\to\sum_{i=1}^{n}\left[f_j^i\left(y_i,x_{\hat{i}}\right)-f_j^i\left(x_i,x_{\hat{i}}\right)\right]$ 是拟凹的, 由引理 4.5.6, $y\to\varphi(x,y)$ 是 R_+^k 拟凹的.

$\forall x\in X,\varphi(x,x)=0\notin\mathrm{int}R_+^k$.

这样, 由定理 4.5.1, $\exists x^*\in X$, 使 $\forall y\in X$, 有

$$\varphi\left(x^*,y\right)=\sum_{i=1}^{n}\left[F^i\left(y_i,x_{\hat{i}}^*\right)-F^i\left(x_i^*,x_{\hat{i}}^*\right)\right]\notin\mathrm{int}R_+^k.$$

$\forall i\in N$,　$\forall y_i\in X_i$, 令 $y=\left(y_i,x_{\hat{i}}^*\right)\in X$, 则

$$\varphi\left(x^*,y\right)=F^i\left(y_i,x_{\hat{i}}^*\right)-F^i\left(x_i^*,x_{\hat{i}}^*\right)\notin\mathrm{int}R_+^k.$$

注 4.5.2 在定理 4.5.1 中, 令 $H=R$, $C=[0,+\infty)$, 就得到 Ky Fan 不等式. 在定理 4.5.2 中, 令 $H=R$, $C=[0,+\infty)$ 就得到 Nash 平衡点的存在性定理 (定理 4.2.4).

以上多目标博弈中第 i 个局中人的向量值支付函数 $F^i:X\to R^k$, 其中 k 是相同的, 即 $k_1=k_2=\cdots=k_n=k$, 以下来考虑 $k_1\leqslant k_2\leqslant\cdots\leqslant k_n$ 的情况, 假设条件稍作调整.

定理 4.5.3 $\forall i\in N$, 设 X_i 是 Hausdorff 线性拓扑空间 E_i 中的非空凸紧集, $F^i=\left(f_1^i,\cdots,f_{k_i}^i\right):X\to R^{k_i}$ 满足

(1) $\forall i \in N$, $\forall j = 1, \cdots, k_i$, f_j^i 在 X 上是上半连续的;

(2) $\forall i \in N$, $\forall j = 1, \cdots, k_i$, $\forall x_i \in X_i$, $u_{\hat{i}} \to f_j^i(x_i, u_{\hat{i}})$ 在 $X_{\hat{i}}$ 上是下半连续的;

(3) $\forall i \in N$, $\forall j = 1, \cdots, k_i$, $\forall x_{\hat{i}} \in X_{\hat{i}}$, $u_i \to f_j^i(u_i, x_{\hat{i}})$ 在 X_i 上是凹的.

则 $\exists x^* = (x_1^*, \cdots, x_n^*) \in X$, 使 $\forall i \in N$, $\forall y_i \in X_i$, 有

$$F^i\left(y_i, x_{\hat{i}}^*\right) - F^i\left(x_i^*, x_{\hat{i}}^*\right) \notin \mathrm{int} R_+^{k_i}.$$

证明 令 $C = R_+^{k_n}$, $\forall x = (x_1, \cdots, x_n)$, $y = (y_1, \cdots, y_n) \in X$, 定义

$$\varphi(x, y) = \sum_{i=1}^n \varphi_i(x, y),$$

其中

$$\varphi_i(x,y) = \left(\underbrace{F^i(y_i, x_{\hat{i}}) - F^i(x_i, x_{\hat{i}})}_{k_i \text{ 个分量}}; \underbrace{f_1^i(y_i, x_{\hat{i}}) - f_1^i(x_i, x_{\hat{i}}), \cdots, f_1^i(y_i, x_{\hat{i}}) - f_1^i(x_i, x_{\hat{i}})}_{k_n - k_i \text{ 个分量}}\right).$$

则容易验证:

(1) $\forall y \in X$, $x \to \varphi(x, y)$ 是 $R_+^{k_n}$ 下半连续的;

(2) $\forall x \in X$, $y \to \varphi(x, y)$ 是 $R_+^{k_n}$ 凹的;

(3) $\forall x \in X$, $\varphi(x, x) = 0 \notin \mathrm{int} R_+^{k_n}$.

这样, 由定理 4.5.1, $\exists x^* \in X$, 使 $\forall y \in X$, 有 $\varphi(x^*, y) \notin \mathrm{int} R_+^{k_n}$.

$\forall i \in N, \forall y_i \in X_i$, 令 $y = \left(y_i, x_{\hat{i}}^*\right) \in X$, 则 $\varphi_i(x^*, y) = \varphi(x^*, y) \notin \mathrm{int} R_+^{k_n}$.

如果 $F^i\left(y_i, x_{\hat{i}}^*\right) - F^i\left(x_i^*, x_{\hat{i}}^*\right) \in \mathrm{int} R_+^{k_i}$, 则 $f_j^i\left(y_i, x_{\hat{i}}^*\right) - f_j^i\left(x_i^*, x_{\hat{i}}^*\right) \in \mathrm{int} R_+$, $j = 1, \cdots, k_i$, 从而 $\varphi_i(x^*, y) \in \mathrm{int} R_+^{k_n}$, 矛盾, 因此 $F^i\left(y_i, x_{\hat{i}}^*\right) - F^i\left(x_i^*, x_{\hat{i}}^*\right) \notin \mathrm{int} R_+^{k_i}$.

以下再研究广义多目标博弈.

设 $N = \{1, \cdots, n\}$ 是局中人的集合, $\forall i \in N$, 设 X_i 是第 i 个局中人的策略集, $G_i : X_{\hat{i}} \to P_0(X_i)$ 是第 i 个局中人的可行策略映射, $F^i = (f_1^i, \cdots, f_k^i) : X \to R^k$ 是第 i 个局中人的向量值支付函数.

如果 $\exists x^* = (x_1^*, \cdots, x_n^*) \in X$, 使 $\forall i \in N$, 有 $x_i^* \in G_i\left(x_{\hat{i}}^*\right)$, 且 $\forall y_i \in G_i\left(x_{\hat{i}}^*\right)$, 有

$$F^i\left(y_i, x_{\hat{i}}^*\right) - F^i\left(x_i^*, x_{\hat{i}}^*\right) \notin \mathrm{int} R_+^k.$$

则称 x^* 是此广义多目标博弈的平衡点.

为给出广义多目标博弈平衡点的存在性定理, 我们先给出向量值拟变分不等式.

定理 4.5.4 设 X 是 Hausdorff 局部凸空间 E 中的非空凸紧集, C 是 Hausdorff 线性拓扑空间 H 中的闭尖凸锥, 且 $\mathrm{int} C \neq \varnothing$, $\varphi : X \times X \to H$ 满足

(1) φ 在 $X \times X$ 上是 C 下半连续的;

(2) $\forall x \in X$, $y \to \varphi(x,y)$ 是 C 凹的;

(3) $\forall x \in X$, $\varphi(x,x) \notin \mathrm{int}C$, 又 $G: X \to P_0(X)$ 上半连续, $\forall x \in X, G(x)$ 是非空凸紧集, 且 $\{x \in X : \varphi(x,y) \notin \mathrm{int}C, \forall y \in G(x)\}$ 是闭集.

则 $\exists x^* \in X$, 使 $x^* \in G(x^*)$, 且 $\forall y \in G(x^*)$, 有 $\varphi(x^*,y) \notin \mathrm{int}C$.

证明 用反证法. 如果定理不成立, 则 $\forall x \in X$, 或者 $x \notin G(x)$, 或者 $\exists y \in G(x)$, 使 $\varphi(x,y) \in \mathrm{int}C$. 当 $x \notin G(x)$ 时, 由凸集分离定理, $\exists p \in E^*$, 使 $\langle p,x\rangle > \sup\limits_{y \in G(x)} \langle p,y\rangle$.

记

$U_0 = \{x \in X : \exists y \in G(x), 使\ \varphi(x,y) \in \mathrm{int}C\}$, 由假设条件, 它是开集.

$U(p) = \left\{x \in X : \langle p,x\rangle > \sup\limits_{y \in G(x)} \langle p,y\rangle\right\}$, 它也是开集.

因 $X = U_0 \cup \bigcup\limits_{p \in E^*} U(p)$, X 是紧集, 故 $\exists p_1, \cdots, p_m \in E^*$, 使 $X = U_0 \cup \bigcup\limits_{i=1}^{m} U(p_i)$.

设 $\{\beta_i : i = 0,1,\cdots,m\}$ 是从属于开覆盖 $\{U_0, U(p_1), \cdots, U(p_m)\}$ 的连续单位分划.

定义 $\psi : X \times X \to H$ 如下: $\forall x,y \in X$,

$$\psi(x,y) = \beta_0(x)\varphi(x,y) + \left[\sum_{i=1}^{m} \beta_i(x)\langle p_i, x-y\rangle\right] z,$$

其中 $z \in \mathrm{int}C$. 容易验证:

$$\psi(x,y)\ 在\ X \times X\ 上是\ C\ 下半连续的,$$

$$\forall x \in X, y \to \psi(x,y)\ 是\ C\ 凹的,$$

$$\forall x \in X, \quad \psi(x,x) = \beta_0(x)\varphi(x,x) \notin \mathrm{int}C.$$

由定理 4.5.1, $\exists x^* \in X$, 使 $\forall y \in X$, 有 $\psi(x^*,y) \notin \mathrm{int}C$.

如果 $\beta_0(x^*) > 0$, 则 $\exists y^* \in G(x^*)$, 使 $\varphi(x^*,y^*) \in \mathrm{int}C$, 从而 $\beta_0(x^*)\varphi(x^*,y^*) \in \mathrm{int}C$. 记 $I = \{i : i \neq 0, \beta_i(x^*) > 0\}$, 如果 $I = \varnothing$, 则 $\psi(x^*,y^*) = \varphi(x^*,y^*) \in \mathrm{int}C$, 矛盾.

如果 $I \neq \varnothing$, 则 $\sum\limits_{i \in I} \beta_i(x^*)\langle p_i, x^*-y^*\rangle > 0$, 因 $\mathrm{int}C$ 是锥, 且 $z \in \mathrm{int}C$, 有 $\left[\sum\limits_{i \in I} \beta_i(x^*)\langle p_i, x^*-y^*\rangle\right] z \in \mathrm{int}C$,

$$\psi(x^*,y^*) = \beta_0(x^*)\varphi(x^*,y^*) + \left[\sum_{i \in I} \beta_i(x^*)\langle p_i, x^*-y^*\rangle\right] z \in \mathrm{int}C + \mathrm{int}C \subset \mathrm{int}C.$$

矛盾.

如果 $\beta_0(x^*)=0$, 则 $I\neq\varnothing$, 任取 $y^*\in G(x^*)$, 则

$$\psi(x^*,y^*)=\left[\sum_{i\in I}\beta_i(x^*)\langle p_i,x^*-y^*\rangle\right]z\in \text{int}C,$$

矛盾.

系 4.5.1 设 X 是 Hausdorff 局部凸空间 E 中的非空凸紧集, $\varphi: X\times X\to H$ 满足

(1) $\varphi(x,y)$ 是 C 下半连续的;

(2) $\forall x\in X$, $y\to\varphi(x,y)$ 是 C 凹的;

(3) $\forall x\in X$, $\varphi(x,x)\notin \text{int}C$, 又 $G: X\to P_0(X)$ 连续, 且 $\forall x\in X$, $G(x)$ 是非空凸紧集.

则 $\exists x^*\in X$, 使 $x^*\in G(x^*)$, 且 $\forall y\in G(x^*)$, 有 $\varphi(x^*,y)\notin \text{int}C$.

证明 由定理 4.5.3, 我们只需证明 $\{x\in X:\varphi(x,y)\notin \text{int}C,\forall y\in G(x)\}$ 是闭集. 设 $\{x_\alpha:\alpha\in\Lambda\}$ 是 X 中的一个网, 满足 $\forall y\in G(x_\alpha)$, $\varphi(x_\alpha,y)\notin \text{int}C$, 且 $x_\alpha\to x$, 我们要证明 $\forall y\in G(x)$, 有 $\varphi(x,y)\notin \text{int}C$. 用反证法. 如果 $\exists y\in G(x)$, 使 $\varphi(x,y)\in \text{int}C$, 则存在 O 在 H 中的开邻域 V, 使 $\varphi(x,y)+V\subset \text{int}C$. 因 $\varphi(x,y)$ 是 C 下半连续的, 存在 x 的开邻域 U_1 和 y 的开邻域 U_2, 使 $\forall x'\in U_1$, $\forall y'\in U_2$, 有

$$\varphi(x',y')\in\varphi(x,y)+V+C\subset \text{int}C+C\subset \text{int}C.$$

因 $x_\alpha\to x$, $\exists\alpha_1\in\Lambda$, 使 $\forall\alpha\succ\alpha_1$, 有 $x_\alpha\in U_1$, 因 $y\in G(x)$, 则 $U_2\cap G(x)\neq\varnothing$, 因 G 在 x 是下半连续的, $\exists\alpha_2\in\Lambda$, 使 $\forall\alpha\succ\alpha_2$, 有 $U_2\cap G(x_\alpha)\neq\varnothing$, 存在 $\alpha\in\Lambda$, 使 $\alpha\succ\alpha_1$, $\alpha\succ\alpha_2$, 因此 $x_\alpha\in U_1$, 又选取 $y_\alpha\in U_2\cap G(x_\alpha)$, 则 $\varphi(x_\alpha,y_\alpha)\in \text{int}C$, 这与 $y_\alpha\in G(x_\alpha)$, $\varphi(x_\alpha,y_\alpha)\notin \text{int}C$, 矛盾.

以下来研究广义多目标博弈.

定理 4.5.5 $\forall i\in N$, 设 X_i 是 Hausdorff 局部凸空间 E_i 中的非空凸紧集, $G_i: X_{\hat{i}}\to P_0(X_i)$ 连续, 且 $\forall x_{\hat{i}}\in X_{\hat{i}}$, $G_i(x_{\hat{i}})$ 是非空凸紧集, 又 $F^i=\left(f_1^i,\cdots,f_k^i\right): X\to R^k$ 满足

(1) $\forall j=1,\cdots,k$, $\sum\limits_{i=1}^n f_j^i$ 在 X 上是上半连续的;

(2) $\forall j=1,\cdots,k$, $\forall y\in X$, $x\to\sum\limits_{i=1}^n f_j^i(y_i,x_{\hat{i}})$ 在 X 上是下半连续的;

(3) $\forall j=1,\cdots,k$, $\forall x\in X$, $y\to\sum\limits_{i=1}^n f_j^i(y_i,x_{\hat{i}})$ 在 X 上是凹的.

则 $\exists x^*=(x_1^*,\cdots,x_n^*)\in X$, 使 $\forall i\in N$, 有 $x_i^*\in G_i\left(x_{\hat{i}}^*\right)$, 且 $\forall y_i\in G_i(x_{\hat{i}}^*)$, 有

$$F^i\left(y_i,x_{\hat{i}}^*\right)-F^i\left(x_i^*,x_{\hat{i}}^*\right)\notin \mathrm{int}R_+^k.$$

证明 定义 $G:X\to P_0(X)$ 如下: $G(x)=\prod_{i=1}^n G_i(x_{\hat{i}})$, 它是连续的, 且 $\forall x\in X$, $G(x)$ 是非空凸紧集.

定义 $\varphi:X\times X\to R^k$ 如下: $\forall x=(x_1,\cdots,x_n)$, $y=(y_1,\cdots,y_n)\in X$,

$$\varphi(x,y)=\sum_{i=1}^n\left[F^i(y_i,x_{\hat{i}})-F^i(x_i,x_{\hat{i}})\right],$$

则容易验证

$$\begin{aligned}&\forall y\in X,\quad x\to\varphi(x,y)\ \text{是}\ R_+^k\ \text{下半连续的},\\&\forall x\in X,\quad y\to\varphi(x,y)\ \text{是}\ R_+^k\ \text{凹的},\\&\forall x\in X,\quad \varphi(x,x)=0\notin \mathrm{int}R_+^k.\end{aligned}$$

由系 4.5.1, $\exists x^*\in X$, 使 $x^*\in G(x^*)$, 且 $\forall y\in G(x^*)$, 有

$$\varphi(x^*,y)=\sum_{i=1}^n\left[F^i\left(y_i,x_{\hat{i}}^*\right)-F^i\left(x_i^*,x_{\hat{i}}^*\right)\right]\notin \mathrm{int}R_+^k.$$

$\forall y_i\in G_i\left(x_{\hat{i}}^*\right)$, 令 $y=\left(y_i,x_{\hat{i}}^*\right)\in G(x^*)$, 则

$$\varphi(x^*,y)=F^i\left(y_i,x_{\hat{i}}^*\right)-F^i\left(x_i^*,x_{\hat{i}}^*\right)\notin \mathrm{int}R_+^k.$$

注 4.5.3 在定理 4.5.4 中和系 4.5.1 中, 令 $H=R$, $C=[0,+\infty)$, 就得到拟变分不等式解的存在性定理 (定理 3.2.15 和系 3.2.1), 在定理 4.5.5 中, 令 $H=R$, $C=[0,+\infty)$, 就得到广义博弈平衡点的存在性定理 (定理 4.4.2) .

与定理 4.5.3 类似, 不难证明以下定理:

定理 4.5.6 $\forall i\in N$, 设 X_i 是 Hausdorff 局部凸空间 E_i 中的非空凸紧集, $G_i:X_{\hat{i}}\to P_0(X_i)$ 连续, 且 $\forall x_{\hat{i}}\in X_{\hat{i}}$, $G_i(x_{\hat{i}})$ 是非空凸紧集, 又 $F^i=\left(f_1^i,\cdots,f_{k_i}^i\right)\to R^{k_i}$ 满足

(1) $\forall i\in N$, $\forall j=1,\cdots,k_i$, f_j^i 在 X 上是连续的;

(2) $\forall i\in N$, $\forall j=1,\cdots,k_i$, $\forall x_{\hat{i}}\in X_{\hat{i}}$, $u_i\to f_j^i(u_i,x_{\hat{i}})$ 是凹的.

则 $\exists x^*=(x_1^*,\cdots,x_n^*)\in X$, 使 $\forall i\in N$, 有 $x_i^*\in G_i\left(x_{\hat{i}}^*\right)$, 且 $\forall y_i\in G_i(x_{\hat{i}}^*)$, 有

$$F^i\left(y_i,x_{\hat{i}}^*\right)-F^i\left(x_i^*,x_{\hat{i}}^*\right)\notin \mathrm{int}R_+^{k_i}.$$

以下研究权 Pareto-Nash 平衡点问题.

$\forall i \in N$, 设 X_i 是第 i 个局中人的策略集, $F^i : X \to R^{k_i}$ 是第 i 个局中人的向量值支付函数. 令 $W = \left(w^1, \cdots, w^n\right)$, 其中 $\forall i \in N, w^i \in R_+^{k_i} \backslash \{0\}$, 则 $\left\langle w^i, F^i(x)\right\rangle$ 就是加权后第 i 个局中人的支付函数.

如果 $\exists x^* = (x_1^*, \cdots, x_n^*) \in X$, 使 $\forall i \in N$, 有

$$\left\langle w^i, F^i\left(x_i^*, x_{\hat{i}}^*\right)\right\rangle = \max_{u_i \in X_i} \left\langle w^i, F^i\left(u_i, x_{\hat{i}}^*\right)\right\rangle.$$

则称 x^* 是此多目标博弈的权 Pareto-Nash 平衡点.

如果 $\forall i \in N$, $w^i \in \mathrm{int}R_+^{k_i}$, $\exists x^* = (x_1^*, \cdots, x_n^*) \in X$, 使 $\forall i \in N$, 有

$$\left\langle w^i, F^i\left(x_i^*, x_{\hat{i}}^*\right)\right\rangle = \max_{u_i \in X_i} \left\langle w^i, F^i\left(u_i, x_{\hat{i}}^*\right)\right\rangle.$$

则称 x^* 是此多目标博弈的权弱 Pareto-Nash 平衡点.

引理 4.5.7 (1) 如果 $x^* \in X$ 是此多目标博弈的权 Pareto-Nash 平衡点, 则它必是多目标博弈的弱 Pareto-Nash 平衡点;

(2) 如果 $x^* \in X$ 是多目标博弈的权弱 Pareto-Nash 平衡点, 则它必是多目标博弈的 Pareto-Nash 平衡点.

证明 (1) 用反证法. 设 x^* 不是多目标博弈的弱 Pareto-Nash 平衡点, 则 $\exists i \in N$, $\exists y_i \in X_i$, 使

$$F^i\left(y_i, x_{\hat{i}}^*\right) - F^i\left(x_i^*, x_{\hat{i}}^*\right) \in \mathrm{int}R_+^{k_i}.$$

因 $w^i \in R_+^{k_i} \backslash \{0\}$, 必有 $\left\langle w^i, F^i\left(y_i, x_{\hat{i}}^*\right) - F^i\left(x_i^*, x_{\hat{i}}^*\right)\right\rangle > 0$, 从而 $\left\langle w^i, F^i\left(x_i^*, x_{\hat{i}}^*\right)\right\rangle < \left\langle w^i, F^i\left(y_i, x_{\hat{i}}^*\right)\right\rangle$, 这与 x^* 是此多目标博弈的权 Pareto-Nash 平衡点矛盾.

(2) 用反证法. 设 x^* 不是多目标博弈的 Pareto-Nash 平衡点, 则 $\exists i \in N$, $\exists y_i \in X_i$, 使

$$F^i\left(y_i, x_{\hat{i}}^*\right) - F^i\left(x_i^*, x_{\hat{i}}^*\right) \in R_+^{k_i} \backslash \{0\}.$$

因 $w^i \in \mathrm{int}R_+^{k_i}$, 必有 $\left\langle w^i, F^i\left(y_i, x_{\hat{i}}^*\right) - F^i\left(x_i^*, x_{\hat{i}}^*\right)\right\rangle > 0$, 从而 $\left\langle w^i, F^i\left(x_i^*, x_{\hat{i}}^*\right)\right\rangle < \left\langle w^i, F^i\left(y_i, x_{\hat{i}}^*\right)\right\rangle$, 这与 x^* 是此多目标博弈的权弱 Pareto-Nash 平衡点矛盾.

应用引理 4.5.7, 以下定理 4.5.7 和定理 4.5.8 由定理 4.2.6 和定理 4.2.4 简单推得.

定理 4.5.7 设 $\Gamma = \left(X_i, F^i\right)_{i \in N}$ 是多目标博弈, $\forall i \in N$, X_i 是 Hausdorff 线性拓扑空间 E_i 中的非空凸紧集, $W = \left(w^1, \cdots, w^n\right)$, 其中 $w^i \in R_+^{k_i} \backslash \{0\}$(或者 $w^i \in \mathrm{int}R_+^{k_i}$), $F^i : X \to R^k$ 满足

(1) $\forall i \in N$, $\left\langle w^i, F^i(x)\right\rangle$ 在 X 上是上半连续的;

(2) $\forall i \in N$, $\forall x_i \in X_i$, $u_{\hat{i}} \to \left\langle w^i, F^i\left(x_i, u_{\hat{i}}\right)\right\rangle$ 在 $X_{\hat{i}}$ 上是下半连续的;

(3) $\forall i \in N$, $\forall x_{\hat{i}} \in X_{\hat{i}}$, $u_i \to \left\langle w^i, F^i\left(u_i, x_{\hat{i}}\right)\right\rangle$ 在 X_i 上是拟凹的.

则此多目标博弈的弱 Pareto-Nash 平衡点 (或者 Pareto-Nash 平衡点) 必存在.

定理 4.5.8 设 $\Gamma = \left(X_i, F^i\right)_{i\in N}$ 是多目标博弈, $\forall i \in N$, X_i 是 Hausdorff 线性拓扑空间 E_i 中的非空凸紧集, $W = \left(w^1, \cdots, w^n\right)$, 其中 $w^i \in R_+^{k_i}\setminus\{0\}$(或者 $w^i \in \operatorname{int}R_+^{k_i}$), $F^i : X \to R^{k_i}$ 满足

(1) $\sum\limits_{i=1}^{n}\left\langle w^i, F^i(x)\right\rangle$ 在 X 上是上半连续的;

(2) $\forall y = (y_1, \cdots, y_n) \in X$, $x \to \sum\limits_{i=1}^{n}\left\langle w^i, F^i\left(y_i, x_{\hat{i}}\right)\right\rangle$ 在 X 上是下半连续的;

(3) $\forall x = (x_1, \cdots, x_n) \in X$, $y \to \sum\limits_{i=1}^{n}\left\langle w^i, F^i\left(y_i, x_{\hat{i}}\right)\right\rangle$ 在 X 上是拟凹的.

则此多目标博弈的弱 Pareto-Nash 平衡点 (或者 Pareto-Nash 平衡点) 必存在.

4.6 集值映射准鞍点的存在性[63], [64]

设 Z 是一个 Hausdorff 线性拓扑空间, $C \subset Z$ 是一个凸锥, 如果 $z_1, z_2 \in Z$, $z_1 - z_2 \in C$, 则称 $z_1 \geqslant z_2$, $\geqslant$ 是 Z 上的一个偏序.

设 X 是线性空间 E 中的一个凸集, 集值映射 $F : X \to P_0(Z)$, 如果 $\forall x_1, x_2 \in X$, $\forall\lambda \in (0,1)$, $\forall y_1 \in F(x_1)$, $y_2 \in F(x_2)$, $\exists y_3 \in F(\lambda x_1 + (1-\lambda)x_2)$, 使 $y_3 \leqslant \lambda y_1 + (1-\lambda)y_2$, 则称集值映射 F 是凸的, 如果此时有 $y_3 \geqslant \lambda y_1 + (1-\lambda)y_2$, 则称集值映射 F 是凹的.

如果 $\forall a \in Z$, $\left\{x \in X : \exists y \in F(x), \text{ 使 } y \leqslant a\right\}$ 是凸集, 则称集值映射 F 是拟凸的, 如果此时有 $\left\{x \in X : \exists y \in F(x), \text{ 使 } y \geqslant a\right\}$ 是凸集, 则称集值映射 F 是拟凹的.

引理 4.6.1 (1) 如果集值映射 $F : X \to P_0(Z)$ 是凸的, 则它必是拟凸的;

(2) 如果集值映射 $F : X \to P_0(Z)$ 是凹的, 则它必是拟凹的.

证明 我们只证明 (1) : $\forall a \in Z$, 记 $L = \left\{x \in X : \exists y \in F(x), \text{ 使 } y \leqslant a\right\}$, $\forall x_1, x_2 \in L$, $\forall\lambda \in (0,1)$, $\exists y_1 \in F(x_1)$, $y_2 \in F(x_2)$, 使 $y_1 \leqslant a$, $y_2 \leqslant a$. 因集值映射 F 是凸的, $\exists y_3 \in F(\lambda x_1 + (1-\lambda)x_2)$, 使 $y_3 \leqslant \lambda y_1 + (1-\lambda)y_2$. 因 $a - y_1 \in C$, $a - y_2 \in C$, C 是凸锥, 得 $\lambda(a-y_1) + (1-\lambda)(a-y_2) = a - (\lambda y_1 + (1-\lambda)y_2) \in C$, $\lambda y_1 + (1-\lambda)y_2 \leqslant a$, 从而 $\lambda y_1 + (1-\lambda)y_2 \in L$, L 是凸集, 故集值映射 F 是拟凸的.

引理 4.6.2 设 X, Y 和 Z 是三个 Hausdorff 线性拓扑空间, A 和 B 分别是 X 和 Y 中两个非空子集, 且 A 是紧集. 设集值映射 $F : A \times B \to P_0(Z)$ 是上半连续的, 且 $\forall x \in A$, $y \to F(x,y)$ 是下半连续的, 则集值映射 $T : B \to P_0(Z)$ 是连续的, 其中 $\forall y \in B$, $T(y) = \bigcup\limits_{x\in A} F(x,y)$.

证明 $\forall y \in B$, 设 G 是 Z 中的任意开集, $G \cap T(y) \neq \varnothing$, 则 $\exists x \in A$, 使

$G\cap F(x,y)\neq\varnothing$. 因 $y\to F(x,y)$ 是下半连续的, 存在 y 的开邻域 $O(y)$, 使 $\forall y'\in O(y)$, 有 $G\cap F(x,y')\neq\varnothing$, 故 $G\cap T(y')\neq\varnothing$, 集值映射 T 在 y 是下半连续的.

$\forall y\in B$, 设 G 是 Z 中的任意开集, $G\supset T(y)$, 则 $\forall x\in A, G\supset F(x,y)$. 因 F 在 $A\times B$ 上是上半连续的, 存在 x 的开邻域 $O(x)$ 及 y 的开邻域 $O_x(y)$, 使 $\forall x'\in O(x),\forall y'\in O_x(y)$, 有 $G\supset F(x',y')$. 因 $\bigcup\limits_{x\in A}O(x)=A$, 而 A 是紧集, $\exists x_1,\cdots,x_n\in A$, 使 $\bigcup\limits_{i=1}^{n}O(x_i)=A$. 令 $O(y)=\bigcap\limits_{i=1}^{n}O_{x_i}(y)$, 则 $O(y)$ 是 y 的开邻域. $\forall x'\in A$, $\forall y'\in O(y)$, 存在 i, 使 $x'\in O(x_i)$. 由 $y'\in O_{x_i}(y)$, 则 $G\supset F(x',y')$, 故 $G\supset T(y')$, 集值映射 T 在 y 是上半连续, 从而是连续的.

引理 4.6.3 设 Z 是 Hausdorff 拓扑空间, 集值映射 $\Phi:Z\to P_0(R)$ 是连续的, 且 $\forall z\in Z, \Phi(z)$ 是紧集, 则 $p(z)=\max\Phi(z)$ 和 $q(z)=\min\Phi(z)$ 是连续的.

证明 $\forall z\in Z, \forall\varepsilon>0$, 由开集 $(-\infty,p(z)+\varepsilon)\supset\Phi(z)$, 且 Φ 在 z 是上半连续的, 则存在 z 的开邻域 $O_1(z)$, 使 $\forall z'\in O_1(z)$, 有 $(-\infty,p(z)+\varepsilon)\supset\Phi(z')$, 故

$$p(z')=\max\Phi(z')<p(z)+\varepsilon.$$

又开集 $(p(z)-\varepsilon,p(z)+\varepsilon)\cap\Phi(z)\neq\varnothing$, 且 Φ 在 z 是下半连续的, 则存在 z 的开邻域 $O_2(z)$, 使 $\forall z'\in O_2(z)$, 有 $(p(z)-\varepsilon,p(z)+\varepsilon)\cap\Phi(z')\neq\varnothing$, 故

$$p(z')=\max\Phi(z')>p(z)-\varepsilon.$$

令 $O(z)=O_1(z)\cap O_2(z)$, 这是 z 的开邻域, $\forall z'\in O(z)$, 有 $|p(z)-p(z')|<\varepsilon$, p 在 z 必是连续的.

同样地, q 在 z 是连续的.

以下是本节的主要结果.

定理 4.6.1 设 A 和 B 分别是 Hausdorff 线性拓扑空间 X 和 Y 中的非空凸紧集, Z 是一个 Hausdorff 线性拓扑空间, $\geqslant$ 是 Z 中的偏序, 集值映射 $F:A\times B\to P_0(Z)$ 满足

(1) $\forall x\in A$, $\forall y\in B$, $F(x,y)$ 是紧集, F 是上半连续的, 且 $\forall x\in A$, $y\to F(x,y)$ 是下半连续的, $\forall y\in B$, $x\to F(x,y)$ 是下半连续的;

(2) 存在连续的严格单调的函数 $p:Z\to R$, 使 $\forall x\in A$, $y\to pF(x,y)=\{p(z):z\in F(x,y)\}$ 是拟凹的, $\forall y\in B$, $x\to pF(x,y)=\{p(z):z\in F(x,y)\}$ 是拟凸的.

则 F 在 $A\times B$ 中的准鞍点存在, 即 $\exists(x^*,y^*)\in A\times B$, 使

$$F(x^*,y^*)\cap\min F(A,y^*)\neq\varnothing,$$

$$F(x^*,y^*)\cap\max F(x^*,B)\neq\varnothing.$$

证明 $\forall (x,y)\in A\times B$, 因 $F(x,y)$ 是紧集, F 是上半连续的, 且 A, B 都是紧集, 由定理 2.2.10, $F(A,y)$ 和 $F(x,B)$ 都是紧集. $\forall n=1,2,3,\cdots$, 定义集值映射 $W_n: A\times B\to P_0(A\times B)$:

$$W_n(x,y)=\left\{(u,v)\in A\times B:\begin{array}{l}\min pF(A,y)>\min pF(u,y)-\dfrac{1}{n}\\ \max pF(x,B)<\max pF(x,v)+\dfrac{1}{n}\end{array}\right\}.$$

$\forall (u_1,v_1),(u_2,v_2)\in W_n(x,y), \forall\lambda\in(0,1)$, 令 $a=\max\{\min pF(u_1,y),\min pF(u_2,y)\}$, 因 $u\to pF(u,y)$ 是拟凸的, $S=\{u\in A:\exists s\in pF(u,y), s\leqslant a\}$ 是凸集, 而 $u_1,u_2\in S$, 故 $\min pF(\lambda u_1+(1-\lambda)u_2,y)\leqslant a, \min pF(A,y)>\min pF(\lambda u_1+(1-\lambda)u_2,y)-\dfrac{1}{n}$. 同样地, $\max pF(x,B)<\max pF(x,\lambda v_1+(1-\lambda)v_2)+\dfrac{1}{n}$, 故 $W_n(x,y)$ 是凸集.

$\forall (u,v)\in A\times B$,

$$W_n^{-1}(u,v)=\left\{(x,y)\in A\times B:\begin{array}{l}\min pF(A,y)>\min pF(u,y)-\dfrac{1}{n}\\ \max pF(x,B)<\max pF(x,v)+\dfrac{1}{n}\end{array}\right\}.$$

由引理 4.6.2, 集值映射 $y\to F(A,y)$, $x\to F(x,B)$ 都是连续的, 而由定理 2.2.6(3), 集值映射 $y\to pF(A,y), y\to pF(u,y), x\to pF(x,B), x\to pF(x,v)$ 都是连续的, 再由引理 4.6.3, 函数 $y\to\min pF(A,y)$, $y\to\min pF(u,y)$, $x\to\max pF(x,B)$, $x\to\max pF(x,v)$ 都是连续的, 因此 $W_n^{-1}(u,v)$ 必是开集.

由 Fan-Browder 不动点定理, $\exists(x_n^*,y_n^*)\in A\times B$, 使 $(x_n^*,y_n^*)\in W_n(x_n^*,y_n^*)$, 即

$$\min pF(A,y_n^*)>\min pF(x_n^*,y_n^*)-\frac{1}{n},$$

$$\max pF(x_n^*,B)<\max pF(x_n^*,y_n^*)+\frac{1}{n}.$$

取 $s_n^*\in F(x_n^*,y_n^*)$, $t_n^*\in F(x_n^*,y_n^*)$, 使

$$p(s_n^*)=\min pF(x_n^*,y_n^*),\quad p(t_n^*)=\max pF(x_n^*,y_n^*).$$

因 A,B 是紧集, F 是上半连续的, 故 $F(A,B)$ 是紧集, 因 $x_n^*\in A$, $y_n^*\in B$, $s_n^*\in F(x_n^*,y_n^*)$, $t_n^*\in F(x_n^*,y_n^*)$, 存在 $\{n\}_{n=1}^{\infty}$ 的子网 $\{n(\alpha)\}_{\alpha\in D}$ 和 $x^*\in A$, $y^*\in B$, $s^*,t^*\in F(A,B)$, 使 $x_{n(\alpha)}^*\to x^*$, $y_{n(\alpha)}^*\to y^*$, $s_{n(\alpha)}^*\to s^*$, $t_{n(\alpha)}^*\to t^*$. 因集值映射 F 是上半连续的, 则 $s^*\in F(x^*,y^*)$, $t^*\in F(x^*,y^*)$.

因 $\min pF\left(A,y_{n(\alpha)}^*\right)>p\left(s_{n(\alpha)}^*\right)-\dfrac{1}{n(\alpha)}$, 取极限, 得 $\min pF(A,y^*)\geqslant p(s^*)$. 同样地, $\max pF(x^*,B)\leqslant p(t^*)$.

因 $s^* \in F(x^*, y^*) \subset F(A, y^*)$, $t^* \in F(x^*, y^*) \subset F(x^*, B)$, 故 $\min pF(A, y^*) = p(s^*)$, $\max pF(x^*, B) = p(t^*)$, 从而

$$pF(x^*, y^*) \cap \min pF(A, y^*) \neq \varnothing,$$

$$pF(x^*, y^*) \cap \max pF(x^*, B) \neq \varnothing.$$

设 $z_1^*, z_2^* \in F(x^*, y^*)$, 使 $p(z_1^*) = \min pF(A, y^*)$, $p(z_2^*) = \max pF(x^*, B)$, 因 p 是严格单调的, 则 $z_1^* \in \min F(A, y^*)$, $z_2^* \in \max F(x^*, B)$, 从而有

$$F(x^*, y^*) \cap \min F(A, y^*) \neq \varnothing,$$

$$F(x^*, y^*) \cap \max F(x^*, B) \neq \varnothing.$$

系 4.6.1 设 A 和 B 分别是 Hausdorff 线性拓扑空间 X 和 Y 中的非空凸紧集, Z 是一个 Hausdorff 线性拓扑空间, $\geqslant$ 是 Z 中的偏序, 集值映射 $F: A \times B \to P_0(Z)$ 满足

(1) F 是连续的, 且 $\forall x \in A$, $\forall y \in B$, $F(x, y)$ 是紧集;

(2) 存在连续的严格单调的函数 $p: Z \to R$, 使 $\forall x \in A$, $y \to pF(x, y)$ 是拟凹的, $\forall y \in B$, $x \to pF(x, y)$ 是拟凸的.

则 F 在 $A \times B$ 中的准鞍点必存在.

注 4.6.1 系 4.6.1 是文献 [63] 中的主要结果, 定理 4.6.1 是文献 [64] 中的主要结果.

4.7 多主从博弈平衡点的存在性

这一节主要结果是新的.

Pang[65] 引进了多主从博弈的概念, 为简单, 不妨考虑 2 个上级决策者 (记为 I 和 II) 与 N 个下级决策者: X_1 和 X_2 分别是上级决策者 I 和 II 的策略集, $\phi_1(x_1, x_2, y)$ 和 $\phi_2(x_1, x_2, y)$ 分别是 I 和 II 的目标函数, 其中 $x_1 \in X_1$, $x_2 \in X_2$, $y = \left(y^1, \cdots, y^N\right)$ 是 N 个下级决策者的策略. $\forall i = 1, \cdots, N$, $f_i(x_1, x_2, y)$ 和 $K_i\left(x_1, x_2, y^{\hat{i}}\right)$ 分别表示第 i 个下级决策者的目标函数和可行策略映射, 而 y^i 是以下最优化问题的解:

$$\min_{y^i \in K_i\left(x_1, x_2, y^{\hat{i}}\right)} f_i\left(x_1, x_2, y^{\hat{i}}, y^i\right).$$

这样的 $y = \left(y^1, \cdots, y^N\right)$ 当然依赖于 (x_1, x_2), 所有这样的 y 的集合记为 $G(x_1, x_2)$, 这是一个集值映射.

按照文献 [65], $(x_1^*, x_2^*) \in X_1 \times X_2$ 称为这个多主从博弈的平衡点, 如果存在 (y_1^*, y_2^*), 使 (x_1^*, y_1^*) 是上级决策者 I 问题的最优解

$$\min_{x_1 \in X_1, y_1 \in G\left(x_1, x_2^*\right)} \phi_1\left(x_1, x_2^*, y_1\right),$$

且 (x_2^*, y_2^*) 是上级决策者 II 问题的最优解

$$\min_{x_2 \in X_2, y_2 \in G\left(x_1^*, x_2\right)} \phi_2\left(x_1^*, x_2, y_2\right).$$

定理 4.7.1　设 X_1, X_2 和 Y 分别是三个 Hausdorff 局部凸空间 E_1, E_2 和 E_3 中的非空凸紧集, $\phi_1, \phi_2 : X_1 \times X_2 \times Y \to R$ 连续, 且满足

$$\begin{aligned} &\forall x_2 \in X_2, \quad (x_1, y_1) \to \phi_1\left(x_1, x_2, y_1\right) \text{ 是拟凸的}, \\ &\forall x_1 \in X_1, \quad (x_2, y_2) \to \phi_2\left(x_1, x_2, y_2\right) \text{ 是拟凸的}. \end{aligned}$$

又集值映射 $G : X_1 \times X_2 \to P_0(Y)$ 连续的, $\forall x_1 \in X_1$, $\forall x_2 \in X_2$, $G(x_1, x_2)$ 是非空凸紧集, 且满足

$$\forall x_2 \in X_2, \text{ 对 } u_i \in X_1 \text{ 中的任何凸组合 } \sum_{i=1}^m \lambda_i u_i, \text{ 有 } \sum_{i=1}^m \lambda_i G\left(u_i, x_2\right) \subset G\left(\sum_{i=1}^m \lambda_i u_i, x_2\right),$$

$$\forall x_1 \in X_1, \text{ 对 } v_i \in X_2 \text{ 中的任何凸组合 } \sum_{i=1}^m \lambda_i v_i, \text{ 有 } \sum_{i=1}^m \lambda_i G\left(x_1, v_i\right) \subset G\left(x_1, \sum_{i=1}^m \lambda_i v_i\right).$$

则存在 $(x_1^*, x_2^*, y_1^*, y_2^*) \in X_1 \times X_2 \times Y \times Y$, 使

$$\phi_1\left(x_1^*, x_2^*, y_1^*\right) = \min_{x_1 \in X_1, y_1 \in G\left(x_1, x_2^*\right)} \phi_1\left(x_1, x_2^*, y_1\right),$$

$$\phi_2\left(x_1^*, x_2^*, y_2^*\right) = \min_{x_2 \in X_2, y_2 \in G\left(x_1^*, x_2\right)} \phi_2\left(x_1^*, x_2, y_2\right).$$

证明　定义集值映射 $F_1 : X_2 \times Y \to P_0(X_1 \times Y)$: $\forall x_2 \in X_2$, $\forall y_2 \in Y$,

$$F_1\left(x_2, y_2\right) = \left\{ \begin{array}{l} x_1 \in X_1, \\ y_1 \in G\left(x_1, x_2\right) \end{array} : \phi_1\left(x_1, x_2, y_1\right) = \min_{u_1 \in X_1, v_1 \in G(u_1, x_2)} \phi_1\left(u_1, x_2, v_1\right) \right\}$$

(事实上, F_1 并不依赖于 y_2) 和集值映射 $F_2 : X_1 \times Y \to P_0(X_2 \times Y)$: $\forall x_1 \in X_1$, $\forall y_1 \in Y$,

$$F_2\left(x_1, y_1\right) = \left\{ \begin{array}{l} x_2 \in X_2, \\ y_2 \in G\left(x_1, x_2\right) \end{array} : \phi_2\left(x_1, x_2, y_2\right) = \min_{u_2 \in X_2, v_2 \in G(x_1, u_2)} \phi_2\left(x_1, u_2, v_2\right) \right\}$$

(事实上, F_2 并不依赖于 y_1).

因 X_1 是紧集, 集值映射 G 连续, 且 $\forall x_1 \in X_1$, $x_2 \in X_2$, $G(x_1,x_2)$ 是紧集, 故 $G(X_1,x_2)=\{G(u_1,x_2):u_1\in X_1\}$ 必是紧集, 因 ϕ_1 是连续的, 则 $F_1(x_2,y_2)\neq\varnothing$, 且易证 $F_1(x_2,y_2)$ 是闭集, 从而是紧集.

$\forall(x_1,y_1),(x_1',y_1')\in F_1(x_2,y_2)$, 则 $x_1\in X_1, y_1\in G(x_1,x_2), x_1'\in X_1, y_1'\in G(x_1',x_2)$, 且

$$\phi_1(x_1,x_2,y_1)=\min_{u_1\in X_1,v_1\in G(u_1,x_2)}\phi_1(u_1,x_2,v_1),$$

$$\phi_2(x_1',x_2,y_1')=\min_{u_1\in X_2,v_1\in G(u_1,x_2)}\phi_1(u_1,x_2,v_1).$$

则 $\forall u_1\in X_1$, $\forall v_1\in G(u_1,x_2)$, 有

$$\phi_1(x_1,x_2,y_1)=\phi_1(x_1',x_2,y_1')\leqslant\phi_1(u_1,x_2,v_1).$$

$\forall\lambda\in(0,1)$, 因 X_1 是凸集, 有 $\lambda x_1+(1-\lambda)x_1'\in X_1$. $\forall x_2\in X_2$, 由假设条件, 有

$$\lambda y_1+(1-\lambda)y_1'\in\lambda G(x_1,x_2)+(1-\lambda)G(x_1',x_2)\subset G(\lambda x_1+(1-\lambda)x_1',x_2),$$

且

$$\begin{aligned}&\phi_1(\lambda x_1+(1-\lambda)x_1',x_2,\lambda y_1+(1-\lambda){y'}_1)\\ \leqslant&\max\{\phi_1(x_1,x_2,y_1),\phi_2(x_1',x_2,y_1')\}\leqslant\phi_1(u_1,x_2,v_1),\end{aligned}$$

因此

$$\phi_1(\lambda x_1+(1-\lambda)x_1',x_2,\lambda y_1+(1-\lambda)y_1')=\min_{u_1\in X_1,v_1\in G(u_1,x_2)}\phi_1(u_1,x_2,v_1),$$

$F_1(x_2,y_2)$ 必是凸集.

以下再证明集值映射 $H(x_2)=\{(u_1,v_1)\in X_1\times Y:u_1\in X_1,v_1\in G(u_1,x_2)\}$ 是连续的.

设 $\{x_2^\alpha:\alpha\in\Lambda\}$ 是 X_2 中一个网, $x_2^\alpha\to x_2$, $\forall(u_1^\alpha,v_1^\alpha)\in H(x_2^\alpha)$,$(u_1^\alpha,v_1^\alpha)\to(u_1,v_1)\in X_1\times Y$, 因 G 是上半连续的, $G(u_1,x_2)$ 是紧集, $u_1^\alpha\to u_1$, $v_1^\alpha\in G(u_1^\alpha,x_2)$, $v_1^\alpha\to v_1$, 必有 $v_1\in G(u_1,x_2)$, 从而 $(u_1,v_1)\in H(x_2)$, 这表明集值映射 H 的图是闭的, 因 $X_1\times Y$ 是紧集, 由定理 2.2.1, 得 H 是上半连续的.

另一方面, 设 $\{x_2^\alpha:\alpha\in\Lambda\}$ 是 X_2 中一个网, $x_2^\alpha\to x_2$, $\forall(u_1,v_1)\in H(x_2)$, 则 $u_1\in X_1$, $v_1\in G(u_1,x_2)$, $\forall\alpha\in\Lambda$, 令 $u_1^\alpha=u_1$, 因 G 是下半连续的, 由定理 2.2.5, $\exists v_1^\alpha\in G(u_1^\alpha,x_2^\alpha)=G(u_1,x_2^\alpha)$, 使 $v_1^\alpha\to v_1$, 这表明 $(u_1,v_1^\alpha)\in H(x_2^\alpha)$, 且 $(u_1,v_1^\alpha)\to(u_1,v_1)$, H 是下半连续的.

这样, 我们证明了集值映射 H 连续, $\forall x_2 \in X_2$, $H(x_2)$ 是紧集, 由定理 2.2.9(2), 集值映射 F_1 是上半连续的, 且 $\forall (x_2, y_2) \in X_2 \times Y$, $F_2(x_2, y_2)$ 是凸紧集. 同样地, 集值映射 F_2 是上半连续的, 且 $\forall (x_1, y_1) \in X_1 \times Y$, $F_2(x_1, y_1)$ 必是凸紧集.

现在我们可以定义集值映射 $F: X_1 \times Y \times X_2 \times Y \to P_0(X_1 \times Y \times X_2 \times Y)$, $\forall (x_1, y_1, x_2, y_2) \in X_1 \times Y \times X_2 \times Y$, $F(x_1, y_1, x_2, y_2) = F_1(x_2, y_2) \times F_2(x_1, y_1) \subset X_1 \times Y \times X_2 \times Y$, 因 $X_1 \times Y \times X_2 \times Y$ 是 Hausdorff 局部凸空间 $E_1 \times E_3 \times E_2 \times E_3$ 中的非空凸紧集, 集值映射 F 是上半连续的, 且 $\forall (x_1, y_1, x_2, y_2) \in X_1 \times Y \times X_2 \times Y$, $F(x_1, y_1, x_2, y_2)$ 是非空凸紧集, 由 Fan-Glicksberg 不动点定理, $\exists (x_1^*, y_1^*, x_2^*, y_2^*) \in X_1 \times Y \times X_2 \times Y$, 使

$$(x_1^*, y_1^*, x_2^*, y_2^*) \in F(x_1^*, y_1^*, x_2^*, y_2^*) = F_1(x_2^*, y_2^*) \times F_2(x_1^*, y_1^*).$$

由 $(x_1^*, y_1^*) \in F_1(x_2^*, y_2^*)$, 则

$$\phi_1(x_1^*, x_2^*, y_1^*) = \min_{x_1 \in X_1, y_1 \in G(x_1, x_2^*)} \phi_1(x_1, x_2^*, y_1).$$

由 $(x_2^*, y_2^*) \in F_2(x_1^*, y_1^*)$, 则

$$\phi_2(x_1^*, x_2^*, y_2^*) = \min_{x_2 \in X_2, y_2 \in G(x_1^*, x_2)} \phi_2(x_1^*, x_2, y_2).$$

第 5 章 Arrow-Debreu 定理

本章介绍 Arrow-Debreu 定理, 应用广义博弈平衡点的存在性证明了数理经济学中一般均衡的存在性, 还给出了 Gale-Nikaido-Debreu 引理的一些推广.

5.1 Arrow-Debreu 模型[66,67]

在此模型中, 有 l 种产品, m 个消费者和 n 个生产者. 先考虑 m 个消费者, $\forall i=1,\cdots,m$, 设 $X_i\subset R^l$ 是第 i 个消费者的消费集, 其行为准则由定义在 X_i 上的偏好 $\preccurlyeq_i$ 来确定, 这里 $\preccurlyeq_i$ 是 X_i 上的一个自反、传递和完全的序关系, 即满足:

(1) 自反性: $\forall x\in X_i$, $x\preccurlyeq_i x$;

(2) 传递性: 如果 $x,x',x''\in X_i$, $x\preccurlyeq_i x'$, $x'\preccurlyeq_i x''$, 则 $x\preccurlyeq_i x''$;

(3) 完全性: $\forall x,x'\in X_i$, 则 $x\preccurlyeq_i x'$ 或者 $x'\preccurlyeq_i x$.

$\forall i=1,\cdots,m$, 第 i 个消费者的初始持有 $e_i\in R^l,\theta_{ij}$ 是他对第 j 个生产者获利的分享率, 这里 $\theta_{ij}\geqslant 0,\sum\limits_{i=1}^{m}\theta_{ij}=1,j=1,\cdots,n$.

设价格 $p\in S^l=\left\{(p_1,\cdots,p_l):p_h\geqslant 0,h=1,\cdots,l,\sum\limits_{h=1}^{l}p_h=1\right\}$, 第 j 个生产者利润为 r_j, 则当第 i 个消费者的消费取 $x_i\in X_i$ 时, x_i 还必须满足 $\langle p,x_i\rangle\leqslant\langle p,e_i\rangle+\sum\limits_{j=1}^{n}\theta_{ij}r_j$, $i=1,\cdots,m$, 这是他的预算约束.

再考虑 n 个生产者: $\forall j=1,\cdots,n$, $Y_j\subset R^l$ 是第 j 个生产者的生产集, 他的行为准则是使利润达到最大. 当价格 $p\in S^l$ 时, 他可能得到的最大利润为 $\max\limits_{y\in Y_j}\langle p,y\rangle$.

这样, 上述经济可记作 $E=\{(X_i,\preccurlyeq_i,e_i);(\theta_{ij});(Y_j)\}$, 经济 E 的状态是给定 $x_i\in X_i$, $i=1,\cdots,m$, $y_j\in Y_j$, $j=1,\cdots,n$, $p\in S^l$, 且

$$\langle p,x_i\rangle\leqslant\langle p,e_i\rangle+\sum_{j=1}^{n}\theta_{ij}\langle p,y_j\rangle,\quad i=1,\cdots,m.$$

如果 $\sum\limits_{i=1}^{m}x_i-\sum\limits_{j=1}^{n}y_i-\sum\limits_{i=1}^{m}e_i\leqslant 0$, 则这样的状态称为可达状态. 一般来说, 消费集 X_i 中的每一个消费并不一定在可达状态中出现, 称 X_i 中的所有可能在可达状态中出现的 x_i 的集合 $\hat{X}_i\subset X_i$ 定义为可达消费集.

状态 $(x_1^*,\cdots,x_m^*;y_1^*,\cdots,y_n^*;p^*)$ 称为经济 E 的平衡, 如果

(1) $\forall i=1,\cdots,m$, $\forall x\in X_i$, 满足 $\langle p^*,x\rangle\leqslant\langle p^*,e_i\rangle+\sum\limits_{j=1}^{n}\theta_{ij}\left\langle p^*,y_j^*\right\rangle$, 则 $x\preccurlyeq_i x_i^*$;

(2) $\forall j=1,\cdots,n$, $\left\langle p^*,y_j^*\right\rangle=\max\limits_{y_j\in Y_j}\langle p^*,y_j\rangle$;

(3) $\sum\limits_{i=1}^{m}x_i^*-\sum\limits_{j=1}^{n}y_j^*-\sum\limits_{i=1}^{m}e_i=0$.

以上三个条件的经济意义是显然的: (1) 是说 x_i^* 是满足预算约束的最好消费; (2) 是说 y_j^* 是使利润最大的生产; (3) 是说供给与需求达到平衡.

为证明平衡存在的 Arrow-Debreu 定理, 先证明三个引理.

引理 5.1.1　如果 $X\subset R^l$ 上连通的, 设 X 上的序关系是闭的, 即 $\forall x\in X$, $\{\xi\in X:\xi\preccurlyeq x\}$ 和 $\{\xi\in X:x\preccurlyeq\xi\}$ 都是 X 中的闭集, 则存在连续效用函数 $u:X\to R$, 使 $\forall x,x'\in X$, $x\preccurlyeq x'$ 当且仅当 $u(x)\leqslant u(x')$. 又设 X 是凸集, 且 X 上的序关系是凸的, 即 $\forall x,x'\in X$, $x\prec x'$(表示 $x\preccurlyeq x'$, 但是 $x'\preccurlyeq x$ 不成立), $\forall 0<\lambda<1$, 必有 $x\prec(1-\lambda)x+\lambda x'$, 则效用函数 u 在 X 上是拟凹的.

证明　设 D 是 X 中全体有理点 (指所有 l 个坐标都是有理数) 的集合, 则 D 是 X 中稠密的可数集.

首先证明, $\forall x',x''\in X$, $x'\prec x''$, 则 $\exists x\in D$, 使 $x'\prec x\prec x''$.

事实上, 如果这样的 $x\in D$ 不存在, 即 $\forall x\in D$, 或者 $x\in\{x\in X:x\preccurlyeq x'\}$, 或者 $x\in\{x\in X:x''\preccurlyeq x\}$. 因 D 在 X 中稠密, 且 $\{x\in X:x\preccurlyeq x'\}$ 和 $\{x\in X:x''\preccurlyeq x\}$ 都是闭集, 得 $X=\{x\in X:x\preccurlyeq x'\}\cup\{x\in X:x''\preccurlyeq x\}$, 因这两个闭集非空且不相交, 这与 X 的连通性矛盾.

其次, 在 D 上定义效用函数 u', 任选两个实数 $a<b$, 如果 D 中有最小元素 x^α(按偏好), 令 $u'(x^\alpha)=a$, 如果 D 中有最大元素 x^β, 令 $u'\left(x^\beta\right)=b$. 从 D 中去掉 x^α 和 x^β(如果存在的话), 所剩集合为 D', 则 D' 中既无最大, 也无最小元素 (否则与刚才证明的事实相矛盾).

D' 是可数集, 记 $D'=\left\{x^1,x^2,x^3,\cdots\right\}$. Q' 为 (a,b) 中全体有理数的集合, 记 $Q'=\left\{r^1,r^2,r^3,\cdots\right\}$.

对 x^1, 取 $q_1=1$, 令 $u'(x^1)=r^{q_1}$.

对 x^2, 如果 $x^2\sim x^1$(表示 $x^2\preccurlyeq x^1$ 且 $x^1\preccurlyeq x^2$), 取 $q_2=q_1$, 令 $u'(x^2)=u'(x^1)$, 否则 x^2 落在 $\{x\in D:x\prec x^1\}$ 或 $\{x\in D:x^1\prec x\}$ 中的一个, 不妨设 $x^2\in\left\{x\in D:x\prec x^1\right\}$, 则取 (a,r^1) 中且在 $\{r^1,r^2,r^3,\cdots\}$ 中顺序最小的 r^{q_2}, 令 $u'(x^2)=r^{q_2}$.

类似地, 对 x^p, 如果 $x^p\sim x^{p'}$, 其中 $x^{p'}$ 是 $x^1,\cdots,x^{p-1}$ 中的一个, 取 $q^p=q^{p'}$, 令 $u'(x^p)=u'(x^{p'})$, 否则 x^p 必在 $\left\{x\in D:x\prec x^{\alpha'}\right\}$ 或者 $\left\{x\in D:x^{\beta'}\prec x\right\}$ 或者 $\left\{x\in D:x^{p'}\prec x\prec x^{p''}\right\}$ 中的一个, 不妨设 $x^p\in\left\{x\in D:x^{p'}\prec x\prec x^{p''}\right\}$($x^{\alpha'}$ 和 $x^{\beta'}$

分别表示 $x^1,\cdots,x^{p-1}$ 中按偏好最小和最大的元素, $x^{p'},x^{p''}$ 是 $x^1,\cdots,x^{p-1}$ 中按偏好为相邻的两个元素), 取 $(r^{q_{p'}},r^{q_{p''}})$ 中且在 $\{r^1,r^2,r^3,\cdots\}$ 中顺序最小的数 r^{q_p}, 令 $u'(x^p)=r^{q_p}$.

显然, $\forall x,x'\in D, x\preccurlyeq x'$ 当且仅当 $u'(x)=u'(x')$, 且 u' 的值取遍 $\{r^1,r^2,r^3,\cdots\}$.

下面, 在 X 上定义效用函数 u: 如果 x 是 X 的最小元素, 令 $u(x)=a$, 如果 x 是 X 的最大元素, 令 $u(x)=b$. 其他情况, 记 $D_x=\{x'\in D: x'\preccurlyeq x\}$, $D^x=\{x'\in D: x\preccurlyeq x'\}$, 考虑两个实数 $\sup\limits_{x'\in D_x}u'(x')$ 和 $\inf\limits_{x'\in D^x}u'(x')$, 显然 $\sup\limits_{x'\in D_x}u'(x')\leqslant\inf\limits_{x'\in D^x}u'(x')$. 如果以上严格不等式成立, 则在这两个确界中必存在 Q' 中的数, 这与 u' 的值取遍 $\{r^1,r^2,r^3,\cdots\}$ 相矛盾. 由此, 定义 $u(x)=\sup\limits_{x'\in D_x}u'(x')=\inf\limits_{x'\in D^x}u'(x')$.

显然, $\forall x\in D$, $u(x)=u'(x)$, 且 $\forall x,x'\in X, x\preccurlyeq x'$ 当且仅当 $u(x)\leqslant u(x')$.

最后来证明 $u(x)$ 的连续性:

$$\forall c\in R, 由\{x\in X: u(x)\leqslant c\}=\begin{cases}X, & 当\ c\geqslant b,\\ \varnothing, & 当\ c<a,\\ \bigcap\limits_{r\in Q',r\geqslant c}\{x\in X: u(x)\leqslant r\}, & 当\ a\leqslant c<b\end{cases}$$

都是闭集, 由定理 1.3.11(2), $u: X\to R$ 是下半连续的.

同样可证 $u: X\to R$ 是上半连续的, 从而是连续的.

$$\forall x,x'\in X, x\prec x', 则 u(x)\leqslant u(x').\forall 0<\lambda<1, 由 x\prec(1-\lambda)x+\lambda x', 得$$
$$u((1-\lambda)x+\lambda x')\geqslant u(x)=\min\{u(x),u(x')\},$$

即 $u: X\to R$ 是拟凹的.

引理 5.1.2 设 $X\subset R^l$ 是非空紧集, 则 $\pi(p)=\max\limits_{x\in X}\langle p,x\rangle$ 在 S^l 上是连续的.

证明 由定理 2.2.9(1) 即得.

引理 5.1.3 设 $X\subset R^l$ 是非空凸紧集, $p_0\in S^l$, $w_0>\min\limits_{x\in X}\langle p_0,x\rangle$, 则集值映射 $\beta(p,w)=\{x\in X:\langle p,x\rangle\leqslant w\}$ 在 (p_0,w_0) 是连续的.

证明 $\forall p_n\in S^l,\forall w_n\in R, p_n\to p_0$, $w_n\to w_0$, $\forall x_n\in\beta(p_n,w_n)$, 即 $\langle p_n,x_n\rangle\leqslant w_n$, $x_n\to x_0$, 因 X 是闭集, 有 $x_0\in X$, 且 $\langle p_0,x_0\rangle\leqslant w_0$, 故 $x_0\in\beta(p_0,w_0)$. 因 X 是紧集, 集值映射 β 在 (p_0,w_0) 必是上半连续的.

$\forall p_n\in S^l,\forall w_n\in R, p_n\to p_0, w_n\to w_0,\forall x_0\in\beta(p_0,w_0)$, 即 $x_0\in X$, 且 $\langle p_0,x_0\rangle\leqslant w_0$, 为证明集值映射 β在 (p_0,w_0) 是下半连续的, 就要证明存在正整数 n_0, 使 $\forall n\geqslant n_0,\exists x_n\in\beta(p_n,w_n)$, 而 $x_n\to x_0$.

分两种情况讨论:

(1) 如果 $\langle p_0,x_0\rangle<w_0$, 则存在正整数 n_0, 使 $\forall n\geqslant n_0$, 有 $\langle p_n,x_0\rangle\leqslant w_n$, 此时, 令 $x_n=x_0$, 注意到 $x_0\in\beta(p_n,w_n)$, 即得.

(2) 如果 $\langle p_0, x_0\rangle = w_0$, 由 $\min\limits_{x\in X}\langle p_0, x\rangle < w_0$, 则 $\exists \bar{x}_0 \in X$, 使 $\langle p_0, \bar{x}_0\rangle < w_0$.

记 $\langle p_0, x_0\rangle = \langle p_0, \bar{x}_0\rangle + \varepsilon_0$, 其中 $\varepsilon_0 > 0$, 存在正整数 n_0, 使 $\forall n \geqslant n_0$, 有 $\langle p_n, x_0\rangle \geqslant \langle p_n, \bar{x}_0\rangle + \dfrac{\varepsilon_0}{2}$, 且 $\langle p_n, \bar{x}_0\rangle < w_n$. 连接 x_0 与 $\bar{x}_0$ 的直线与超平面 $\left\{x \in R^l : \langle p_n, x\rangle = w_n\right\}$ 必相交于一点 a_n. 如果 $a_n \in [x_0, \bar{x}_0]$(此时 $a_n \in X$), 令 $x_n = a_n$, 如果 $a_n \notin [x_0, \bar{x}_0]$ (此时 x_0 与 $\bar{x}_0$ 都是在超平面一侧), 必有 $\langle p_n, x_0\rangle < w_n$, 令 $x_n = x_0$. 这样 $x_n \in \beta(p_n, w_n)$ 必成立, 只需证明 $x_n \to x_0$.

不妨设 $\forall n \geqslant n_0$, $x_n \in [x_0, \bar{x}_0]$, 记 $x_n = \lambda_n x_0 + (1-\lambda_n)\bar{x}_0$, 其中 $0 \leqslant \lambda_n \leqslant 1$, 此时, $w_n = \langle p_n, x_n\rangle = \lambda_n \langle p_n, x_0\rangle + (1-\lambda_n)\langle p_n, \bar{x}_0\rangle \leqslant \langle p_n, x_0\rangle - \dfrac{1-\lambda_n}{2}\varepsilon_0$, 即 $\left(\dfrac{\lambda_n}{2} - \dfrac{1}{2}\right)\varepsilon_0 \geqslant w_n - \langle p_n, x_0\rangle$, 令 $n \to \infty$, 因 $w_n - \langle p_n, x_0\rangle \to w_0 - \langle p_0, x_0\rangle = 0$, 得 $\lambda_n \to 1$, 从而 $x_n = \lambda_n x_0 + (1-\lambda_n)\bar{x}_0 \to x_0$.

定理 5.1.1　给定经济 $E = \{(X_i, \preccurlyeq_i, e_i); (\theta_{ij}); (Y_j)\}$, 如果

(1) $\forall i = 1, \cdots, m$,

① X_i 是非空凸紧集;

② $\hat{X}_i$ 中无满足消费, 即 $\forall x \in \hat{X}_i$, $\exists x' \in X_i$, 使 $x \prec_i x'$ (指消费者的消费欲望是无止境的);

③ X_i 上的序关系是闭的;

④ X_i 上的序关系是凸的;

⑤ $\exists x_i^0 \in X_i$, 使 $x_i^0 < e_i$(e_i 的每一分量都大于 x_i^0 的每一分量, 指消费者具有一定的支付能力);

(2) $\forall j = 1, \cdots, n$,

① Y_i 是非空凸紧集;

② $0 \in Y_j$(指生产者可以什么都不干以得证利润始终是非负的).

则存在 $(x_1^*, \cdots, x_m^*; y_1^*, \cdots, y_n^*; p^*)$, 使

(1) $\forall i = 1, \cdots, m$, $\forall x \in X_i$, 满足 $\langle p^*, x\rangle \leqslant \langle p^*, e_i\rangle + \sum\limits_{j=1}^{n}\theta_{ij}\langle p^*, y_j\rangle$, 则 $x \preccurlyeq_i x_i^*$;

(2) $\forall j = 1, \cdots, n$, $\langle p^*, y_j^*\rangle = \max\limits_{y_j\in Y_j}\langle p^*, y_j\rangle$;

(3) $\sum\limits_{i=1}^{m} x_i^* - \sum\limits_{j=1}^{n} y_j^* - \sum\limits_{i=1}^{m} e_i \leqslant 0$, 且 $\left\langle p^*, \sum\limits_{i=1}^{m} x_i^* - \sum\limits_{j=1}^{n} y_j^* - \sum\limits_{i=1}^{m} e_i\right\rangle = 0$.

这样的 $(x_1^*, \cdots, x_m^*; y_1^*, \cdots, y_n^*; p^*)$ 称为经济 E 的自由配置平衡.

证明　考虑由 $m+n+1$ 个局中人构成的广义博弈: 前 m 个是消费者, 中间 n 个是生产者, 最后一个是市场参与者.

$\forall i = 1, \cdots, m$, X_i 是第 i 个局中人的策略集, $\beta_i'(p) = \Big\{x \in X_i : \langle p, x\rangle \leqslant \langle p, e_i\rangle$

$+\sum_{j=1}^{n}\theta_{ij}\pi_j(p)\Big\}$ 为第 i 个局中人的可行策略映射，其中 $\pi_j(p)=\max_{y_j\in Y_j}\langle p,y_j\rangle, j=1,\cdots,n$. 由引理 5.1.2 及 $0\in Y_j$, 得 $\pi_j(p)$ 是连续的，且 $\pi_j(p)\geqslant 0, j=1,\cdots,n$. 因 $\exists x_i^0\in X_i$, 使 $x_i^0<e_i$, 故 $\forall p\in S^l$, 有 $\langle p,x_i^0\rangle<\langle p,e_i\rangle+\sum_{j=1}^{n}\theta_{ij}\pi_j(p)$, $\beta'_i(p)\neq\varnothing$, 易证它是闭凸集，由引理 5.1.3, 集值映射 β'_i 是连续的，$i=1,\cdots,m$. 又由引理 5.1.1, 第 i 个局中人的效用函数 $u_i(x_i)$ 必是连续的，且对 x_i 是拟凹的.

$\forall j=1,\cdots,n, Y_j$ 是第 $m+j$ 个局中人的策略集，也是他的可行策略映射，他的效用函数 $\langle p,y_j\rangle$ 是连续的，且对 y_i 也是拟凹的.

S^l 是第 $m+n+1$ 个局中人的策略集，也是他的可行策略映射，他的效用函数 $\left\langle p,\sum_{i=1}^{m}x_i-\sum_{j=1}^{n}y_j-\sum_{i=1}^{m}e_i\right\rangle$ 是连续的，且对 p 是拟凹的.

这样，由定理 4. 4. 1, 广义博弈必存在平衡点，即存在 $(x_1^*,\cdots,x_m^*;y_1^*,\cdots,y_n^*;p^*)$, 使

$$\forall j=1,\cdots,n,\quad 有\ \langle p^*,y_j^*\rangle=\max_{y_j\in Y_j}\langle p^*,y_j\rangle,$$

$$\forall i=1,\cdots,m,\quad \langle p^*,x_i^*\rangle\leqslant\langle p^*,e_i\rangle+\sum_{j=1}^{n}\theta_{ij}\langle p^*,y_j^*\rangle,$$

且 $\forall x\in X_i$, 满足

$$\langle p^*,x_i\rangle\leqslant\langle p^*,e_i\rangle+\sum_{j=1}^{n}\theta_{ij}\langle p^*,y_j^*\rangle,$$

则 $u_i(x)\leqslant u_i(x_i^*)$, 此时 $x\preccurlyeq_i x_i^*$.

$\forall p\in S^l$, 注意到 $\sum_{i=1}^{m}\theta_{ij}=1, i=1,\cdots,m$, 因

$$\begin{aligned}\left\langle p,\sum_{i=1}^{m}x_i^*-\sum_{j=1}^{n}y_j^*-\sum_{i=1}^{m}e_i\right\rangle&\leqslant\left\langle p^*,\sum_{i=1}^{m}x_i^*-\sum_{j=1}^{n}y_j^*-\sum_{i=1}^{m}e_i\right\rangle\\&\leqslant\left\langle p^*,\sum_{i=1}^{m}x_i^*\right\rangle-\left\langle p^*,\sum_{j=1}^{n}y_j^*\right\rangle-\left\langle p^*,\sum_{i=1}^{m}e_i\right\rangle\\&\leqslant\left\langle p^*,\sum_{i=1}^{m}e_i\right\rangle+\sum_{i=1}^{m}\sum_{j=1}^{n}\theta_{ij}\left\langle p^*,y_j^*\right\rangle\\&\quad-\left\langle p^*,\sum_{j=1}^{n}y_j^*\right\rangle-\left\langle p^*,\sum_{i=1}^{m}e_i\right\rangle\\&=\left\langle p^*,\sum_{j=1}^{n}y_j^*\right\rangle-\left\langle p^*,\sum_{j=1}^{n}y_j^*\right\rangle=0,\end{aligned}$$

得

$$\sum_{i=1}^{m} x_i^* - \sum_{j=1}^{n} y_j^* - \sum_{i=1}^{m} e_i \leqslant 0.$$

$\forall i = 1, \cdots, m, x_i^* \in \hat{X}_i$, 由条件 (1) 中②,$\exists x_i' \in X_i$, 使 $x_i^* \prec_i x_i'$, 如果

$$\langle p^*, x_i^* \rangle < \langle p^*, e_i \rangle + \sum_{j=1}^{n} \theta_{ij} \langle p^*, y_j^* \rangle,$$

则当 $\lambda > 0$ 充分小时, 对 $x_i = (1-\lambda)x_i^* + \lambda x_i'$, 有

$$\langle p^*, x_i \rangle < \langle p^*, e_i \rangle + \sum_{j=1}^{n} \theta_{ij} \langle p^*, y_j^* \rangle,$$

则 $x_i \in \hat{X}_i$, 因 $x_i^* \prec_i x'_i$, 由 (1) 中④, 有 $x_i^* \prec_i x_i$, 与 $x_i \in \hat{X}_i$, $x_i \preccurlyeq_i x_i^*$ 矛盾, 故 $\forall i = 1, \cdots, m$, 有 $\langle p^*, x_i^* \rangle = \langle p^*, e_i \rangle + \sum_{j=1}^{n} \theta_{ij} \langle p^*, y_j^* \rangle$. 对 i 求和, 有

$$\left\langle p^*, \sum_{i=1}^{m} x_i^* - \sum_{j=1}^{n} y_j^* - \sum_{i=1}^{m} e_i \right\rangle = 0.$$

以上自由配置平衡的存在性定理不能令人满意, 因为它要求每个消费者的消费集和每个生产者的生产集都是紧集, 在经济学中不合理. 在一系列合理假设之下, 以下就是经典的 Arrow-Debreu 定理.

定理 5.1.2　给定经济 $E = \{(X_i, \preccurlyeq_i, e_i); (\theta_{ij}); (Y_j)\}$, 如果

(1) $\forall i = 1, \cdots, m$,

① X_i 是下有界的闭凸集;

② $\hat{X}_i$ 中无满足消费;

③ X_i 上的序关系是闭的;

④ X_i 上的序关系是凸的;

⑤ $\exists x_i^0 \in X_i$, 使 $x_i^0 < e_i$;

(2) $\forall j = 1, \cdots, n$,

① $Y = \sum_{j=1}^{n} Y_j$ 是闭凸集;

② $0 \in Y_j$;

③ $Y \cap (-Y) = \{0\}$(指生产活动是不可逆的);

④ $Y \supset \left(-R_+^l\right)$(指耗费一切物资的生产活动也是可行的). 则经济 E 的平衡必存在.

在证明定理 5.1.2 之前, 再给出一个引理[68].

引理 5.1.4 设 $Y \subset R^l$ 是非空闭凸集, $Y \cap (-Y) = \{0\}$, 且 $Y \supset -R_+^l$, 则给定 $b \in R^l$ 及正整数 n, 存在常数 c, 使 $\forall y_1, \cdots, y_n \in Y$, 且 $\sum_{j=1}^{n} y_j \geqslant b$, 必有 $\|y_j\| < c$, $j = 1, \cdots, n$.

证明 令 $K = \{y \in Y : \|y\| = 1\}$, 首先证明 $0 \notin \mathrm{co}K$, 事实上, 如果 $\exists y_i \in K$, $\lambda_i > 0$, $i = 1, \cdots, m$, $\sum_{i=1}^{m} \lambda_i = 1$, 而 $\sum_{i=1}^{m} \lambda_i y_i = 0$, 则因 Y 是凸集, 且 $0 \in Y$, 得 $-\lambda_1 y_1 = \lambda_1 0 + \sum_{i=2}^{m} \lambda_i y_i \in Y$, 即 $\lambda_1 y \in -Y$. 另一方面, $\lambda_1 y = \lambda_1 y + (1 - \lambda_1) 0 \in Y$, 这与 $Y \cap (-Y) = \{0\}$ 矛盾, 故 $0 \notin \mathrm{co}K$.

因 $K \subset R^l$ 是紧集, 由引理 1.5.4(2), $\mathrm{co}\,(K)$ 必是紧集, 由凸集分离定理, $\exists q = (q_1, \cdots, q_l) \in R^l$, 使 $\forall y \in \mathrm{co}(K)$, 有 $\langle q, y \rangle < 0$. 因 $Y \supset \left(-R_+^l\right)$, 则 $\forall y \in -R_+^l$, 有 $\langle q, y \rangle < 0$, 从而 $q_h > 0$, $h = 1, \cdots, l$.

记 $-\varepsilon = \max\limits_{y \in K} \langle q, y \rangle$,$\beta = \max\limits_{\|y\| \leqslant 1} \langle q, y \rangle$, 则 $\varepsilon > 0$,$\beta > 0$.$\forall y \in Y$, 如果 $\|y\| < 1$, 则 $\langle q, y \rangle \leqslant \beta < \beta + \varepsilon - \varepsilon\|y\|$; 如果 $\|y\| \geqslant 1$, 因 Y 是凸集, 且 $0 \in Y$, 则 $\dfrac{y}{\|y\|} = \dfrac{1}{\|y\|} y + \left(1 - \dfrac{1}{\|y\|}\right) 0 \in Y$, $\dfrac{y}{\|y\|} \in K$, 从而 $\dfrac{\langle q, y \rangle}{\|y\|} \leqslant -\varepsilon$,

$$\langle q, y \rangle \leqslant -\varepsilon\|y\| < \beta + \varepsilon - \varepsilon\|y\|.$$

这样, 如果 $\sum_{j=1}^{n} y_j \geqslant b$, 其中 $y_j \in Y$, $j = 1, \cdots, n$, 则 $\langle q, b \rangle \leqslant \sum_{j=1}^{n} \langle q, y_j \rangle < n\,(\beta + \varepsilon) - \varepsilon \sum_{j=1}^{n} \|y_j\|$, 记 $c = \dfrac{n\,(\beta + \varepsilon) - \langle q, b \rangle}{\varepsilon}$, 则 $\forall j = 1, \cdots, n$, 必有 $\|y_j\| \leqslant \sum_{j=1}^{n} \|y_j\| < c$.

定理 5.1.2 的证明 以下来构造经济 $\widehat{E}$, 满足定理 5.1.1 的条件, 再由 $\widehat{E}$ 的自由配置平衡存在推出经济 E 的平衡存在.

首先,$\forall j = 1, \cdots, n$, $\overline{\mathrm{co}(Y_j)}$ 是闭凸集, 因 $\sum_{j=1}^{n} Y_i = Y$, 由引理 1.5.1(3), 有 $\sum_{j=1}^{n} \mathrm{co}(Y_j)$ $= \mathrm{co}(Y) = Y$, 且易知 $\sum_{j=1}^{n} \overline{\mathrm{co}(Y_j)} = \overline{Y} = Y$.

$\forall j = 1, \cdots, n$, 用 $\overline{\mathrm{co}(Y_j)}$ 代替 Y_j, 得到经济 $\bar{E}$. 考虑经济 $\bar{E}$ 的可达状态: 因 $\sum_{i=1}^{m} x_i - \sum_{i=1}^{m} e_i \leqslant \sum_{j=1}^{n} y_j$, 且 X_i 是下有界的, 由引理 5.1.4, 第 j 个生产者在经济 $\bar{E}$ 中的可达状态集 $\hat{Y}_j$ 是有界的, $j = 1, \cdots, n$. 再由 $\sum_{i=1}^{m} x_i \leqslant \sum_{i=1}^{m} e_i + \sum_{j=1}^{n} y_j$, 得第 i 个消

费者在经济 $\bar{E}$ 中的可达状态集 $\hat{X}_i$ 是有界的, $i=1,\cdots,m$. 因 $\sum_{j=1}^{n} Y_j = \sum_{j=1}^{n} \overline{\mathrm{co}(Y_j)}$, 即经济 E 和经济 $\bar{E}$ 总生产集是相同的, 又消费集是相同的, 则第 i 个消费者在经济 $\bar{E}$ 和 E 中的可达状态集是一致的, $i=1,\cdots,m$.

在 R^l 中选取凸紧集 K, 使 K 的内部包含所有 $\hat{X}_i$ 和 $\hat{Y}_j$, 定义 $\widehat{X}_i = X_i \cap K$, $\widehat{Y}_j = \overline{\mathrm{co}\,(Y_j)} \cap K$, $i=1,\cdots,m$, $j=1,\cdots,n$.

容易验证经济 $\widehat{E}$ 满足定理 5.1.1 中的所有假设条件, 它的自由配置平衡 $\{(x_i^*),(y_j), p^*\}$ 必存在, 记 $z=\sum_{i=1}^{m} x_i^* - \sum_{j=1}^{n} y_j - \sum_{i=1}^{m} e_i$, 则 $z \leqslant 0$, 且 $\langle p^*, z\rangle = 0$.

$\forall \lambda \in (0,1)$, 因 $Y \supset \left(-R_+^l\right)$, 有 $\dfrac{1}{\lambda} z \in Y$, 因 $y=\sum_{j=1}^{n} y_j \in Y$, 且 Y 是凸集, 得 $(1-\lambda)y + z = (1-\lambda)y + \lambda\left(\dfrac{1}{\lambda}z\right) \in Y$. 令 $\lambda \to 0$, 因 Y 是闭集, 得 $y+z \in Y$. 记 $y^* = y+z$, 并选取 $y_j^* \in Y_j, j=1,\cdots,n$, 使 $\sum_{j=1}^{n} y_j^* = y^*$.

这样, $\sum_{i=1}^{m} x_i^* - \sum_{j=1}^{n} y_j^* - \sum_{i=1}^{m} e_i = 0$, $\left((x_i^*), \left(y_j^*\right), p^*\right)$ 是经济 E 的可达状态, 也是经济 $\bar{E}$ 的可达状态, 于是 $x_i^* \in \widehat{X}_i$, $i=1,\cdots,m$, $y_j^* \in \widehat{Y}_j$, $j=1,\cdots,n$.

因 $\langle p^*, z\rangle = 0$, 则 $\left\langle p^*, \sum_{j=1}^{n} y_j^* \right\rangle = \left\langle p^*, \sum_{j=1}^{n} y_j \right\rangle$. 因 $y_j, y_j^* \in \widehat{Y}_j$, y_j 是 p^* 确定下 $\widehat{Y}_j$ 中最大利润的生产, $j=1,\cdots,n$, 故 $\sum_{j=1}^{n} y_j$ 是 p^* 确定下 $\sum_{j=1}^{n} \widehat{Y}_j$ 中最大利润的生产, 从而 $\sum_{j=1}^{n} y_j^*$ 也是 p^* 确定下 $\sum_{j=1}^{n} \widehat{Y}_j$ 中最大利润的生产, y_j^* 就是 p^* 确定下 $\widehat{Y}_j$ 中最大利润的生产, 故 $\langle p^*, y_j^*\rangle = \langle p^*, y_j\rangle$, $j=1,\cdots,n$.

以下来证明 $\forall j=1,\cdots,n$, y_j^* 是当 p^* 确定下在 Y_j 中最大利润的生产. 用反证法. 此时 $\exists y_j' \in Y_j$, 使 $\langle p^*, y_j'\rangle > \langle p^*, y_j^*\rangle$. 由 $y_j^* \in \widehat{Y}_j$, 且 $\widehat{Y}_j$ 被 K 的内部所包含, 在 $[y_j^*, y_j']$ 必有点 $y_j'' \neq y_j^*$, $y_j'' \in K$, 而 y''_j 充分接近 y_j^*. 因 $y_j'' \in \overline{\mathrm{co}(Y_j)}$, 故 $y_j'' \in \widehat{Y}_j$. 但是 $\langle p^*, y_j''\rangle > \langle p^*, y_j^*\rangle$, 矛盾, 故 y_j^* 是当 p^* 确定下在 Y_j 中最大利润的生产.

以下来证明 $\forall i=1,\cdots,m$, $\forall x \in X_i$, 如果 $\langle p^*, x\rangle \leqslant \langle p^*, e_i\rangle + \sum_{j=1}^{n} \theta_{ij} \langle p^*, y_j^*\rangle$, 则 $x \preccurlyeq_i x_i^*$. 用反证法. 如果 $\exists x'_i \in X_i$, 使 $\langle p^*, x'_i\rangle \leqslant \langle p^*, e_i\rangle + \sum_{j=1}^{n} \theta_{ij} \langle p^*, y_j^*\rangle$, 而 $x_i' \succ_i x_i^*$, 则在 $[x_i^*, x_i']$ 上必有点 $x_i'' \neq x_i^*$, $x_i'' \in K$, 而 x_i'' 充分接近 x_i^*. 因 $x_i'' \in X_i$, 故 $x_i'' \in \widehat{X}_i$,

且 $x_i'' \succ_i x_i^*$, 这与 $\langle p^*, x_i''\rangle \leqslant \langle p^*, e_i\rangle + \sum\limits_{j=1}^{n}\theta_{ij}\langle p^*, y_j^*\rangle = \langle p^*, e_i\rangle + \sum\limits_{j=1}^{m}\theta_{ij}\langle p^*, y_j\rangle$, 而 x_i^* 是 $\left\{x \in \widehat{X}_i : \langle p^*, x\rangle \leqslant \langle p^*, e_i\rangle + \sum\limits_{j=1}^{n}\theta_{ij}\langle p^*, y_j\rangle\right\}$ 中关于 $\preccurlyeq_i$ 的最好消费矛盾.

注 5.1.1 关于数理经济学一般均衡理论的深入研究, 还可参阅文献 [69~71].

5.2 超额需求映射的方法[67]

在上一节中, 我们用广义博弈平衡点的存在性定理证明了自由配置平衡的存在性, 这一节将用 Gale-Nikaido-Debreu 引理来证明这一结果.

在定理 5.1.1 中, 记 $P = S^l$; $\forall j = 1, \cdots, n$, $\eta_j(p)$ 为第 j 个生产者利润最大的集合; $\forall i = 1, \cdots, m$, $\xi_i'(p)$ 为第 i 个消费者在他的预算集 $\beta_i'(p) = \left\{x \in X_i : \langle p, x\rangle \leqslant \langle p, e_i\rangle + \sum\limits_{j=1}^{n}\theta_{ij}\pi_j(p)\right\}$ 中最优消费的集合, 记 $\zeta(p) = \sum\limits_{i=1}^{m}\xi_i'(p) - \sum\limits_{j=1}^{n}\eta_j(p) - \sum\limits_{i=1}^{m}e_i$, $\zeta : P \to P_0(R^l)$ 称为超额需要映射.

引理 5.2.1 $p^* \in P$ 是经济 E 的自由配置平衡当且仅当 $\zeta(p^*) \cap \left(-R_+^l\right) \neq \varnothing$.

证明 必要性. 设 $p^* \in P$ 是经济 E 的自由配置平衡, 即 $\exists z^* \in \zeta(p^*)$, $z^* \leqslant 0$, 且 $\langle p^*, z^*\rangle = 0$, 则 $\zeta(p^*) \cap \left(-R_+^l\right) \neq \varnothing$.

充分性. 如果 $\zeta(p^*) \cap \left(-R_+^l\right) \neq \varnothing$, 取 $z^* \in \zeta(p^*) \cap \left(-R_+^l\right)$, 则 $\forall i = 1, \cdots, m$, $\exists x_i^* \in \xi_i(p^*)$, $\forall j = 1, \cdots, n$, $\exists y_j^* \in \eta_j(p^*)$, 使 $z^* = \sum\limits_{i=1}^{m}x_i^* - \sum\limits_{j=1}^{n}y_j^* - \sum\limits_{i=1}^{m}e_i$, 且 $z^* \leqslant 0$.

由 $z^* \leqslant 0$, 则状态 $\left((x_i^*), \left(y_j^*\right), p^*\right)$ 是可达的, 从而 $x_i^* \in \widehat{X_i}$, 但是在 $\widehat{X_i}$ 中无满足消费, 同定理 5.1.1 的证明, 必有 $\langle p^*, x_i^*\rangle = \langle p^*, e_i\rangle + \sum\limits_{j=1}^{n}\theta_{ij}\langle p^*, y_j^*\rangle$, $i = 1, \cdots, m$, 对 i 求和, 得 $\langle p^*, z\rangle = 0$, $p^* \in P$ 是经济 E 的自由配置平衡.

引理 5.2.2 $\forall p \in P$, $\zeta(p)$ 是非空凸紧集, $\zeta : P \to P_0\left(R^l\right)$ 是上半连续的, 且 $\forall z \in \zeta(p)$, 有 $\langle p, z\rangle \leqslant 0$.

证明 易知 $\forall i = 1, \cdots, m$, ${\xi'}_i(p)$ 是非空凸紧集, $\forall j = 1, \cdots, n$, $\eta_j(p)$ 是非空凸紧集, 故 $\zeta(p)$ 是非空凸紧集. 又易知 $\forall i = 1, \cdots, m$, $\xi_i' : P \to P_0\left(R^l\right)$ 是上半连续的, $\forall j = 1, \cdots, n$, $\eta_j : P \to P_0\left(R^l\right)$ 是上半连续的, 故 $\zeta : P \to P_0\left(R^l\right)$ 是上半连续的.

$\forall p \in P, \forall z \in \zeta(p)$, 则 $\exists x_i \in \xi_i'(p), i = 1, \cdots, m, \exists y_j \in \eta_j(p), j = 1, \cdots, n$, 使 $z = \sum\limits_{i=1}^{m}x_i - \sum\limits_{j=1}^{n}y_j - \sum\limits_{i=1}^{m}e_i$, 且 $\forall i = 1, \cdots, n, \langle p, x_i\rangle \leqslant \langle p, e_i\rangle + \sum\limits_{j=1}^{n}\theta_{ij}\langle p, y_j\rangle$, 代入得

$$\langle p,z\rangle=\left\langle p,\sum_{i=1}^{m}x_i-\sum_{j=1}^{n}y_j-\sum_{i=1}^{m}e_i\right\rangle\leqslant 0.$$

以下定理称为 Gale-Nikaido-Debreu 引理, 结合引理 5.2.1 和引理 5.2.2, 就证明了自由配置平衡的存在性.

定理 5.2.1　设 $\zeta:P\to P_0\left(R^l\right)$ 是上半连续的, $\forall p\in P$, $\zeta(p)$ 是非空凸紧集, 且 $\forall z\in\zeta(p)$, 有 $\langle p,z\rangle\leqslant 0$, 则 $\exists p^*\in P$, 使 $\zeta\left(P^*\right)\cap\left(-R_+^l\right)\neq\varnothing$.

证明　$\forall p\in P$, 定义集值映射 $F\left(p\right)=\{q\in P:\langle q,z\rangle>0,\forall z\in\zeta\left(p\right)\}$, 则 $F\left(p\right)$ 是凸集. $\forall q\in P$, $F^{-1}\left(q\right)=\{p\in P:\langle q,z\rangle>0,\forall z\in\zeta\left(p\right)\}$, 以下来证明 $F^{-1}\left(q\right)$ 是开集. $\forall p\in F^{-1}\left(q\right)$, 则 $\forall z\in\zeta\left(p\right)$, 有 $\langle q,z\rangle>0$. 存在 R^l 中的开集 G, $G\supset\zeta\left(p\right)$, 且 $\forall z\in G$, 有 $\langle q,z\rangle>0$. 因 ζ 在 p 是上半连续的, 存在 p 的开邻域 $O\left(p\right)$, 使 $\forall p'\in O\left(p\right)$, 有 $G\supset\zeta\left(p'\right)$, 于是 $\forall z\in\zeta\left(p'\right)\subset G$, 有 $\langle q,z\rangle>0$, $p'\in F^{-1}\left(q\right)$, $F^{-1}\left(q\right)$ 必是开集.

如果 $\forall p\in P$, $F\left(p\right)\neq\varnothing$, 则由 Fan-Browder 不动点定理, $\exists\bar{p}\in P$, 使 $\bar{p}\in F\left(\bar{p}\right)$, 故 $\forall z\in\zeta\left(\bar{p}\right)$, 有 $\langle\bar{p},z\rangle>0$, 矛盾, 于是 $\exists p^*\in P$, 使 $F\left(p^*\right)=\varnothing$, 即 $\forall p\in P$, $\exists z\in\zeta\left(p^*\right)$, 使 $\langle p,z\rangle\leqslant 0$.

以下用反证法. 如果 $\zeta\left(P^*\right)\cap\left(-R_+^l\right)=\varnothing$, 因 $\zeta\left(p^*\right)$ 是凸紧集, $\left(-R_+^l\right)$ 是闭凸集, 由凸集分离定理, $\exists b\in R^l$ 和 $c\in R$, 使 $\forall x_1\in\left(-R_+^l\right)$, $\forall x_2\in\zeta\left(p^*\right)$, 有 $\langle b,x_1\rangle<c<\langle b,x_2\rangle$. 因 $0\in\left(-R_+^l\right)$, 得 $c>0$, 且 $b\in R_+^l$, 于是 $\exists\lambda>0$, 使 $\lambda b\in P$, 此时 $\exists z\in\zeta\left(p^*\right)$, 使 $\langle\lambda b,z\rangle=\lambda\langle b,z\rangle\leqslant 0$, 这与 $\langle b,z\rangle>0$ 矛盾, 从而 $\zeta\left(p^*\right)\cap\left(-R_+^l\right)\neq\varnothing$.

注 5.2.1　文献 [67] 是用 Kakutani 不动点定理来证明 Gale-Nikaido-Debreu 引理的.

5.3　Gale-Nikaido-Debreu 引理的推广[72]

首先证明一个不动点定理[73].

定理 5.3.1　设 X 是 Hausdorff 线性拓扑空间 E 中的非空凸紧集, $F:X\to P_0(X)$ 满足

(1) $\forall x\in X$, $F(x)$ 是非空凸集;

(2) $\forall x\in X$, $\exists y\in X$, 使 $x\in\operatorname{int}F^{-1}(y)$.

则 $\exists x^*\in X$, 使 $x^*\in F\left(x^*\right)$.

证明　首先由 (2), 有 $X=\bigcup\limits_{y\in X}\operatorname{int}F^{-1}(y)$, 因 X 是紧集, 存在 $\{y_1,\cdots,y_n\}\subset X$, 使 $X=\bigcup\limits_{i=1}^{n}\operatorname{int}F^{-1}\left(y_i\right)$, 设 $\{\beta_i:i=1,\cdots,n\}$ 是从属于开覆盖 $\{\operatorname{int}F^{-1}(y_i):i=1,\cdots,n\}$ 的连续单位分划.$\forall x\in X$, 定义 $f(x)=\sum\limits_{i=1}^{n}\beta_i(x)y_i\in X$, 则 f 连续, 令 $S=\operatorname{co}\{y_1,\cdots,y_n\}$, 由 Brouwer 不动点定理, $\exists x^*\in S\subset X$, 使 $x^*=$

$f(x^*) = \sum_{i=1}^{n} \beta_i(x^*) y_i$. 令 $I(x^*) = \{i : \beta_i(x^*) > 0\}$, 则 $I(x^*) \neq \varnothing$.$\forall i \in I(x^*)$, 则 $x^* \in \text{int}F^{-1}(y_i) \subset F^{-1}(y_i)$,$y_i \in F(x^*)$. 由 (1), 因 $F(x^*)$ 是凸集, 故 $x^* \in \sum_{i \in I(x^*)} \beta_i(x^*) y_i \in F(x^*)$.

注 5.3.1 $\forall x \in X$, 因 $F(x)$ 是非空的, 取 $y \in F(x)$, 则 $x \in F^{-1}(y)$, 如果 $F^{-1}(y)$ 是开集, 则 $x \in \text{int}F^{-1}(y)$, 故定理 5.3.1 中假设条件 (2) 成立, 定理 5.3.1 推广了 Fan-Browder 不动点定理.

系 5.3.1 设 X 是 Hausdorff 线性拓扑空间 E 中的非空凸紧集, $F: X \to P_0(X)$ 满足

(1) $\forall x \in X$, $F(x)$ 是凸集;

(2) $\forall x \in X$, $x \notin F(x)$;

(3) 如果 $F(x) \neq \varnothing$, 则 $\exists y \in X$, 使 $x \in \text{int}F^{-1}(y)$.

则 $\exists x^* \in X$, 使 $F(x^*) = \varnothing$.

证明 用反证法. 如果 $\forall x \in X$, $F(x) \neq \varnothing$, 则由定理 5.3.1, $\exists \bar{x} \in X$, 使 $\bar{x} \in F(\bar{x})$, 这与 (2) 矛盾, 故 $\exists x^* \in X$, 使 $F(x^*) \neq \varnothing$.

定理 5.3.2 设 X 是 Hausdorff 线性拓扑空间 E 中的非空凸紧集, Y 是 Hausdorff 线性拓扑空间 F 中的非空凸集, 函数 $f: X \times Y \to R$ 和集值映射 $T: X \to P_0(Y)$ 满足

(1) $\forall y \in X$, $x \to f(x, y)$ 是上半连续和拟凹的;

(2) $\forall x \in X$, $y \to f(x, y)$ 是下半连续和拟凸的;

(3) $\forall x \in X$, $T(x)$ 是非空凸紧集, 且 $\min\limits_{y \in T(x)} f(x, y) \leqslant 0$;

(4) $\forall x \in X$,$\{u \in X : \min\limits_{y \in T(x)} f(u, y) > 0\} \neq \varnothing$, 则 $\exists \bar{x} \in X$, 使 $x \in \text{int}\{v \in X : \min\limits_{y \in T(v)} f(\bar{x}, y) > 0\}$.

则 $\exists (x^*, y^*) \in X \times Y$, 使 $y^* \in T(x^*)$, 且 $\forall x \in X$, 有 $f(x, y^*) \leqslant 0$.

证明 $\forall x \in X$, 定义 $F(x) = \left\{u \in X : \min\limits_{y \in T(x)} f(u, y) > 0\right\}$, $\forall u_1, u_2 \in F(x)$, 则 $\exists y_1, y_2 \in T(x)$, 使 $f(u_1, y_1) = \min\limits_{y \in T(x)} f(u_1, y) > 0$, $f(u_2, y_2) = \min\limits_{y \in T(x)} f(u_2, y) > 0$. $\forall \lambda \in (0, 1)$, $\exists y_\lambda \in T(x)$, 使 $f(\lambda u_1 + (1-\lambda) u_2, y_\lambda) = \min\limits_{y \in T(x)} f(\lambda u_1 + (1-\lambda) u_2, y) > 0$. 由 (1),

$$f(\lambda u_1 + (1-\lambda) u_2, y_\lambda) \geqslant \min\{f(u_1, y_\lambda), f(u_2, y_\lambda)\} \geqslant \min\{f(u_1, y_1), f(u_2, y_2)\} > 0,$$

故 $\lambda u_1 + (1-\lambda) u_2 \in F(x)$, $F(x)$ 是凸集.

由 (3), $x \notin F(x)$.

$\forall x' \in X, F^{-1}(x') = \left\{v \in X : \min\limits_{y \in T(v)} f(x', y) > 0\right\}$, 由 (4), 如果 $F(x) \neq \varnothing$, 则 $\exists \bar{x} \in X$, 使 $x \in \mathrm{int} F^{-1}(\bar{x})$.

这样, 由系 5.3.1, $\exists x^* \in X$, 使 $F(x^*) = \varnothing$, 即 $\forall u \in X$, 有 $\min\limits_{y \in T(x^*)} f(u, y) \leqslant 0$.

因 (1) 和 (2) 成立, 且 $T(x^*) \subset Y$ 是非空凸紧集, 由定理 4.3.5, 有

$$\min_{y \in T(x^*)} \max_{x \in X} f(x, y) = \max_{x \in X} \min_{y \in T(x^*)} f(x, y) \leqslant 0,$$

故 $\exists y^* \in T(x^*)$, 使 $\max\limits_{x \in X} f(x, y^*) \leqslant 0$, 即 $\forall x \in X$, $f(x, y^*) \leqslant 0$.

系 5.3.2　设 C 是 Hausdorff 局部凸空间 E 中的闭凸锥, 且 $e \in \mathrm{int} C$, C 的对偶锥 $C^* = \{p \in E^* : \langle p, y\rangle \leqslant 0, \forall y \in C\} \neq \{0\}$, $\Delta = \{p \in C^* : \langle p, e\rangle = -1\}$, 集值映射 $T : \Delta \to P_0(E)$ 满足

(1) $\forall p \in \Delta$, $T(p)$ 是非空凸紧集, 且 $\min\limits_{y \in T(p)} \langle p, y\rangle \leqslant 0$;

(2) $\forall p \in \Delta$, $\left\{q \in \Delta : \min\limits_{y \in T(p)} \langle q, y\rangle > 0\right\} \neq \varnothing$, 则 $\exists \bar{p} \in \Delta$, 使 $p \in \mathrm{int}\{\bar{q} \in \Delta : \min\limits_{y \in T(\bar{q})} \langle \bar{p}, y\rangle > 0\}$.

则 $\exists p^* \in \Delta$, 使 $T(p^*) \cap C \neq \varnothing$.

证明　令 $X = \Delta$, 则它是凸集, 又 Δ 是等度连续和 w^* 闭的, 因此是 w^* 紧的. 令 $Y = E$, $f(p, y) = \langle p, y\rangle$. 这样, 定理 5.3.2 的假设条件全部成立, $\exists p^* \in \Delta$, $y^* \in T(p^*)$, 使 $\forall p \in \Delta$, 有 $\langle p, y^*\rangle \leqslant 0$.

以下来证明 $y^* \in C$, 从而有 $T(p^*) \cap C \neq \varnothing$. 用反证法. 如果 $y^* \notin C$, 因 E 是局部凸的, 而 C 是闭凸集, $\exists r \in E^*$, 使 $\langle r, y^*\rangle > \sup\limits_{y \in C} \langle r, y\rangle$. 因 C 是锥, 且 $0 \in C$, 必有 $\sup\limits_{y \in C} \langle r, y\rangle = 0$. 因 $e \in \mathrm{int} C$, 必有 $\langle r, e\rangle < 0$. 令 $\bar{r} = -\dfrac{r}{\langle r, e\rangle}$, 则 $\bar{r} \in \Delta$, 但 $\langle \bar{r}, y^*\rangle > 0$, 这与 $\forall p \in \Delta$, $\langle p, y^*\rangle \leqslant 0$ 矛盾, 故 $y^* \in C$.

注 5.3.2　系 5.3.2 是文献 [73] 中的主要结果.

系 5.3.3　设 C 是 Huasdorff 局部凸空间 E 中的闭凸锥, 且 $e \in \mathrm{int} C$, C 的对偶锥 $C^* = \{p \in E^* : \langle p, y\rangle \leqslant 0, \forall y \in C\} \neq \{0\}$, $\Delta = \{p \in C^* : \langle p, e\rangle = -1\}$, 集值映射 $T : \Delta \to P_0(E)$ 满足

(1) T 在 w^* 拓扑意义下是上半连续的;

(2) $\forall p \in \Delta$, $T(p)$ 是非空凸紧集;

(3) $\forall p \in \Delta$, $\exists x \in T(p)$, 使 $\langle p, x\rangle \leqslant 0$.

则 $\exists p^* \in \Delta$, 使 $T(p^*) \cap C \neq \varnothing$.

证明　我们只需证明此时系 5.3.2 中假设条件 (2) 成立. $\forall p \in \Delta$, 令 $F(p) = \{q \in \Delta : \langle q, x\rangle > 0, \forall x \in T(p)\}$, 则 $\forall q \in \Delta$,

$$F^{-1}(q) = \{p \in \Delta : q \in F(p)\} = \{p \in \Delta : \langle q, x\rangle > 0, \forall x \in T(p)\} = \{p \in \Delta : T(p) \subset V\},$$

其中 $V=\{x\in X:\langle q,x\rangle>0\}$.

因 V 是开集, 而集值映射 T 在 p 是上半连续的, 故 $F^{-1}(q)$ 是开集, 系 5.3.2 中假设条件 (2) 必成立.

注 5.3.3 系 5.3.3 是文献 [74] 中的主要结果. 系 5.3.2 和系 5.3.3 都推广了 Gale-Nikaido-Debreu 引理.

定理 5.3.3 设 X 是 Hausdorff 线性拓扑空间 E 中的非空凸集, $X=\bigcup\limits_{n=1}^{\infty}C_n$, 其中 $C_1\subset C_2\subset C_3\subset\cdots$, 且 $\forall n=1,2,3,\cdots$, C_n 是非空凸紧集, Y 是 Hausdorff 线性拓扑空间 F 中的非空凸集. 函数 $f:X\times Y\to R$ 和集值映射 $T:X\to P_0(Y)$ 满足

(1) $\forall y\in X$, $x\to f(x,y)$ 是上半连续和拟凹的;

(2) $\forall x\in X$, $y\to f(x,y)$ 是下半连续和拟凸的;

(3) $\forall x\in X$, $T(x)$ 是非空凸紧集, 且 $\min\limits_{y\in T(x)}f(x,y)\leqslant 0$;

(4) $\forall n=1,2,3,\cdots$, $\forall x\in C_n$, $\left\{u\in C_n:\min\limits_{y\in T(x)}f(u,y)>0\right\}\neq\varnothing$, 则 $\exists\bar{x}\in C_n$, 使 $\bar{x}\in\operatorname{int}\left\{v\in C_n:\min\limits_{y\in T(v)}f(\bar{x},y)>0\right\}$;

(5) 对任意 X 中的序列 $\{x_n\}$, 满足 $x_n\in C_n$, $n=1,2,3,\cdots$, 且对任何 n, $\exists x_m\notin C_n$ 及对任意 Y 中的序列 $\{y_n\}$, 其中 $y_n\in T(x_n)$, $n=1,2,3,\cdots$, 必存在正整数 n_0 及 $x'_{n_0}\in C_{n_0}$, 使 $f(x'_{n_0},y_{n_0})>0$.

则 $\exists(x^*,y^*)\in X\times Y$, 使 $y^*\in T(x^*)$, 且 $\forall x\in X$, 有 $f(x,y^*)\leqslant 0$.

证明 $\forall n=1,2,3,\cdots$, 由定理 5.3.2, $\exists(x_n,y_n)\in C_n\times Y$, 使 $y_n\in T(x_n)$, 且 $\forall x\in C_n$, 有 $f(x,y_n)\leqslant 0$. 如果对任何 n, $\exists x_m\notin C_n$, 则存在正整数 n_0 及 $x'_{n_0}\in C_{n_0}$, 使 $f(x'_{n_0},y_{n_0})>0$, 矛盾, 故存在正整数 N_1, 使 $\{x_n\}\subset C_{N_1}$. 因 C_{N_1} 是紧集, $\{x_n\}$ 必有聚点 $x^*\in C_{N_1}$, 即存在 $\{x_n\}$ 的子网 $\{z_\alpha\}$, $z_\alpha\to x^*$. 记 $z_\alpha=x_{n(\alpha)}$, 其中 $n(\alpha)\to\infty$.

如果 $\left\{u\in X:\min\limits_{y\in T(x^*)}f(u,y)>0\right\}\neq\varnothing$, 则存在正整数 N_2, 不妨设 $N_2\geqslant N_1$, 使 $\left\{u\in C_{N_2}:\min\limits_{y\in T(x^*)}f(u,y)>0\right\}\neq\varnothing$, 由 (4), $\exists\bar{x}\in C_{n_2}$, 使 $x^*\in\operatorname{int}\left\{v\in C_{N_2}:\min\limits_{y\in T(v)}f(\bar{x},y)>0\right\}$, 由 $z_\alpha\to x^*$, $\exists\alpha_0$, 使 $n(\alpha_0)\geqslant N_2$, 此时必有 $\min\limits_{y\in T\left(z_{\alpha_0}\right)}f(\bar{x},y)>0$, 于是 $f(\bar{x},y_{n(\alpha_0)})>0$, 这与 $\bar{x}\in C_{N_2}\subset C_{n(\alpha_0)}$, $f\left(\bar{x},y_{n(\alpha_0)}\right)\leqslant 0$ 矛盾. 于是 $\left\{u\in X:\min\limits_{y\in T(x^*)}f(u,y)>0\right\}=\varnothing$, 即 $\forall u\in X$, $\min\limits_{y\in T(x^*)}f(u,y)\leqslant 0$.

因条件 (1) 和 (2) 成立, 且 $T(x^*)\subset Y$ 是非空凸紧集, 由定理 4.3.5, 有

$$\min_{y\in T(x^*)}\max_{x\in X}f(x,y)=\max_{x\in X}\min_{y\in T(x^*)}f(x,y)\leqslant 0,$$

故 $\exists y^* \in T(x^*)$, 使 $\max\limits_{x\in X} f(x,y^*) \leqslant 0$, 即 $\forall x \in X$, 有 $f(x,y^*) \leqslant 0$.

系 5.3.4　设

$$\Delta = \left\{ p = (p_1, \cdots, p_m) : p_i \geqslant 0, \sum_{i=1}^{m} p_i = 1 \right\},$$

$$S = \left\{ p = (p_1, \cdots, p_m), p_i > 0, \sum_{i=1}^{m} p_i = 1 \right\},$$

$$C_n = \mathrm{co}\left\{ p \in S : d(p, \Delta \backslash S) \geqslant \frac{1}{n} \right\},$$

其中 d 是 R^m 中的距离, $n = 1, 2, 3, \cdots$, 集值映射 $T : S \to P_0(R^m)$ 满足

(1) $\forall p \in S$, T 在 p 是上半连续的, 且 $T(p)$ 是非空凸紧集;

(2) $\forall p \in S$, $\forall y \in T(p)$, 有 $\langle p, y \rangle = 0$;

(3) 对任意 S 中的序列 $\{p_n\}$, 满足 $p_n \in C_n$, $n = 1, 2, 3, \cdots$, 且对任何 n, $\exists p_m \notin C_n$ 及对任意 R^m 中的序列 $\{y_n\}$, 其中 $y_n \in T(p_n)$, $n = 1, 2, 3, \cdots$, 必存在正整数 n_0 及 $p'_{n_0} \in C_{n_0}$, 使 $\langle p'_{n_0}, y_{n_0} \rangle > 0$.

则 $\exists p^* \in S$, 使 $0 \in T(p^*)$.

证明　不妨设 $m > 1$, $C_n \neq \varnothing$ (实际上 $\exists n_0$, 使 $\forall n \geqslant n_0$, 有 $C_n \neq \varnothing$), 则 C_n 是非空凸紧集, $n = 1, 2, 3, \cdots$, $C_1 \subset C_2 \subset C_3 \subset \cdots$, $S = \bigcup\limits_{n=1}^{\infty} C_n$. 令 $X = S$, $Y = R^m$, $\forall p \in X$, $\forall y \in Y$, $f(p, y) = \langle p, y \rangle$, 易证定理 5.3.3 的假设条件全部成立, $\exists (p^*, y^*) \in S \times R^m$, 使 $y^* \in T(p^*)$, 且 $\forall p \in S$, 有 $\langle p, y^* \rangle \leqslant 0$.

记 $y^* = (y_1^*, \cdots, y_m^*)$, 如果 $y_i^* > 0$, 选取 $1 > a > 0$ 且充分接近 1, 使 $\dfrac{1-a}{m-1} \sum\limits_{\substack{j \neq i \\ 1 \leqslant j \leqslant m}} y_j^* + a y_i^* > 0$. 令 $p_i = a$, $p_j = \dfrac{1-a}{m-1} (j \neq i)$, 则 $p = (p_1, \cdots, p_m) \in S$, 且 $\langle p, y^* \rangle > 0$, 矛盾. 因此 $y_i^* \leqslant 0$, $i = 1, \cdots, m$. 另一方面, $p^* \in S$, 由 (2), 有 $\langle p^*, y^* \rangle = 0$, 故 $y_i^* = 0$, $i = 1, \cdots, m$, $y^* = 0$, $0 \in T(p^*)$.

系 5.3.5　设

$$\Delta = \left\{ p = (p_1, \cdots, p_m) : p_i \geqslant 0, \sum_{i=1}^{m} p_i = 1 \right\},$$

$$S = \left\{ p = (p_1, \cdots, p_m) : p_i > 0, \sum_{i=1}^{m} p_i = 1 \right\},$$

集值映射 $T : S \to P_0(R^m)$ 满足

(1) $\forall p \in S$, T 在 p 是上半连续的, 且 $T(p)$ 是非空凸紧集;

(2) $\forall p \in S$, $\forall y \in T(p)$, 有 $\langle p, y\rangle = 0$;

(3) 对任意 S 中的序列 $\{p_n\}$, 满足 $p_n \to p \in \Delta\backslash S$ 及对任意 R^m 中的序列 $\{y_n\}$, 其中 $y_n \in T(p_n)$, 必存在 $\bar{p} \in S$, 使对无限个 n, 有 $\langle \bar{p}, y_n\rangle > 0$.

则 $\exists p^* \in S$, 使 $0 \in T(p^*)$.

证明 我们只需证明系 5.3.4 中假设条件 (3) 成立. 对任意 S 中的序列 $\{p_n\}$, 其中 $p_n \in C_n = \mathrm{co}\left\{p \in S : d(p, \Delta\backslash S) \geqslant \dfrac{1}{n}\right\}$, (其中 d 是 R^m 中的距离), $n = 1, 2, 3, \cdots$, 且对任何 n, $\exists p_m \notin C_n$ 及对任意 R^m 中的序列 $\{y_n\}$, 其中 $y_n \in T(p_n)$, $n = 1, 2, 3, \cdots$, 因 Δ 是紧集, 不妨设 $p_n \to p \in \Delta\backslash S$, 由 (3), $\exists \bar{p} \in S$, 使对无限个 n, 有 $\langle \bar{p}, y_n\rangle > 0$. 因 $S = \bigcup\limits_{n=1}^{\infty} C_n$, 存在正整数 n_1, 使 $\forall n \geqslant n_1$ 有 $\bar{p} \in C_n$, 于是可选取正整数 $n_0 \geqslant n_1$, 使 $\langle \bar{p}, y_{n_0}\rangle > 0$, 系 5.3.4 中假设条件 (3) 必成立.

注 5.3.4 系 5.3.5 是文献 [75] 中的主要结果. 系 5.3.4 和系 5.3.5 都推广了 Gale-Nikaido-Debreu 引理.

第 6 章　Nash 平衡点集和若干非线性问题解集的通有稳定性

本章我们将对 n 人非合作博弈的 Nash 平衡点集和若干非线性问题的解集进行深入的研究, 我们将建立统一的模式, 证明通有稳定性的深刻结论.

6.1　n 人非合作博弈 Nash 平衡点集的通有稳定性[76],[77]

设 $N=\{1,\cdots,n\}$ 是局中人的集合, $\forall i\in N$, X_i 是第 i 个局中人的策略集, 它是 Hausdorff 线性拓扑空间 E_i 中的非空凸紧集, $f_i: X=\prod_{i=1}^{n} x_i\to R$ 是第 i 个局中人的支付函数,

$$Y_1=\{f=(f_1,\cdots,f_n):\forall i\in N, f_i: X\to R \text{ 连续, 且 } \forall x_{\hat{i}}\in X_{\hat{i}},\ u_i\to f_i(u_i,x_{\hat{i}}) \text{ 在 } x_i \text{ 上是拟凹的}\}.$$

$\forall f=(f_1,\cdots,f_n), g=(g_1,\cdots,g_n)\in Y_1$, 定义距离

$$\rho_1(f,g)=\sup_{x\in X}\sum_{i=1}^{n}|f_i(x)-g_i(x)|.$$

注意到注 1.5.1, 易证 (Y_1,ρ_1) 是一个完备度量空间.

$\forall f=(f_1,\cdots,f_n)\in Y_1$, 由 f 可以确定一个 n 人非合作博弈, 其中 $\forall i\in N$, 第 i 个局中人的支付函数为 f_i. 这样, 我们就可以将 Y_1 看作博弈的集合, 称 Y_1 为博弈空间. $\forall f\in Y_1$, 用 $N_1(f)$ 表示博弈 f 的所有 Nash 平衡点的集合, 由定理 4.2.5, $N_1(f)\neq\varnothing$. 这样, 我们可以来研究集值映射 $N_1: Y_1\to P_0(X)$.

首先给出一个引理.

引理 6.1.1　设 X 和 Y 是两个 Hausdorff 拓扑空间, $\{A_\alpha\}$ 是 X 中一族非空紧集网, $A_\alpha\to A$, 其中 A 是 X 中一个非空紧集, $\{y^\alpha\}$ 是 Y 中一个网, $y^\alpha\to y\in Y$, $\{f^\alpha(x,y)\}$ 是 $X\times Y$ 上一族连续函数网, $\sup_{(x,y)\in X\times Y}|f^\alpha(x,y)-f(x,y)|\to 0$, 其中 $f(x,y)$ 是 $X\times Y$ 上一个连续函数, 则

$$\max_{x\in A_\alpha} f^\alpha(x,y^\alpha)\to\max_{x\in A} f(x,y).$$

证明　首先, 由定理 2.2.9(1), 有 $\max\limits_{x\in A_\alpha} f(x,y^\alpha)\to\max\limits_{x\in A} f(x,y)$, 所以要使引理成立, 只需证明 $\max\limits_{x\in A_\alpha} f^\alpha(x,y^\alpha)-\max\limits_{x\in A_\alpha} f(x,y^\alpha)\to 0$.

$\forall\alpha\in D$, 因 A_α 是紧集, 且 $f^\alpha(x,y)$ 和 $f(x,y)$ 连续, 故 $\exists u_\alpha, u'_\alpha\in A_\alpha$, 使

$$f^\alpha(u_\alpha,y^\alpha)=\max_{x\in A_\alpha} f^\alpha(x,y^\alpha),$$

$$f^\alpha(u'_\alpha,y^\alpha)=\max_{x\in A_\alpha} f^\alpha(x,y^\alpha).$$

由

$$\begin{aligned}f^\alpha(u'_\alpha,y^\alpha)-f(u'_\alpha,y^\alpha)&\leqslant\max_{x\in A_\alpha} f^\alpha(x,y^\alpha)-\max_{x\in A_\alpha} f(x,y^\alpha)\\&\leqslant f^\alpha(u_\alpha,y^\alpha)-f(u_\alpha,y^\alpha),\end{aligned}$$

得

$$\begin{aligned}&\left|\max_{x\in A_\alpha} f^\alpha(x,y^\alpha)-\max_{x\in A_\alpha} f(x,y^\alpha)\right|\\&\leqslant\max\{|f^\alpha(u'_\alpha,y^\alpha)-f(u'_\alpha,y^\alpha)|,|f^\alpha(u_\alpha,y^\alpha)-f(u_\alpha,y^\alpha)|\},\\&\leqslant\sup_{(x,y)\in X\times Y}|f^\alpha(x,y)-f(x,y)|\to 0.\end{aligned}$$

引理 6.1.1 得证.

定理 6.1.1　N_1 在 Y_1 上是一个 usco 映射.

证明　因 X 是紧集, 由定理 2.2.1 和引理 2.2.1, 我们只需证明集值映射 N_1 的图是闭的, 即要证明 $\forall f^\alpha\in Y_1$, $f^\alpha\to f$, $\forall x^\alpha\in N_1(f^\alpha)$, $x^\alpha\to x$, 则 $x\in N_1(f)$.

因 $x^\alpha\in N_1(f^\alpha)$, 则 $\forall i\in N$, 有

$$f_i^\alpha\left(x_i^\alpha,x_{\hat{i}}^\alpha\right)=\max_{u_i\in X_i} f_i^\alpha\left(u_i,x_{\hat{i}}^\alpha\right).$$

因 $f^\alpha\to f$, $x^\alpha\to x$, f 在 x 连续, 有

$$\begin{aligned}\left|f_i^\alpha\left(x_i^\alpha,x_{\hat{i}}^\alpha\right)-f_i(x_i,x_{\hat{i}})\right|&\leqslant\left|f_i^\alpha\left(x_i^\alpha,x_{\hat{i}}^\alpha\right)-f_i\left(x_i^\alpha,x_{\hat{i}}^\alpha\right)\right|+\left|f_i\left(x_i^\alpha,x_{\hat{i}}^\alpha\right)-f_i(x_i,x_{\hat{i}})\right|\\&\leqslant\rho_1(f^\alpha,f)+\left|f_i\left(x_i^\alpha,x_{\hat{i}}^\alpha\right)-f_i(x_i,x_{\hat{i}})\right|\to 0,\end{aligned}$$

于是 $\forall i\in N$, 有

$$f_i^\alpha\left(x_i^\alpha,x_{\hat{i}}^\alpha\right)\to f_i(x_i,x_{\hat{i}}).$$

$\forall i\in N$, 因 f_i^α, f_i 连续, $f_i^\alpha\to f_i$, $x_{\hat{i}}^\alpha\to x_{\hat{i}}$, 由引理 6.1.1, 有

$$\max_{u_i\in X_i} f_i^\alpha\left(u_i,x_{\hat{i}}^\alpha\right)\to\max_{u_i\in X_i} f_i(u_i,x_{\hat{i}}).$$

这样, $\forall i \in N$, 必有

$$f_i(x_i, x_{\hat{i}}) = \max_{u_i \in X_i} f_i(u_i, x_{\hat{i}}),$$

从而 $x \in N_1(f)$.

$\forall f \in Y_1$, $x \in N_1(f)$ 称为博弈 f 的本质平衡点, 如果对 x 的任意开邻域 $U(x)$, 存在 f 的开邻域 $O(f)$, 使 $\forall f' \in O(f)$, $\exists x' \in N_1(f)$, 而 $x' \in U(x)$. 如果 $\forall x \in N_1(f)$, x 都是博弈 f 的本质平衡点, 则称博弈 f 是本质的, 如果 $\exists x \in N_1(f)$, 而 x 是本质的, 则称博弈 f 是弱本质的.

定理 6.1.2　(1) 博弈 $f \in Y_1$ 是本质的当且仅当集值映射 $N_1 : Y_1 \to P_0(X)$ 在 f 是下半连续的;

(2) 博弈 $f \in Y_1$ 是弱本质的当且仅当集值映射 $N_1 : Y_1 \to P_0(X)$ 在 f 是弱下半连续的.

证明　我们只证 (1). 必要性. $f \in Y_1$, 对任何 X 中的开集 G, $G \cap N_1(f) \neq \varnothing$, 取 $x \in G \cap N_1(f)$, 则 G 是 x 的开邻域, 因博弈 f 是本质的, 故 $x \in N_1(f)$ 必是本质的, 存在 f 的开邻域 $O(f)$, 使 $\forall f' \in O(f)$, 有 $x' \in N_1(f')$, 而 $x' \in G$. 这样, $G \cap N_1(f') \neq \varnothing$, 集值映射 N_1 在 f 必是下半连续的.

充分性. $\forall f \in Y_1$, $\forall x \in N_1(f)$, 对 x 的任意开邻域 $U(x)$, 则 $N_1(f) \cap U(x) \neq \varnothing$. 因集值映射 N_1 在 f 是下半连续的, 存在 f 的开邻域 $O(f)$, 使 $\forall f' \in O(f)$, 有 $N_1(f') \cap U(x) \neq \varnothing$. 取 $x' \in N_1(f') \cap U(x)$, 则 $x' \in N_1(f')$, 而 $x' \in U(x)$, x 必是本质的, 从而博弈 f 是本质的.

定理 6.1.3　如果 $\forall i \in N$, E_i 都是线性赋范空间, 则存在 Y_1 的一个稠密剩余集 Q, 使 $\forall f \in Q$, 博弈 f 是本质的.

证明　因 Y_1 是一个完备度量空间, 由定理 1.4.4, 它是一个 Baire 空间, 而 X 是一个度量空间, 由定理 6.1.1, $N_1 : Y_1 \to P_0(X)$ 是一个 usco 映射, 于是由 Fort 定理, 存在 Y_1 中的一个稠密剩余集 Q, 使 $\forall f \in Q$, 集值映射 N_1 在 f 是下半连续的. 由定理 6.1.2(1), $\forall f \in Q$, 博弈 f 是本质的.

注 6.1.1　$\forall f \in Y_1$, 因 Q 在 Y_1 中是稠密的, 则 f 可以由本质博弈作任意逼近. 又由定理 1.2.1, Q 是第二纲的, 我们可以说, 在 Baire 分类意义下, 对大多数的 $f \in Y_1$, 博弈 f 都是本质的, 或者说博弈 f 是本质的是 Y_1 上的通有性质.

定理 6.1.4　$\forall f \in Y_1$, 如果 $N_1(f) = \{x\}$(单点集), 则博弈 f 必是本质的.

证明　对 X 中的任意开集 G, $N_1(f) \cap G \neq \varnothing$, 因 $N_1(f) = \{x\}$, 则 $x \in G$, 从而 $G \supset N_1(f)$. 由定理 6.1.1, 集值映射 N_1 在 f 是上半连续的, 存在 f 的开邻域 $O(f)$, 使 $\forall f' \in O(f)$, 有 $G \supset N_1(f')$, 于是 $G \cap N_1(f') \neq \varnothing$, 集值映射 N_1 在 f 是下半连续的. 由定理 6.1.2(1), 博弈 f 必是本质的.

以下, 我们要将 $f=(f_1,\cdots,f_n)$ 的连续性条件减弱. 设

$$Y_1'=\Big\{f=(f_1,\cdots,f_n):\sum_{i=1}^n f_i \text{ 在 } X \text{ 上是上半连续的}, \forall u\in X, x\to\sum_{i=1}^n f_i(u_i,x_{\hat{i}}) \text{ 在 } X \text{ 上是下半连续的}, \forall x\in X, u\to\sum_{i=1}^n f_i(u_i,x_{\hat{i}}) \text{ 在 } X \text{ 上是拟凹的, 且 } \sup_{x\in X}\sum_{i=1}^n |f_i(x)|<\infty\Big\}.$$

$\forall f=(f_1,\cdots,f_n), g=(g_1,\cdots,g_n)\in Y_1'$, 定义距离

$$\rho_1'(f,g)=\sup_{x\in X}\sum_{i=1}^n |f_i(x)-g_i(x)|.$$

注意到注 1.5.1, 易证 (Y_1',ρ_1') 是一个完备度量空间.

$\forall f\in Y_1'$, 用 $N_1'(f)$ 表示博弈 f 的所有 Nash 平衡点的集合, 由定理 4.2.4, $N_1'(f)\neq\varnothing$. 这样, 我们可以来研究集值映射 $N_1':Y_1'\to P_0(X)$.

定理 6.1.5　N_1' 在 Y_1' 上是一个 usco 映射.

证明　因 X 是紧集, 我们只需证明集值映射 N_1' 的图是闭的, 即要证明 $\forall f^\alpha\in Y_1'$, $f^\alpha\to f$, $\forall x^\alpha\in N_1'(f)$, $x^\alpha\to x$, 则 $x\in N_1'(f)$.

因 $x^\alpha\in N_1'(f)$, 则 $\forall i\in N$, 有

$$f_i^\alpha(x_i^\alpha,x_{\hat{i}}^\alpha)=\max_{u_i\in X_i} f_i^\alpha(u_i,x_{\hat{i}}^\alpha).$$

首先, 有

$$\begin{aligned}\sum_{i=1}^n\left[f_i(x_i,x_{\hat{i}})-f_i^\alpha(x_i^\alpha,x_{\hat{i}}^\alpha)\right]&=\sum_{i=1}^n\left[f_i(x_i,x_{\hat{i}})-f_i(x_i^\alpha,x_{\hat{i}}^\alpha)\right]\\&\quad+\sum_{i=1}^n\left[f_i(x_i^\alpha,x_{\hat{i}}^\alpha)-f_i^\alpha(x_i^\alpha,x_{\hat{i}}^\alpha)\right]\\&\geqslant\sum_{i=1}^n\left[f_i(x_i,x_{\hat{i}})-f_i(x_i^\alpha,x_{\hat{i}}^\alpha)\right]-\rho_1'(f^\alpha,f),\end{aligned}$$

取下极限, 因 $\sum_{i=1}^n f_i$ 在 x 是上半连续的, $x^\alpha\to x$, 且 $\rho_1'(f^\alpha,f)\to 0$, 得

$$\begin{aligned}\sum_{i=1}^n f_i(x_i,x_{\hat{i}})-\overline{\lim_\alpha}\sum_{i=1}^n f_i^\alpha(x_i^\alpha,x_{\hat{i}}^\alpha)&\geqslant\underline{\lim_\alpha}\sum_{i=1}^n\left[f_i(x_i,x_{\hat{i}})-f_i(x_i^\alpha,x_{\hat{i}}^\alpha)\right]\\&=\sum_{i=1}^n f_i(x_i,x_{\hat{i}})-\overline{\lim_\alpha}\sum_{i=1}^n f_i(x_i^\alpha,x_{\hat{i}}^\alpha)\geqslant 0.\end{aligned}$$

另一方面, $\forall\varepsilon>0$, $\forall i\in N$, $\exists u_i^0\in X_i$, 使 $f_i\left(u_i^0,x_{\hat{i}}\right)>\sup\limits_{u_i\in X_i}f_i\left(u_i,x_{\hat{i}}\right)-\dfrac{\varepsilon}{n}$, 故

$$\begin{aligned}&\sum_{i=1}^n f_i^\alpha\left(x_i^\alpha,x_{\hat{i}}^\alpha\right)\geqslant\sum_{i=1}^n f_i^\alpha\left(u_i^0,x_{\hat{i}}^\alpha\right)\\=&\sum_{i=1}^n f_i\left(u_i^0,x_{\hat{i}}\right)+\left[\sum_{i=1}^n f_i\left(u_i^0,x_{\hat{i}}^\alpha\right)-\sum_{i=1}^n f_i\left(u_i^0,x_{\hat{i}}\right)\right]\\&+\left[\sum_{i=1}^n f_i^\alpha\left(u_i^0,x_{\hat{i}}^\alpha\right)-\sum_{i=1}^n f_i\left(u_i^0,x_{\hat{i}}^\alpha\right)\right]\\>&\sum_{i=1}^n\sup_{u_i\in X_i}f_i\left(u_i,x_{\hat{i}}\right)-\varepsilon+\left[\sum_{i=1}^n f_i\left(u_i^0,x_{\hat{i}}^\alpha\right)-\sum_{i=1}^n f_i\left(u_i^0,x_{\hat{i}}\right)\right]-\rho_1'\left(f^\alpha,f\right).\end{aligned}$$

取下极限, 因 $x\to\sum\limits_{i=1}^n f_i\left(u_i^0,x_{\hat{i}}\right)$ 在 x 是下半连续的, $x^\alpha\to x$, $\rho_1'\left(f^\alpha,f\right)\to0$, 且 ε 是任意的, 得

$$\begin{aligned}\varliminf_\alpha\sum_{i=1}^n f_i^\alpha\left(x_i^\alpha,x_{\hat{i}}^\alpha\right)\geqslant&\sum_{i=1}^n\sup_{u_i\in X_i}f_i\left(u_i,x_{\hat{i}}\right)+\varliminf_\alpha\sum_{i=1}^n f_i\left(u_i^0,x_{\hat{i}}^\alpha\right)\\&-\sum_{i=1}^n f_i\left(u_i^0,x_{\hat{i}}\right)\geqslant\sum_{i=1}^n\sup_{u_i\in X_i}f_i(u_i,x_{\hat{i}}).\end{aligned}$$

这样

$$\begin{aligned}\sum_{i=1}^n f_i\left(x_i,x_{\hat{i}}\right)\geqslant&\varlimsup_\alpha\sum_{i=1}^n f_i^\alpha\left(x_i^\alpha,x_{\hat{i}}^\alpha\right)\geqslant\varliminf_\alpha\sum_{i=1}^n f_i^\alpha\left(u_i^\alpha,x_{\hat{i}}^\alpha\right)\\\geqslant&\sum_{i=1}^n\sup_{u_i\in X_i}f_i\left(u_i,x_{\hat{i}}\right).\end{aligned}$$

但是由 $\forall i\in N$,$x_i\in X_i$, $f_i\left(x_i,x_{\hat{i}}\right)\leqslant\sup\limits_{u_i\in X_i}f_i\left(u_i,x_{\hat{i}}\right)$, 故 $f_i\left(x_i,x_{\hat{i}}\right)=\max\limits_{u_i\in X_i}f_i\left(u_i,x_{\hat{i}}\right)$, $x\in N_1'(f)$.

由定理 6.1.5, 我们立即可以得到以下定理.

定理 6.1.6 (1) 如果 $\forall i\in N$, E_i 都是线性赋范空间, 则存在 Y_1' 中的一个稠密剩余集 Q', 使 $\forall f\in Q'$, f 是本质博弈;

(2) $\forall f\in Y_1'$, 如果 $N_1'(f)=\{x\}$(单点集), 则博弈 f 必是本质的.

注 6.1.2 检查定理 6.1.1 和定理 6.1.5 的证明, $\forall i\in N$, E_i 是线性空间, X_i 是凸集及 f_i 的凸性条件等都未用到, 当 X_i 是 Hausdorff 拓扑空间 E_i 中的非空紧集, f_i 满足给定的连续性条件, 集值映射 N_1(或者 N_1') 就是 usco 映射, 而之所以加上 E_i

是线性空间, X_i 是凸集及 f_i 的凸性条件, 是为了保证 $N_1(f) \neq \varnothing$(或者 $N_1'(f) \neq \varnothing$), 只有在平衡点存在的基础上才能研究平衡点集的稳定性.

为了得到博弈 f 是弱本质的结果, 我们还需要一些预备知识, 详见文献 [78]~[80].

如果拓扑空间 X 可以作为一个 G_δ 子集嵌入到 Hausdorff 紧拓扑空间中, 则称 X 是一个 Čech 完备空间. Hausdorff 局部紧空间就是 Čech 完备空间, 完备度量空间也是 Čech 完备空间, Čech 完备空间必是 Baire 空间.

如果对每个 Čech 完备空间 X, 每个从 X 到 Hausdorff 拓扑空间 Y 的 usco 映射 F, 都在 X 的某个稠密 G_δ 子集上弱下半连续, 则称 Y 属于 L 类. 由 Fort 定理, 每个度量空间都属于 L 类, 当然不能由 Y 属于 L 类而断言 Y 必是度量空间.

关于 Čech 完备空间和 L 类, 还有以下结果[78~80]：

(1) 如果 X 是 Čech 完备空间, $A \subset X$ 是非空闭集, 则 A 也是 Čech 完备空间;

(2) 如果 X 是 Čech 完备空间, $K_0(X)$ 是 X 中所有非空紧集的集合, 则 $K_0(X)$ 按 Vietoris 拓扑也是 Čech 完备空间;

(3) 设 $X_1, \cdots, X_n$ 都是 Čech 完备空间, 则 $\prod\limits_{i=1}^{n} X_i$ 也是 Čech 完备空间;

(4) 设 X 是 Čech 完备空间, 则它必是一个完全正则空间, 即对 X 中任意 $x_0 \in X$ 及 X 中的任意非空闭集 A, $x_0 \notin A$, 必存在一个连续函数 $g : X \to [0,1]$, 使 $g(x_0) = 1$, 而 $\forall x \in A$, $g(x) = 1$;

(5) 设 $X_1, \cdots, X_n \in L$, 则 $\prod\limits_{i=1}^{n} X_i \in L$;

(6) 设 $X \in L$, 而 $A \subset X$, 则 $A \in L$.

定理 6.1.7 如果 $\forall i \in N$, $E_i \in L$, 则存在 Y_1(或者 Y_1') 中的一个稠密剩余集 Q(或者 Q'), 使 $\forall f \in Q$(或者 Q'), 博弈 f 是弱本质的.

证明 因 Y_1(或者 Y_1') 是完备度量空间, 当然是 Čech 完备的. $\forall i \in N$, 因 $E_i \in L$, 故 $X_i \in L$, 从而 $X = \prod\limits_{i=1}^{n} X_i \in L$. 由定理 6.1.1(或者定理 6.1.5), N_1(或者 N_1'): Y_1(或者 Y_1') $\to P_0(X)$ 是一个 usco 映射, 于是, 存在 Y_1(或者 Y_1') 中的一个稠密剩余集 Q(或者 Q'), 使 $\forall f \in Q$(或者 Q'), 集值映射 N_1(或者 N_1') 在 f 是弱下半连续的. 由定理 6.1.2(2), $\forall f \in Q$(或者 Q'), 博弈 f 是弱本质的.

6.2 统一模式：非线性问题解集的通有稳定性[77]

现在将 6.1 节的论证过程提炼, 给出统一的模式.

设 Y 是 “问题” 空间, $\forall y \in Y$, y 表示一个非线性问题, X 是 “解” 空间, 问题 y 的解都在 X 中, $F : Y \to P_0(X)$ 是一个集值映射, $\forall y \in Y$, $F(y) \subset X$ 表示非线性问

题 y 的解的全体, $F(y) \neq \varnothing$. 我们要研究当 y 在 Y 中变化很小时, $F(y)$ 在 X 中如何变化, 我们当然希望当 y 在 Y 中变化很小时, $F(y)$ 在 X 中变化也很小, 这正是稳定性的研究.

我们首先证明 Y 是一个 Baire 空间 (而这通常是在 Y 中引进适当距离, 使 Y 成为一个完备度量空间) 及集值映射 $F: Y \to P_0(X)$ 是一个 usco 映射, 然后引进本质解、本质问题和弱本质问题的定义：$y \in Y$, $x \in F(y)$, 如果对 x 的任意开邻域 $U(x)$, 存在 y 的开邻域 $O(y)$, 使 $\forall y' \in O(y)$, $\exists x' \in F(y')$, 而 $x' \in U(x)$, 则称 x 是问题 y 的本质解. 如果 $\forall x \in F(y)$, x 都是本质解, 则称问题 y 是本质的. 如果 $\exists x \in F(y)$, 使 x 是本质解, 则称问题 y 是弱本质的. 容易证明, $y \in Y$ 是本质的当且仅当集值映射 F 在 $y \in Y$ 是下半连续的, 而问题 $y \in Y$ 是弱本质的当且仅当集值映射 F 在 $y \in Y$ 是弱下半连续的.

我们有以下三个结论：

(1) 当 X 是度量空间时, 由 Fort 定理, 存在 Y 中的一个稠密剩余集 Q, 使 $\forall y \in Q$, F 在 y 下半连续的, 从而 $\forall y \in Q$, 问题 y 是本质的. 这样, Y 中的任何问题都可以由本质问题作任意逼近, 且 $\forall y \in Q$, 因集值映射 F 在 y 连续, 必有 $\lim\limits_{y' \to y} h(F(y'), F(y)) = 0$, 其中 h 是 X 上的 Hausdorff 距离.

(2) 当 $X \in L$, 而 Y 是 Čech 完备空间时, 存在 Y 中的一个稠密剩余集 Q, 使 $\forall y \in Q$, F 在 y 是弱下半连续的, 从而 $\forall y \in Q$, 问题 y 是弱本质的. 这样, Y 中的任何问题都可以由弱本质问题作任意逼近.

(3) 如果 $y \in Y$, 而 $F(y) = \{x\}$(单点集), 则问题 y 必是本质的.

因为以上稳定性结论是当 $y \in Q$ 时成立, 而 Q 是 Y 中的稠密剩余集, 因此, 这是非线性问题解集通有稳定性的研究. 这种通有性质的研究早已有之, 例如, Mazur 关于可分 Banach 空间上连续凸函数可微性的结果[81] 和 Smale 对微分拓扑中 Sard 定理在无限维空间中的推广[82], 近年来也非常活跃, 还可参见文献 [83], [84].

注 6.2.1　关于 L 类的讨论等, 还可见文献 [85].

以下按照统一模式, 继续研究 n 人非合作博弈 Nash 平衡点集的通有稳定性.

$\forall i \in N$, 设 X_i 是 Hausdorff 线性拓扑空间 E_i 中的非空闭凸集, $CK_0(X_i)$ 是 X_i 中所有非空凸紧集的集合,

$$C = \left\{ f = (f_1, \cdots, f_n) : \forall i \in N, f_i : X \to R \text{ 连续}, \forall x_{\hat{i}} \in X_{\hat{i}}, u_i \to f_i(u_i, x_{\hat{i}}) \right.$$
$$\left. \text{在 } X_i \text{ 上是拟凹的, 且} \sup_{x \in X} \sum_{i=1}^{n} |f_i(x)| < +\infty \right\}.$$

$\forall f = (f_1, \cdots, f_n), g = (g_1, \cdots, g_n) \in C$, 定义距离

$$\rho_2(f, g) = \sup_{x \in X} \sum_{i=1}^{n} |f_i(x) - g_i(x)|.$$

则易证 (C,ρ_2) 是一个完备度量空间.

令 $Y_2=C\times\prod_{i=1}^{n}CK_0(X_i)$, $\forall y=(f_1,\cdots,f_n;S_1,\cdots,S_n)\in Y_2$, 由 y 可以确定一个 n 人非合作博弈, 其中 $\forall i\in N$, 第 i 个局中人的支付函数为 f_i, 策略集为 S_i. 这样, 我们就可以将 Y_2 看作博弈的集合, 称 Y_2 为博弈空间. $\forall y=(f_1,\cdots,f_n;S_1,\cdots,S_n)\in Y_2$, 由定理 4.2.5, $\exists x^*=(x_1^*,\cdots,x_n^*)\in S=\prod_{i=1}^{n}S_i$, 使 $\forall i\in N$, 有 $f_i\left(x_i^*,x_{\hat{i}}^*\right)=\max\limits_{u_i\in S_i}f_i\left(u_i,x_{\hat{i}}^*\right)$, 用 $N_2(y)$ 表示博弈 y 的所有 Nash 平衡点的集合. 这样, 我们可以来研究集值映射 $N_2:Y_2\to P_0(X)$.

定理 6.2.1 N_2 在 Y_2 上是一个 usco 映射.

证明 首先证明 $\forall y=(f_1,\cdots,f_n;S_1,\cdots,S_n)\in Y_2$, $N_2(y)$ 是紧集：$\forall x^\alpha\in N_2(y)$, $x^\alpha\to x$, 则 $x\in S=\prod_{i=1}^{n}S_i$, 且 $\forall i\in N$, $f_i\left(x_i^\alpha,x_{\hat{i}}^\alpha\right)=\max\limits_{u_i\in S_i}f_i\left(u_i,x_{\hat{i}}^\alpha\right)$. 因 f_i 在 x 连续, $x^\alpha\to x$, 得 $f_i\left(x_i^\alpha,x_{\hat{i}}^\alpha\right)\to f_i(u_i,x_{\hat{i}})$. 又由引理 6.1.1, 有 $\max\limits_{u_i\in S_i}f_i\left(u_i,x_{\hat{i}}^\alpha\right)\to\max\limits_{u_i\in S_i}f_i(u_i,x_{\hat{i}})$, 故 $f_i(x_i,x_{\hat{i}})=\max\limits_{u_i\in S_i}f_i(u_i,x_{\hat{i}})$, $x\in N_2(y)$, 从而 $N_2(y)$ 是闭集. 又 $N_2(y)\subset S$, 而 S 是紧集, 故 $N_2(y)$ 必是紧集.

以下用反证法. 设集值映射 N_2 在 $y\in Y_2$ 不是上半连续的, 则存在 X 中的开集 G, $G\supset N_2(y)$, 但存在 Y_2 中的一个网 $\{y^\alpha\}$, $y^\alpha\to y$, 且 $\exists x^\alpha\in N_2(y^\alpha)$, 使 $x^\alpha\notin G$. 记 $y^\alpha=(f_1^\alpha,\cdots,f_n^\alpha;S_1^\alpha,\cdots,S_n^\alpha)$, $y=(f_1,\cdots,f_n;S_1,\cdots,S_n)$, 则 $\rho_2(f^\alpha,f)\to 0$, 且 $\forall i\in N$, 有 $S_i^\alpha\to S_i$. 因 $\left\{\prod_{i=1}^{n}S_i^\alpha\right\}$ 是 $\prod_{i=1}^{n}X_i$ 的一族紧集网, $\prod_{i=1}^{n}S_i^\alpha\to\prod_{i=1}^{n}S_i$, 其中 $\prod_{i=1}^{n}S_i$ 是 $\prod_{i=1}^{n}X_i$ 中的一个紧集, 又 $x^\alpha=(x_1^\alpha,\cdots,x_n^\alpha)\in\prod_{i=1}^{n}S_i^\alpha$, 由定理 2.1.2, $\exists x=(x_1,\cdots,x_n)\in\prod_{i=1}^{n}S_i$, 使 x 是网 $\{x^\alpha\}$ 的一个聚点. 因 $x^\alpha\notin G$, G 是开集, 故 $x\notin G$, 从而 $x\notin N_2(y)$, 必 $\exists i\in N$ 及 $\varepsilon_0>0$, 使

$$f_i(x_i,x_{\hat{i}})<\max_{u_i\in S_i}f_i(u_i,x_{\hat{i}})-\varepsilon_0=f_i\left(u_i^0,x_{\hat{i}}\right)-\varepsilon_0,$$

其中 $u_i^0\in S_i$. 因 f_i 连续, 存在 x_i 在 X_i 中的开邻域 $O(x_i)$, u_i^0 在 X_i 中的开邻域 $O\left(u_i^0\right)$ 及 $x_{\hat{i}}$ 在 $X_{\hat{i}}$ 中的开邻域 $O(x_{\hat{i}})$, 使 $\forall x'\in O(x_i)\times O(x_{\hat{i}})$, 有 $f_i\left(x_i',x_{\hat{i}}'\right)-\frac{\varepsilon}{4}<f_i(x_i,x_{\hat{i}})$, $\forall x'\in O\left(u_i^0\right)\times O(x_{\hat{i}})$, 有 $f_i\left(u_i^0,x_{\hat{i}}\right)<f_i\left(x_i',x_{\hat{i}}'\right)+\frac{\varepsilon}{4}$. 因 $f^\alpha\to f$, $\exists\alpha_0\in D$, 使 $\forall\alpha\succ\alpha_0$, 有 $\rho_2(f^\alpha,f)<\frac{\varepsilon_0}{4}$, 因 x 是 $\{x^\alpha\}$ 的聚点, $O\left(u_i^0\right)\cap S_i\neq\varnothing$, 且 $S_i^\alpha\to S_i$, $\exists\alpha_1\succ\alpha_0$, 使 $x^{\alpha_1}\in O(x_i)\times O(x_{\hat{i}})$, 且 $O\left(u_i^0\right)\cap S_i^{\alpha_1}\neq\varnothing$. 选取 $u_i^{\alpha_1}\in O\left(u_i^0\right)\cap S_i^{\alpha_1}$,

则

$$f_i^{\alpha_1}\left(x_i^{\alpha_1},x_{\hat{i}}^{\alpha_1}\right)<f_i\left(x_i^{\alpha_1},x_{\hat{i}}^{\alpha_1}\right)+\frac{\varepsilon_0}{4}<f_i\left(x_i,x_{\hat{i}}\right)+\frac{\varepsilon_0}{2}<f_i\left(u_i^0,x_{\hat{i}}\right)-\frac{\varepsilon_0}{2}$$
$$<f_i\left(u_i^{\alpha_1},x_{\hat{i}}^{\alpha_1}\right)-\frac{\varepsilon_0}{4}<f_i^{\alpha_1}\left(u_i^{\alpha_1},x_{\hat{i}}^{\alpha_1}\right).$$

这与 $x^{\alpha_1}\in N_2\left(y^{\alpha_1}\right)$, $u_i^{\alpha_1}\in S_i^{\alpha_1}$, 故 $f_i^{\alpha_1}\left(x_i^{\alpha_1},x_{\hat{i}}^{\alpha_1}\right)\geqslant f_i^{\alpha_1}\left(u_i^{\alpha_1},x_{\hat{i}}^{\alpha_1}\right)$ 矛盾, 因此集值映射 N_2 在 Y_2 上必是上半连续的.

为了讨论 Y_2 的性质, 还需要一个引理.

引理 6.2.1 设 X 是 Hausdorff 线性拓扑空间 E 中的非空闭凸集, $CK_0(X)$ 是 X 中所有非空凸紧集的集合, 则按 Vietoris 拓扑, $CK_0(X)$ 在 $K_0(X)$ 中是闭的, 其中 $K_0(X)$ 是 X 中的所有非空紧集的集合.

证明 用反证法. 设 $\{A^\alpha\}$ 是 $CK_0(X)$ 中一族集网, $A_\alpha\to A\in K_0(X)$, 而 A 不是凸集, 则 $\exists x_1,x_2\in A,\exists\lambda\in(0,1)$, 使 $\lambda x_1+(1-\lambda)x_2\notin A$. 因 A 是紧集, 存在 X 中的开集 G 和 $\lambda x_1+(1-\lambda)x_2$ 的开邻域 $\cup(\lambda x_1+(1-\lambda)x_2)$, 使 $G\supset A$, 而 $\cup(\lambda x_1+(1-\lambda)x_2)\cap G=\varnothing$. 存在 x_1 的开邻域 $\cup(x_1)$ 和 x_2 的开邻域 $\cup(x_2)$, 使 $\lambda+(1-\lambda)\cup(x_2)\subset\cup(\lambda x_1+(1-\lambda)x_2)$, 由 $\cup(x_1)\cap A\neq\varnothing$, $\cup(x_2)\cap A\neq\varnothing$, $G\supset A$, 且 $A_\alpha\to A$, $\exists\alpha_0\in D$, 使 $\forall\alpha\succ\alpha_0$, 有 $G\supset A_\alpha$, $\cup(x_1)\cap A_\alpha\neq\varnothing$, $\cup(x_2)\cap A\neq\varnothing$. 选取 $z_1\in\cup(x_1)\cap A_{\alpha_0}$,$z_2\in\cup(x_2)\cap A_{\alpha_0}$, 因 A_{α_0} 是凸集, 故 $\lambda z_1+(1-\lambda)z_2\in A_{\alpha_0}\subset G$, 但

$$\lambda z_1+(1-\lambda)z_2\in\lambda\cup(x_1)+(1-\lambda)\cup(x_2)\subset\cup(\lambda x_1+(1-\lambda)x_2).$$

这与 $\cup(\lambda x_1+(1-\lambda)x_2)\cap G\neq\varnothing$ 矛盾, 故 A 必是凸集, $CK_0(X)$ 在 $K_0(X)$ 中必是闭的.

以下来讨论空间 Y_2 和 X 的性质.

如果 $\forall i\in N$, E_i 是 Banach 空间, 则由系 2.1.2, $CK_0(X_i)$ 是完备度量空间, 从而 $Y_2=C\times\prod_{i=1}^n CK_0(X_i)$ 是一个完备度量空间, 又 $X=\prod_{i=1}^n X_i$ 是一个度量空间.

如果 $\forall i\in N$, X_i 是 Čech 完备空间, 且 $X_i\in L$, 则 $X=\prod_{i=1}^n X_i\in L$, 且因 $K_0(X_i)$ 是 Čech 完备空间, 由引理 6.2.1, $CK_0(X_i)$ 在 $K_0(X_i)$ 中是闭的, 从而 $CK_0(X_i)$ 是 Čech 完备空间, $Y_2=C\times\prod_{i=1}^n CK_0(X_i)$ 就是一个 Čech 完备空间.

这样, 由结论 (1)~(3), 我们就可以得到博弈空间 Y_2 中关于 Nash 平衡点集通有稳定性的相应结果, 这里不重复了. 本章的以后各节, 我们所做的工作也是如此: 建立非线性问题的模型, 包括 "问题" 空间 Y 和 "解" 空间 X, 证明解映射

$F:Y\to P_0(X)$ 是一个 usco 映射, 最后讨论空间 Y 和 X 的性质, 得到解集通有稳定性的相应结果, 我们也不一一重复了.

6.3 广义博弈平衡点集的通有稳定性[77]

设 $N=\{1,\cdots,n\}$ 是局中人的集合, $\forall i\in N$, X_i 是第 i 个局中人的策略集, 它是线性赋范空间 E_i 中的非空凸紧集, $G_i:X_{\hat{i}}\to P_0(X_i)$ 是第 i 个局中人的可行策略映射, $f_i:X=\prod_{i=1}^n X_i\to R$ 是第 i 个局中人的支付函数,

$$Y_3=\{y=(f_1,\cdots,f_n;G_1,\cdots,G_n):\forall i\in N, f_i:X\to R\text{ 连续, 且}\forall x_i\in X_{\hat{i}}, u_i\to f_i(u_i,x_{\hat{i}})\text{是拟凹的}, G_i\text{连续, 且}\forall x_i\in X_{\hat{i}}, G_i(x_{\hat{i}})\text{是非空凸紧集}\}.$$

$\forall y^1=(f_{11},\cdots,f_{1n};G_{11},\cdots,G_{1n})$, $y^2=(f_{21},\cdots,f_{2n};G_{21},\cdots,G_{2n})\in Y_3$, 定义距离

$$\rho_3(y^1,y^2)=\sup_{x\in X}\sum_{i=1}^n|f_{1i}(x)-f_{2i}(x)|+\sup_{x\in X}\sum_{i=1}^n h_i(G_{1i}(x_{\hat{i}}),G_{2i}(x_{\hat{i}})),$$

其中 h_i 是 X_i 上的 Hausdorff 距离, 注意到注 1.5.1 和注 2.2.2, 易证 (Y_3,ρ_3) 是一个完备度量空间.

$\forall y=(f_1,\cdots,f_n;G_1,\cdots,G_n)\in Y_3$, 由 y 可以确定一个广义博弈, 其中 $\forall i\in N$, 第 i 个局中人的支付函数为 f_i, 可行策略映射为 G_i. 这样, 我们就可以将 Y_3 看作广义博弈的集合, 称 Y_3 为博弈空间. $\forall y=(f_1,\cdots,f_n;G_1,\cdots,G_n)\in Y_3$, 由定理 4.4.1, 存在平衡点 $x^*=(x_1^*,\cdots,x_n^*)\in X$, 使 $\forall i\in N$, 有 $x_i^*\in G_i\left(x_{\hat{i}}^*\right)$ 且 $f_i\left(x_i^*,x_{\hat{i}}^*\right)=\max\limits_{u_i\in G_i\left(x_{\hat{i}}\right)}f_i\left(u_i,x_{\hat{i}}^*\right)$, 用 $N_3(y)$ 表示广义博弈 y 的所有平衡点的集合. 这样, 我们可以来研究集值映射 $N_3:Y_3\to P_0(X)$.

定理 6.3.1 N_3 在 Y_3 上是一个 usco 映射.

证明 因 X 是紧集, 我们只需证明集值映射 N_3 的图是闭的, 即要证明 $\forall y^m\in Y_3$, $y^m\to y$, $\forall x^m\in N_3(y^m)$, $x^m\to x$, 则 $x\in N_3(y)$.

因 $y^m\to y$, 则 $\forall i\in N$, 有 $f_i^m\to f_i$, $G_i^m\to G_i$. 因 $x^m\in N_3(y^m)$, 则 $\forall i\in N$, 有 $x_i^m\in G_i^m\left(x_{\hat{i}}^m\right)$, 且

$$f_i^m\left(x_i^m,x_{\hat{i}}^m\right)=\max_{u_i\in G_i^m\left(x_{\hat{i}}^m\right)}f_i^m\left(u_i,x_{\hat{i}}^m\right).$$

$\forall i \in N$, 设 E_i 中的距离函数为 d_i, 因 $x^m \to x$, 集值映射 G_i 在 x 连续, 有

$$\begin{aligned} d_i\left(x_i, G_i\left(x_{\hat{i}}\right)\right) \leqslant & d_i(x_i, x_i^m) + d_i\left(x_i^m, G_i^m\left(x_{\hat{i}}^m\right)\right) + h_i\left(G_i^m\left(x_{\hat{i}}^m\right), G_i\left(x_{\hat{i}}^m\right)\right) \\ & + h_i(G_i(x_{\hat{i}}^m), G_i(x_{\hat{i}})) \leqslant d_i(x_i, x_i^m) \\ & + \rho_3\left(y^m, y\right) + h_i\left(G_i\left(x_{\hat{i}}^m\right), G_i\left(x_{\hat{i}}\right)\right) \to 0, \end{aligned}$$

得 $x_i \in G_i(x_{\hat{i}})$. 又因 f_i 在 x 连续, 有

$$\begin{aligned} \left|f_i^m(x_i^m, x_{\hat{i}}^m) - f_i(x_i, x_{\hat{i}})\right| & \leqslant \left|f_i^m(x_i^m, x_{\hat{i}}^m) - f_i(x_i^m, x_{\hat{i}}^m)\right| + \left|f_i(x_i^m, x_{\hat{i}}^m) - f_i(x_i, x_{\hat{i}})\right| \\ & \leqslant \rho_3(y^m, y) + \left|f_i(x_i^m, x_{\hat{i}}^m) - f_i(x_i, x_{\hat{i}})\right| \to 0, \end{aligned}$$

得 $f_i^m(x_i^m, x_{\hat{i}}^m) \to f_i(x_i, x_{\hat{i}})$, 因集值映射 G_i 在 x 连续, 有

$$\begin{aligned} h_i(G_i^m(x_{\hat{i}}^m), G_i(x_{\hat{i}})) & \leqslant h_i(G_i^m(x_{\hat{i}}^m), G_i(x_{\hat{i}}^m)) + h_i(G_i(x_{\hat{i}}^m), G_i(x_{\hat{i}})) \\ & \leqslant \rho_3(y^m, y) + h_i(G_i(x_{\hat{i}}^m), G_i(x_{\hat{i}})) \to 0, \end{aligned}$$

得 $G_i^m(x_{\hat{i}}^m) \to G_i\left(x_{\hat{i}}\right)$. 又由引理 6.1.1, 有

$$\max_{u_i \in G_i^m\left(x_{\hat{i}}^m\right)} f_i^m\left(u_i, x_{\hat{i}}^m\right) \to \max_{u_i \in G_i\left(x_{\hat{i}}\right)} f_i\left(u_i, x_{\hat{i}}\right),$$

最后得 $\forall i \in N$, $f_i\left(x_i, x_{\hat{i}}\right) = \max\limits_{u_i \in G_i\left(x_{\hat{i}}\right)} f_i\left(u_i, x_{\hat{i}}\right)$, $x \in N_3\left(y\right)$.

因 Y_3 是一个完备度量空间, X 是一个度量空间, $N_3 : Y_3 \to P_0\left(X\right)$ 是一个 usco 映射, 于是由 6.2 节中统一模式的结论 (1) 和 (3) 即可得到广义博弈平衡点集通有稳定性的相应结果.

6.4 不动点集的通有稳定性[86]~[88]

设 X 是线性赋范空间 E 中的非空凸紧集,

$$\begin{aligned} C = \{f : X \to P_0\left(X\right) : \forall x \in X, f\left(x\right) \text{是非空凸紧集, 且} \\ f \text{ 在 } X \text{ 上是上半连续的}\}. \end{aligned}$$

$\forall f, g \in C$, 定义距离

$$\rho\left(f, g\right) = \sup_{x \in X} h\left(f\left(x\right), g\left(x\right)\right),$$

其中 h 是 E 上的 Hausdorff 距离, 易证 (C, ρ) 是一个完备度量空间.

$\forall f \in C$, 由 Fan-Glicksberg 不动点定理, 集值映射 f 的不动点存在, 即 $\exists x^* \in X$, 使 $x^* \in f(x^*)$, 用 $F(f)$ 表示集值映射 f 的所有不动点的集合. 这样, 我们可以来研究集值映射 $F: C \to P_0(X)$.

定理 6.4.1 F 是 C 上的一个 usco 映射.

证明 因 X 是紧集, 我们只需证明集值映射 F 的图是闭的, 即要证明 $\forall f_n \in C$, $f_n \to f$, $\forall x_n \in F(f_n)$, $x_n \to x$, 则 $x \in F(f)$. 由 $x_n \in F(f_n)$, 得 $x_n \in f_n(x_n)$.

记 $\sup\limits_{x\in X} h(f_n(x), f(x)) = \varepsilon_n$, 则 $\varepsilon_n \to 0$, 且 $h(f_n(x_n), f(x_n)) \leqslant \varepsilon_n$. 记 E 上的距离函数为 d, 因 $x_n \in f_n(x_n)$, $\exists x'_n \in f(x_n)$, 使 $d(x_n, x'_n) \leqslant \varepsilon_n$. 由 $d(x'_n, x) \leqslant d(x'_n, x_n) + d(x_n, x) \to 0$, 得 $x'_n \to x$. 再由集值映射 f 在 x 是上半连续的, 且 $\forall x \in X$, $f(x)$ 是闭集, 由引理 2.2.2, f 的图必是闭的, 从而有 $x \in f(x)$, $x \in F(f)$.

因 C 是一个完备度量空间, X 是一个度量空间, $F: C \to P_0(X)$ 是一个 usco 映射, 于是由 6.2 节中统一模式的结论 (1) 和 (3) 即可得到不动点集通有稳定性的相应结果.

以下来研究集值映射叠合点集的通有稳定性.

记 $Y = \{(f,g) \in C \times C : \exists x \in X, 使\ f(x) \cap g(x) \neq \varnothing\}$, $\forall (f_1, g_1), (f_2, g_2) \in Y$, 定义距离

$$\rho(f,g) = \sup_{x\in X} h(f_1(x), f_2(x)) + \sup_{x\in X} h(g_1(x), g_2(x)),$$

其中 h 是 E 上的 Hausdorff 距离.

引理 6.4.1 (Y, ρ) 是一个完备度量空间.

证明 设 $\{y_n\}$ 是 Y 中任意 Cauchy 序列, 即 $\forall \varepsilon > 0$, 存在正整数 $N(\varepsilon)$, 使 $\forall n, m \geqslant \mathrm{N}(\varepsilon)$, 有

$$\rho(y_n, y_m) = \sup_{x\in X} h(f_n(x), f_m(x)) + \sup_{x\in X} h(g_n(x), g_m(x)) < \varepsilon,$$

其中 $y_n = (f_n, g_n)$.

因 C 是完备的, 存在 $f, g \in C$, 使 $\forall n \geqslant N(\varepsilon)$, 有

$$\sup_{x\in X} h(f_n(x), f(x)) + \sup_{x\in X} h(g_n(x), g(x)) \leqslant \varepsilon.$$

因 $y_n = (f_n, g_n) \in C$, $\exists x_n \in X$, 使 $f_n(x_n) \cap g_n(x_n) \neq \varnothing$, 因 X 是紧集, 不妨设 $x_n \to x \in X$. 以下来证明. $f(x) \cap g(x) \neq \varnothing$, 这样 $y = (f,g) \in Y$, Y 必是完备的.

用反证法. 如果 $f(x) \cap g(x) \neq \varnothing$, 因 $f(x)$ 和 $g(x)$ 都是紧集, $\exists \delta > 0$, 使 $\cup(\delta, f(x)) \cap \cup(\delta, g(x)) = \varnothing$. 因 $f_n \to f$, $g_n \to g$, 且集值映射 f 和 g 在 x 是上半连续的, 而 $x_n \to x$, 必存在正整数 N_1, 使 $\forall n \geqslant N_1$, 有

$$f_n(x_n) \subset \cup\left(\frac{\delta}{2}, f(x_n)\right) \subset \cup(\delta, f(x)),$$

$$g_n(x_n) \subset \cup\left(\frac{\delta}{2}, g(x_n)\right) \subset \cup(\delta, g(x)),$$

从而

$$f_n(x_n) \cap g_n(x_n) = \varnothing,$$

矛盾, 故 $f(x) \cap g(x) \neq \varnothing$.

$\forall y = (f, g) \in Y$, 按 Y 的定义, $\exists x \in X$, 使 $f(x) \cap g(x) \neq \varnothing, x$ 是 f 和 g 的叠合点, 用 $G(y)$ 表示极值映射 f 和 g 的所有叠合点的集合. 这样, 我们可以来研究集值映射 $G: Y \to P_0(X)$.

定理 6.4.2 G 是 Y 上的一个 usco 映射.

证明 因 X 是紧集, 我们只需证明集值映射 G 的图是闭的, 即要证明 $\forall y_n = (f_n, g_n) \in Y$, $y_n \to y = (f, g) \in Y$, $\forall x_n \in G(y_n)$, $x_n \to x$, 则 $x \in G(y)$.

由 $x_n \in G(y_n)$, 得 $f_n(x_n) \cap g_n(x_n) \neq \varnothing$. 因 $x_n \to x$, 同以上引理 6.4.1 的证明, 必有 $f(x) \cap g(x) \neq \varnothing$, 从而 $x \in G(y)$.

因 Y 是一个完备度量空间, X 是一个变量空间, $G: Y \to P_0(X)$ 是一个 usco 映射, 于是由 6.2 节中统一模式的结论 (1) 和 (3) 即可得到集值映射叠合点集通有稳定性的相应结果.

以下来研究集值映射零点集的通有稳定性.

设 X 是线性赋范空间 E 中的非空凸紧集, $F: X \to P_0(E)$ 是一个集值映射, 如果以下三个条件成立:

(1) $\forall x \in X, F(x)$ 是非空凸紧集;

(2) F 在 X 上是上半连续的;

(3) $\forall x \in X, F(x) \cap T(x) \neq \varnothing$, 其中 $T_X(x) = \mathrm{cl}\left(\bigcup_{h>0} \frac{1}{h}(X - x)\right)$.

则由定理 3.2.16, 集值映射 F 的零点必存在, 即 $\exists x^* \in X$, 使 $0 \in F(x^*)$.

设 Z 是所有满足以上条件 (1)~(3) 的集值映射的全体, $\forall F_1, F_2 \in Z$, 定义距离

$$\rho(F_1, F_2) = \sup_{x \in X} h(F_1(x), F_2(x)),$$

其中 h 是 E 上的 Hausdorff 距离. 易证 (Z, ρ) 是一个完备度量空间.

$\forall F \in Z$, 用 $H(F)$ 表示集值映射 F 的所有零点的集合, 这样, 我们可以来研究集值映射 $H: Z \to P_0(X)$.

定理 6.4.3 H 是 Z 上的一个 usco 映射.

证明 因 X 是紧集, 我们只需证明集值映射 H 的图是闭的, 即要证明 $\forall F_n \in Z$, $F_n \to F \in Z$, $\forall x_n \in H(F_n)$, $x_n \to x$, 则 $x \in H(F)$.

用反证法. 如果 $0 \notin F(x)$, 因 $F(x)$ 是紧集, $\exists \delta > 0$, 使 $0 \notin \cup(\delta, F(x))$. 因 $F_n \to F$, 集值映射 F 在 x 是上半连续的, 而 $x_n \to x$, 必存在正整数 N_1, 使 $\forall n \geqslant N_1$, 有

$$F_n(x_n) \subset \cup\left(\frac{\delta}{2}, F(x_n)\right) \subset \cup(\delta, F(x)),$$

这与 $0 \in F_n(x_n)$ 矛盾, 故 $0 \in F(x)$, $x \in H(F)$.

因 Z 是一个完备度量空间, X 是一个度量空间, $H: Z \to P_0(X)$ 是一个 usco 映射, 于是由 6.2 节中统一模式的结论 (1) 和 (3) 即可得到集值映射零点集通有稳定性的相应结果.

注 6.4.1 Fort[89] 首先对连续映射引入了本质不动点的概念, 文献 [86] 将其推广到集值映射, 文献 [87] 又研究了集值映射的本质叠合点, 以不动点为其特例, 文献 [88] 则研究了集值映射零点集的通有稳定性. 文献 [90] 研究了上图拓扑下不动点集的通有稳定性.

6.5 Ky Fan 点集和拟变分不等式解集的通有稳定性[86],[91]

首先来研究 Ky Fan 点集的通有稳定性, 分两种情况:

(1) 设 X 是 Hausdorff 线性拓扑空间 E 中的非空凸紧集,

$$\begin{aligned} M_1 = \{f: X \times X \to R: \forall x \in X, y \to f(x,y) \text{是下半连续的}, \forall y \in X, \\ x \to f(x,y) \text{ 是拟凹的}, \forall x \in X, f(x,x) \leqslant 0 \text{且} \\ \sup_{(x,y)\in X\times X} |f(x,y)| < +\infty\}. \end{aligned}$$

$\forall f, g \in M_1$, 定义距离

$$l_1(f,g) = \sup_{(x,y)\in X\times X} |f(x,y) - g(x,y)|,$$

则易证 (M_1, l_1) 是一个完备度量空间.

$\forall f \in M_1$, 由 Ky Fan 不等式, $\exists y^* \in X$, 使 $\forall x \in X$, 有 $f(x, y^*) \leqslant 0$. 在文献 [91] 中, y^* 就称为函数 f 在 X 中的 Ky Fan 点, 用 $F_1(f)$ 表示函数 f 在 X 中的所有 Ky Fan 点的集合. 这样, 我们可以来研究集值映射 $F_1: M_1 \to P_0(X)$.

定理 6.5.1 F_1 在 M_1 上是一个 usco 映射.

证明 因 X 是紧集, 我们只需证明集值映射 F 的图是闭的, 即要证明 $\forall f_\alpha \in M_1$, $f_\alpha \to f \in M_1$, $\forall y_\alpha \in F_1(f_\alpha)$, $y_\alpha \to y_0$, 则 $y_0 \in F_1(f)$.

因 $y_\alpha \in F_1(f_\alpha)$, 则 $\forall x \in X$, 有 $f_\alpha(x, y_\alpha) \leqslant 0$. 固定 $x \in X$, $\forall \varepsilon > 0$, 因 $y \to f(x,y)$ 在 y_0 是下半连续的, 存在 y_0 的开邻域 $O(y_0)$, 使 $\forall y \in O(y_0)$, 有

$f(x,y_0) < f(x,y) + \dfrac{\varepsilon}{2}$. 因 $y_\alpha \to y_0$, $f_\alpha \to f$, $\exists \alpha_0 \in D$, 使 $\forall \alpha \succ \alpha_0$, 有 $l_1(f^\alpha, f) < \dfrac{\varepsilon}{2}$, 且 $y_\alpha \in O(y_0)$. 这样, $\forall \alpha \succ \alpha_0$, 有

$$f(x,y_0) < f(x,y_\alpha) + \frac{\varepsilon}{2} < f_\alpha(x,y_\alpha) + \varepsilon \leqslant \varepsilon.$$

因 ε 是任意的, $\forall x \in X$, 有 $f(x,y_0) \leqslant 0$, $y_0 \in F_1(f)$.

注 6.5.1 在文献 [92] 中, 如果 $\exists y^* \in X$, 使 $\forall x \in X$, 有 $f(x,y^*) \geqslant 0$, 称 y^* 为平衡问题 f 在 X 中的解. 容易看到, 平衡问题的研究与 Ky Fan 点的研究是一致的. 正因为是 Ky Fan 首先给出了之后以他命名的 Ky Fan 不等式, 文献 [91] 才称这样的 y^* 是 Ky Fan 点.

(2) 设 X 是 Banach 空间 E 中的非空闭凸集, $CK_0(X)$ 是 X 中所有非空凸紧集的集合,

$$M_2 = \{(A,f) : A \in CK_0(X), f : X \times X \to R \text{ 是下半连续的}, \forall y \in X, x \to f(x,y) \\ \text{是拟凹的, 且} \sup_{(x,y)\in X\times X} |f(x,y)| < +\infty\}.$$

$\forall u_1 = (A_1, f_1), u_2 = (A_2, f_2) \in M_2$, 定义距离

$$l_2(u_1,u_2) = \sup_{(x,y)\in X\times X} |f_1(x,y) - f_2(x,y)| + h(A_1,A_2),$$

其中 h 是 E 上的 Hausdorff 距离, 易证 (M_2, l_2) 是一个完备度量空间.

$\forall u = (A,f) \in M_2$, 由 Ky Fan 不等式, $\exists y^* \in A$, 使 $\forall x \in A$, 有 $f(x,y^*) \leqslant 0$, 用 $F_2(u)$ 表示 f 在 A 中所有 Ky Fan 点的集合. 这样, 我们可以来研究集值映射 $F_2 : M_2 \to P_0(X)$.

定理 6.5.2 F_2 在 M_2 上是一个 usco 映射.

证明 首先证明 $\forall u = (A,f) \in M_2$, $F_2(u)$ 是紧集: $\forall y_n \in F_2(u)$, $y_n \to y$, 则由 $y_n \in A$, A 是紧集, 得 $y \in A$. 又由 f 在 $X \times X$ 上是下半连续的, 故 $y \to \sup\limits_{x\in A} f(x,y)$ 是下半连续的, 由 $\sup\limits_{x\in A} f(x,y_n) \leqslant 0$, 得 $\sup\limits_{x\in A} f(x,y) \leqslant 0$, $y \in F_2(u)$, $F_2(u)$ 是闭集, 又 $F_2(u) \subset A$, 而 A 是紧集, 故 $F_2(u)$ 必是紧集.

以下用反证法. 设集值映射 F_2 在 $u = (A,f) \in M_2$ 不是上半连续的, 则存在 X 中的开集 G, $G \supset F_2(u)$, 但存在 $u_n = (A_n, f_n) \in M_2$, $u_n \to u$, 且 $\exists y_n \in F_2(u_n)$, 使 $y_n \notin G$. 因 $y_n \in A_n$, $A_n \to A$, 而 A_n 和 A 是紧集, 由定理 2.1.7, 不妨设 $y_n \to y_0 \in A$. 因 $y_n \notin G$, G 是开集, 故 $y_0 \notin G$, 从而 $y_0 \notin F_2(u)$, $\sup\limits_{x\in A} f(x,y_0) > 0$, 于是必 $\exists x_0 \in A$ 及 $\varepsilon_0 > 0$, 使 $f(x_0,y_0) > \varepsilon_0$. 因 f 在 (x_0,y_0) 是下半连续的, 存在 x_0 的开邻域 $\cup(x_0)$ 和 y_0 的开邻域 $O(y_0)$, 使 $\forall x \in \cup(x_0)$, $\forall y \in O(y_0)$, 有 $f(x,y) > \varepsilon_0$, 因 $f_n \to f$, 存

在正整数 n_0, 使 $\forall n \geqslant n_0$, 有 $f_n(x,y) > f(x,y) - \frac{\varepsilon_0}{2} > \frac{\varepsilon_0}{2}$. 因 $y_n \to y_0$, $A_n \to A$, $x_0 \in A$, 存在正整数 $n_1 \geqslant n_0$, 使 $\forall n \geqslant n_1$, $\exists x_n \in A_n$, $x_n \in \cup(x_0)$, 而 $y_n \in O(y_0)$, 从而 $f_n(x_n,y_n) > \frac{\varepsilon_0}{2}$, 这与 $y_n \in F_2(u_n)$ 矛盾, 因此集值映射 F_2 在 M_2 上必是上半连续的.

以下讨论空间 M_1, M_2 和 X 的性质:

(1) M_1 是完备度量空间, $F_1 : M_1 \to P_0(X)$ 是一个 usco 映射, 如果 E 是线性赋范空间, 则 X 是度量空间, 由 6.2 节中统一模式的结论 (1) 和 (3) 即可得到 Ky Fan 点集通有稳定性的相应结果; 如果 $X \in L$, 由 6.2 节中统一模式的结论 (2) 和 (3) 即可得到相应结果.

(2) M_2 是完备度量空间, X 是度量空间, $F_2 : M_2 \to P_0(X)$ 是一个 usco 映射, 由 6.2 节中统一模式的结论 (1) 和 (3) 即可得到相应结果.

我们在 6.2 节中曾经说过, 要给出非线性问题解集通有稳定性的结论, 证明解映射是一个 usco 映射往往是关键, 而我们在第 3 章和第 4 章中已经看到, 一些非线性问题解的存在性问题往往是等价的, 以下给出了一个定理, 对证明解映射是 usco 映射有些帮助.

定理 6.5.3 设 X, Y 和 Z 是三个 Hausdorff 拓扑空间, $F : X \to P_0(Y)$ 是一个 usco 映射, $G : Z \to P_0(Y)$ 是一个集值映射, 如果存在连续映射 $T : Z \to X$, 使 $\forall z \in Z$, 有 $G(z) = F(T(z))$, 则 G 也是一个 usco 映射.

证明 $\forall z \in Z, x = T(z) \in X, G(z) = F(x)$ 必是紧集, 因 F 在 $x = T(z)$ 是上半连续的, 而 T 在 x 是连续的 (作为集值映射必是上半连续的), 由定理 2.2.6(1), 复合映射 G 在 z 必是上半连续的, 故 G 也是一个 usco 映射.

应用定理 6.5.1 和定理 6.5.3, 可以给出定理 6.1.5 的一个简单证明.

$\forall f = (f_1, \cdots, f_n) \in Y_1'$, 定义 $T(f) = \varphi = \sum_{i=1}^{n} [f_i(y_i, x_{\hat{i}}) - f_i(x_i, x_{\hat{i}})]$, 容易验证 $\varphi \in M_1, T : Y_1' \to M_1$ 是连续的, 且 $\forall f \in Y'$, 有 $N_1'(f) = F_1(\varphi) = F_1(T(f))$. 由定理 6.5.1, $F_1 : M_1 \to P_0(X)$ 是一个 usco 映射, 于是由定理 6.5.3, $N_1' : Y_1' \to P_0(X)$ 也是一个 usco 映射.

然后来研究拟变分不等式解集的通有稳定性. 设 X 是线性赋范空间 E 中的非空凸紧集,

$$
\begin{aligned}
M_3 = \{(\varphi, G) : \varphi : X \times X \to R\ &\text{是下半连续的}, \forall x \in X, y \to \varphi(x,y)\ \text{是凹的}, \\
&\forall y \in X, \varphi(y,y) \leqslant 0\ \text{且} \sup_{(x,y)\in X\times X} |\varphi(x,y)| < +\infty, G : X \to \\
&P_0(X)\ \text{连续, 且}\ \forall x \in X, G(x)\ \text{是非空凸紧集}\}.
\end{aligned}
$$

$\forall u_1=(\varphi_1,G_1),u_2=(\varphi_2,G_2)\in M_3$, 定义距离

$$l_3(u_1,u_2)=\sup_{(x,y)\in X\times X}|\varphi_1(x,y)-\varphi_2(x,y)|+\sup_{x\in X}h(G_1(x),G_2(x)),$$

其中 h 是 X 上的 Hausdorff 距离, 易证 (M_3,l_3) 是一个完备度量空间.

$\forall u=(\varphi,G)\in M_3$, 由系 3.2.1, 拟变分不等式的解存在, 即 $\exists x^*\in X$, 使 $x^*\in G(x^*)$, 且 $\forall y\in G(x^*)$, 有 $\varphi(x^*,y)\leqslant 0$, 用 $F_3(u)$ 表示拟变分不等式所有解的集合. 这样, 我们可以来研究集值映射 $F_3:M_3\to P_0(X)$.

定理 6.5.4　F_3 在 M_3 上是一个 usco 映射.

证明　因 X 是紧集, 我们只需证明集值映射 F_3 的图是闭的, 即要证明 $\forall u_n=(\varphi_n,G_n)\in M_3$, $u_n\to u_0=(\varphi_0,G_0)$, $\forall x_n\in F_3(u_n)$, $x_n\to x_0$, 则 $x_0\in F_3(u_0)$.

由 $u_n\to u_0$, 有 $\varphi_n\to\varphi_0$, $G_n\to G_0$, 由 $x_n\in F_3(u_n)$, 有 $x_n\in G_n(x_n)$, 且 $\forall y\in G_n(x_n)$, 有 $\varphi_n(x_n,y)\leqslant 0$. 由集值映射 G_0 在 x_0 连续, 且 $x_n\to x_0$, 有

$$\begin{aligned}h(G_n(x_n),G_0(x_0))&\leqslant h(G_n(x_n),G_0(x_n))+h(G_0(x_n),G_0(x_0))\\&\leqslant l_3(u_n,u_0)+h(G_0(x_n),G_0(x_0))\to 0,\end{aligned}$$

得 $h(G_n(x_n),G_0(x_0))\to 0$. 记 E 上的距离函数为 d, 由

$$\begin{aligned}d(x_0,G_0(x_0))&\leqslant d(x_0,x_n)+d(x_n,G_n(x_n))+h(G_n(x_n),G_0(x_0))\\&=d(x_0,x_n)+h(G_n(x_n),G_0(x_0))\to 0,\end{aligned}$$

得 $x_0\in G_0(x_0)$.

$\forall y\in G_0(x_0)$, 因 $h(G_n(x_n),G_0(x_0))\to 0,\exists y_n\in G_n(x_n)$, 使 $y_n\to y_0$, 注意到 $\varphi_n(x_n,y_n)\leqslant 0$. 因 φ_0 在 (x_0,y) 是下半连续的, 有

$$\begin{aligned}\varphi_0(x_0,y)&\leqslant\varliminf_{n\to\infty}\varphi_0(x_n,y_n)=\varliminf_{n\to\infty}[\varphi_n(x_n,y_n)+(\varphi_0(x_n,y_n)-\varphi_n(x_n,y_n))]\\&\leqslant\varliminf_{n\to\infty}[\varphi_0(x_n,y_n)-\varphi_n(x_n,y_n)]\leqslant\lim_{n\to\infty}l_3(u_n,u_0)\leqslant 0,\end{aligned}$$

因此 $x_0\in G_0(u_0)$.

因 M_3 是一个完备度量空间, X 是一个度量空间, $F_3:M_3\to P_0(X)$ 是一个 usco 映射, 于是由 6.2 节中统一模式的结论 (1) 和 (3) 即可得到拟变分不等式解集通有稳定性的相应结果.

6.6　向量值函数的 Ky Fan 点集和多目标博弈的弱 Pareto-Nash 平衡点集的通有稳定性[59],[60]

首先来研究向量值 Ky Fan 点集的通有稳定性.

设 X 是线性赋范空间 E 中的非空凸紧锥, C 是 Banach 空间 H 中的闭尖凸集, 且 $\mathrm{int}C \neq \varnothing$,

$$M_4 = \{\varphi : X \times X \to H : \forall y \in X, x \to \varphi(x, y) \text{ 是 } C \text{ 下半连续的}, \forall x \in X, y \to \varphi(x, y) \text{ 是} C \text{ 拟凹的}, \forall x \in X, \varphi(x, x) = 0 \text{且} \sup_{(x,y)\in X\times X} ||\varphi(x, y)|| < +\infty\}.$$

$\forall \varphi, \psi \in M_4$, 定义距离

$$l_4(\varphi, \psi) = \sup_{(x,y)\in X\times X} ||\varphi(x, y) - \psi(x, y)||,$$

则易证 (M_4, l_4) 是一个完备度量空间.

$\forall \varphi \in M_4$, 由定理 4.5.1, 向量值函数 φ 的 Ky Fan 点存在, 即 $\exists x^* \in X$, 使 $\forall y \in X$, 有 $\varphi(x^*, y) \notin \mathrm{int}C$, 用 $F_4(\varphi)$ 表示所有向量值函数 φ 的 Ky Fan 点的集合. 这样, 我们可以来研究集值映射 $F_4 : M_4 \to P_0(X)$.

定理 6.6.1 F_4 在 M_4 上是一个 usco 映射.

证明 因 X 是紧集, 我们只需证明集值映射 F_4 的图是闭的, 即要证明 $\forall \varphi_n \in M_4$, $\varphi_n \to \varphi_0$, $\forall x_n \in F_4(\varphi_n)$, $x_n \to x_0$, 则 $x_0 \in F_4(\varphi_0)$.

因 $x_n \in F_4(\varphi_n)$, 则 $\forall y \in X$, 有 $\varphi_n(x_n, y) \notin \mathrm{int}C$. 以下用反证法. 如果 $x_0 \notin F_4(\varphi_0)$, 则 $\exists y_0 \in X$, 使 $\varphi(x_0, y_0) \in \mathrm{int}C$, 存在 H 中 O 的开邻域 V, 使 $\varphi(x_0, y_0) + V \subset \mathrm{int}C$. 固定 $y_0 \in X$, 因 $x \to \varphi(x, y_0)$ 是 C 下半连续的, 且 $x_n \to x_0$, 故存在正整数 n_0, 使 $\forall n \geqslant n_0$, 有 $\varphi_0(x_n, y_0) \in \varphi_0(x, y_0) + \frac{1}{2}V + C$, 又由 $\varphi_n \to \varphi_0$, 存在正整数 $n_1 \geqslant n_0$, 使 $\forall n \geqslant n_1$, $\forall (x, y) \in X \times X$ 有 $\varphi_n(x, y) \in \varphi_0(x, y) + \frac{1}{2}V$. 这样, $\forall n \geqslant n_1$, 有

$$\varphi_n(x_n, y_0) \in \varphi_0(x_n, y_0) + \frac{1}{2}V \subset \varphi_0(x_0, y_0) + V + C \subset \mathrm{int}C + C \subset \mathrm{int}C,$$

这与 $\varphi_n(x_n, y_0) \notin \mathrm{int}C$ 矛盾, 故必有 $x_0 \in F_4(\varphi_0)$.

因 M_4 是一个完备度量空间, X 是一个度量空间, $F_4 : M_4 \to P_0(X)$ 是 usco 映射, 于是由 6.2 节中统一模式的结论 (1) 和 (3) 即可得到向量值函数 Ky Fan 点集通有稳定性的相应结论.

然后来研究向量值拟变分不等式解集的通有稳定性.

设 X 是线性赋范空间 E 中的非空凸紧集, C 是 Banach 空间 H 中的闭尖凸集,

且 $\mathrm{int}C \neq \varnothing$,

$$M_5 = \{(\varphi, G) : \varphi : X \times X \to H\text{是 } C \text{ 下半连续的}, \forall x \in X, y \to \varphi(x,y)\text{ 是 } C \text{ 凹的}, \forall x \in X, \varphi(x,x) = 0\text{且} \sup_{(x,y)\in X\times X} ||\varphi(x,y)|| < +\infty, G : X \to P_0(X)\text{连续, 且}\forall x \in X, G(x)\text{是非空凸紧集}\}.$$

$\forall u_1 = (\varphi_1, G_1), u_2 = (\varphi_2, G_2) \in M_5$, 定义距离

$$l_5(u_1, u_2) = \sup_{(x,y)\in X\times X} ||\varphi_1(x,y) - \varphi_2(x,y)|| + \sup_{x\in X} h(G_1(x), G_2(x)),$$

其中 h 是 X 上的 Hausdorff 距离, 易证 (M_5, l_5) 是一个完备度量空间.

$\forall u = (\varphi, G) \in M_5$, 由系 4.5.1, 向量值拟变分不等式的解存在, 即 $\exists x^* \in X$, 使 $x^* \in G(x^*)$, 且 $\forall y \in G(x^*)$, 有 $\varphi(x^*, y) \notin \mathrm{int}C$, 用 $F_5(u)$ 表示所有向量值拟变分不等式的解的集合. 这样, 我们可以来研究集值映射 $F_5 : M_5 \to P_0(X)$.

定理 6.6.2　F_5 在 M_5 上是一个 usco 映射.

证明　因 X 是紧集, 我们只需证明集值映射 F_5 的图是闭的, 即要证明 $\forall u_n = (\varphi_n, G_n) \in M_5$, $u_n \to u = (\varphi_0, G_0)$, $\forall x_n \in F_5(u_n)$, $x_n \to x_0$, 则 $x_0 \in F_5(u_0)$.

同定理 6.5.4 的证明, 有 $h(G_n(x_n), G_0(x_0)) \to 0$, 且 $x_0 \in G_0(x_0)$.

因 $x_n \in F_5(u_n)$, 则 $\forall y \in G_n(x_n)$, 有 $\varphi_n(x_n, y) \notin \mathrm{int}C$. 以下用反证法. 如果 $x_0 \notin F_5(u_0)$, 则 $\exists y_0 \in G_0(x_0)$, 使 $\varphi_0(x_0, y_0) \in \mathrm{int}C$, 存在 H 中 O 的开邻域 V, 使 $\varphi_0(x_0, y_0) + V \subset \mathrm{int}C$, 因 $h(G_n(x_n), G_0(x_0)) \to 0$, $y_0 \in G_0(x_0)$, 则 $\exists y_n \in G_n(x_n)$, 使 $y_n \to y_0$, 因 φ_0 在 (x_0, y_0) 是 C 下半连续的, 存在正整数 n_0 使 $\forall n \geqslant n_0$, 有 $\varphi_0(x_n, y_n) \in \varphi_0(x_0, y_0) + \dfrac{1}{2}V + C$. 又由 $\varphi_n \to \varphi_0$, 存在正整数 $n_1 \geqslant n_0$, 使 $\forall n \geqslant n_1$, $\forall (x,y) \in X \times X$, 有 $\varphi_n(x,y) \in \varphi_0(x,y) + \dfrac{1}{2}V$. 这样, $\forall n \geqslant n_1$, 有

$$\varphi_n(x_n, y_n) \in \varphi_0(x_n, y_n) + \frac{1}{2}V \subset \varphi_0(x_0, y_0) + V + C \subset \mathrm{int}C + C \subset \mathrm{int}C,$$

这与 $y_n \in G_n(x_n)$, $\varphi_n(x_n, y_n) \notin \mathrm{int}C$ 矛盾, 故必有 $x_0 \in F_5(u_0)$.

因 M_5 是一个完备度量空间, X 是一个度量空间, $F_5 : M_5 \to P_0(X)$ 是一个 usco 映射, 于是由 6.2 节中统一模式的结论 (1) 和 (3) 即可得到向量值拟变分不等式解集通有稳定性的相应结论.

最后来研究多目标博弈中弱 Pareto-Nash 平衡点集和广义多目标博弈平衡点集的通有稳定性.

设 $N = \{1, \cdots, n\}$ 是局中人的集合, $\forall i \in N$, X_i 是第 i 个局中人的策略集, 它是线性赋范空间 E_i 中的非空凸紧集, $F^i = (f_1^i, \cdots, f_{k_i}^i) : X = \prod_{i=1}^{n} X_i \to R^{k_i}$ 是第 i

个局中人的向量值支付函数, $k_1 \leqslant k_2 \leqslant \cdots \leqslant k_n$,

$$Y_4 = \{(F^1, \cdots, F^n) : \forall i \in N, \forall j = 1, \cdots, k_i, f_j^i \text{ 在 } X \text{ 上是上半连续的}, \forall y_i \in X_i, x_{\hat{i}} \to f_j^i(y_i, x_{\hat{i}}) \text{ 在 } X_{\hat{i}} \text{ 上是下半连续的}, \forall x_{\hat{i}} \in X_{\hat{i}}, y_i \to f_j^i(y_i, x_{\hat{i}}) \text{ 在 } X_i \text{ 上是凹的, 且 } \sup_{x \in X} \sum_{i=1}^n ||F^i(x)|| < +\infty\}.$$

$\forall y_1 = (F_1^1, \cdots, F_1^n), y_2 = (F_2^1, \cdots, F_2^n) \in Y_4$, 定义距离

$$\rho_4(y_1, y_2) = \sup_{x \in X} \sum_{i=1}^n ||F_1^i(x) - F_2^i(x)||,$$

则易证 (Y_4, ρ_4) 是一个完备度量空间.

$\forall y = (F^1, \cdots, F^n) \in Y_4$, 由 y 可以确定一个多目标博弈, 其中 $\forall i \in N$, 第 i 个局中人的向量值支付函数为 F^i. 这样, 我们就可以将 Y_4 看作多目标博弈的集合, 称 Y_4 为博弈空间. $\forall y \in Y_4$, 用 $N_4(y)$ 表示多目标博弈 y 的所有弱 Pareto-Nash 平衡点的集合, 由定理 4.5.3, $N_4(y) \neq \varnothing$, 多目标博弈的弱 Pareto-Nash 平衡点必存在, 即 $\exists x^* = (x_1^*, \cdots, x_n^*) \in X$, 使 $\forall i \in N$, $\forall y_i \in X_i$, 有 $F^i(y_i, x_{\hat{i}}^*) - F^i(x_i^*, x_{\hat{i}}^*) \notin \mathrm{int} R_+^{k_i}$, 这样, 我们可以来研究集值映射 $N_4 : Y_4 \to P_0(X)$.

定理 6.6.3 N_4 在 Y_4 上是一个 usco 映射.

证明 因 X 是紧集, 我们只需证明集值映射 N_4 的图是闭的, 即要证明 $\forall y^m \in Y_4$, $y^m \to y$, $\forall x^m \in N_4(y^m)$, $x^m \to x$, 则 $x \in N_4(y)$.

因 $x^m \in N_4(y^m)$, 则 $\forall i \in N$, $\forall y_i \in X_i$, 有

$$F_m^i(y_i, x_{\hat{i}}^m) - F_m^i(x_i^m, x_{\hat{i}}^m) \notin \mathrm{int} R_+^{k_i}.$$

以下用反证法. 如果 $x \notin N_4(y)$, 则 $\exists i \in N$, $\exists y_i \in X_i$, 使

$$F^i(y_i, x_{\hat{i}}) - F^i(x_i, x_{\hat{i}}) \in \mathrm{int} R_+^{k_i},$$

存在 R^{k_i} 中 O 的开邻域 V, 使

$$F^i(y_i, x_{\hat{i}}) - F^i(x_i, x_{\hat{i}}) + V \subset \mathrm{int} R_+^{k_i}.$$

因 $y^m \to y$, 存在正整数 m_1, 使 $\forall m \geqslant m_1$, 有

$$[F_m^i(y_i, x_{\hat{i}}^m) - F_m^i(x_i^m, x_{\hat{i}}^m)] - [F^i(y_i, x_{\hat{i}}^m) - F^i(x_i^m, x_{\hat{i}}^m)] \in \frac{1}{2}V,$$

又 $\forall y_i \in X_i$, $F^i(y_i, x_{\hat{i}}) - F^i(x_i, x_{\hat{i}})$ 在 x 是 $R_+^{k_i}$ 下半连续的, $x^m \to x$, 存在正整数 $m_2 \geqslant m_1$, 使 $\forall m \geqslant m_2$, 有

$$F^i(y_i, x_{\hat{i}}^m) - F^i(x_i^m, x_{\hat{i}}^m) \in F^i(y_i, x_{\hat{i}}) - F^i(x_i, x_{\hat{i}}) + \frac{1}{2}V + C.$$

这样, $\forall m \geqslant m_2$, 有

$$\begin{aligned}F_m^i\left(y_i, x_{\hat{i}}^m\right)-F_m^i\left(x_i^m, x_{\hat{i}}^m\right)= & \left[F_m^i\left(y_i, x_{\hat{i}}^m\right)-F_m^i\left(x_i^m, x_{\hat{i}}^m\right)\right] \\ & -\left[F^i\left(y_i, x_{\hat{i}}^m\right)-F^i\left(x_i^m, x_{\hat{i}}^m\right)\right] \\ & +\left[F^i\left(y_i, x_{\hat{i}}^m\right)-F^i\left(x_i^m, x_{\hat{i}}^m\right)\right] \\ \in & \frac{1}{2} V+F^i\left(y_i, x_{\hat{i}}\right)-F^i\left(x_i, x_{\hat{i}}\right)+\frac{1}{2} V+C \\ = & F^i\left(y_i, x_{\hat{i}}\right)-F^i\left(x_i, x_{\hat{i}}\right)+V+C \subset \operatorname{int} C+C \subset \operatorname{int} C,\end{aligned}$$

与 $x^m \in N_4\left(y^m\right)$ 矛盾, 故 $x \in N_4(y)$.

因 Y_4 是一个完备度量空间, X 是一个度量空间, $N_4: Y_4 \rightarrow P_0(X)$ 是一个 usco 映射, 于是由 6.2 节中统一模式的结论 (1) 和 (3) 即可得到多目标博弈弱 Pareto-Nash 平衡点集通有稳定性的相应结果.

关于广义多目标博弈, 设 $N=\{1, \cdots, n\}$ 是局中人的集合, $\forall i \in N$, X_i 是第 i 个局中人的策略集, 它是线性赋范空间 E_i 中的非空凸紧集, $G_i: X_{\hat{i}} \rightarrow P_0\left(X_i\right)$ 是第 i 个局中人的可行策略映射, $F^i=\left(f_1^i, \cdots, f_{k_i}^i\right): X=\prod_{i=1}^n X_i \rightarrow R^{k_i}$ 是第 i 个局中人的向量值支付函数,

$$\begin{aligned}Y_5=\{\left(F^1, \cdots, F^n ; G_1, \cdots, G_n\right): & \forall i \in N, F^i \text{ 在 } X \text{ 上连续}, \forall j=1, \cdots, k_i, y_i \rightarrow \\ & f_j^i\left(y_i, x_{\hat{i}}\right) \text{ 在 } X_i \text{ 上是凹的}, G_i \text{ 连续, 且 } \forall x_{\hat{i}} \in \\ & X_{\hat{i}}, G_i\left(x_{\hat{i}}\right) \text{ 是非空凸紧集}\}.\end{aligned}$$

$\forall y_1=\left(F_1^1, \cdots, F_1^n ; G_{11}, \cdots, G_{1 n}\right), y_2=\left(F_2^1, \cdots, F_2^n ; G_{21}, \cdots, G_{2 n}\right) \in Y_5$, 定义距离

$$\rho_5\left(y_1, y_2\right)=\sup _{x \in X} \sum_{i=1}^n\left\|F_1^i(x)-F_2^i(x)\right\|+\sup _{x \in X} \sum_{i=1}^n h_i\left(G_i\left(x_{\hat{i}}\right), G_{2 i}\left(x_{\hat{i}}\right)\right),$$

其中 h_i 是 X_i 上的 Hausdorff 距离, 易证 $\left(Y_5, \rho_5\right)$ 是一个完备度量空间.

$\forall y=\left(F^1, \cdots, F^n ; G_1, \cdots, G_n\right) \in Y_5$, 由 y 可以确定一个广义多目标博弈, 其中 $\forall i \in N$, 第 i 个局中人的向量值支付函数为 F^i, 第 i 个局中人的可行策略映射为 G_i. 这样, 我们就可以将 Y_5 看作广义多目标博弈的集合, 称 Y_5 为博弈空间. $\forall y \in Y_5$, 用 $N_5(y)$ 表示广义多目标博弈 y 的所有平衡点的集合, 由定理 4.5.6, $N_5(y) \neq \varnothing$, 广义多目标博弈的平衡点必存在, 即 $\exists x^*=\left(x_1^*, \cdots, x_n^*\right) \in X$, 使 $\forall i \in N, x_i^* \in G_i\left(x_{\hat{i}}^*\right)$, 且 $\forall y_i \in G_i\left(x_{\hat{i}}^*\right), F^i\left(y_i, x_{\hat{i}}^*\right)-F^i\left(x_i^*, x_{\hat{i}}^*\right) \notin \operatorname{int} R_{+}^{k_i}$. 这样, 我们可以来研究集值映射 $N_5: Y_5 \rightarrow P_0(X)$.

定理 6.6.4 N_5 在 Y_5 上是一个 usco 映射.

证明 因 X 是紧集, 我们只需证明集值映射 N_5 的图是闭的, 即要证明 $\forall y^m \in Y_5$, $y^m \to y$, $\forall x^m \in N_5(y^m)$, $x^m \to x$, 则 $x \in N_5(y)$.

由 $y^m \to y$, $\forall i \in N$, 有 $F_m^i \to F^i$, $G_m^i \to G^i$.

因 $x^m \in N_5(y^m)$, 则 $\forall i \in N$, $x_i^m \in G_i^m\left(x_{\hat{i}}^m\right)$, 且 $\forall y_i \in G_i^m\left(x_{\hat{i}}^m\right)$, 有

$$F_m^i\left(y_i, x_{\hat{i}}^m\right) - F_m^i\left(x_i^m, x_{\hat{i}}^m\right) \notin \operatorname{int}R_+^{k_i}.$$

同定理 6.6.2 的证明, 易证 $\forall i \in N$, $x_i \in G_i(x_{\hat{i}})$, 又由 $x^m \to x$, 易证 $F_m^i\left(y_i, x_{\hat{i}}^m\right) \to F^i(y_i, x_{\hat{i}})$, $F_m^i\left(x_i^m, x_{\hat{i}}^m\right) \to F^i(x_i, x_{\hat{i}})$. 这样, $\forall i \in N$, $\forall y_i \in X_i$, 有

$$F^i(y_i, x_{\hat{i}}) - F^i(x_i, x_{\hat{i}}) \notin \operatorname{int}R_+^{k_i},$$

故 $x \in N_5(y)$.

因 Y_5 是一个完备度量空间, X 是一个度量空间, $N_5 : Y_5 \to P_0(X)$ 是一个 usco 映射, 于是由 6.2 节中统一模式的结论 (1) 和 (3) 即可得到广义多目标博弈平衡点集通有稳定性的相应结果.

6.7 多目标最优化问题弱有效解集的通有稳定性[93],[94]

设 X 是一个 Hausdorff 拓扑空间, $K_0(X)$ 是 X 中所有非空紧集的集合, 在 $K_0(X)$ 上赋予 Vietoris 拓扑, $C^m(X)$ 是 X 上所有有界向量值连续函数 $f : X \to R^m$ 的集合, 在 $C^m(X)$ 上赋予一致收敛拓扑, $C \subset R^m$ 是一个闭尖凸锥, 且 $\operatorname{int}C \neq \varnothing$.

令 $P = K_0(X) \times C^m(X)$, $\forall p = (A, f) \in P$, 因 A 是紧的, 而 f 是连续的, 由文献 [95], $\exists x \in A$, 使 $\forall x' \in A$, 有

$$f(x') - f(x) \notin \operatorname{int}C.$$

称这样的 $x \in A$ 是多目标问题 $p = (A, f)$ 的弱有效解, 而记问题 p 的所有弱有效解的集合为 $F(p)$. 这样, 我们可以研究集值映射 $F : P \to P_0(X)$.

定理 6.7.1 F 在 P 上是一个 usco 映射.

证明 首先证明 $\forall p = (A, f) \in P$, $F(p)$ 是紧集: $\forall x_\alpha \in F(p)$, $x_\alpha \to x$, 则 $x \in A$. 如果 $x \notin F(p)$, 则 $\exists x' \in A$, 使 $f(x') - f(x) \in \operatorname{int}C$, 因 f 在 x 连续, $\exists \alpha_0 \in D$, 使 $\forall \alpha \succ \alpha_0$, 有 $f(x') - f(x) \in \operatorname{int}C$, 这与 $x_\alpha \in F(p)$ 矛盾, 故 $x \in F(p)$, $F(p)$ 是闭集, 又 $F(p) \subset A$, 而 A 是紧集, 故 $F(p)$ 必是紧集.

以下用反证法. 设集值映射 F 在 $p = (A, f) \in P$ 不是上半连续的, 则存在 X 中的开集 G, $G \supset F(p)$, $\exists p_\alpha = (A_\alpha, f_\alpha) \in P$, $p_\alpha \to P$, $\exists x_\alpha \in F(p_\alpha)$, 而 $x_\alpha \notin G$. 因 $x_\alpha \in A_\alpha$, A_α 是紧集, 且 $A_\alpha \to A$, 由定理 2.1.2, $\exists x \in A$, 使 x 是网 $\{x_\alpha\}$

的聚点. 因 $x_\alpha \notin G$, G 是开集, 故 $x \notin G$, 从而 $x \notin F(p)$, 于是 $\exists x' \in A$, 使 $f(x') - f(x) \in \mathrm{int}C$. 因 $f_\alpha \to f$, $A_\alpha \to A$, x', $x \in A$, 故 $\exists \alpha_1 \in D$ 及 $x'_{\alpha_1} \in A_{\alpha_1}$, 使 $f_{\alpha_1}\left(x'_{\alpha_1}\right) - f_{\alpha_1}\left(x_{\alpha_1}\right) \in \mathrm{int}C$, 这与 $x_{\alpha_1} \in F\left(p_{\alpha_1}\right)$ 矛盾, 故 F 在 $p \in P$ 是上半连续的, F 在 P 上是一个 usco 映射.

以下来讨论空间 P 和 X 的性质：

(1) 如果 X 是完备度量空间, 则 $K_0(X)$ 和 $C^m(X)$ 都是完备度量空间, $P = K_0(X) \times C^m(X)$ 是完备度量空间, $F: P \to P_0(X)$ 是一个 usco 映射, 则由 6.2 节中统一模式的结论 (1) 和 (3) 即可得到多目标最优化问题弱有效解通有稳定性的相应结果.

(2) 如果 X 是 Čech 完备空间, 且 $X \in L$, 则 $K_0(X)$ 是 Čech 完备空间, $C^m(X)$ 是完备度量空间, 也是 Čech 完备空间, 从而 $P = K_0(X) \times C^m(X)$ 是 Čech 完备空间, $F: P \to P_0(X)$ 是一个 usco 映射, 则由 6.2 节中统一模式的结论 (2) 和 (3) 即可得到多目标最优化问题弱有效解通有稳定性的相应结果.

6.8 微分包含解集的通有稳定性[96]

设 $t_0 \in R$, $x_0 \in R^n$, $D = \left\{(t,x) \in R^{n+1} : |t - t_0| \leqslant a, \left\|x - x^0\right\| \leqslant b\right\}$,

$$Y = \left\{F : D \to P_0(R^n) : F \text{ 连续}, \forall (t,x) \in D, F(t,x) \text{ 是非空凸紧集, 且} \sup_{(t,x)\in D} \|F(t,x)\| \leqslant k\right\}.$$

$\forall F_1, F_2 \in Y$, 定义距离

$$\rho(F_1, F_2) = \sup_{(t,x)\in D} h\left(F_1(t,x), F_2(t,x)\right),$$

其中 h 是 R^{n+1} 上的 Hausdorff 距离, 易证 (Y, ρ) 是一个完备度量空间.

$\forall F \in Y$, 考虑以下微分包含问题：

$$\begin{cases} \dfrac{\mathrm{d}x}{\mathrm{d}t} \in F(t,x), \\ x(t_0) = x_0. \end{cases}$$

由定理 2.4.2, 存在 $f: D \to R^n$, 使 $\forall (t,x) \in D$, 有 $f(t,x) \in F(t,x)$, 且 $f(t,x)$ 在 D 上是连续的. 再考虑以下常微分方程问题：

$$\begin{cases} \dfrac{\mathrm{d}x}{\mathrm{d}t} = f(t,x), \\ x(t_0) = x^0. \end{cases}$$

由文献 [97], 以上微分方程必有解 $x(t) \in C[t_0-h, t_0+h]$, 其中 $h = \min\left(a, \frac{b}{k}\right)$, 此解当然也是微分包含的解.

$\forall F \in Y$, 定义微分包含解的全体

$$S(F) = \left\{x(t) \in C[t_0-h, t_0+h] : x(t)\text{是微分包含的解}\right\}.$$

我们可以来研究集值映射 $S : Y \to P_0(C[t_0-h, t_0+h])$.

定理 6.8.1 S 在 Y 上是一个 usco 映射.

证明 $\forall F \in Y, \forall x(t) \in S(F), \forall t_1, t_2 \in [t_0-h, t_0+h]$, 则

$$x(t_2) - x(t_1) \in \int_{t_1}^{t_2} F(s, x(s))\,\mathrm{d}s,$$

其中 $\int_{t_1}^{t_2} F(s, x(s))\,\mathrm{d}s = \left\{\int_{t_1}^{t_2} f(s, x(s))\,\mathrm{d}s, f \text{ 是 } F \text{ 的可积选取}\right\}$. 于是

$$\|x(t_2) - x(t_1)\| \leqslant \sup_{t\in[t_1,t_2]} \left\|\int_{t_1}^{t_2} F(s, x(s))\mathrm{d}t\right\| \leqslant k|t_2 - t_1|,$$

$\{x(t) : x(t) \in S(F)\}$ 必是等度连续的.

$\forall t \in [t_0-h, t_0+h]$, 由

$$\|x(t)\| \leqslant \|x(t_0)\| + k|t-t_0| \leqslant \left\|x^0\right\| + kh,$$

得 $\{x(t) : x(t) \in S(F)\}$ 是一致有界的. 以下只需证明 $S(F)$ 是闭集, 于是由定理 1.4.8, $S(F)$ 就是紧集. 设 $x_n(t) \in S(F)$, $x_n(t) \to x(t)$, $\forall t_1, t_2 \in [t_0-h, t_0+h]$,

$$x_n(t_2) - x_n(t_1) \in \int_{t_1}^{t_2} F(s, x_n(s))\,\mathrm{d}s.$$

由 $x_n(t_2) - x_n(t_1) \to x(t_2) - x(t_1)$, 且由文献 [24] 中定理 18.3.2 和定理 18.2.5, $\int_{t_1}^{t_2} F(s, x_n(s))\,\mathrm{d}s$ 和 $\int_{t_1}^{t_2} F(s, x(s))\,\mathrm{d}s$ 都是紧集, 且 $\int_{t_1}^{t_2} F(s, x_n(s))\,\mathrm{d}s \to \int_{t_1}^{t_2} F(s, x(s))\,\mathrm{d}s$, 得 $x(t_2) - x(t_1) \in \int_{t_1}^{t_2} F(s, x(s))\,\mathrm{d}s$, 从而 $x(t) \in S(F)$, $S(F)$ 必是闭集, 从而是紧集.

以下用反证法. 设集值映射 S 在 $F \in Y$ 不是上半连续的, 则存在 $C[t_0-h, t_0+h]$ 中的开集 G, $G \supset S(F)$ 及序列 $F_n \in Y$, $F_n \to F$, 而存在 $x_n(t) \in S(F_n)$, 使 $x_n(t) \notin G$. 重复以上的证明, $\{x_n(t)\}$ 是等度连续和一致有界的, 由定理 1.4.8, 不妨设 $x_n(t) \to x(t) \in C[t_0-h, t_0+h]$, 因 $x_n(t) \notin G$, G 是开集, 得 $x(t) \notin$

G. 注意到 $\int_{t_1}^{t_2} F_n(s, x_n(s))\,\mathrm{d}s \to \int_{t_1}^{t_2} F(s, x(s))\,\mathrm{d}s$, 与以上证明类似的, $\forall t_1, t_2 \in [t_0 - h, t_0 + h]$, 有 $x(t_2) - x(t_1) \in \int_{t_1}^{t_2} F(s, x(s))\,\mathrm{d}s$, 从而 $x(t) \in S(F)$, 这与 $G \supset S(F)$ 矛盾, 故集值映射 S 在 F 必是上半连续的.

因 Y 是完备度量空间, $C[t_0 - h, t_0 + h]$ 是度量空间, $S: Y \to P_0(C[t_0 - h, t_0 + h])$ 是一个 usco 映射, 则由 6.2 节中统一模式的结论 (1) 和 (3) 即可得到微分包含解集通有稳定性的相应结果.

6.9　KKM 点集的通有稳定性[98]

设 X 是线性赋范空间 E 中的一个有界完备凸集, 如果集值映射 $G: X \to P_0(X)$ 满足 $\forall x \in X$, $G(x)$ 是非空紧集, 且 $\forall \{x_1, \cdots, x_n\} \subset X$, 有 $\mathrm{co}\{x_1, \cdots, x_n\} \subset \bigcup_{i=1}^{n} G(x_i)$, 则称 G 是一个 KKM 映射.

设 M 是所有 KKM 映射的集合, $\forall G_1, G_2 \in M$, 定义距离

$$\rho(G_1, G_2) = \sup_{x \in X} h(G_1(x), G_2(x)),$$

其中 h 是 X 上的 Hausdorff 距离.

引理 6.9.1　(M, ρ) 是一个完备度量空间.

证明　设 $\{G_n\}$ 是 M 中任意一个 Cauchy 序列, 则 $\forall \varepsilon > 0$, 存在正整数 n_1, 使 $\forall m, n \geqslant n_1$, 有

$$\rho(G_m, G_n) = \sup_{x \in X} h(G_n(x), G_m(x)) < \varepsilon.$$

因 X 是完备的, 由系 2.1.1, $\forall x \in X$, 存在非空紧集 $G(x)$, 使 $h(G_n(x), G(x)) \to 0$, 且易证 $\sup_{x \in X} h(G_n(x), G(x)) \to 0$.

如果 G 不是 KKM 映射, 则 $\exists \{x_1, \cdots, x_m\}$, $\exists x' \in \mathrm{co}\{x_1, \cdots, x_m\}$, 而 $x' \notin \bigcup_{i=1}^{m} G(x_i)$. 因 $\forall i = 1, \cdots, m$, $G(x_i)$ 是紧集, 故 $\exists \varepsilon_0 > 0$, 使 $x' \notin \bigcup_{i=1}^{m} [\cup(\varepsilon_0, G(x_i))]$, 因 $\sup_{x \in X} h(G_n(x), G(x)) \to 0$, 存在正整数 n_2, 使 $\forall n \geqslant n_2$, 有 $\bigcup_{i=1}^{m} G_n(x_i) \subset \bigcup_{i=1}^{m} [\cup(\varepsilon_0, G(x_i))]$. 这样, $\forall n \geqslant n_2$, 有 $x' \notin \bigcup_{i=1}^{m} G_n(x_i)$, $\mathrm{co}\{x_1, \cdots, x_m\} \not\subset \bigcup_{i=1}^{m} G_n(x_i)$, 这与 $G_n \in M$ 矛盾, 因此 G 必是 KKM 映射, (M, ρ) 是完备的.

$\forall G \in M$, 由 KKMF 引理, $\exists x^* \in \bigcap_{x \in X} G(x)$, 称 x^* 为映射 G 的 KKM 点, 记 G 的所有 KKM 点的集合为 $F(G)$, 我们可以来研究集值映射 $F: M \to P_0(X)$.

定理 6.9.1　F 在 M 上是一个 usco 映射.

证明 $\forall G \in M$, 首先证明 $F(G)$ 是紧集. 因 $F(G) \subset G(x)$, 而 $G(x)$ 是紧集, 故只需证明 $F(G)$ 是闭集. 设 $x_n \in F(G)$, $x_n \to x^*$, 则 $\forall x \in X$, 有 $x_n \in G(x)$, 于是 $x^* \in G(x)$, $x^* \in \bigcap\limits_{x\in X} G(x)$, $x^* \in F(G)$, $F(G)$ 必是闭集.

以下用反证法. 设集值映射 F 在 $G \in M$ 不是上半连续的, 则 $\exists \varepsilon_0 > 0$ 和 $\{G_n\} \subset M$, 使 $G_n \to G$, $\exists x_n \in F(G_n)$, 而 $x_n \notin \cup(\varepsilon_0, F(G))$. 因 $x_n \in \bigcap\limits_{x\in X} G_n(x)$, 故 $\forall x \in X$, $x_n \in G_n(x)$, 因 $G_n(x)$ 和 $G(x)$ 都是紧集, $G_n(x) \to G(x)$, 由定理 2.1.7, 不妨设 $x_n \to x^* \in G(x)$. 这样, $x^* \in \bigcap\limits_{x\in X} G(x)$, $x^* \in F(G) \subset \cup(\varepsilon_0, F(G))$, 而这与 $x_n \to x^*$, $x_n \notin \cup(\varepsilon_0, F(G))$ 矛盾, 故 F 在 M 上必是上半连续的, F 在 M 上是一个 usco 映射.

因 M 是一个完备度量空间, X 是一个度量空间, $F: M \to P_0(X)$ 是一个 usco 映射, 由 6.2 节中统一模式的结论 (1) 和 (3) 即可得到 KKM 点集通有稳定性的相应结果.

注 6.9.1 关于非线性问题解集通有稳定性的研究, 还有不少工作, 例如, 文献 [99] 是关于生产经济平衡点集通有稳定性的研究, 文献 [100] 是关于拟变分不等式解集通有稳定性的深入研究.

第 7 章　非线性问题解的通有唯一性

本章继续研究非线性问题解的通有性质, 证明了在 Baire 分类意义上, 大多数最优化问题的解是唯一的, 大多数两人零和博弈的鞍点也是唯一的.

7.1　最优化问题解的通有唯一性[78],[94]

设 X 是一个 Hausdorff 拓扑空间, $K_0(X)$ 是 X 中所有非空紧集的集合, 赋予 Vietoris 拓扑, $C(X)$ 是 X 中所有有界连续函数的集合, 赋予一致收敛的拓扑, $Y = K(X) \times C(X)$.

$\forall y = (A, f) \in Y$, 由 y 定义了一个最优化问题, 它的解集 $F(y) = \left\{x \in A : f(x) = \min\limits_{u \in A} f(u)\right\}$, 因 A 是紧集, 而 f 连续, 则 $F(y) \neq \varnothing$, 我们可以来研究集值映射 $F : Y \to P_0(X)$.

定理 7.1.1　$F : Y \to P_0(X)$ 是一个 usco 映射.

证明　$\forall y = (A, f) \in Y$, 由 f 连续, 易知 $F(y)$ 是闭集, 又 $F(y) \subset A$, 而 A 是紧集, 故 $F(y)$ 必是紧集.

以下用反证法. 设集值映射 F 在 $y = (A, f) \in Y$ 不是上半连续的, 则存在 X 中的开集 G, $G \supset F(y)$, 而 $\exists y_\alpha \in Y$, $y_\alpha \to y$, $\exists x_\alpha \in F(y_\alpha)$, 使 $x_\alpha \notin G$.

记 $y_\alpha = (A_\alpha, f_\alpha)$, 则 $A_\alpha \to A$, $f_\alpha \to f$. 由定理 2.1.2, $\exists x \in A$, 使 x 是网 $\{x_\alpha\}$ 的一个聚点, 故 $\{x_\alpha\}$ 必有子网收敛于 x, 不妨就设 $x_\alpha \to x$. 因 $x_\alpha \notin G$, G 是开集, 故 $x \notin G$. 因 $x_\alpha \in F(y_\alpha)$, 有 $f_\alpha(x_\alpha) = \min\limits_{u \in A_\alpha} f_\alpha(u)$. 因

$$|f_\alpha(x_\alpha) - f(x)| \leqslant |f_\alpha(x_\alpha) - f(x_\alpha)| + |f(x_\alpha) - f(x)| \to 0,$$

得 $f_\alpha(x_\alpha) \to f(x)$.

$\forall u \in A$, 因 $A_\alpha \to A$, $\exists u_\alpha \in A_\alpha$, 使 $u_\alpha \to u$. 因 $f_\alpha(x_\alpha) \leqslant f_\alpha(u_\alpha)$, 而

$$|f_\alpha(u_\alpha) - f(u)| \leqslant |f_\alpha(u_\alpha) - f(u_\alpha)| + |f(u_\alpha) - f(x)| \to 0,$$

得 $f_\alpha(u_\alpha) \to f(u)$, 从而有 $f(x) \leqslant f(u)$, $f(x) = \min\limits_{u \in A} f(u)$, $x \in F(y) \subset G$, 这与 $x \notin G$ 矛盾, 故 F 在 y 必是上半连续的, 从而 F 在 Y 上是一个 usco 映射.

定理 7.1.2　如果 X 是 Čech 完备的, 且 $X \in L$, 则存在 Y 中的一个稠密剩余集 Q, 使 $\forall y \in Q$, $F(y)$ 是单点集.

证明 因 X 是 Čech 完备的, 则 $K_0(X)$ 是 Čech 完备的, $Y = K_0(X) \times C(X)$ 是 Čech 完备的. 又 $X \in L$, $F: Y \to P_0(X)$ 是一个 usco 映射, 则存在 Y 中的一个稠密剩余集 Q, 使 $\forall y \in Q$, F 在 y 是弱下半连续的.

$\forall y \in Q$, 如果 $F(y)$ 不是单点集, 则 $\exists x_1, x_2 \in F(y), x_1 \neq x_2$, 且对 x_2 的任意开邻域 $U(x_2)$, 存在 y 的开邻域 $O(y)$, 使 $\forall y' \in O(y)$, 有 $F(y') \cap U(x_2) \neq \varnothing$. 因 $x_1 \neq x_2$, 存在 x_1 的开邻域 V 和 x_2 的开邻域 W, 使 $x_1 \in V, x_2 \in W$, 而 $V \cap W = \varnothing$. 因 X 是 Čech 完备的, 故是完全正则的, 存在连续函数 $g: X \to [0,1]$, 使 $g(x_1) = 0$, 而 $\forall x \in X \backslash V$, 有 $g(x) = 1$.

$\forall n = 1, 2, 3 \cdots, \forall x \in X$, 令 $f_n(x) = f(x) + \dfrac{1}{n} g(x)$, 则 $f_n(x)$ 在 X 上连续, 且 $f_n \to f$. 令 $y_n = (A, f_n)$, 则 $y_n \to y$. 记 $f(x_1) = f(x_2) = \min\limits_{u \in A} f(u) = a$. $\forall x \in A$, 由 $f_n(x) \geqslant f(x) \geqslant a$, 而 $f_n(x_1) = f(x_1) = a$, 得 $\min\limits_{u \in A} f_n(u) = a$. 由 $x_2 \in W$, 故 W 是 x_2 的开邻域, $y_n \to y$, 存在 n_0 充分大, 使 $F(y_{n_0}) \cap W \neq \varnothing$. 取 $x_{n_0} \in F(y_{n_0}) \cap W$, 因 $x_{n_0} \in W \subset X \backslash V$, 得 $f_{n_0}(x_{n_0}) = f(x_{n_0}) + \dfrac{1}{n_0} g(x_{n_0}) \geqslant a + \dfrac{1}{n_0} > a$, 这与 $x_{n_0} \in F(y_{n_0})$, 从而必有 $f_{n_0}(x_{n_0}) = a$ 矛盾, 故 $\forall y \in Q, F(y)$ 必是单点集.

系 7.1.1 如果 X 是 Hausdorff 紧空间, 且 $X \in L$, 则存在 Y 中的一个稠密剩余集 Q, 使 $\forall y \in Q$, $F(y)$ 是单点集.

系 7.1.2 如果 X 是完备度量空间, 则存在 Y 中的一个稠密剩余集 Q, 使 $\forall y \in Q$, $F(y)$ 是单点集.

进一步还有以下结果:

设 X 是一个 Hausdorff 紧空间,

$$C = \left\{ f: X \to R : f \text{ 在 } X \text{ 上是下半连续的, 且} \sup_{x \in X} |f(x)| < +\infty \right\},$$

$\forall f, g \in C$, 定义距离

$$\rho(f, g) = \sup_{x \in X} |f(x) - g(x)|.$$

则 (C, ρ) 是一个完备度量空间.

$\forall f \in C$, 由 f 定义了一个最优化问题, 它的解集 $F(f) = \left\{ x \in X : f(x) = \min\limits_{u \in X} f(u) \right\}$. 因 X 是紧集, 而 f 是下半连续的, 则 $F(f) \neq \varnothing$, 我们可以研究集值映射 $F: C \to P_0(X)$.

定理 7.1.3 F 在 C 上是一个 usco 映射.

证明 因 X 是紧集, 我们只需证明集值映射 F 的图是闭的, 即要证明 $\forall f_n \in C$, $f_n \to f, \forall x_n \in F(f_n), x_n \to x$, 则 $x \in F(f)$.

$\forall n = 1, 2, 3, \cdots$, 因 $x_n \in F(f_n)$, 有 $f_n(x_n) = \min\limits_{u \in X} f_n(u)$.

$\forall \varepsilon > 0$, 因 $f_n \to f$, 且 f 在 x 下半连续, 存在正整数 n_0, 使 $\forall n \geqslant n_0$, 有 $\rho(f_n, f) < \dfrac{\varepsilon}{3}$, 且 $f(x) < f(x_n) + \dfrac{\varepsilon}{3}$. 这样 $\forall u \in X, \forall n \geqslant n_0$, 有 $f(x) < f(x_n) + \dfrac{\varepsilon}{3} < f_n(x_n) + \dfrac{2}{3}\varepsilon \leqslant f_n(u) + \dfrac{2}{3}\varepsilon < f(u) + \varepsilon$. 因 ε 是任意的, 得 $f(x) \leqslant f(u)$, 故 $x \in F(f)$.

定理 7.1.4 如果 $X \in L$, 则存在 C 中的一个稠密剩余集 Q, 使 $\forall f \in Q$, $F(f)$ 是单点集.

证明 因 C 是完备度量空间, $X \in L$, $F: C \to P_0(X)$ 是一个 usco 映射, 则存在 C 中的一个稠密剩余集 Q, 使 $\forall f \in Q$, F 在 f 是弱下半连续的.

以下同定理 7.1.2 的证明, $\forall f \in Q$, $F(f)$ 必是单点集.

系 7.1.3 如果 X 是紧度量空间, 则存在 C 中的一个稠密剩余集 Q, 使 $\forall f \in Q$, $F(f)$ 必是单点集.

7.2 鞍点的通有唯一性[101],[102]

设 X 和 Y 分别是 Hausdorff 拓扑空间 E 和 F 中的非空凸紧集,

$$\begin{aligned} C = \{f: X \times Y \to R: \ & \forall x \in X, y \to f(x, y) \text{是下半连续的和凸的}, \\ & \forall y \in Y, x \to f(x, y) \text{是上半连续的和凹的, 且} \\ & \sup_{(x,y) \in X \times Y} |f(x, y) < +\infty|\}. \end{aligned}$$

$\forall f, g \in C$, 定义距离

$$\rho(f, g) = \sup_{(x,y) \in X \times Y} |f(x, y) - g(x, y)|,$$

则易证 (C, ρ) 是一个完备度量空间.

$\forall f \in C$, 由定理 4.3.5, f 在 $X \times Y$ 中的鞍点必存在, 即 $\exists (x^*, y^*) \in X \times Y$, 使 $\forall (x, y) \in X \times Y$, 有 $f(x, y^*) \leqslant f(x^*, y^*) \leqslant f(x^*, y)$, 记 f 在 $X \times Y$ 中的鞍点全体为 $S(f)$, 我们可以来研究集值映射 $S: C \to P_0(X \times Y)$.

定理 7.2.1 S 在 C 上是一个 usco 映射.

证明 因 $X \times Y$ 是紧集, 我们只需证明集值映射 S 的图 graph(S) 是闭集, 即要证明 $\forall f_\alpha \in C$, $f_\alpha \to f_0 \in C$, $\forall (x_\alpha, y_\alpha) \in S(f_\alpha)$, $(x_\alpha, y_\alpha) \to (x_0, y_0) \in X \times Y$, 则 $(x_0, y_0) \in S(f_0)$.

因 $(x_\alpha, y_\alpha) \in S(f_\alpha)$, 则 $\forall (x, y) \in X \times Y$, 有 $f_\alpha(x, y_\alpha) \leqslant f_\alpha(x_\alpha, y_\alpha) \leqslant f_\alpha(x_\alpha, y)$. $\forall (x, y) \in X \times Y$, 因 $f_0 \in C, x_\alpha \to x_0, y_\alpha \to y_0$, 有

$$\begin{aligned} f_0(x, y_0) - f_\alpha(x, y_\alpha) &= f_0(x, y_\alpha) - f_\alpha(x, y_\alpha) + f_0(x, y_0) - f_0(x, y_\alpha) \\ &\leqslant \rho(f_\alpha, f_0) + [f_0(x, y_0) - f_0(x, y_\alpha)]. \end{aligned}$$

因 $\forall x \in X$, $y \to f(x,y)$ 是下半连续的, 且 $\rho(f_\alpha, f_0) \to 0$, 得

$$\begin{aligned} f_0(x,y_0) - \underline{\lim_\alpha} f_\alpha(x,y_\alpha) &= \overline{\lim_\alpha}[f_0(x,y_0) - f_\alpha(x,y_\alpha)] \\ &\leqslant \overline{\lim_\alpha}[f_0(x,y_0) - f_0(x,y_\alpha)] = f_0(x,y_0) - \underline{\lim_\alpha} f_0(x,y_\alpha) \leqslant 0. \end{aligned}$$

此外

$$\begin{aligned} f_\alpha(x,y_\alpha) - f_0(x_0,y) &= f_\alpha(x_\alpha,y) - f_0(x_\alpha,y) + f_0(x_\alpha,y) - f_0(x_0,y) \\ &\leqslant \rho(f_\alpha,f_0) + [f_0(x_\alpha,y) - f_0(x_0,y)]. \end{aligned}$$

因 $\forall y \in Y$, $x \to f(x,y)$ 是上半连续的, 且 $\rho(f_\alpha, f_0) \to 0$, 得

$$\overline{\lim_\alpha} f_\alpha(x_\alpha,y) - f_0(x_0,y) \leqslant \overline{\lim_\alpha} f_0(x_\alpha,y) - f_0(x_0,y) \leqslant 0.$$

这样, 注意到 $f_\alpha(x,y_\alpha) \leqslant f_\alpha(x_\alpha,y_\alpha) \leqslant f_\alpha(x_\alpha,y)$, $\forall (x,y) \in X \times Y$, 有

$$\begin{aligned} f_0(x,y_0) &\leqslant \underline{\lim_\alpha} f_\alpha(x,y_\alpha) \leqslant \underline{\lim_\alpha} f_\alpha(x_\alpha,y_\alpha) \\ &\leqslant \overline{\lim_\alpha} f_\alpha(x_\alpha,y_\alpha) \leqslant \overline{\lim_\alpha} f_\alpha(x_\alpha,y_\alpha) \leqslant f_0(x_0,y). \end{aligned}$$

在上式中令 $x = x_0$, $y = y_0$, 得 $\lim_\alpha f_\alpha(x_\alpha,y_\alpha)$ 存在, 且 $\lim_\alpha f_\alpha(x_\alpha,y_\alpha) = f_0(x_0,y_0)$. 这样, $\forall (x,y) \in X \times Y$, 有 $f_0(x,y_0) \leqslant f_0(x_0,y_0) \leqslant f_0(x_0,y)$, $(x_0,y_0) \in S(f_0)$.

定理 7.2.2 如果 E, F 是局部凸的, 且 $X, Y \in L$, 则存在 C 中的一个稠密剩余集 Q, 使 $\forall f \in Q$, $S(f)$ 是单点集.

证明 因 C 是完备度量空间, 当然是 Čech 完备的, 因 $X, Y \in L$, 当然有 $X \times Y \in L$, 又 $S: C \to P_0(X \times Y)$ 是一个 usco 映射, 故存在 C 中的一个稠密剩余集 Q, 使 $\forall f \in Q$, 集值映射 S 在 f 是弱下半连续的.

$f \in Q$, 因集值映射 S 在 f 是弱下半连续的, $\exists (x_1,y_1) \in S(f)$, 使对 (x_1,y_1) 在 $X \times Y$ 中的任意开邻域 G, 存在 f 在 C 中的开邻域 $O(f)$, $\forall f' \in O(f)$, 有 $G \cap S(f') \neq \varnothing$. 以下用反证法. 如果 $\exists (x_2,y_2) \in S(f)$, 而 $(x_2,y_2) \neq (x_1,y_1)$, 不妨设 $x_1 \neq x_2$, 则由定理 4.3.2, $(x_2,y_1) \in S(f)$. 因 E 是局部凸的, 存在 $\psi \in E^*$, 使 $\psi(x_1) \neq \psi(x_2)$. 定义 $g: X \to R, \forall x \in X, g(x) = \dfrac{\psi(x) - \psi(x_2)}{\psi(x_1) - \psi(x_2)}$, 则 g 在 X 上是连续的, 且因 X 是紧集, g 在 X 上是有界的. $g(x_1) = 1, g(x_2) = 0, g$ 还是仿射的: $\forall v_1, v_2 \in X, \forall \lambda \in (0,1)$, 有

$$g(\lambda v_1 + (1-\lambda)v_2) = \lambda g(v_1) + (1-\lambda) g(v_2).$$

$\forall \varepsilon > 0, \forall (x,y) \in X \times Y$, 定义

$$f_\varepsilon(x,y) = f(x,y) - \varepsilon g(x).$$

易证 $f_\varepsilon \in C$, 且当 $\varepsilon \to 0$ 时有 $f_\varepsilon \to f$.

令 $G = \left\{x \in X : g(x) > \dfrac{1}{2}\right\} \times Y$, 这是 $X \times Y$ 中的开集, 且因 $g(x_1) = 1$, 有 $(x_1, y_1) \in G$, $G \cap S(f) \neq \varnothing$, 因集值映射 S 在 f 是下半连续的, 当 $\varepsilon > 0$ 充分小时, 有 $G \cap S(f_\varepsilon) \neq \varnothing$. 取 $(x^*, y^*) \in G \cap S(f_\varepsilon)$, 则因 $(x^*, y^*) \in S(f_\varepsilon)$, $g(x^*) > \dfrac{1}{2}$, 有

$$
\begin{aligned}
V_\varepsilon &= \max_{x\in X}\min_{y\in Y} f_\varepsilon(x,y) \leqslant \max_{x\in X} f_\varepsilon(x,y^*) = f_\varepsilon(x^*,y^*)\\
&= \min_{y\in Y} f_\varepsilon(x^*,y) = \min_{y\in Y}\left[f_\varepsilon(x^*,y) - \varepsilon g(x^*)\right]\\
&= \min_{y\in Y} f_\varepsilon(x^*,y) - \varepsilon g(x^*) < \max_{x\in X}\min_{y\in Y} f(x,y) - \frac{\varepsilon}{2} = V_0 - \frac{\varepsilon}{2},
\end{aligned}
$$

其中 $V_0 = \max\limits_{x\in X}\min\limits_{y\in Y} f(x,y)$. 另一方面, 因 $(x_2, y_1) \in S(f)$, $g(x_2) = 0$, 有

$$
\begin{aligned}
V_0 &= \max_{x\in X}\min_{y\in Y} f(x,y) \leqslant \max_{x\in X} f(x,y_1) = f(x_2,y_1)\\
&= \min_{y\in Y} f(x_2,y) = \min_{y\in Y}\left[f(x_2,y) - \varepsilon g(x_2)\right] = \min_{y\in Y} f_\varepsilon(x_2,y)\\
&\leqslant \max_{x\in X}\min_{y\in Y} f_\varepsilon(x,y) = V_\varepsilon.
\end{aligned}
$$

与 $V_\varepsilon < V_0 - \dfrac{\varepsilon}{2}$ 矛盾, 故 $\forall f \in Q$, $S(f)$ 必是单点集.

设 M 是 $m \times n$ 矩阵的全体, $\forall A = (a_{ij})$, $B = (b_{ij}) \in M$, 定义距离

$$
\rho(A,B) = \sum_{i=1}^{m}\sum_{j=1}^{n} |a_{ij} - b_{ij}|,
$$

则易证 (M, ρ) 是一个完备度量空间.

$\forall A = (a_{ij}) \in M$, 由矩阵 A 决定了一个矩阵博弈, 且 $\exists x^* = (x_1^*, \cdots, x_m^*) \in X$, $\exists y^* = (y_1^*, \cdots, y_n^*) \in Y$, 使 $\forall (x,y) \in X \times Y$, 有

$$
\sum_{i=1}^{m}\sum_{j=1}^{n} a_{ij}x_i y_j^* \leqslant \sum_{i=1}^{m}\sum_{j=1}^{n} a_{ij}x_i^* y_j^* \leqslant \sum_{i=1}^{m}\sum_{j=1}^{n} a_{ij}x_i^* y_j,
$$

其中 $X = \left\{x = (x_1, \cdots, x_m) : x_i \geqslant 0, \sum\limits_{i=1}^{m} x_i = 1\right\}$, $Y = \left\{y = (y_1, \cdots, y_n) : y_j \geqslant 0, \sum\limits_{j=1}^{m} y_j = 1\right\}$. (x^*, y^*) 称为矩阵博弈 A 的鞍点, 记矩阵博弈 A 所有鞍点的集合为 $S(A)$.

定理 7.2.3 存在 M 中的一个稠密剩余集 Q, 使 $\forall A \in Q$, $S(A)$ 是单点集.

以下来推广前面的结果.

设 X 和 Y 分别是 Hausdorff 拓扑空间 E 和 F 中的非空有界闭凸集,

$$D=\{f:X\times Y\to R:\ f\text{ 连续},\ \forall x\in X, y\to f(x,y)\text{ 是凸的},\forall y\in Y, x\to f(x,y)\text{ 是凹的, 且}\sup_{(x,y)\in X\times Y}|f(x,y)|<+\infty\}.$$

$\forall f,g\in D$, 定义距离

$$\rho(f,g)=\sup_{(x,y)\in X\times Y}|f(x,y)-g(x,y)|.$$

则易证 (D,ρ) 是一个完备度量空间.

令 $M=CK(X)\times CK(X)\times D$, 其中 $CK(X)\Big($或$CK(Y)\Big)$ 是 X 中 $\Big($或 Y 中$\Big)$ 所有非空凸紧集的集合, 赋予 Vietoris 拓扑.

$\forall u=(A,B,f)\in M$, 由定理 4.3.5, f 在 $A\times B$ 中的鞍点必存在, 即 $\exists(x^*,y^*)\in A\times B$, 使 $\forall(x,y)\in A\times B$, 有 $f(x,y^*)\leqslant f(x^*,y^*)\leqslant f(x^*,y)$, 记 f 在 $A\times B$ 中的鞍点全体为 $F(u)$, 我们可以来研究集值映射 $F:M\to P_0(X\times Y)$.

定理 7.2.4 F 在 M 上是一个 usco 映射.

证明 $\forall u=(A,B,f)\in M$, 首先来证明 $F(u)$ 是紧集, 因 $F(u)\subset A\times B$, 而 $A\times B$ 是紧集, 因此只需证明 $F(u)$ 是闭集. 设 (x_α,y_α) 是 $F(u)$ 中的一个网, $(x_\alpha,y_\alpha)\to(x_0,y_0)\in A\times B$, 则 $\forall(x,y)\in A\times B$, 有 $f(x,y_\alpha)\leqslant f(x_\alpha,y_\alpha)\leqslant f(x_\alpha,y)$. 因 f 在 (x,y) 是连续的, 得 $f(x,y_0)\leqslant f(x_0,y_0)\leqslant f(x_0,y)$, 因此 $(x_0,y_0)\in F(u)$, $F(u)$ 是闭集.

其次来证明 F 在 $u\in M$ 是上半连续的. 用反证法. 此时存在 $X\times Y$ 中的开集 G, $G\supset F(u)$, 存在 M 中一个网 $\{u_\alpha\}$, $u_\alpha\to u$, 而 $\exists(x_\alpha,y_\alpha)\in F(u_\alpha)$, 使 $(x_\alpha,y_\alpha)\notin G$, 记 $u_\alpha=(A_\alpha,B_\alpha,f_\alpha)$, $u=(A,B,f_0)$, 则 $A_\alpha\to A$, $B_\alpha\to B$, $f_\alpha\to f_0$. 因 $(x_\alpha,y_\alpha)\in A_\alpha\times B_\alpha$, $A_\alpha\times B_\alpha$ 是 $X\times Y$ 中一个紧集网, 于是由定理 2.1.2, $\exists x_0\in A, y_0\in B$, 使 (x_0,y_0) 是网 $\{(x_\alpha,y_\alpha)\}$ 的一个聚点, 因 $(x_\alpha,y_\alpha)\notin G$, 而 G 是开集, 则 $(x_0,y_0)\notin G$, 从而 $(x_0,y_0)\notin F(u)$.

因 $(x_0,y_0)\notin F(u)$, 不妨设 $\exists x\in A$, 使 $f_0(x,y_0)>f(x_0,y_0)$. 选取 $\varepsilon_0>0$, 使 $f_0(x,y_0)-\varepsilon_0>f_0(x_0,y_0)$. 因 f_0 在 (x_0,y_0) 是连续的, 存在 x_0 在 X 中的开邻域 $O(x_0)$ 和 y_0 在 Y 中的开邻域 $O_1(y_0)$, 使 $\forall x'\in O(x_0)$, $\forall y'\in O_1(y_0)$, 有 $|f_0(x',y')-f_0(x_0,y_0)|<\dfrac{\varepsilon_0}{4}$. 因 f_0 在 (x,y_0) 是连续的, 存在 x 在 X 中的开邻域 $O(x)$ 和 y_0 在 Y 中的开邻域 $O_2(y_0)$, 使 $\forall x''\in O(x),\forall y''\in O_2(y_0)$, 有 $|f_0(x'',y'')-f_0(x,y_0)|<\dfrac{\varepsilon_0}{4}$. 由 $O(x)\cap A\neq\varnothing, A_\alpha\to A, f_\alpha\to f_0$, 则 $\exists\alpha_0\in\Lambda$, 使 $\forall\alpha\succ\alpha_0$, 有 $O(x)\cap A_\alpha\neq\varnothing$, $\rho(f_\alpha,f_0)<\dfrac{\varepsilon}{4}$. 令 $O(y_0)=O_1(y_0)\cap O_2(y_0)$, 这是 y_0 的开邻域, 因 (x_0,y_0) 是网 $\{(x_\alpha,y_\alpha)\}$ 的一个聚点, $\exists\alpha_1\succ\alpha_0$, 使 $(x_{\alpha_1},y_{\alpha_1})\in O(x_0)\times O(y_0)$. 这样,

$$\begin{aligned}\left|f_{\alpha_1}\left(x_{\alpha_1}, y_{\alpha_1}\right)-f_0\left(x_0, y_0\right)\right| &\leqslant\left|f_{\alpha_1}\left(x_{\alpha_1}, y_{\alpha_1}\right)-f_0\left(x_{\alpha_1}, y_{\alpha_1}\right)\right| \\ &\quad+\left|f_0\left(x_{\alpha_1}, y_{\alpha_1}\right)-f_0\left(x_0, y_0\right)\right| \\ &<\rho\left(f_{\alpha_1}, f_0\right)+\frac{\varepsilon_0}{4}<\frac{\varepsilon_0}{2}.\end{aligned}$$

现在, 选取 $\hat{x}_{\alpha_1} \in O(x) \cap A_{\alpha_1}$, 则

$$\begin{aligned}\left|f_{\alpha_1}\left(\hat{x}_{\alpha_1}, y_{\alpha_1}\right)-f_0\left(x, y_0\right)\right| &\leqslant\left|f_{\alpha_1}\left(\hat{x}_{\alpha_1}, y_{\alpha_1}\right)-f_0\left(\hat{x}_{\alpha_1}, y_{\alpha_1}\right)\right| \\ &\quad+\left|f_0\left(\hat{x}_{\alpha_1}, y_{\alpha_1}\right)-f_0\left(x, y_0\right)\right| \\ &<\rho\left(f_{\alpha_1}, f_0\right)+\frac{\varepsilon_0}{4}<\frac{\varepsilon_0}{2}.\end{aligned}$$

于是

$$\begin{aligned}f_{\alpha_1}\left(\hat{x}_{\alpha_1}, y_{\alpha_1}\right) &> f_0\left(x, y_0\right)-\frac{\varepsilon_0}{2}>f_0\left(x_0, y_0\right)+\varepsilon_0-\frac{\varepsilon_0}{2} \\ &=f_0\left(x_0, y_0\right)+\frac{\varepsilon_0}{2}>f_{\alpha_1}\left(x_{\alpha_1}, y_{\alpha_1}\right)-\frac{\varepsilon_0}{2}+\frac{\varepsilon_0}{2}=f_{\alpha_1}\left(x_{\alpha_1}, y_{\alpha_1}\right).\end{aligned}$$

这与 $\left(x_{\alpha_1}, y_{\alpha_1}\right) \in F\left(u_{\alpha_1}\right)$ 矛盾, 于是 F 在 M 上必是上半连续的, 从而 F 在 M 上是一个 usco 映射.

定理 7.2.5 如果 E, F 是局部凸的, X, Y 是 Čech 完备的, 且 $X, Y \in L$, 则存在 M 中的一个稠密剩余集 Q, 使 $\forall u \in Q$, $F(u)$ 是单点集.

证明 首先, 因 X, Y 是 Čech 完备的, 则 $K(X), K(Y)$ 是 Čech 完备的, 由引理 6.2.1, $CK(X), CK(Y)$ 在 $K(X)$ 和 $K(Y)$ 中是闭的, 故 $CK(X), CK(Y)$ 是 Čech 完备的, 又 D 是完备度量空间, 它是 Čech 完备的, 所以 $M=CK(X)\times CK(Y)\times D$ 是 Čech 完备的.

因 $X, Y \in L$, 则 $X \times Y \in L$, 又 $F: M \rightarrow P_0(X \times Y)$ 是一个 usco 映射, 故存在 M 中的一个稠密剩余集 Q, 使 $\forall u \in Q$, 集值映射 F 在 u 是弱下半连续的.

$\forall u=(A, B, f) \in Q$, 因集值映射 F 在 u 是弱下半连续的, $\exists\left(x_1, y_1\right) \in F(u)$ 使对 $\left(x_1, y_1\right)$ 在 $X \times Y$ 中的任意开邻域 G, 存在 u 在 M 中的开邻域 $O(u)$, 使 $\forall u' \in O(u)$, 有 $G \cap F(u') \neq \varnothing$. 以下用反证法. 如果 $\exists\left(x_2, y_2\right) \in F(u)$, 而 $\left(x_2, y_2\right) \neq\left(x_1, y_1\right)$, 不妨设 $x_1 \neq x_2$, 则由定理 4.3.2, $\left(x_2, y_1\right) \in F(u)$. 同定理 7.2.2 的证明, $\exists \psi \in E^*$, 使 $\psi\left(x_1\right) \neq \psi\left(x_2\right)$, 因 X 是有界的, ψ 在 X 上必有界. 定义 $g: X \rightarrow R, \forall x \in X, g(x)=\dfrac{\psi(x)-\psi\left(x_2\right)}{\psi\left(x_1\right)-\psi\left(x_2\right)}$, 则 g 在 X 上是连续的、仿射的、有界的, $g\left(x_1\right)=1, g\left(x_2\right)=0$.

$\forall \varepsilon>0, \forall(x, y) \in X \times Y$, 定义 $f_{\varepsilon}(x, y)=f(x, y)-\varepsilon g(x)$, 易证 $f_{\varepsilon} \in C$, 且当 $\varepsilon \rightarrow 0$ 时有 $f_{\varepsilon} \rightarrow f$.

$\forall \varepsilon>0$, 令 $u_{\varepsilon}=\left(A, B, f_{\varepsilon}\right) \in M$, 则当 $\varepsilon \rightarrow 0$ 时有 $u_{\varepsilon} \rightarrow u$. 以下同定理 7.2.2 的证明, 必引出矛盾, 故 $\forall u \in Q, \forall u \in Q, F(u)$ 必是单点集.

第 8 章 Nash 平衡点集和若干非线性问题解集本质连通区的存在性

本将继续对 n 人非合作博弈 Nash 平衡点集和若干非线性问题解集进行更加深入的研究, 我们将建立起统一的模式, 证明本质连通区的存在性和稳定性的深刻结论.

8.1 n 人非合作博弈 Nash 平衡点集本质连通区的存在性[103]

我们首先证明 Ky Fan 点集本质连通区的存在性, 然后再证明 Nash 平衡点集本质连通区的存在性. 设 X 是线性赋范空间 E 中的非空凸紧集,

$M_1=\{\varphi: X\times X\to R:\forall x\in X, y\to\varphi(x,y)$ 是下半连续的, $\forall y\in X, x\to\varphi(x,y)$ 是凹的, $\forall x\in X, \varphi(x,x)\leqslant 0$, 且 $\sup\limits_{(x,y)\in X\times X}|\varphi(x,y)|<+\infty\}$.

$\forall\varphi,\psi\in M_1$, 定义距离

$$\ell_1(\varphi,\psi)=\sup_{(x,y)\in X\times X}|\varphi(x,y)-\psi(x,y)|.$$

则 (M_1,ℓ_1) 是一个度量空间.

$\forall\varphi\in M_1$, 函数φ在X中的Ky Fan 点存在, 记 φ 的 Ky Fan 点全体为 $F_1(\varphi)$, 由定理 6.5.1, 由 $\varphi\to F_1(\varphi)$ 定义的集值映射 F_1 在 M_1 上是一个 usco 映射.

注 8.1.1 此处 M_1 与 6.5 节中略有不同, 在 6.5 节中要求 $\forall y\in X$, $x\to\varphi(x,y)$ 是拟凹的, 而此处为 $\forall y\in X$, $x\to\varphi(x,y)$ 是凹的, 这完全是今后证明的需要. 至于 F_1 是 usco 映射, 我们已一再强调, 这只依赖于 φ 的连续性条件, 而与 φ 的凸性条件无关.

$\forall\varphi\in M_1$, 设 $d(\varphi)$ 是 $F_1(\varphi)$ 的非空闭子集, 如果对 X 中的任何开集 O, $O\supset d(\varphi)$, $\exists\delta>0$, 使 $\forall\psi\in M_1$, $\ell_1(\varphi,\psi)<\delta$, 有 $F_1(\psi)\cap O=\varnothing$, 则称 $d(\varphi)$ 是 $F_1(\varphi)$ 的本质集. 设 $m(\varphi)$ 是 $F_1(\varphi)$ 的本质集, 且是 $F_1(\varphi)$ 中所有本质集按包含关系为序的极小元, 则称 $m(\varphi)$ 是 $F_1(\varphi)$ 的极小本质集. 如果 $F_1(\varphi)$ 的极小本质集存在, 则它不一定是唯一的.

由 1.3 节, $F_1(\varphi)$ 可以分解成两两不交的有限个或无限个连通区的并集, 即

$$F_1(\varphi)=\bigcup_{\alpha\in\Lambda}C_\alpha(\varphi),$$

其中 Λ 是一个指标集.

由定理 1.3.15 (2), 因 $F_1(\varphi)$ 是紧集, 故 $\forall\alpha\in\Lambda$, $C_\alpha(\varphi)$ 是紧集. 如果 $F_1(\varphi)$ 的一个连通区 $C_\alpha(\varphi)$ 是 $F_1(\varphi)$ 的本质集, 则称 $C_\alpha(\varphi)$ 是 $F_1(\varphi)$ 的一个本质连通区.

定理 8.1.1 $\forall\varphi\in M_1$, 至少存在一个 $F_1(\varphi)$ 的本质极小集.

证明 因 $F_1: M_1\to P_0(X)$ 是一个 usco 映射, 则对 X 中的任意的开集 O, $O\supset F_1(\varphi)$, $\exists\delta>0$, 使 $\forall\psi\in M_1$, $\ell_1(\varphi,\psi)<\delta$, 有 $O\supset F(\varphi)$. 这表明 $F_1(\varphi)$ 是它本身的本质集. 设 Φ 是 $F_1(\varphi)$ 的所有本质集的集合, 则 $\Phi\neq\varnothing$. 在 Φ 中以包含关系为序, 这是一个半序集. 对 Φ 中任意全序子集 $\{e_\alpha(\varphi):\alpha\in\Lambda_1\}$(其中 Λ_1 是一个指标集), 令 $e(\varphi)=\bigcap\limits_{\alpha\in\Lambda_1}e_\alpha(\varphi)$, 则 $e(\varphi)$ 是紧集. 如果 $e(\varphi)=\varnothing$, 则 $F_1(\varphi)=\bigcup\limits_{\alpha\in\Lambda_1}[F_1(\varphi)\backslash e_\alpha(\varphi)]$, 其中 $\forall\alpha\in\Lambda_1$, $F_1(\varphi)\backslash e_\alpha(\varphi)$ 是开集, 因 $F_1(\varphi)$ 是紧集, 由开覆盖定理, 必存在 $\{e_\alpha(\varphi):\alpha\in\Lambda_1\}$ 中的有限个元素 $e_1(\varphi),e_2(\varphi),\cdots,e_n(\varphi)$, 使 $F_1(\varphi)=\bigcup\limits_{i=1}^n[F_1(\varphi)\backslash e_i(\varphi)]$, 从而 $\bigcap\limits_{i=1}^n e_i(\varphi)=\varnothing$, 这与 $\{e_\alpha(\varphi):\alpha\in\Lambda_1\}$ 是全序子集, $\bigcap\limits_{i=1}^n e_i(\varphi)\neq\varnothing$ 矛盾, 故 $e(\varphi)\neq\varnothing$. 以下来证明 $e(\varphi)$ 是 $F_1(\varphi)$ 的本质集: 对 X 中的任意开集 O, $O\supset e(\varphi)$, 如果 $\forall\alpha\in\Lambda_1$, $e_\alpha(\varphi)\not\subset O$, 则 $\exists x_\alpha\in e_\alpha(\varphi)$, 使 $x_\alpha\notin O$. 因 $x_\alpha\in F_1(\varphi)$, $F_1(\varphi)$ 是紧集, 不妨设 $x_\alpha\to x\in F_1(\varphi)$, 因 $\{e_\alpha(\varphi):\alpha\in\Lambda_1\}$ 是全序集, 当 $\beta>\alpha$ 时, 有 $x_\beta\subset e_a(\varphi)\subset e_\alpha(\varphi)$, 又 $e_\alpha(\varphi)$ 是闭集, 故 $x\in e_\alpha(\varphi)$, $x\in\bigcap\limits_{\alpha\in\Lambda_1}e_\alpha(\varphi)=e(\varphi)\subset O$, 这与 $x_\alpha\to x\in O$, O 是开集而 $x_\alpha\notin O$ 矛盾, 故 $\exists\alpha_0\in\Lambda_1$, 使 $O\supset e_{\alpha_0}(\varphi)$. 因 $e_{\alpha_0}(\varphi)$ 是 $F_1(\varphi)$ 的本质集, $\exists\delta>0$, 使 $\forall\psi\in M_1$, $\ell_1(\varphi,\psi)<\delta$, 有 $F_1(\varphi)\cap O\neq\varnothing$, 故 $e(\varphi)$ 必是 $F_1(\varphi)$ 的本质集, Φ 中任意全序子集 $\{e_\alpha(\varphi):\alpha\in\Lambda_1\}$ 在 Φ 中必有下界 $e(\varphi)$, 由 Zorn 引理, Φ 必有极小元素, 而极小元素必是 $F_1(\varphi)$ 的极小本质集.

定理 8.1.2 $\forall\varphi\in M_1$, $F(\varphi)$ 的每个极小本质集都是连通的.

证明 设 $m(\varphi)$ 是 $F_1(\varphi)$ 的极小本质集. 用反证法. 如果 $m(\varphi)$ 不是连通的, 则存在两个非空闭集 $C_1(\varphi)$, $C_2(\varphi)$ 和两个开集 W_1,W_2, 使 $W_1\supset C_1(\varphi)$, $W_2\supset C_2(\varphi)$, $m(\varphi)=C_1(\varphi)\cup C_2(\varphi)$, 而 $W_1\cap W_2=\varnothing$. 因 $m(\varphi)$ 是极小本质集, 故 $C_1(\varphi)$ 和 $C_2(\varphi)$ 都不是 $F_1(\varphi)$ 的本质集, 所以存在两个开集 G_1 和 G_2, $G_1\supset C_1(\varphi)$, $G_2\supset C_2(\varphi)$, 而 $\forall\delta>0$, $\exists\varphi_1,\varphi_2\in M_1$,$\ell_1(\varphi,\varphi_1)<\delta$, $\ell_1(\varphi,\varphi_2)<\delta$, 而 $F(\varphi_1)\cap G_1=\varnothing$,$F(\varphi_2)\cap G_2=\varnothing$. 记 $U_1=W_1\cap G_1$, $U_2=W_2\cap G_2$, 则 U_1,U_2 是开集, $U_1\supset C_1(\varphi)$, $U_2\supset C_2(\varphi)$, 且 $U_1\cap U_2=\varnothing$. 存在两个开集 V_1,V_2, 使 $C_1(\varphi)\subset V_1\subset\bar{V}_1\subset U_1$, $C_2(\varphi)\subset V_2\subset\bar{V}_2\subset U_2$, 显然 $F_1(\varphi_1)\cap\bar{V}_1=\varnothing$, $F_1(\varphi_2)\cap\bar{V}_2=\varnothing$, 注意到以上 V_1, V_2 的选取与 δ 无关.

因开集 $V_1\cup V_2\supset m(\varphi)$,$\exists\delta^*>0$, 使 $\forall\psi\in M_1$, 当 $\ell_1(\varphi,\psi)<\delta^*$ 时, 有 $F_1(\varphi)\cap$

$(V_1 \cup V_2) \neq \varnothing$. 这样, $\exists \psi_1, \psi_2 \in M_1$, $\ell_1(\varphi, \psi_1) < \delta^*$, $\ell_1(\varphi, \psi_2) < \delta^*$, 而 $F_1(\psi_1) \cap V_1 = \varnothing$, $F_1(\psi_2) \cap V_2 = \varnothing$.

定义 $\psi : X \times X \to R$ 如下：

$$\psi(x, y) = \lambda(y)\psi_1(x, y) + \mu(y)\psi_2(x, y),$$

其中 $\lambda(y) = \dfrac{d(y, \bar{V_2})}{d(y, \bar{V_1}) + d(y, \bar{V_2})}$, $\mu(y) = \dfrac{d(y, \bar{V_1})}{d(y, \bar{V_1}) + d(y, \bar{V_2})}$, d 是 X 上的距离函数. 注意到 $\lambda(y)$ 和 $\mu(y)$ 都是连续的, $\forall y \in X$, $\lambda(y) \geqslant 0$, $\mu(y) \geqslant 0$, 且 $\lambda(y) + \mu(y) = 1$.

容易验证: $\forall x \in X$, $y \to \psi(x, y)$ 上是下半连续的, $\forall y \in X$, $x \to \psi(x, y)$ 是凹的, $\forall x \in X$, $\psi(x, x) \leqslant 0$ 且 $\sup\limits_{(x,y) \in X \times X} |\psi(x, y)| < +\infty$, 从而 $\psi \in M_1$.

又容易验证 $\ell_1(\varphi, \psi) < \delta^*$, 故 $F_1(\psi) \cap (V_1 \cup V_2) \neq \varnothing$. 不妨设 $F_1(\psi) \cap V_1 \neq \varnothing$, 取 $y^* \in F_1(\psi) \cap V_1$, 由 $y^* \in V_1$, 得 $\lambda(y^*) = 1$, $\mu(y^*) = 0$, $\forall x \in X$, $\psi_1(x, y^*) = \psi(x, y^*) \leqslant 0$, $y^* \in F_1(\psi_1)$, 这与 $F_1(\psi_1) \cap V_1 = \varnothing$ 矛盾, 因而 $m(\varphi)$ 必是连通的.

定理 8.1.3　$\forall \varphi \in M_1$, 至少存在一个 $F_1(\varphi)$ 的本质连通区.

证明　由定理 8.1.1 和定理 8.1.2, 至少有一个 $F_1(\varphi)$ 的极小本质集 $m(\varphi)$, 且 $m(\varphi)$ 是连通的, 故 $\exists \alpha \in \Lambda$, 使 $m(\varphi) \subset C_\alpha(\varphi)$. 对任意 X 中的开集 O, $O \supset C_\alpha(\varphi)$, 则 $O \supset m(\varphi)$, 因 $m(\varphi)$ 是本质的, $\exists \delta > 0$, 使 $\forall \psi \in M_1$, $\ell_1(\varphi, \psi) < \delta$, 有 $F_1(\psi) \cap O \neq \varnothing$, 于是连通区 $C_\alpha(\varphi)$ 必是本质的.

定理 8.1.4　$\forall \varphi \in M_1$, 如果 $F_1(\varphi)$ 是全不连通集, 则 φ 是弱本质的.

证明　因为 $F_1(\varphi)$ 是全不连通集, 则 $F_1(\varphi) = \bigcup\limits_{\alpha \in \Lambda} C_\alpha(\varphi)$, 其中 $\forall \alpha \in \Lambda$, $C_\alpha(\varphi)$ 是单点集. 由定理 8.1.3, $\exists \alpha_0 \in \Lambda$, 使 $C_{\alpha_0}(\varphi) = \{y_0\}$ 是 $F_1(\varphi)$ 的本质连通区. 易证 y_0 是本质的, 因此 $\varphi \in M_1$ 是弱本质的.

以下来研究 n 人非合作博弈 Nash 平衡点集的本质连通区.

$\forall i \in N$, 设 X_i 是线性赋范空间 E_i 中的非空凸紧集, $X = \prod\limits_{i=1}^{n} X_i$,

$Y_1' = \{f = (f_1, f_2, \cdots, f_n) : \sum\limits_{i=1}^{n} f_i(x)$ 在 X 上是上半连续的, $\forall y \in X, x \to \sum\limits_{i=1}^{n} f_i(y_i, x_{\hat{i}})$ 在X 上是下半连续的, $\forall x \in X, y \to \sum\limits_{i=1}^{n} f_i(y_i, x_{\hat{i}})$ 在 X_i 上是凹的, 且 $\sup\limits_{x \in X} \sum\limits_{i=1}^{n} f_i(x) < +\infty\}$.

$\forall f = (f_1, f_2, \cdots, f_n)$,　$g = (g_1, g_2, \cdots, g_n) \in Y_1'$,　定义距离

$$\rho_1'(f, g) = \sup_{x \in X} \sum_{i=1}^{n} |f_i(x) - g_i(x)|.$$

则 (Y_1', ρ_1') 是一个度量空间.

$\forall f = (f_1, f_2, \cdots, f_n) \in Y_1'$, 由定理 4.2.3, 博弈$f$的Nash平衡点必存在, 记 $N_1'(f)$ 为博弈 f 的所有 Nash 平衡点的集合, 由定理 6.1.5, 由 $f \to N_1'(f)$ 定义的集值映射 N_1' 在 Y_1' 上是一个 usco 映射.

注 8.1.2 与注 8.1.1 相同, 此处 Y_1' 中凸性条件与 6.1 节中略有不同, 仍然能保证 N_1' 是一个 usco 映射.

引理 8.1.1 $\forall f = (f_1, f_2, \cdots, f_n) \in Y_1'$, 定义

$$T(f) = \phi(x, y) = \sum_{i=1}^{n} [f_i(y_i, x_{\hat{i}}) - f_i(x_i, x_{\hat{i}})],$$

则 $\varphi \in M_1$, 且映射 $T : Y_1' \to M_1$ 是连续的.

证明 容易验证: $\forall y \in X$, $x \to \phi(x, y)$ 是下半连续的, $\forall x \in X$, $y \to \phi(x, y)$ 是凹的, $\forall y \in X$, $\phi(y, y) \leqslant 0$, 且 $\sup\limits_{(x,y)\in X\times X} |\phi(x, y)| < +\infty$, 故 $\phi \in M_1$.

$\forall f, g \in Y_1'$, 如果 $\rho(f, g) < \varepsilon$, 则 $\ell_1(T(f), T(g)) < 2\varepsilon$, 因此映射 $T : Y_1' \to M_1$ 必是连续的.

引理 8.1.2 $x^* \in N_1'(f)$ 当且仅当 $x^* \in F_1(\varphi)$.

证明 如果 $x^* \in N_1'(f)$, 则 $\forall i \in N$, $\forall y_i \in X_i$, 有 $f_i\left(y_i, x_{\hat{i}}^*\right) \leqslant f_i\left(x_i^*, x_{\hat{i}}^*\right)$. 因此 $\forall y = (y_1, \cdots, y_n) \in X$, 有 $\phi(x^*, y) \leqslant 0$, $x^* \in F_1(\varphi)$.

反之, 如果 $x^* \in F_1(\varphi)$, 则 $\forall i \in N$, $\forall y_i \in X_i$, 令 $y = \left(y_i, x_{\hat{i}}^*\right) \in X$, 有 $\phi(x^*, y) = f_i\left(y_i, x_{\hat{i}}^*\right) - f_i\left(x_i^*, x_{\hat{i}}^*\right) \leqslant 0$, $f_i\left(y_i, x_{\hat{i}}^*\right) \leqslant f_i\left(x_i^*, x_{\hat{i}}^*\right)$, $x^* \in N_1'(f)$.

定理 8.1.5 $\forall f = (f_1, \cdots, f_n) \in Y_1'$, 至少存在 $N_1'(f)$ 一个的本质连通区.

证明 $\forall f = (f_1, \cdots, f_n) \in Y_1'$, $T(f) = \varphi \in M_1$. 由引理 8.1.2, $N_1'(f) = F_1(\varphi) = \bigcup\limits_{\alpha\in\Lambda} C_\alpha(\varphi)$, 其中 $\forall \alpha \in \Lambda$, $C_\alpha(\varphi)$ 是 $F_1(\varphi)$ 的连通区, 从而也是 $N_1'(f)$ 的连通区. 由定理 8.1.3, $\exists \alpha_0 \in \Lambda$, 使 $C_{\alpha_0}(\varphi)$ 是 $F_1(\varphi)$ 的本质连通区.

对 X 中任意开集 O, $O \supset C_{\alpha_0}(\varphi)$, $\exists \delta > 0$, 使 $\forall \psi \in M_1$, $\ell_1(\varphi, \psi) < 2\delta$, 有 $F_1(\varphi) \cap O \neq \varnothing$. 由定理 8.1.1, $\forall g \in Y_1'$, $\rho_1(f, g) < \delta$, 则 $\ell_1(T(f), T(g)) < \ell_1(\varphi, \psi) < 2\delta$, 因此 $N_1'(g) \cap O = F_1(\psi) \cap O \neq \varnothing$, $C_{\alpha_0}(\varphi)$ 是 $N_1'(f)$ 的本质连通区.

由定理 8.1.5 即推得以下定理 8.1.6.

定理 8.1.6 $f \in Y_1'$, 如果 $N_1'(f)$ 是全不连通集, 则 f 是弱本质的.

注 8.1.3 如果 $Y_1 = \{f = (f_1, \cdots, f_n) : \forall i \in N, f_i : X \to R$连续, 且$\forall x_{\hat{i}} \in X_{\hat{i}}, y_i \to f_i(y_i, x_{\hat{i}})$是凹的$\}$. 记 $N_1(f)$ 是博弈 f 的所有 Nash 平衡点的集合, 则同样可以证明: $\forall f \in Y_1$, 至少存在一个 $N_1(f)$ 的本质连通区; 如果 $f \in Y_1$, $N_1(f)$ 是全不连通的, 则 f 是弱本质的.

注 8.1.4 注意到定理 8.1.5 和注 8.1.3, 对于 n 人非合作博弈, 我们证明了 Nash 平衡点集本质连通区的存在性定理, 推广了 Kolhberg 和 Hertens[15] 中关于 n 人有限非合作博弈的深刻结果.

8.2 统一模式：非线性问题解集本质连通区的存在性[104,105]

现在我们可以将 8.1 节的论证过程提炼, 给出一般的模式.

设 Y 是 "问题" 空间, $\forall y \in Y$, y 表示一个非线性问题, X 是 "解" 空间, 问题 y 的解都在 X 中, $F: Y \to P_0(X)$ 是一个集值映射, $\forall y \in Y$, $F(y) \subset X$ 表示非线性问题 y 的解的全体, $F(y) \neq \varnothing$.

设 (X,d) 和 (Y,ρ) 是两个度量空间, $F: Y \to P_0(X)$ 是一个集值映射. $\forall y \in Y$, 设 $e(y)$ 是 $F(y)$ 的非空闭子集, 如果对 X 中的任意开集 O, $O \supset e(y)$, $\exists \delta > 0$, 使 $\forall y' \in Y$, $\rho(y,y') < \delta$, 有 $F(y') \cap O \neq \varnothing$, 则称 $e(y)$ 是 $F(y)$ 的本质集. 设 $m(y)$ 是 $F(y)$ 的本质集, 且是 $F(y)$ 中所有本质集按包含关系为序的极小元, 则称 $m(y)$ 是 $F(y)$ 的极小本质集. 如果 $F(y)$ 的极小本质集存在, 则它不一定是唯一的.

$F(y)$ 可以分解成两两不交的有限个或无限个连通区的并集, 即

$$F(y) = \bigcup_{\alpha \in \Lambda} C_\alpha(y),$$

其中 Λ 是一个指标集.

如果 $F(y)$ 的一个连通区 $C_\alpha(y)$ 是 $F(y)$ 的本质集, 则称 $C_\alpha(y)$ 是 $F(y)$ 的一个本质连通区.

定理 8.2.1 设 (X,d) 和 (Y,ρ) 是两个度量空间, $F: Y \to P_0(X)$ 是一个 usco 映射, 以下条件 (C) 成立：对 X 中任意两个非空闭集 K_1,K_2, $K_1 \cap K_2 = \varnothing$ 及 Y 中任意两点 y_1, y_2, 如果 $F(y_1) \cap K_1 = \varnothing$, $F(y_2) \cap K_2 = \varnothing$, 则 $\exists y' \in Y$, 使 $\rho(y',y_1) \leqslant \rho(y_1,y_2)$,$\rho(y',y_2) \leqslant \rho(y_1,y_2)$, 而 $F(y') \cap [K_1 \cup K_2] = \varnothing$. 则

(1) $\forall y \in Y$, $F(y)$ 至少存在一个极小本质集;

(2) $F(y)$ 的每个极小本质集都是连通的;

(3) $\forall y \in Y$, $F(y)$ 至少存在一个本质连通区.

证明 (1) 的证明同定理 8.1.1 的证明, 如果 (2) 成立, 则 (3) 的证明同定理 8.1.3 的证明, 因此我们只需证明 (2).

设 $m(y)$ 是 $F(y)$ 的极小本质集. 用反证法. 如果 $m(y)$ 不是连通的, 则存在两个非空闭集 $C_1(y)$, $C_2(y)$ 和两个开集 W_1, W_2, 使 $W_1 \supset C_1(y)$, $W_2 \supset C_2(y)$, $m(y) = C_1(y) \cup C_2(y)$, 而 $W_1 \cap W_2 = \varnothing$. 因 $m(y)$ 是极小本质集, 故 $C_1(y)$ 和 $C_2(y)$ 都不

是 $F(y)$ 的本质集, 存在两个开集 G_1, G_2, $G_1 \supset C_1(\varphi)$, $G_2 \supset C_2(\varphi)$, 使 $\forall \delta > 0$, $\exists y_1, y_2 \in Y$, $\rho(y_1, y) < \delta$, $\rho(y_2, y) < \delta$, 而 $F(y_1) \cap G_1 = \varnothing$, $F(y_2) \cap G_2 = \varnothing$. 注意到此时 $\rho(y_1, y_2) < 2\delta$. 记 $U_1 = W_1 \cap G_1$, $U_2 = W_2 \cap G_2$, 则 U_1, U_2 是开集, $U_1 \supset C_1(y)$, $U_2 \supset C_2(y)$, $U_1 \cap U_2 = \varnothing$. 存在两个开集 V_1, V_2, 使 $C_1(y) \subset V_1 \subset \bar{V}_1 \subset U_1, C_2(y) \subset V_2 \subset \bar{V}_2 \subset U_2$, 显然 $F(y_1) \cap \bar{V}_1 = \varnothing$, $F(y_2) \cap \bar{V}_2 = \varnothing$, $\bar{V}_1 \cap \bar{V}_2 = \varnothing$. 注意到以上 U_1 和 U_2 的选取, 从而 V_1 和 V_2 的选取都与 δ 无关. 因条件 (C) 成立, $\exists y' \in Y$, 使 $\rho(y', y_1) \leqslant \rho(y_1, y_2) < 2\delta$, $\rho(y', y_2) \leqslant \rho(y_1, y_2) < 2\delta$, 而 $F(y') \cap [\bar{V}_1 \cup \bar{V}_2] = \varnothing$. 因 $V_1 \cup V_2$ 是开集, 且 $V_1 \cup V_2 \supset C_1(y) \cup C_2(y) = m(y)$, 而 $\rho(y, y') \leqslant \rho(y, y_1) + \rho(y_1, y') < 3\delta$, 但 $F(y') \cap [V_1 \cup V_2] = \varnothing$, 这与 $m(y)$ 是 $F(y)$ 的本质集矛盾, 故 $m(y)$ 必是连通的.

定理 8.2.2 设 X, (Y, ρ) 和 (Z, h) 是三个度量空间, $F: Y \to P_0(X)$ 是一个 usco 映射, $G: Z \to P_0(X)$ 是一个集值映射, 存在连续映射 $T: Z \to Y$, 使 $\forall z \in Z$, 有 $G(z) \supset F(T(z))$, 又 $\forall y \in Y$, 至少存在一个 $F(y)$ 的本质连通区, 则 $\forall z \in Z$, 至少存在一个 $G(z)$ 的本质连通区.

证明 $\forall z \in Z, y = T(z) \in Y, F(y) = \bigcup\limits_{\alpha \in \Lambda} C_\alpha(y)$, 其中 $\forall \alpha \in \Lambda$, $C_\alpha(y)$ 是 $F(y)$ 的连通区. 设 $C_{\alpha_0}(y)$ 是 $F(y)$ 的一个本质连通区, 由 $G(z) \supset F(y) = \bigcup\limits_{\alpha \in \Lambda} C_\alpha(y)$, 则 $C_{\alpha_0}(y)$ 必被某个 $G(z)$ 的连通区 $S_\beta(z)$ 所包含.

对任意的开集 O, $O \supset S_\beta(z)$, 则 $O \supset C_{\alpha_0}(y)$, $\exists \delta > 0$, 当 $y' \in Y$, $\rho(y, y') < \delta$, 有 $F(y') \cap O \neq \varnothing$. 因 T 是连续的, $\exists \delta' > 0$, 当 $z' \in Z, h(z', z) < \delta'$ 时有 $\rho(y', y) = \rho(T(z'), T(z)) < \delta$, 故 $F(y') \cap O \neq \varnothing$. 由 $G(z') \supset F(y')$, 有 $G(z') \cap O \neq \varnothing$, $S_\beta(z)$ 是 $G(z)$ 的本质连通区.

注 8.2.1 6.2 节中已经指出: $x \in F(y)$ 称为问题 y 的本质解, 是指当 y' 充分接近 y 时, 有 $x' \in F(y')$ 充分接近 x; 问题 y 称为本质的, 是指所有 $x \in F(y)$ 都是本质的, 此时 $F(y')$ 必充分接近 $F(y)$; 问题 y 称为弱本质的, 是指至少存在一个 $x \in F(y)$, 当 y' 充分接近 y, 有 $x' \in F(y')$ 必充分接近 x. 当 “问题” 空间 Y 和 “解” 空间 X 满足一定条件时, 存在 Y 中的一个稠密剩余集 Q, 使 $\forall y \in Y$, 问题 y 是本质的或弱本质的, 但是 Q 以外的 y 又如何呢? 当满足一定条件时, 定理 8.1.5 断言, $F(y)$ 至少存在一个连通区, 使当 y' 充分接近时 y, 有 $x' \in F(y')$ 充分接近这个连通区, 这也正是本质连通区的意义所在.

8.3 广义博弈平衡点集本质连通区的存在性[105,106]

以下引理今后还要多次用到.

引理 8.3.1 设 C, D 是线性赋范空间 E 中的两个非空凸紧集, 则

$$h(C, \lambda C+\mu D) \leqslant h(C, D),$$

其中 h 是 E 上的 Hausdorff 距离, $\lambda \geqslant 0$, $\mu \geqslant 0$, 且 $\lambda+\mu=1$.

证明 我们只需证明 $\forall b>0$, 如果 $h(C, D)<b$, 则 $h(C, \lambda C+\mu D)<b$.

因 $h(C, D)<b$, $\exists y \in D$, 使 $\|x-y\|<a<b$, 则 $C \subset U(a, D)$, $D \subset U(a, C)$.

$\forall x \in C, \exists y \in D$, 使 $\|x-y\|<a$, 则 $\lambda x+\mu y \in \lambda C+\mu D$, 而 $\|x-(\lambda x+\mu y)\|=\mu\|x-y\|<a$, 故 $C \subset U(a, \lambda C+\mu D)$.

$\forall u \in \lambda C+\mu D, \exists x \in C, \quad y \in D$, 使 $u=\lambda x+\mu y$. 因 $y \in D, \exists x' \in C$, 使 $\|x'-y\|<a$. 因 C 是凸集,$\bar{x}=\lambda x+\mu x' \in C$, $\|u-\bar{x}\|=\|(\lambda x+\mu y)-(\lambda x+\mu x')\|=\mu\|x'-y\|<a, \lambda C+\mu D \subset U(a, C)$. 因此,

$$h(C, \lambda C+\mu D) \leqslant a<b, h(C, \lambda C+\mu D) \leqslant h(C, D) .$$

我们首先证明拟变分不等式解集本质连通区的存在性, 再证明广义博弈平衡点集本质连通区的存在性.

设 X 是线性赋范空间 E 中的非空凸紧集, $M_3=\{u=(\varphi, G): \varphi: X \times X \rightarrow R$是下半连续的,$\forall x \in X, y \rightarrow \varphi(x, y)$是凹的 $\forall y \in X, \varphi(y, y) \leqslant 0$,且 $\sup\limits_{(x, y) \in X \times X}|\varphi(x, y)|<+\infty, G: X \rightarrow P_0(X)$ 连续, 且$\forall x \in X, G(x)$是非空凸紧集$\}$.

$\forall u_1=(\varphi_1, G_1), \quad u_2=(\varphi_2, G_2) \in M_3$, 定义距离

$$\ell_3(u_1, u_2)=\sup _{(x, y) \in X \times X}|\varphi_1(x, y)-\varphi_2(x, y)|+\sup _{x \in X} h(G_1(x), G_2(x)),$$

其中 h 是 X 上的 Hausdorff 距离, 则 (M_3, ℓ_3) 是一个度量空间.

$\forall u=(\varphi, G) \in M_3$, 由系 3.2.1, 拟变分不等式的解存在, 即 $\exists x^* \in X$, 使 $x^* \in G(x^*)$, 且 $\forall y \in G(x^*)$, 有 $\varphi(x^*, y) \leqslant 0$. 记拟变分不等式的解的全体为 $F_3(u)$, 由定理 6.5.4, $F_3: M_3 \rightarrow P_0(X)$ 是一个 usco 映射.

定理 8.3.1 $\forall u \in M_3$, 至少存在一个 $F_3(u)$ 的本质连通区.

证明 我们只需验证定理 8.2.1 中条件 (C) 成立.

设 K_1, K_2 是 X 中的任意两个非空闭集,$K_1 \cap K_2=\varnothing$, 对任意 $u_1=(\varphi_1, G_1)$, $u_2=(\varphi_2, G_2) \in M_3$, $F_3(u_1) \cap K_1=\varnothing$, $F_3(u_2) \cap K_2=\varnothing$, 定义 $u'=(\varphi', G')$ 如下:

$$\varphi'(x, y)=\lambda(x) \varphi_1(x, y)+\mu(x) \varphi_2(x, y), \quad \forall(x, y) \in X \times X,$$

$$G'(x)=\lambda(x) G_1(x)+\mu(x) G_2(x), \quad \forall x \in X,$$

其中 $\lambda(x)=\dfrac{d(x,K_2)}{d(x,K_1)+d(x,K_2)}$, $\mu(x)=\dfrac{d(x,K_1)}{d(x,K_1)+d(x,K_2)}$, d 是 X 上的距离函数.

容易验证 $u'=(\varphi',G')\in M_3$, 又 $|\varphi'(x,y)-\varphi_1(x,y)|\leqslant|\varphi_2(x,y)-\varphi_1(x,y)|$, $|\varphi'(x,y)-\varphi_2(x,y)|\leqslant|\varphi_2(x,y)-\varphi_1(x,y)|$, 且由引理 8.3.1, $h(G'(x),G_1(x))\leqslant h(G_1(x),G_2(x))$, $h(G'(x),G_2(x))\leqslant h(G_1(x),G_2(x))$, 故 $\ell_3(u',u_1)\leqslant\ell_3(u_1,u_2)$, $\ell_3(u',u_2)\leqslant\ell_3(u_1,u_2)$.

如果 $x\in K_1$, 则 $\lambda(x)=1$, $\mu(x)=0$, $\varphi'(x,y)=\varphi_1(x,y)$, $G'(x)=G_1(x)$, 因 $x\notin F_3(u_1)$, 故 $x\notin F_3(u')$. 如果 $x\in K_2$, 则 $\lambda(x)=0$, $\mu(x)=1$, $\varphi'(x,y)=\varphi_2(x,y)$, $G'(x)=G_2(x)$, 因 $x\notin F_3(u_2)$, 故 $x\notin F_3(u')$, 这样 $F_3(u')\cap[K_1\cup K_2]=\varnothing$, 条件 (C) 成立.

以下研究广义博弈平衡点集的本质连通区.

设 $N=\{1,2,\cdots,n\}$ 是局中人的集合, $\forall i\in N$, X_i 是第 i 个局中人的策略集, 它是线性赋范空间 E_i 中的非空凸紧集, $G_i:X_{\hat{i}}\to P_0(X_i)$ 是第 i 个局中人的可行策略映射, $f_i:X=\prod\limits_{i=1}^{n}X_i\to R$ 是第 i 个局中人的支付函数,

$Y_3=\{y=(f_1,\cdots,f_n;G_1,\cdots,G_n):\forall i\in N, f_i$是连续的, 且$\forall x_{\hat{i}}\in X_{\hat{i}}, u_i\to f_i(u_i,x_{\hat{i}})$是凹的, G_i是连续的, 且$\forall x_{\hat{i}}\in X_{\hat{i}}, G_i(x_{\hat{i}})$是非空凸紧集$\}$.

$\forall y_1=(f_{11},\cdots,f_{1n};G_{11},\cdots,G_{1n})$, $y_1=(f_{21},\cdots,f_{2n};G_{21},\cdots,G_{2n})\in Y_3$, 定义距离

$$\rho_3(y_1,y_2)=\sup_{x\in X}\sum_{i=1}^{n}|f_{1i}(x)-f_{2i}(x)|+\sup_{x\in X}\sum_{i=1}^{n}h_i(G_{1i}(x_{\hat{i}}),G_{2i}(x_{\hat{i}})),$$

其中 $\forall i\in N$, h_i 是 E_i 上的 Hausdorff 距离, 则 (Y_3,ρ_3) 是一个度量空间.

$\forall y=(f_1,\cdots,f_n;G_1,\cdots,G_n)\in Y_3$, 由定理 4.4.1, 广义博弈的平衡点存在, 即 $\exists x^*=(x_1^*,\cdots,x_n^*)\in X$, 使 $\forall i\in N$, 有 $x_i^*\in G_i\left(x_{\hat{i}}^*\right)$, 且 $f_i\left(x_i^*,x_{\hat{i}}^*\right)=\max\limits_{u\in G_i\left(x_{\hat{i}}^*\right)}f_i\left(u_i,x_{\hat{i}}^*\right)$. 记广义博弈平衡点的全体为 $N_3(y)$, 由定理 6.3.1, 由 $y\to N_3(y)$ 定义的集值映射 $N_3:Y_3\to P_0(X)$ 是一个 usco 映射.

定理 8.3.2 $\forall y\in Y_3$, $N_3(y)$ 至少存在一个本质连通区.

证明 $\forall y=(f_1,\cdots,f_n;G_1,\cdots,G_n)\in Y_3$, 定义 $T(y)=(\varphi,G)$ 如下:

$$\varphi(x,y)=\sum_{i=1}^{n}[f_i(y_i,x_{\hat{i}})-f_i(x_i,x_{\hat{i}})],\quad\forall(x,y)\in X\times X,$$

$$G(x)=\prod_{i=1}^{n}G_i(x_{\hat{i}}),\quad\forall x\in X.$$

容易验证 $T(y)=(\varphi,G)\in M_3$, 映射 $T:Y_3\to M_3$ 连续, 且 $\forall y\in Y_3$, 有 $N_3(y)=F_3(T(y))$, 于是由定理 8.3.1 和定理 8.2.1 即推得结论.

注 8.3.1 为什么我们不讲鞍点集的本质连通区呢? 这是因为一定的凸性条件下, 由定理 4.3.3, 鞍点集 $S(f)$ 是凸集, 当然是连通集, 因集值映射 S 是上半连续的, 故 $S(f)$ 就是本质连通区.

8.4 不动点集本质连通区的存在性[16,88,104,105]

设 X 是线性赋范空间 E 中的非空凸紧集, $C=\{f:X\to P_0(X):\forall x\in X, f(x)\text{是非空凸紧集,且}f\text{在}X\text{上是上半连续的}\}$, $\forall f,g\in C$, 定义距离

$$\rho(f,g)=\sup_{x\in X}h(f(x),g(x)),$$

其中 h 是 X 上的 Hausdorff 距离, 显然, (C,ρ) 是一个度量空间.

$\forall f\in C$, 由 Fan-Glicksberg 不动点定理, $\exists x^*\in X$, 使 $x^*\in f(x^*)$, 用 $F(f)$ 表示 f 的所有不动点的集合, 由定理 6.4.1, 由 $f\to F(f)$ 定义的集值映射 $F:C\to P_0(X)$ 是一个 usco 映射.

定理 8.4.1 $\forall f\in C$, $F(f)$ 至少存在一个本质连通区.

证明 由定理 8.2.1, 我们只需验证条件 (C) 成立.

对 X 中任意两个非空闭集 K_1,K_2, $K_1\cap K_2=\varnothing$ 及 C 中任意两点 f_1, f_2, $F(f_1)\cap K_1=\varnothing$, $F(f_2)\cap K_2=\varnothing$, 定义 $f':X\to P_0(X)$ 如下:

$$f'(x)=\lambda(x)f_1(x)+\mu(x)f_2(x),$$

其中 $\lambda(x)=\dfrac{d(x,K_2)}{d(x,K_1)+d(x,K_2)}$, $\mu(x)=\dfrac{d(x,K_1)}{d(x,K_1)+d(x,K_2)}$, d 是 X 上的距离函数.

容易验证 $f'\in C$, 又 $\forall x\in X$, 由定理 8.3.1, 有 $h(f'(x),f_1(x))\leqslant h(f_1(x),f_2(x))$, $h(f'(x),f_2(x))\leqslant h(f_1(x),f_2(x))$, 故

$$\rho(f',f_1)\leqslant\rho(f_1,f_2),\quad \rho(f',f_2)\leqslant\rho(f_1,f_2).$$

同定理 8.3.1 中的证明, $F(f')\cap[K_1\cup K_2]=\varnothing$, 条件 (C) 成立.

注 8.4.1 关于连续映射不动点集本质连通区的概念首先由文献 [107] 提出, 文献 [16] 将其推广到集值映射, 并应用于 n 人有限非合作博弈, 文献 [108] 更有深入的研究, 文献 [109] 有集值映射叠合点本质连通区的研究.

在 8.1 节中研究 n 人非合作博弈时, 博弈空间 Y_1(或 Y_1') 中两个博弈之间的"距离"是用它们的支付函数来定义的, 在文献 [17] 中, Hillas 为改进 Kohlberg 和 Mertens[15] 的结果, 对有限 n 人非合作博弈, 用它们的最佳回应来定义两个博弈之间的"距离", 我们将这一思路推广到一般的 n 人非合作博弈中去.

$\forall i \in N$, 设X_i是线性赋范空间E_i中的非空凸紧集, $L = \{f = (f_1, \cdots, f_n) : \forall i \in N, f_i$ 在 $X = \prod_{i=1}^{n} X_i$ 上是连续的, 且 $\forall x_{\hat{i}} \in X_{\hat{i}}, y_i \to f_i(y_i, x_{\hat{i}})$ 在 $X_{\hat{i}}$ 上是拟凹的$\}$. $\forall i \in N, \forall x_{\hat{i}} \in X_{\hat{i}}$, 第$i$个局中人的最佳回应是

$$\Gamma_i(x_{\hat{i}}) = \left\{ w_i \in X_{\hat{i}} : f_i(w_i, x_{\hat{i}}) = \max_{u_i \in X_i} f_i(u_i, x_{\hat{i}}) \right\}.$$

易证 $\Gamma_i(x_{\hat{i}})$ 是 $X_{\hat{i}}$ 中的非空凸紧集, 且 $\Gamma_i : X_{\hat{i}} \to P_0(X_i)$ 在 $X_{\hat{i}}$ 上是上半连续的. 这样, $\forall x = (x_1, \cdots, x_n) \in X$, 定义 $\Gamma(x) = \prod_{i=1}^{n} \Gamma(x_{\hat{i}})$, 因 X 是线性赋范空间 $E = \prod_{i=1}^{n} E_i$ 中的非空凸紧集, 故 $\Gamma(x)$ 是 X 中的非空凸紧集, 且 $\Gamma : X \to P_0(X)$ 是上半连续的, $\Gamma \in C$, 其中 C 是本节开始定义的.

$\forall f, f' \in L$, 由它们分别给出$\Gamma, \Gamma' \in C$, 再定义

$$\ell(f, f') = \rho(\Gamma, \Gamma') = \sup_{x \in X} h(\Gamma(x), \Gamma'(x)),$$

其中 h 是 X 中的 Hausdorff 距离, $\ell(f, f')$ 是博弈空间 L 中新的拓扑.

$\forall f \in L$, 由定理 4.2.1, 存在 $x^* = (x_1^*, \cdots, x_n^*) \in X$ 是博弈 f 的 Nash 平衡点, 用 $N(f)$ 表示博弈 f 的所有 Nash 平衡点的集合.

引理 8.4.1 $N : L \to P_0(X)$ 是一个 usco 映射.

证明 $\forall f \in L$, 将 f 映到 $\Gamma \in C$ 的映射 T 是等距的, 从而必是连续的, 又易证 x^* 是博弈 f 的 Nash 平衡点当且仅当 x^* 是集值映射 $\Gamma = T(f)$ 的不动点, 即 $N(f) = F(T(f))$. 这样, 由定理 8.4.1 和定理 6.5.3, $N : L \to P_0(X)$ 是一个 usco 映射.

定理 8.4.2 $\forall f \in L$, $N(f)$ 至少存在一个本质连通区.

证明 由引理 8.4.1, 定理 8.4.1 和定理 8.2.2 即推得结论.

注 8.4.2 $\forall i \in N$, 为保证最佳回应 Γ_i 的上半连续性, 要求支付函数 f_i 的较强连续性 (凸性条件减弱了), 但这对于推广 Hillas[17] 关于有限博弈的结果已经是足够的了. 此外, 应用最佳回应来定义博弈之间的距离还应用于连续博弈, 文献 [110] 证明了 Nash 平衡本质连通区的存在性, 更加深入的研究可见文献 [111].

以下来证明集值映射零点集本质连通区的存在性.

设 X 是线性赋范空间 E 中的非空凸紧集, 见 6.4 节, Z 是所有满足以下三个条件 (1) ~ (3) 的集值映射 $F: X \to P_0(E)$ 的全体:

(1) $\forall x \in X, \quad F(x)$ 是非空凸紧集;

(2) F 在 X 上是上半连续的;

(3) $\forall x \in X, \quad F(x) \cap T_X(x) \neq \varnothing$.

$\forall F \in Z, \quad \exists x \in X$, 使 $0 \in F(x)$, 称 x 是集值映射 F 的零点, 用 $H(F)$ 表示集值映射 F 的所有零点的集合.

定理 8.4.3 $\forall F \in Z$, $H(F)$ 至少存在一个本质连通区.

证明 由定理 8.2.1, 我们只需验证条件 (C) 成立.

对 X 中任意两个非空闭集 K_1, K_2, $K_1 \cap K_2 = \varnothing$ 及 Z 中任意两点 F_1, F_2, $Z(F_1) \cap K_1 = \varnothing$, $Z(F_2) \cap K_2 = \varnothing$, 定义 $F': X \to P_0(X)$ 如下:

$$F'(x) = \lambda(x) F_1(x) + \mu(x) F_2(x),$$

其中 $\lambda(x) = \dfrac{d(x, K_2)}{d(x, K_1) + d(x, K_2)}$, $\mu(x) = \dfrac{d(x, K_1)}{d(x, K_1) + d(x, K_2)}$, d 是 X 上的距离函数.

容易验证: $\forall x \in X$, $F'(x)$ 是非空凸紧集, F 在 X 上是上半连续的, 我们来证明 $\forall x \in X$, $F'(x) \cap T_X(x) \neq \varnothing$.

首先来证明 $T_X(x)$ 是凸集, 由引理 1.5.2, 这只需证明 $\bigcup\limits_{h>0} \dfrac{X-x}{h}$ 是凸集. $\forall y_1 \in \bigcup\limits_{h>0} \dfrac{X-x}{h}$, $\forall y_2 \in \bigcup\limits_{h>0} \dfrac{X-x}{h}$, 则 $\exists h_1 > 0$, $h_2 > 0$, 使 $x + h_1 y_1 \in X$, $x + h_2 y_2 \in X$. 令 $h' = \min(h_1, h_2) > 0$, 因 X 是凸集, $\forall t \in (0,1)$, 注意到 $x + h' y_1 = \left(1 - \dfrac{h'}{h_1}\right) x + \dfrac{h'}{h_1}(x + h_1 y_1) \in X, \quad x + h' y_2 = \left(1 - \dfrac{h'}{h_2}\right) x + \dfrac{h'}{h_2}(x + h_2 y_2) \in X$, 有

$$t(x + h' y_1) + (1-t)(x + h' y_2) = x + h'(t_1 y_1 + (1-t) y_2) \in X,$$

故 $t y_1 + (1-t) y_2 \in \bigcup\limits_{h>0} \dfrac{X-x}{h}$, $\bigcup\limits_{h>0} \dfrac{X-x}{h}$ 是凸集.

以下来证明 $\forall x \in X$, $F'(x) \cap T_X(x) \neq \varnothing$. 因 $F_1, F_2 \in Z$, $\forall x \in X$, 有 $F_1(x) \cap T_X(x) \neq \varnothing$, $F_2(x) \cap T_X(x) \neq \varnothing$, 取 $y_1 \in F_1(x) \cap T_X(x)$, $y_2 \in F_2(x) \cap T_X(x)$, 则 $\lambda(x) y_1 + \mu(x) y_2 \in \lambda(x) F_1(x) + \mu(x) F_2(x) = F'(x)$, 又因 $T_X(x)$ 是凸集, $\lambda(x) y_1 + \mu(x) y_2 \in T_X(x)$, 故 $F'(x) \cap T_X(x) \neq \varnothing$.

这样, $F' \in Z$. 又由引理 8.3.1, 有 $\rho(F', F_1) \leqslant \rho(F_1, F_2)$, $\rho(F', F_2) \leqslant \rho(F_1, F_2)$, 其中 ρ 是 6.4节对 Z 中引入的距离. 同定理 8.3.1 中的证明, $H(F') \cap [K_1 \cup K_2] = \varnothing$, 条件 (C) 成立.

以下来证明集值映射叠合点集本质连通区的存在性.

设 X 是线性赋范空间 E 中的非空凸紧集, $C = \{f : X \to P_0(X) : \forall x \in X, f(x)$是非空凸紧集,且$f$在$X$上是上半连续的$\}$,

$$Y = \{(f,g) \in C \times C : \forall x \in X, [f(x) - g(x)] \cap T_X(x) \neq \varnothing\}.$$

$\forall y = (f,g) \in Y$, 定义 $T(y) = F$, 其中 $\forall x \in X, F(x) = f(x) - g(x)$. 容易验证 $F \in Z$, 且映射 $T : Y \to Z$ 是连续的, 其中 Y 中的距离在 6.4节中已给出.

引理 8.4.2 $\forall y \in Y, G(y) = H(T(y))$, 其中 $G(y)$ 表示 $y = (f,g) \in Y$ 时集值映射 f 和 g 的所有叠合点的集合, 而 $H(T(y))$ 表示 $F = T(y) \in Z$ 时集值映射 F 的所有零点的集合.

证明 $\forall x_1 \in G(y)$, 则 $f(x_1) \cap g(x_2) \neq \varnothing$, $0 \in f(x_1) - g(x_1) = F(x_1)$, $x_1 \in H(F) = H(T(y))$. 反之, $\forall x_2 \in H(F) = H(T(y))$, 则 $0 \in F(x_2) = f(x_2) \cap g(x_2)$, $f(x_2) \cap g(x_2) \neq \varnothing$, $x_2 \in G(y)$.

定理 8.4.4 $\forall y \in Y$, $G(y)$ 至少存在一个本质连通区.

证明 由定理 8.4.3 和定理 8.2.2 即推得结论.

8.5 多目标博弈弱 Pareto-Nash 平衡点集的本质连通区的存在性[59,60]

8.5.1 向量值函数 Ky Fan 点集的本质连通区

设 X 是线性赋范空间 E 中的非空凸紧集, C 是 Banach 空间 H 中的闭尖凸锥, 且 $\operatorname{int} C \neq \varnothing$,

$M_4 = \{\varphi : X \times X \to H : \forall y \in X, x \to \varphi(x,y)$ 是 C 下半连续的, $\forall x \in X, y \to \varphi(x,y)$ 是 C 凹的,$\forall x \in X, \varphi(x,x) = 0$, 且 $\sup\limits_{(x,y)\in X\times X} \|\varphi(x,y)\| < +\infty\}$.

$\forall \varphi, \psi \in M_4$,定义距离

$$\ell_4(\varphi,\psi) = \sup_{(x,y)\in X\times X} \|\varphi(x,y) - \psi(x,y)\|.$$

则 (M_4, ℓ_4) 是一个度量空间.

$\forall \varphi \in M_4$, 由定理 4.5.1, 向量值函数 φ 的 Ky Fan 点存在, 即 $\exists x^* \in X$, 使 $\forall y \in X$, 有 $\varphi(x^*, y) \notin \operatorname{int} C$. 用 $F_4(\varphi)$ 表示向量值函数 φ 的所有 Ky Fan 点的集合, 则由定理 6.6.1, 由 $\varphi \to F_4(\varphi)$ 定义的集值映射 F_4 是一个 usco 映射.

定理 8.5.1 $\forall \varphi \in M_4$, 至少存在一个 $F_4(\varphi)$ 的本质连通区.

证明 由定理 8.2.1, 我们只需验证条件 (C) 成立.

对 X 中任意两个非空闭集 K_1, K_2, $K_1 \cap K_2 = \varnothing$ 及 M_4 中任意两点 φ_1, φ_2, $F_4(\varphi_1) \cap K_1 = \varnothing$, $F_4(\varphi_2) \cap K_2 = \varnothing$, 定义 $\varphi' : X \times X \to R$ 如下:

$$\varphi'(x,y) = \lambda(x)\varphi_1(x,y) + \mu(x)\varphi_2(x,y),$$

其中 $\lambda(x) = \dfrac{d(x,K_2)}{d(x,K_1)+d(x,K_1)}$, $\mu(x) = \dfrac{d(x,K_1)}{d(x,K_1)+d(x,K_1)}$, d 是 X 上的距离函数.

容易验证 $\varphi' \in M_4$, 又 $\forall (x,y) \in X \times X$,

$$\|\varphi'(x,y) - \varphi_1(x,y)\| \leqslant \|\varphi_2(x,y) - \varphi_1(x,y)\|,$$

$$\|\varphi'(x,y) - \varphi_1(x,y)\| \leqslant \|\varphi_2(x,y) - \varphi_1(x,y)\|,$$

故 $\ell_4(\varphi', \varphi_1) \leqslant \ell_4(\varphi_1, \varphi_2)$, $\ell_4(\varphi', \varphi_2) \leqslant \ell_4(\varphi_1, \varphi_2)$.

同定理 8.3.1 的证明, $F_4(\varphi') \cap [K_1 \cup K_2] = \varnothing$, 条件 (C) 成立.

8.5.2 多目标博弈弱 Pareto-Nash 平衡点集的本质连通区

设 $N = \{1,2,\cdots,n\}$ 是局中人的集合, $\forall i \in N$, X_i 是第 i 个局中人的策略集, 它是线性赋范空间 E_i 中的非空凸紧集, $F^i = \left(f_1^i,\cdots,f_k^i\right) : X \to R^k$ 是第 i 个局中人的向量值支付函数, $Y_4 = \{y = \left(F^1,\cdots,F^n\right) : \forall i \in N, F^i$ 在 X 上连续,$\forall x_{\hat{i}} \in X_{\hat{i}}, \forall j = 1,\cdots,k, y_i \to f_j^i(y_i, x_{\hat{i}})$ 是凹的$\}$.

$\forall y_1 = \left(F_1^1,\cdots,F_1^n\right),\quad y_2 = \left(F_2^1,\cdots,F_2^n\right) \in Y_4$,定义距离

$$\rho_4(y_1,y_2) = \sup_{x\in X}\sum_{i=1}^{n}\left\|F_1^i(x) - F_2^i(x)\right\|.$$

则 (Y_4, ρ_4) 是一个度量空间.

$\forall y = \left(F^1,\cdots,F^n\right) \in Y_4$, 由定理 4.5.2, 多目标博弈的弱 Pareto-Nash 平衡必存在, 即 $\exists x^* = (x_1^*,\cdots,x_n^*) \in X$, 使 $\forall i \in N$, $\forall y_i \in X_i$, 有 $F^i\left(y_i, x_{\hat{i}}^*\right) \subset F^i\left(x_i^*, x_{\hat{i}}^*\right) \notin \mathrm{int}R_+^k$. 用 $N_4(y)$ 表示所有平衡点所成之集, 由定理 6.2.3, 由 $y \to N_4(y)$ 定义的集值映射是一个 usco 映射.

定理 8.5.2 $\forall y \in Y_4$, 至少存在一个 $N_4(y)$ 的本质连通区.

证明 $\forall y = \left(F^1,\cdots,F^n\right) \in Y_4$, 定义

$$T(y) = \varphi = \sum_{i=1}^{n}\left[F^i(y_i, x_{\hat{i}}) - F^i(x_i, x_{\hat{i}})\right].$$

容易验证, $T(y) = \varphi \in M_4$, 映射 $T : Y_4 \to M_4$ 连续, 且 $N_4(y) \supset F_4(T(y))$, 于是由定理 8.5.1 和定理 8.2.2 即推得结论.

8.5.3 向量值拟变分不等式解集的本质连通区

设 X 是线性赋范空间 E 中的非空凸紧集, C 是 Banach 空间 H 中的闭尖凸锥, 且 $\operatorname{int} C \neq \varnothing$,

$M_5 = \{u = (\varphi, G) : \varphi : X \times X \to H$是 C 下半连续的, $\forall x \in X, y \to \varphi(x,y)$是 C 凹的, $\forall x \in X, \varphi(x,x) = 0$, 且 $\sup\limits_{(x,y)\in X\times X} \|\varphi(x,y)\| < \infty, G : X \to P_0(X)$连续且$\forall x \in X, G(x)$是非空凸紧集$\}$.

$\forall u_1 = (\varphi_1, G_1), u_2 = (\varphi_2, G_2) \in M_5$, 定义距离

$$\ell_5(u_1, u_2) = \sup_{(x,y)\in X\times X} \|\varphi_1(x,y) - \varphi_2(x,y)\| + \sup_{x\in X} h(G_1(x), G_2(x)),$$

其中 h 是 X 上的 Hausdorff 距离, 易证 (M_5, ℓ_5) 是一个度量空间.

$\forall u = (\varphi, G) \in M_5$, 由系 4.5.1, 向量值拟变分不等式的解存在, 即 $\exists x^* \in X$, 使 $x^* \in G(x^*)$, 且 $\forall y \in G(x^*)$, 有 $\varphi(x^*, y) \notin \operatorname{int} C$. 用 $F_5(u)$ 表示所有向量值拟变分不等式解的集合, 由定理 6.6.2, 由 $u \to F_5(u)$ 定义的集值映射 F_5 是一个 usco 映射.

定理 8.5.3 $\forall u \in M_5$, 至少存在一个 $F_5(u)$ 的本质连通区.

证明 由定理 8.2.1, 我们只需验证条件 (C) 成立.

对 X 中任意两个非空闭集 K_1, K_2, $K_1 \cap K_2 = \varnothing$ 及 M_5 中任意两点 u_1, u_2, $F_5(u_1) \cap K_1 = \varnothing$, $F_5(u_2) \cap K_2 = \varnothing$. 定义 $u' = (\varphi', G')$ 如下:

$$\forall (x,y) \in X \times X, \quad \varphi'(x,y) = \lambda(x)\varphi_1(x,y) + \mu(x)\varphi_2(x,y),$$

$$\forall x \in X, \quad G(x) = \lambda(x) G_1(x) + \mu(x) G_2(x),$$

其中 $\lambda(x) = \dfrac{d(x, K_2)}{d(x,K_1) + d(x,K_2)}$, $\mu(x) = \dfrac{d(x,K_1)}{d(x,K_1) + d(x,K_2)}$, d 是 X 上的距离函数. 容易验证 $u' = (\varphi', G') \in M_5$, 且 $\ell_5(u', u_1) \leqslant \ell_5(u_1, u_2)$, $\ell_5(u', u_2) \leqslant \ell_5(u_1, u_2)$.

同定理 8.3.1 的证明, $F_5(u') \cap [K_1 \cup K_2] = \varnothing$, 条件 (C) 成立.

8.5.4 广义多目标博弈平衡点集的本质连通区

设 $N = \{1, 2, \cdots, n\}$ 是局中人的集合, $\forall i \in N$, X_i 是第 i 个局中人的策略集, 它是线性赋范空间 E_i 中的非空凸紧集, $G_i : X_{\hat{i}} \to P_0(X_i)$ 是第 i 个局中人的可行策略映射, $F^i = (f_1^i, \cdots, f_k^i) : X \to R^k$ 是第 i 个局中人的向量值支付函数,

$Y_5 = \{y = (F^1, \cdots, F^n; G_{11}, \cdots, G_{1n}) : \forall i \in N, F^i$ 在 X 上连续的, 且 $\forall j = 1, \cdots k, \forall x_{\hat{i}} \in X_{\hat{i}}, y_i \to f_j^i(y_i, x_{\hat{i}})$ 在 X_i 上是凹的, G_i 是连续, 且 $\forall x_{\hat{i}} \in X_{\hat{i}}, G_i(x_{\hat{i}})$ 是非空凸紧集$\}$.

$\forall y_1 = \left(F_1^1, \cdots, F_1^n; G_{11}, \cdots, G_{1n}\right), y_2 = \left(F_2^1, \cdots, F_2^n; G_{21}, \cdots, G_{2n}\right) \in Y_5$, 定义距离

$$\rho_5(y_1, y_2) = \sup_{x\in X}\sum_{i=1}^{n}\left|F_1^i(x) - F_2^i(x)\right| + \sup_{x\in X}\sum_{i=1}^{n} h_i\left(G_{1i}(x_{\hat{i}}), G_{2i}(x_{\hat{i}})\right),$$

其中 h_i 是 X_i 上的 Hausdorff 距离, 易证 (Y_5, ρ_5) 是一个度量空间.

$\forall y = \left(F^1, \cdots, F^n; G_1, \cdots, G_n\right) \in Y_5$, 由定理 4.5.4, 存在平衡点 $x^* = (x_1^*, \cdots, x_n^*) \in X$, 即 $\forall i \in N$, 有 $x_i^* \in G_i\left(x_{\hat{i}}^*\right)$, 且 $\forall y_i \in G_i\left(x_{\hat{i}}^*\right)$, 有

$$F^i\left(y_i, x_{\hat{i}}^*\right) - F^i\left(x_i^*, x_{\hat{i}}^*\right) \notin \mathrm{int}R_+^k.$$

记 $N_5(y)$ 为所有广义多目标博弈平衡点的集合, 由定理 6.6.4, 由 $y \to N_5(y)$ 定义的集值映射是一个 usco 映射.

定理 8.5.4 $\forall y \in Y_5$, 至少存在一个 $N_5(y)$ 的本质连通区.

证明 $\forall y = \left(F^1, \cdots, F^n; G_1, \cdots, G_n\right) \in Y_5$, 定义 $T(y) = u = (\varphi, G)$ 如下:

$$\varphi(x, y) = \sum_{i=1}^{n}\left[F^i(y_i, x_{\hat{i}}) - F^i(x_i, x_{\hat{i}})\right], \quad \forall (x, y) \in X \times X,$$

$$G(x) = \prod_{i=1}^{n} G_i(x_{\hat{i}}), \quad \forall x \in X.$$

容易验证 $T(y) = u \in M_5$, 映射 $T: Y_5 \to M_5$ 连续, 且 $N_5(y) \supset F_5(T(y))$, 于是由定理 8.5.3 和定理 8.2.2 即推出结论.

8.6 KKM 点集本质连通区的存在性[98]

以下是本质连通区存在性的另一统一定理, 它推广了文献 [104] 中的统一定理, 即本书的定理 8.2.1, 而证明方法是基本相同的.

定理 8.6.1 设 X, (Y, ρ) 是两个度量空间, $F: Y \to P_0(X)$ 是一个 usco 映射, 满足以下条件 (C′): 对 X 中任意两个非空闭集 $K_1, K_2, K_1 \cap K_2 = \varnothing, \exists a > 0$, 使 $\forall y_1, y_2 \in Y, \rho(y_1, y_2) < a, F(y_1) \cap K_1 = \varnothing, F(y_2) \cap K_2 = \varnothing$, 则 $\exists y' \in Y$, 使

$$\rho(y', y_1) \leqslant \rho(y_1, y_2), \quad \rho(y', y_1) \leqslant \rho(y_1, y_2), \quad 且 F_5(y') \cap [K_1 \cup K_2] = \varnothing,$$

则

(1) $\forall y \in Y$, $F(y)$ 至少存在一个极小本质集, 且 $F(y)$ 的每个极小本质集都是连通的;

(2) $\forall y \in Y$, $F(y)$ 至少存在一个本质连通区.

注 8.6.1 与定理 8.2.1 相比, 假设条件中对 Y 中任意两点改为 Y 中两点 y_1, y_2 满足 $\rho(y_1, y_2) < a$.

为了将以上结果应用于 KKM 点集本质连通区的存在性, 需要以下引理.

引理 8.6.1 设 (X, d) 是一个度量空间, D_1, D_2 是 X 中两个非空紧集, V_1, V_2 是 X 中两个非空开集, $V_1 \cap V_2 = \varnothing$. 如果 $h(D_1, D_2) < d(V_1, V_2)$, 则

$$h(D_1, (D_1 \backslash V_2) \cup (D_2 \backslash V_1)) \leqslant h(D_1, D_2),$$

其中 h 是 X 上的 Hausdorff 距离.

证明 首先注意到 $D_1 \backslash V_2$ 和 $D_2 \backslash V_1$ 都是紧集.

$\forall x \in (D_1 \backslash V_2) \cup (D_2 \backslash V_1)$, 如果 $x \in D_1 \backslash V_2$, 则 $d(x, D_1) = 0$; 如果 $x \in D_2 \backslash V_1$, 则 $d(x, D_1) \leqslant h(D_1, D_2)$, 因而

$$\sup_{x \in (D_1 \backslash V_2) \cup (D_2 \backslash V_1)} d(x, D_1) \leqslant h(D_1, D_2).$$

$\forall x \in D_1$, 如果 $x \notin V_2$, 则 $d(x, (D_1 \backslash V_2) \cup (D_2 \backslash V_1)) = 0$; 如果 $x \in V_2$, 因 $V_1 \cap V_2 = \varnothing$, 则 $x \notin V_1$. 由

$$d(x, (D_1 \backslash V_2) \cup (D_2 \backslash V_1)) \leqslant d(x, D_2 \backslash V_1) = \inf_{z \in D_2 \backslash V_1} d(x, z),$$

当 $x \in V_2$, $z \in V_1$, 有 $d(y, z) \geqslant d(V_1, V_2)$, 且 $d(x, D_2) \leqslant h(D_1, D_2) < d(V_1, V_2)$, 于是 $d(x, D_2 \backslash V_1) = d(x, D_2) \leqslant h(D_1, D_2)$, 且

$$\sup_{x \in D_1} d(x, (D_1 \backslash V_2) \cup (D_2 \backslash V_1)) \leqslant h(D_1, D_2).$$

这样, 由引理 2.1.1, 有

$$\begin{aligned} h(D_1, (D_1 \backslash V_2) \cup (D_2 \backslash V_1)) = \max\Big\{ & \sup_{x \in (D_1 \backslash V_2) \cup (D_2 \backslash V_1)} d(x, D_1), \\ & \sup_{x \in D_1} d(x, (D_1 \backslash V_2) \cup (D_2 \backslash V_1)) \Big\} \\ \leqslant & \, h(D_1, D_2). \end{aligned}$$

现在研究 KKM 点集的本质连通区.

设 X 是线性赋范空间 E 中的有界闭凸集, $K(X)$ 是 X 中所有非空紧集的集合, $G: X \to K(X)$ 是一个 KKM 映射, 即如果 $\forall \{x_1, \cdots, x_n\} \subset X$, 有 $\operatorname{co}\{x_1, \cdots, x_n\} \subset \bigcup_{i=1}^{n} G(x_i)$.

设 M 是所有 KKM 映射 $G: X \to K(X)$ 的集合, $\forall G_1, G_2 \in M$, 定义距离

$$d(G_1, G_2) = \sup_{x \in X} h(G_1(x), G_2(x)),$$

其中 h 是 X 上的 Hausdorff 距离.

(M, d) 是一个度量空间, $\forall G \in M$, $\exists x^* \in X$, 使 $x^* \in \bigcap\limits_{x \in X} G(x)$, x^* 称为 G 的 KKM 点, 记 G 的所有 KKM 点的集合为 $F(G)$, 由定理 6.9.1, 由 $G \to F(G)$ 定义的集值映射 F 是一个 usco 映射.

定理 8.6.2 $\forall G \in M$, 至少存在一个 $F(G)$ 的本质连通区.

证明 我们只需验证定理 8.6.1 中条件 (C′) 成立.

对 X 中任意两个非空闭集 K_1, K_2, $K_1 \cap K_2 = \varnothing$, 则存在两个开集 V_1, V_2, 使 $V_1 \supset K_1$, $V_2 \supset K_2$, 而 $V_1 \cap V_2 = \varnothing$, 显然 $h(V_1, V_2) > 0$, 记 $a = h(V_1, V_2)$.

$\forall G_1, G_2 \in M$, $d(G_1, G_2) = \sup\limits_{x \in X} h(G_1(x), G_2(x)) < a$, $F(G_1) \cap K_1 = \varnothing$, $F(G_2) \cap K_2 = \varnothing$, 定义 $G': X \to K(X)$ 如下:

$$\forall x \in X, \quad G'(x) = [G_1(x) \backslash V_2] \cup [G_2(x) \backslash V_1].$$

设 G' 不是 KKM 映射, 则存在 $\{x_1, \cdots, x_m\} \subset X$, $x' \subset \mathrm{co}\{x_1, \cdots, x_m\}$, 而 $x' \notin \bigcup\limits_{i=1}^{m} G'(x_i)$. 因 $V_1 \cap V_2 = \varnothing$, 则 $x' \notin V_1$ 或者 $x' \notin V_2$, 不妨设 $x' \notin V_1$, 因 $x' \in G_2(x_i) \backslash V_1$, 则 $x' \notin G_2(x_i)$, $i = 1, \cdots, m$, $x' \notin \bigcup\limits_{i=1}^{m} G_2(x_i)$, 这与 G_2 是 KKM 映射矛盾, 故 $G' \in M$.

$\forall x \in X$, $h(G_1(x), G_2(x)) \leqslant d(G_1, G_2) < a$, 由引理 8.6.1,

$$h(G_1(x), [G_1(x) \backslash V_2] \cup [G_2(x) \backslash V_1]) \leqslant h(G_1(x), G_2(x)),$$

故

$$\begin{aligned} d(G_1, G') &= \sup_{x \in X} h(G_1(x), [G_1(x) \backslash V_2] \cup [G_2(x) \backslash V_1]) \\ &\leqslant \sup_{x \in X} h(G_1(x), G_2(x)) = d(G_1, G_2). \end{aligned}$$

同样有 $d(G_2, G') \leqslant d(G_1, G_2)$.

如果 $F(G') \cap [K_1 \cup K_2] \neq \varnothing$, 取 $x^* \in F(G') \cap [K_1 \cup K_2]$, 不妨设 $x^* \in F(G') \cap K_1$, 由 $x^* \in K_1 \subset V_1$, 则 $\forall x \in X$, $x^* \notin G_2(x) \backslash V_1$. 因 $F(G_1) \cap K_1 = \varnothing$, 则 $x^* \notin F(G_1)$, $x^* \notin \bigcap\limits_{x \in X} G_1(x)$, 存在 $\bar{x} \in X$, 使 $x^* \notin G_1(\bar{x})$, 故 $x^* \notin G_1(\bar{x}) \backslash K_2$. 因 $K_1 \cap K_2 = \varnothing$, 则 $x^* \notin K_2$, 因此 $x^* \notin G_1(\bar{x})$, $x^* \notin [G_1(\bar{x}) \backslash V_2] \cup [G_2(\bar{x}) \backslash V_1] = G'(\bar{x})$, $x^* \notin F(G')$, 与假设 $x^* \notin F(G') \cap K_1$ 矛盾, 故 $F(G') \cap [K_1 \cup K_2] = \varnothing$, 条件 (C′) 成立.

注 8.6.2 关于非线性问题解集本质连通区的研究, 文献 [112] 证明了生产经济平衡价格集本质连通区的存在性, 文献 [113] 和文献 [114] 分别研究了最优化问题和多目标最优化问题解的本质连通区, 文献 [115] 证明了向量拟平衡问题解集本质连通区的存在性, 对于 n 人有限非合作博弈平衡点集的本质连通区, 文献 [116~119] 有更加深入的研究.

8.7 n 人非合作博弈 Nash 平衡点集本质连通区的存在性 (续)

本节的主要结果见文献 [120], 部分证明是增加的. 总结 8.1~8.6 节, 我们是将 8.1 节的论证过程提炼, 给出一般的模式, 证明了定理 8.2.1 和定理 8.2.2, 然后从 8.3 节开始至 8.6 节, 我们都反复应用这两个结果, 得到了一系列非线性问题解集本质连通区的存在性定理.

本节将给出另外一种证明方法, 这在我们过去的论文中也曾多次应用, 由于之前的论证不够严密, 本节增加了部分证明.

因为 n 人非合作博弈 Nash 平衡点集本质连通区的存在性是应用 Ky Fan 点集本质连通区的存在性而推得的, 我们将以 Ky Fan 点集本质连通区的存在性为例, 给出这一证明方法.

以下引理见文献 [21] 中附录 A7.

引理 8.7.1 设 X 是 Hausdorff 紧空间, K 是 X 的一个连通区, V 是 X 的一个开集, $V\supset K$, 则存在 X 中的紧开集 A(A 既是紧集又是开集), 使 $K\subset A\subset V$.

证明 设 $\Gamma=\{H_\alpha:H_\alpha\text{是}X\text{中包含}K\text{的紧开集}\}$, 则因 $X\in\Gamma$, 故 $\Gamma\neq\varnothing$. 令 $H=\bigcap\limits_\alpha H_\alpha$, 则 H 是紧集, 因 X 是 Hausdorff 空间, 故 H 必是闭集. 对 X 中的任意开集 W, $W\supset H$, 则 $X-W\subset X-H=\bigcup\limits_\alpha(X-H_\alpha)$, 因 $X-W$ 是紧集, 存在 $X-W$ 的有限开覆盖, 即存在 $H_1,\cdots,H_n\in\Gamma$, 使 $X-W\subset\bigcup\limits_{i=1}^n(X-H_i)=X-\bigcap\limits_{i=1}^n H_i$. 记 $A=\bigcap\limits_{i=1}^n H_i$, 则 $A\in\Gamma$, 且 $A\subset W$.

以下证明 H 是连通的. 用反证法. 设 $H=H_0\cup H_1$, 其中 H_0和H_1 是两个不相交的非空闭集 (从而是紧集), 由 Uryshon 引理, 存在连续函数 $f:X\to[0,1]$, 使 $\forall x\in H_0$, $f(x)=0$, $\forall x\in H_1$, $f(x)=1$. 令 $W_0=f^{-1}\left[0,\dfrac{1}{3}\right)$, $W_1=f^{-1}\left(\dfrac{2}{3},1\right]$, 则 W_0,W_1 是开集, $W_0\supset H_0$,$W_1\supset H_1$, 且 $\bar{W}_0\cap\bar{W}_1=\varnothing$. 由 $K\subset H$ 是连通集, 不妨设 $K\subset H_0$. 因开集 $W_0\cup W_1\supset H$, 有 $A\subset W_0\cup W_1$. 令 $A_0=A\cap W_0$, 则 A_0 是开集, 又 $A\cap\overline{W_0}\subset A\subset W_0\cup W_1$, 而由 $\bar{W}_0\cap W_1=\varnothing$, 有 $\overline{A\cup W_0}\subset A\cap\overline{W_0}=A\cap W_0$, 故

$A_0 = A \cap W_0$ 是闭集从而是紧集, 于是 $A_0 \in \Gamma$. 由 $H \subset A_0$, 得 $H_1 = \varnothing$, 矛盾.

这样, H 是连通的, 因 $K \subset H$ 且 K 是连通区, 得 $K = H$. 以 K 和 V 替换 H和W, 以上的论证现在说明存在紧开集 A, 使 $K \subset A \subset V$.

设 X 是线性赋范空间 E 中的非空凸紧集, $M = \{\varphi : X \times X \to R : \forall y \in X, x \to \varphi(x,y)$ 是下半连续的,$\forall x \in X, y \to \varphi(x,y)$ 是凹的, $\forall y \in X, \varphi(y,y) \leqslant 0$, 且 $\sup\limits_{(x,y)\in X\times X} |\varphi(x,y)| < +\infty\}$.

$\forall f, g \in M$, 定义距离

$$\rho(f,g) = \sup_{(x,y)\in X\times X} |f(x,y) - g(x,y)|.$$

则 (M,ρ) 是一个度量空间.

$\forall \varphi \in M, \varphi$ 的 Ky Fan 点存在, 即 $\exists x^* \in X$, 使 $y \in X$, 有 $\varphi(x^*,y) \leqslant 0$. φ 的所有 Ky Fan 点的集合记为 $F(\varphi)$,

$$F(\varphi) = \bigcup_{\alpha\in\Lambda} C_\alpha,$$

其中 $\forall \alpha \in \Lambda$, C_α 是 $F(\varphi)$ 的连通区.

$\varphi \in M$, 如果对 X 中的任何开集 O, $O \supset C_\alpha, \exists \delta > 0$, 使 $\forall \psi \in M, \rho(\varphi,\psi) < \delta$, 有 $F(\psi) \cap O = \varnothing$, 则称 C_α 是 $F(\varphi)$ 的本质连通区.

定理 8.7.1 $\forall \varphi \in M$, 至少存在一个 $F(\varphi)$ 的本质连通区.

证明 用反证法. $\exists \varphi \in M$, $F(\varphi)$ 的连通区中没有一个是本质的, 即 $\forall \alpha \in \Lambda$, 存在 X 中的开集 $O_\alpha, O_\alpha \supset C_\alpha$, 使 $\forall \delta > 0, \exists \psi_\alpha \in M, \rho(\varphi,\psi_\alpha) < \delta$, 有 $F(\psi_\alpha) \cap O_\alpha = \varnothing$.

$F(\varphi)$ 是紧集,$\forall \alpha \in \Lambda$, 由引理 6.7.1, 存在 $F(\varphi)$ 中的紧开集, 记为 $F(\varphi) \cap U_\alpha$, 其中 U_α 是 X 中的开集, 使 $C_\alpha \subset F(\varphi) \cap U_\alpha \subset F(\varphi) \cap O_\alpha$, 于是 $C_\alpha \subset F(\varphi) \cap U_\alpha \subset F(\varphi) \cap U_\alpha \cap O_\alpha$. 记 $O'_\alpha = U_\alpha \cap O_\alpha \supset C_\alpha$, 注意到 O'_α 是开集. 因 $F(\varphi) \cap U_\alpha$ 是 $F(\varphi)$ 中的闭集, 必是 X 中的闭集, 从而 $F(\varphi) \cap O'_\alpha$ 也是 X 中的闭集.

因 $F(\varphi)$ 是紧集, 存在 $F(\varphi)$ 的有限开覆盖 $O'_1, \cdots, O'_n$.

令 $F_1 = F(\varphi) \cap O'_1$, $F_i = F(\varphi) \cap O'_i - \bigcup\limits_{j=1}^{i-1} O'_j (i = 2, \cdots, n)$, 可以假定 $F_i \neq \varnothing$, 则 $F(\varphi) = \bigcup\limits_{i=1}^{n} F_i$, 其中 F_i 是 X 中的闭集 $(i = 1, 2, \cdots, n)$, 且 $F_i \cap F_j = \varnothing (i \neq j)$.

存在 $F(\varphi)$ 的两个开覆盖 $\{W_i, i = 1, \cdots, n\}$ 和 $\{V_i, i = 1, \cdots, n\}$, 使

$$F_i \subset W_i \subset \overline{W_i} \subset V_i \subset O'_i, \quad i = 1, 2, \cdots, n, \quad V_i \cap V_j = \varnothing, \quad i \neq j.$$

$\forall y \in X, x \to \varphi(x,y)$ 是下半连续的, 故 $\sup\limits_{y\in X} \varphi(x,y)$ 也是下半连续的. 因 $X - \bigcup\limits_{i=1}^{n} W_i$ 是紧集, 且 $F(\varphi) \subset \bigcup\limits_{i=1}^{n} W_i$, 故存在 $x_0 \in X - \bigcup\limits_{i=1}^{n} W_i$ 和 $a > 0$, 使

$$\min_{x\in X - \bigcup\limits_{i=1}^{n} W_i} \sup_{y\in X} \varphi(x,y) = \sup_{y\in X} \varphi(x_0,y) > a.$$

令 $\delta = \dfrac{a}{2}$, $\exists \psi_i \in M$, $\rho(\varphi,\psi_i) < \delta$, 而 $F(\psi_i) \cap O'_i = \varnothing$, $i = 1, 2, \cdots, n$.

定义 $\psi: X\times X\to R$ 如下：

$$\psi(x,y)=\begin{cases}\varphi(x,y), & \text{如果} \quad x\in X-\bigcup_{i=1}^{n}W_i, y\in X,\\ \psi_i(x,y), & \text{如果} \quad x\in\overline{W_i}, y\in X,\\ \lambda_i(x)\varphi(x,y)+\mu_i(x)\psi_i(x,y), & \text{如果} x\in V_i-\overline{W_i}, y\in X,\end{cases}$$

其中 $\lambda_i(x)=\dfrac{d(x,\overline{W_i})}{d(x,\overline{W_i})+d\big(x,X-\bigcup_{i=1}^{n}V_i\big)}$, $\mu_i(x)=\dfrac{d\big(x,X-\bigcup_{i=1}^{n}V_i\big)}{d(x,\overline{W_i})+d\big(x,X-\bigcup_{i=1}^{n}V_i\big)}$. 注意到 $\lambda_i(x)$ 和 $\mu_i(x)$ 是连续的, $\lambda_i(x)\geqslant 0$, $\mu_i(x)\geqslant 0$ 且 $\lambda_i(x)+\mu_i(x)=1$.

容易验证, $\forall y\in X, x\to\psi(x,y)$ 是下半连续的, $\forall x\in X, y\to\psi(x,y)$ 是凹的, $\forall y\in X$, $\psi(y,y)\leqslant 0$, 且 $\sup\limits_{(x,y)\in X\times X}|\psi(x,y)|<+\infty$, 这样 $\psi\in M$, $F(\psi)\neq\varnothing$. 取 $x^*\in F(\psi)$.

如果 $x^*\in X-\bigcup_{i=1}^{n}V_i$, 则 $\forall y\in X$, $\varphi(x^*,y)=\psi(x^*,y)\leqslant 0$, $x^*\in F(\varphi)$, 这与 $F(\varphi)\subset\bigcup_{i=1}^{n}V_i$ 矛盾.

如果 $x^*\in\overline{W_i}$, 则 $\forall y\in X$, $\psi_i(x^*,y)=\psi(x^*,y)\leqslant 0$, $x^*\in F(\psi_i)$, 这与 $O_i'\supset V_i\supset\overline{W_i}$ 矛盾.

如果 $x^*\in V_i-\overline{W_i}$, 注意到当 $i\neq j$ 时 $V_i\cap V_j=\varnothing$, $V_i-\overline{W_i}\subset X-\bigcup_{i=1}^{n}V_i$, 故 $\exists y^*\in X$, 使 $\varphi(x^*,y^*)>a$. 由 $\rho(\varphi,\psi_i)<\delta=\dfrac{a}{2}$, 得

$$\begin{aligned}\psi(x^*,y^*)&=\lambda_i(x^*)\varphi(x^*,y^*)+\mu_i(x^*)\psi_i(x^*,y^*)\\&>\lambda_i(x^*)\varphi(x^*,y^*)+\mu_i(x^*)\left[\varphi(x^*,y^*)-\frac{a}{2}\right]\\&=\varphi(x^*,y^*)-\frac{a}{2}\mu_i(x^*)>a-\frac{a}{2}=\frac{a}{2}>0.\end{aligned}$$

这与 $x^*\in F(\psi)$ 矛盾.

无论何种情况, 我们都得到矛盾, 这一矛盾推出 $\forall\varphi\in M$, $F(\varphi)$ 至少存在一个的本质连通区.

注 8.7.1 与文献 [120] 相比, 这里增加了引理 8.7.1, 从而严格证明了 $F(\varphi)=\bigcup_{i=1}^{n}F_i$, 其中 F_i 是 X 中的闭集, $i=1,2,\cdots,n$, 且 $F_i\cap F_j=\varnothing(i\neq j)$.

8.8 统一模式：本质连通区的稳定性[104,105]

设 (X,d) 是一个紧度量空间, (Y,ρ) 是一个度量空间, $F:Y\to P_0(X)$ 是一个 usco 映射, 且满足条件 (C). $\forall\varepsilon>0$, $\forall y\in Y$, $\forall A\in P_0(X)$, 记 $O(y,\varepsilon)=\{y'\in Y:\rho(y,y)<\varepsilon\}$, $U(\varepsilon,A)=\Big\{x\in X:\exists x'\in A, \text{使} d(x,x')<\varepsilon\Big\}$, $B(\varepsilon,A)=$

$\left\{x \in X : \exists x' \in A, 使\, (x, x') \leqslant \varepsilon\right\}$. 显然, $U(\varepsilon, A)$ 是开集, 而当 A 是紧集时, $B(\varepsilon, A)$ 是闭集.

定理 8.8.1 $\forall y \in Y$, 如果 $m(y)$ 是 $F(y)$ 的极小本质连通集, 则 $\forall \varepsilon > 0, \exists \delta > 0$, 使 $\forall y' \in Y, \rho(y, y') < \delta$, 必存在 $F(y')$ 的极小本质集 $m(y')$, 有 $m(y') \subset B(\varepsilon, m(y))$.

证明 用反证法. 如果结论不成立, 则 $\exists \varepsilon_0 > 0$, 使 $\forall \delta > 0, \exists y' \in Y, \rho(y, y') < \delta$, 而 $m(y') \not\subset B(\varepsilon_0, m(y))$, 其中 $m(y')$ 是 $F(y')$ 的任意极小本质集.

因为 $m(y)$ 是 $F(y)$ 的极小本质集, 对以上 $\varepsilon_0 > 0$, $\exists \delta_0 > 0$, 使 $\forall y' \in Y$, $\rho(y, y') < \delta_0$, 有 $U(\varepsilon_0, m(y)) \cap F(y') \neq \varnothing$.

因 $B(\varepsilon_0, m(y)) \cap F(y')$ 是 $F(y')$ 的闭子集, 且 $B(\varepsilon_0, m(y)) \cap F(y') \subset B(\varepsilon_0, m(y))$, 故 $B(\varepsilon_0, m(y)) \cap F(y')$ 不是 $F(y')$ 的本质集 (如果是, 则 $B(\varepsilon_0, m(y)) \cap F(y')$ 中必有 $F(y')$ 的极小本质集被 $B(\varepsilon_0, m(y))$ 包含, 矛盾). 这样, $\exists \varepsilon_1 > 0$, 使 $\forall \delta > 0$, $\exists y'' \in Y$, $\rho(y', y'') < \delta$, 而 $U(\varepsilon_1, B(\varepsilon_0, m(y)) \cap F(y')) \cap F(y'') = \varnothing$. 令 $\{\delta_n\}$ 是一列单调下降趋于 0 的序列, 使 $O(y', \delta_n) \subset O(y, \delta_0)$, 并取 $y_n \in O(y', \delta_n)$, 使 $U(\varepsilon_1, B(\varepsilon_0, m(y)) \cap F(y')) \cap F(y_n) = \varnothing$. 因 $\rho(y, y_n) < \delta_0$, $U(\varepsilon_0, m(y)) \cap F(y_n) \neq \varnothing$, 取 $x_n \in U(\varepsilon_0, m(y)) \cap F(y_n)$, 因 X 是紧集, 不妨设 $x_n \to x_0 \in B(\varepsilon_0, m(y))$, 由 $y_n \to y'$, $x_n \in F(y_n)$,$x_n \to x_0$, 而 F 是一个 usco 映射, 得 $x_0 \in F(y')$. 因 $x_n \in F(y_n)$,$U(\varepsilon_1, B(\varepsilon_0, m(y)) \cap F(y')) \cap F(y_n) = \varnothing$, 得 $x_n \notin U(\varepsilon_1, B(\varepsilon_0, m(y)) \cap F(y'))$. 因 $x_n \to x_0$, 必有 $x_0 \notin U\left(\dfrac{\varepsilon_1}{2}, B(\varepsilon_0, m(y)) \cap F(y')\right)$, 这与 $x_0 \in B(\varepsilon_0, m(y)) \cap F(y')$ 矛盾, 所以结论成立.

注 8.8.1 定理 8.8.1 是一个统一的极小本质集的稳定性定理, 它当然推广了文献 [17] 中关于 n 人有限非合作博弈 Nash 平衡点集极小本质集的稳定性定理.

以下是一个统一的本质连通区的稳定性定理.

定理 8.8.2 $\forall y \in Y$, 如果 $c(y)$ 是 $F(y)$ 的本质连通区, 且 $\exists \varepsilon_0 > 0$, 使 $B(\varepsilon_0, c(y)) \cap B(\varepsilon_0, F(y) \backslash c(y)) = \varnothing$, 则 $\forall \varepsilon > 0, \exists \delta > 0$, 使 $\forall y' \in Y, \rho(y, y') < \delta$, 必存在 $F(y')$ 的本质连通区 $c(y')$, 使 $c(y') \subset B(\varepsilon, c(y))$.

证明 首先, 存在 $F(y)$ 的极小本质集, 使 $m(y) \subset c(y)$. 由定理 8.8.1, $\forall \varepsilon > 0$, $\exists \delta_1 > 0$, 使 $\forall y \in Y$, $\rho(y, y') < \delta_1$, 存在 $F(y')$ 的极小本质集 $m(y')$, 使 $m(y') \subset B(\varepsilon, m(y)) \subset B(\varepsilon, c(y))$. 又存在 $F(y')$ 的本质连通区 $c(y')$, 使 $m(y') \subset c(y')$, 我们要证明 $c(y') \subset B(\varepsilon, c(y))$.

因集值映射 F 在 y 是上半连续的, $\exists \delta_2 > 0$, 使 $\forall y' \in Y$, $\rho(y, y') < \delta_2$, 有 $F(y') \subset U(\varepsilon, F(y)) \subset B(\varepsilon, c(y)) \cup B(\varepsilon, F(y) \backslash c(y))$. 我们还需指出 $F(y) \backslash c(y)$ 是紧集, 因 $F(y)$ 是紧集, 这只需指出 $F(y) \backslash c(y)$ 是闭集就够了. $\forall x_n \in F(y) \backslash c(y)$, $x_n \to x$, 则 $x_n \in F(y)$, $x_n \notin c(y)$, 因 X 是紧集, 必有 $x \in F(y)$, 如果 $x \in c(y)$, 则 n 当充分大时, 必有 $x_n \in B(\varepsilon_0, c(y))$, 但是 $B(\varepsilon_0, c(y)) \cap B(\varepsilon_0, F(y) \backslash c(y)) = \varnothing$, 矛

盾, 故 $x \notin c(y)$, $x \in F(y) \backslash c(y)$, $F(y) \backslash c(y)$ 必是闭集, 从而是紧集.

令 $\delta = \min\{\delta_1, \delta_2\} > 0$, $\forall y' \in Y$, $\rho(y, y') < \delta$, 如果 $c(y') \not\subset B(\varepsilon, B(y))$, 则 $c(y') \cap B(\varepsilon, F(y) \backslash c(y)) \neq \varnothing$. 又 $m(y') \subset c(y') \cap B(\varepsilon, c(y))$, 故 $c(y') \cap B(\varepsilon, c(y)) \neq \varnothing$. 注意到当 $\varepsilon < \varepsilon_0$ 时, $B(\varepsilon, c(y)) \cap B(\varepsilon, F(y) \backslash c(y)) = \varnothing$. 因 $c(y)$ 和 $F(y) \backslash c(y)$ 都是紧集, 从而 $B(\varepsilon, c(y))$ 和 $B(\varepsilon, F(y) \backslash c(y))$ 都是闭集, 连通集 $c(y')$ 与这两个不交的闭集都相交, 矛盾, 因此必有 $c(y') \subset B(\varepsilon, c(y))$.

注 8.8.2 $\forall y \in Y$, 如果 $F(y)$ 本身就是连通集, 则 $F(y)$ 是它本身唯一的本质连通区, 因 F 在 y 上半连续, $\forall \varepsilon > 0$, $\exists \delta > 0$, 使当 $y' \in Y$, $\rho(y, y') < \delta$ 时, 有 $F(y') \subset U(\varepsilon, F(y)) \subset B(\varepsilon, F(y))$. 此时对 $F(y')$ 的任意本质连通区 $c(y')$, 都有 $c(y') \subset F(y') \subset U(\varepsilon, F(y))$.

定理 8.8.3 $\forall y \in Y$, 如果 $F(y)$ 的连通区是有限个, $c(y)$ 是 $F(y)$ 的本质连通区, 则 $\forall \varepsilon > 0$, $\exists \delta > 0$, 使当 $y' \in Y$, $\rho(y, y') < \delta$ 时, 必存在 $F(y')$ 的本质连通区 $c(y')$, 有 $c(y') \subset B(\varepsilon, c(y))$.

证明 因 $F(y)$ 的连通区是有限个, 且每个连通区都是紧集, 必存在 $\varepsilon_0 > 0$, 使 $B(\varepsilon_0, c(y)) \cap B(\varepsilon_0, F(y) \backslash c(y)) = \varnothing$, 于是结论由定理 8.8.2 推出.

系 8.8.1 设 f 是有限 n 人非合作博弈, $c(f)$ 是其 Nash 平衡点集 $N(f)$ 的一个本质连通区, 则 $\forall \varepsilon > 0$, $\exists \delta > 0$, 使当 $\rho(y, y') < \delta$ 时, 必存在 $N(f')$ 的本质连通区, 有 $c(f') \subset B(\varepsilon, c(f))$.

证明 由文献 [15], 有限 n 人非合作博弈 Nash 平衡点集的连通区必是有限个, 则由定理 8.8.3 即推出结论.

第 9 章　有限理性与平衡点集的稳定性

本章研究有限理性与平衡点集的稳定性, 建立了抽象的架构, 这是一类带有抽象理性函数的参数化的 “一般博弈”, 定义了平衡点集和 ε 平衡点集, 然后给出了结构稳定和对 ε 平衡鲁棒的一些定理.

9.1　有限理性与 Nash 平衡点集的稳定性[121]

我们知道, Nash 平衡也好, Arrow-Debreu 模型也好, 它们的基础都建立在局中人完全理性的假设之上, 即每个局中人都能够在一定条件下作出对自己最为有利的选择, 这一假设太理想了, 太严格了, 在应用上当然也受到了一定的限制. 我们希望建立在有限理性假设之上的经济模型, 这无论在理论上还是在实践上都具有重要的意义.

经济模型中引入有限理性, 会对建立在完全理性假设之上的模型的分析结果产生怎样的影响呢? 文献 [122] 为此建立了抽象的架构 —— 模型 M, 它是一类带有抽象理性函数的参数化的 “一般博弈”(general games), 具体来说, $M=(\Lambda,X,F,R):\Lambda$ 是参数空间, 每个 $\lambda\in\Lambda$ 是一个博弈, X 是行为空间, 每个 $x\in X$ 是一个策略, $F:\Lambda\times X\to P_0(X)$ 是可行映射, 而由 F 诱导出行为映射 $f:\Lambda\to P_0(X)$, 其中 $\forall\lambda\in\Lambda$, $f(\lambda)=\{x\in X:x\in F(\lambda,x)\}$, 集值映射 f 的图 $\mathrm{graph}(f)=\{(\lambda,x)\in\Lambda\times X:x\in f(\lambda)\}$, $R:\mathrm{graph}(f)\to R_+$ 是理性函数. $\forall\lambda\in\Lambda$, $\forall\varepsilon\geqslant 0$, $E(\lambda,\varepsilon)=\{x\in f(\lambda):R(\lambda,x)\leqslant\varepsilon\}$ 定义为博弈的 ε 平衡点集, 特别地, $E(\lambda,\varepsilon)=E(\lambda,0)$ 定义为博弈的平衡点集, 而 $R(\lambda,x)=0$ 当且仅当 $x\in E(\lambda)$.

文献 [122] 中的假定: (Λ,ρ) 和 (X,d) 都是紧度量空间, 集值映射 $f:\Lambda\to P_0(X)$ 是连续的且 $\forall\lambda\in\Lambda$, $f(\lambda)$ 是非空紧集, $R:\mathrm{graph}(f)\to R_+$ 是连续的, 且 $\forall\lambda\in\Lambda$, $E(\lambda)\neq\varnothing$.

如果 $\forall\delta>0$, $\exists\bar{\varepsilon}>0$, 使 $\forall\varepsilon<\bar{\varepsilon}$, $\forall\lambda\in\Lambda$, 有

$$h(E(\lambda,\varepsilon),E(\lambda))<\delta.$$

文献 [122] 称 M 对 ε 平衡是鲁棒的, 其 h 中是 X 上的 Hausdorff 距离. 如果平衡映射 $E:\Lambda\to P_0(X)$ 是连续的, 文献 [122] 称 M 是结构稳定的.

文献 [122] 中的主要结果是证明了 M 对 ε 平衡是鲁棒的当且仅当 M 是结构稳定的, 还给出了 4 个应用例子, 但是即使对这 4 个简单的实例, 平衡映射 $E:\Lambda\to$

$P_0(X)$ 在某些 $\lambda\in\Lambda$ 也不是连续的, 这样的 λ 称为临界参数值.

文献 [122] 中给出的假设条件太强, 很多重要的经济模型都无法满足, 文献 [121] 将其中的假设条件大大减弱：由 Λ 是紧度量空间减弱为完备度量空间, 由集值映射 f 连续减弱为上半连续, 由函数 R 连续减弱为下半连续. 在这些较弱的假设条件, 得到了一些较为深刻的结果.

首先注意到, $\forall\lambda\in\Lambda$, 因 $f(\lambda)$ 是非空紧集, $R(\lambda,x)$ 是下半连续的, 且 $E(\lambda)\neq\varnothing$, 则 $\forall\varepsilon\geqslant 0$, $R(\lambda,\varepsilon)=\{x\in f(\lambda):R(\lambda,x)\leqslant\varepsilon\}$ 必是非空紧集.

我们给出以下新的定义：$\lambda\in\Lambda$, 如果 $\forall\delta>0,\exists\bar{\varepsilon}>0$, 当 $\varepsilon<\bar{\varepsilon},\rho(\lambda,\lambda')<\bar{\varepsilon}$, 有

$$h(E(\lambda',\varepsilon),E(\lambda'))<\delta.$$

则称 M 在 λ 对 ε 平衡是鲁棒的.

如果映射 $E:\Lambda\to P_0(X)$ 在 $\lambda\in\Lambda$ 是连续的, 则称 M 在 λ 是结构稳定的.

定理 9.1.1　设 (Λ,ρ) 是完备度量空间, (X,d) 是紧度量空间, $f:\Lambda\to P_0(X)$ 是上半连续的且 $\forall\lambda\in\Lambda$, $f(\lambda)$ 是非空紧集, $R:\mathrm{graph}(f)\to R_+$ 是下半连续的且 $\forall\lambda\in\Lambda$, $E(\lambda)\neq\varnothing$, 则

(1) 平衡映射 E 在 Λ 上是一个 usco 映射;

(2) 存在 Λ 中的一个稠密剩余集 Q, 使 $\forall\lambda\in Q$, M 在 λ 是结构稳定的.

证明　(1) 因 X 是紧度量空间, 我们只需证明集值映射 E 的图是闭的, 即要证明 $\forall\lambda_n\in\Lambda$, $\lambda_n\to\lambda$, $\forall x_n\in E(\lambda_n)$, $x_n\to x$, 则 $x\in E(\lambda)$.

因 $x_n\in E(\lambda_n)$, 得 $x_n\in f(\lambda_n)$ 且 $R(\lambda_n,x_n)=0$. 由 $\lambda_n\to\lambda$, $x_n\in f(\lambda_n)$, $x_n\to x$, 集值映射 f 在 λ 是上半连续且 $\forall\lambda\in\Lambda$, $f(\lambda)$ 是非空紧集, 得 $x\in f(\lambda)$. 又函数 R 在 (λ,x) 是下半连续的, 得 $0\leqslant R(\lambda,x)\leqslant\varliminf\limits_{n\to\infty}R(\lambda_n,x_n)=0$, $x\in E(\lambda)$.

(2) 因 Λ 是一个完备度量空间, X 是一个度量空间, $E:\Lambda\to P_0(X)$ 是一个 usco 映射, 由 Fort 定理, 存在 Λ 中的一个稠密剩余集 Q, 使 $\forall\lambda\in Q$, 集值映射 E 在 λ 是连续的, 因此 $\forall\lambda\in Q$, M 在 λ 是结构稳定的.

定理 9.1.2　在定理 9.1.1 的假设条件下, 如果 M 在 $\lambda\in\Lambda$ 是结构稳定的, 则 M 在 $\lambda\in\Lambda$ 对 ε 平衡是鲁棒的.

证明　用反证法. 如果 M 在 $\lambda\in\Lambda$ 对 ε 平衡不是鲁棒的, 则 $\exists\delta_0>0,\exists\varepsilon_n\to 0$, $\exists\lambda_n\to\lambda$, 使

$$h(E(\lambda_n,\varepsilon),E(\lambda_n))\geqslant\delta_0.$$

因 $E(\lambda_n)\subset E(\lambda_n,\varepsilon)$, 可选取 $x_n\subset E(\lambda_n,\varepsilon_n)$, 使

$$\min_{w\in E(\lambda_n)}d(x_n,w)>\frac{\delta_0}{2}.$$

因 X 是紧集, 不妨设 $x_n\to x$. 因集值映射 E 在 λ 是连续的, 故 $h(E(\lambda_n),E(\lambda))\to 0$, 由系 2.2.1(3), 得

$$\min_{w\in E(\lambda)} d(x,w) \geqslant \frac{\delta_0}{2}.$$

因 $x_n \in E(\lambda_n,\varepsilon_n)$, 有 $x_n \in f(\lambda_n)$ 且 $R(\lambda_n,x_n) \leqslant \varepsilon_n$. 因集值映射 f 是上半连续的且 $\forall\lambda \in \Lambda$, $f(\lambda)$ 是紧集, 故 $x \in f(\lambda)$. 又函数 R 在 (λ,x) 是下半连续的, 得 $0 \leqslant R(\lambda,x) \leqslant \varliminf\limits_{n\to\infty} R(\lambda_n,x_n) = 0$, $x \in E(\lambda)$, 这与 $\min\limits_{w\in E(\lambda)} d(x,w) \geqslant \dfrac{\delta_0}{2}$ 矛盾, 故 M 在 $\lambda \in \Lambda$ 对 ε 平衡必是鲁棒的.

注 9.1.1 由定理 9.1.1 和定理 9.1.2, 存在 Λ 中的一个稠密剩余 Q, 使 $\forall\lambda \in \Lambda$, M 在 λ 是结构稳定的, 在 λ 对 ε 平衡也是鲁棒的. 因为 Q 是第二纲的, M 对 “大多数” 的 $\lambda \in \Lambda$ 都是结构稳定的, 在 “大多数” 的 $\lambda \in \Lambda$ 对 ε 平衡也都是鲁棒的. 至于临界值的集合, 它是第一纲的, “很少”.

定理 9.1.3 在定理 9.1.1 的假设条件下, 存在 Λ 中的一个稠密剩余集 Q, 使 $\forall\lambda \in Q$, $\forall\lambda_n \to \lambda$, $\forall\varepsilon_n \to 0$, 有

$$h(E(\lambda_n,\varepsilon_n),E(\lambda)) \to 0.$$

证明 由定理 9.1.1 和定理 9.1.2, 存在 Λ 中的一个稠密剩余集 Q, 使 $\forall\lambda \in Q$, M 在 λ 是结构稳定的, 在 λ 对 ε 平衡也是鲁棒的.

$\forall\lambda \in Q$, 因 M 在 λ 对 ε 平衡是鲁棒的, $\forall\delta > 0$, $\exists\bar{\varepsilon} > 0$, 当 $0 < \varepsilon < \bar{\varepsilon}$, $\rho(\lambda,\lambda') < \bar{\varepsilon}$, 有

$$h(E(\lambda',\varepsilon),E(\lambda')) < \frac{\delta}{2}.$$

由 $\lambda_n \to 0$, $\varepsilon_n \to 0$, 存在正整数 n_0, 使 $\forall n \geqslant n_0$, 有 $\varepsilon_n < \bar{\varepsilon}$, $\rho(\lambda_n,\lambda') < \bar{\varepsilon}$, 故 $h(E(\lambda_n,\varepsilon_n),E(\lambda_n)) < \dfrac{\delta}{2}$.

因 M 在 λ 是结构稳定的, 存在正整数 $n_1 \geqslant n_0$, 使 $\forall n \geqslant n_1$, 有

$$h(E(\lambda),E(\lambda_n)) < \frac{\delta}{2}.$$

这样, $\forall n \geqslant n_1$, 有

$$h(E(\lambda_n,\varepsilon_n),E(\lambda)) \leqslant h(E(\lambda_n,\varepsilon_n),E(\lambda_n)) + h(E(\lambda_n),E(\lambda)) < \delta,$$

故

$$h(E(\lambda_n,\varepsilon_n),E(\lambda)) \to 0.$$

定理 9.1.4 在定理 9.1.1 的假设条件下, 如果 $\lambda \in \Lambda$, 且 $E(\lambda) = \{x\}$(单点集), 则 M 在 λ 是结构稳定的, 在 λ 对 ε 平衡也是鲁棒的.

证明 对 X 中的任意开集 G, $G \cap E(\lambda) \neq \varnothing$, 因 $E(\lambda) = \{x\}$, 得 $E(\lambda) \subset G$. 由定理 9.1.1(1), 集值映射 E 在 λ 是上半连续的, 存在 λ 的开邻域 $O(\lambda)$, 使 $\forall\lambda' \in O(\lambda)$, 有 $G \supset E(\lambda')$, 故 $G \cap E(\lambda') \neq \varnothing$, 集值映射 E 在 λ 是下半连续从而是连续的, M 在 λ 必是结构稳定的, 由定理 9.1.2, M 在 λ 对 ε 平衡必是鲁棒的.

以下将应用以上结果于 n 人非合作博弈与广义博弈.

9.1.1 n 人非合作博弈

设 $N=\{1,\cdots,n\}$ 是局中人的集合, $\forall i\in N$, X_i 是第 i 个局中人的策略集, 它是度量空间 E_i 中的非空紧集, $u_i: X=\prod_{i=1}^{n}X_i\to R$ 是第 i 个局中人的支付函数,

$$\Lambda_1=\Big\{\lambda=(u_1,\cdots,u_n):\ \sum_{i=1}^{n}u_i \text{ 在 } X \text{ 上是上半连续的}, \forall w=(w_1,\cdots,w_n)\in X,\ x\to\sum_{i=1}^{n}u_i(w_i,x_{\hat{i}})\text{是下半连续的}, \sup_{x\in X}\sum_{i=1}^{n}|u_i(x)|<+\infty \text{ 且 } \exists x=(x_1,\cdots,x_n)\in X, \text{ 使 } \forall i\in N, \text{ 有 } u_i(x_i,x_{\hat{i}})=\max_{w_i\in X_i}u_i(w_i,x_{\hat{i}})\Big\}.$$

由 Λ_1 的定义, $\forall\lambda\in\Lambda_1$, 博弈 λ 的所有 Nash 平衡点的集合 $E_1(\lambda)\neq\varnothing$.

$\forall\lambda_1=(u_{11},\cdots,u_{1n}),\lambda_2=(u_{21},\cdots,u_{2n})\in\Lambda_1$, 定义距离

$$\rho_1(\lambda_1,\lambda_2)=\sup_{x\in X}\sum_{i=1}^{n}|u_{1i}(x)-u_{2i}(x)|.$$

引理 9.1.1 (Λ_1,ρ_1) 是一个完备度量空间.

证明 设 $\{\lambda_m\}$ 是 Λ_1 中的任意一个 Cauchy 序列, 则 $\forall\varepsilon>0$, 存在正整数 $P(\varepsilon)$, 使 $\forall m,p\geqslant P(\varepsilon)$, 有

$$\rho_1(\lambda_m,\lambda_p)=\sup_{x\in X}\sum_{i=1}^{n}|u_{mi}(x)-u_{pi}(x)|<\varepsilon.$$

$\forall x\in X, \forall i\in N$, 存在 $u_i(x)$, 使 $\lim\limits_{p\to\infty}u_{pi}(x)=u_i(x)$, 且 $\forall m\geqslant P(\varepsilon)$, 有

$$\sup_{x\in X}\sum_{i=1}^{n}|u_{mi}(x)-u_i(x)|\leqslant\varepsilon.$$

容易验证, $\sum\limits_{i=1}^{n}u_i$ 在 X 上是上半连续的, $\forall w=(w_1,\cdots,w_n)\in X$, $x\to\sum\limits_{i=1}^{n}u_i(w_i,x_{\hat{i}})$ 是下半连续的, $\sup\limits_{x\in X}\sum\limits_{i=1}^{n}|u_i(x)|<+\infty$.

因 $\lambda_m=(u_{m1},\cdots,u_{mn})\in\Lambda_1$, $\exists x^m=(x_1^m,\cdots,x_n^m)\in X$, 使 $\forall i\in N$, 有

$$u_{mi}(x_i^m,x_{\hat{i}}^m)=\max_{w_i\in X_i}u_{mi}(w_i,x_{\hat{i}}^m).$$

因 X 是紧集, 不妨设 $x^m \to x^*$. 因

$$\begin{aligned}\sum_{i=1}^{n}[u_i(x_i^*,x_{\hat{i}}^*)-u_{mi}(x_i^m,x_{\hat{i}}^m)]=&\sum_{i=1}^{n}[u_i(x_i^*,x_{\hat{i}}^*)-u_i(x_i^m,x_{\hat{i}}^m)]\\&+\sum_{i=1}^{n}[u_i(x_i^m,x_{\hat{i}}^m)-u_{mi}(x_i^m,x_{\hat{i}}^m)]\\\geqslant&\sum_{i=1}^{n}u_i(x_i^*,x_{\hat{i}}^*)-\sum_{i=1}^{n}u_i(x_i^m,x_{\hat{i}}^m)\\&-\sup_{x\in X}\sum_{i=1}^{n}|u_i(x)-u_{mi}(x)|,\end{aligned}$$

且 $\sum\limits_{i=1}^{n}u_i$ 在 x^* 是上半连续的, 得

$$\begin{aligned}&\underline{\lim}_{m\to\infty}\sum_{i=1}^{n}[u_i(x_i^*,x_{\hat{i}}^*)-u_{mi}(x_i^m,x_{\hat{i}}^m)]\\=&\sum_{i=1}^{n}u_i(x_i^*,x_{\hat{i}}^*)-\overline{\lim}_{m\to\infty}u_{mi}(x_i^m,x_{\hat{i}}^m)\\\geqslant&\underline{\lim}_{m\to\infty}\left[\sum_{i=1}^{n}u_i(x_i^*,x_{\hat{i}}^*)-\sum_{i=1}^{n}u_i(x_i^m,x_{\hat{i}}^m)\right]\\=&\sum_{i=1}^{n}u_i(x_i^*,x_{\hat{i}}^*)-\overline{\lim}_{m\to\infty}\sum_{i=1}^{n}u_i(x_i^m,x_{\hat{i}}^m)\geqslant 0,\end{aligned}$$

即 $\sum\limits_{i=1}^{n}u_i(x_i^*,x_{\hat{i}}^*)\geqslant\overline{\lim}\limits_{m\to\infty}u_{mi}(x_i^m,x_{\hat{i}}^m)$.

另一方面, $\forall\varepsilon>0$, $\forall i\in N$, $\exists w_i^0\in X$, 使 $u_i(w_i^0,x_{\hat{i}}^*)>\sup\limits_{w_i\in X_i}u_i(w_i,x_{\hat{i}}^*)-\dfrac{\varepsilon}{n}$. 因

$$\begin{aligned}&\sum_{i=1}^{n}u_{mi}(x_i^m,x_{\hat{i}}^m)\geqslant\sum_{i=1}^{n}u_{mi}(w_i^0,x_{\hat{i}}^m)\\=&\sum_{i=1}^{n}u_{mi}(w_i^0,x_{\hat{i}}^*)+\left[\sum_{i=1}^{n}u_i(w_i^0,x_{\hat{i}}^m)-\sum_{i=1}^{n}u_i(w_i^0,x_{\hat{i}}^*)\right]\\&+\left[\sum_{i=1}^{n}u_{mi}(w_i^0,x_{\hat{i}}^m)-\sum_{i=1}^{n}u_i(w_i^0,x_{\hat{i}}^m)\right]\end{aligned}$$

$$
\begin{aligned}
&>\sum_{i=1}^{n}\sup_{w_i\in X_i}u_i(w_i,x_{\hat{i}}^*)-\varepsilon+\left[\sum_{i=1}^{n}u_i(w_i^0,x_{\hat{i}}^m)-\sum_{i=1}^{n}u_i(w_i^0,x_{\hat{i}}^*)\right]\\
&-\sup_{x\in X}\sum_{i=1}^{n}|u_{mi}(x)-u_i(x)|,
\end{aligned}
$$

且 $x\to\sum_{i=1}^{n}u_i(w_i^0,x_{\hat{i}})$ 是下半连续的, 得

$$
\begin{aligned}
&\varliminf_{m\to\infty}\sum_{i=1}^{n}u_{mi}(x_i^m,x_{\hat{i}}^m)\geqslant\sum_{i=1}^{n}\sup_{x\in X}u_i(w_i,x_{\hat{i}}^*)+\varliminf_{m\to\infty}\sum_{i=1}^{n}u_i(w_i^0,x_{\hat{i}}^m)\\
&-\sum_{i=1}^{n}u_i(w_i^0,x_{\hat{i}}^*)\geqslant\sum_{i=1}^{n}\sup_{x\in X}u_i(w_i,x_{\hat{i}}^*).
\end{aligned}
$$

这样

$$
\sum_{i=1}^{n}u_i(x_i^*,x_{\hat{i}}^*)\geqslant\varlimsup_{m\to\infty}\sum_{i=1}^{n}u_{mi}(x_i^m,x_{\hat{i}}^m)\geqslant\varliminf_{m\to\infty}\sum_{i=1}^{n}u_{mi}(x_i^m,x_{\hat{i}}^m)\geqslant\sum_{i=1}^{n}\sup_{x\in X}u_i(w_i,x_{\hat{i}}^*).
$$

因而 $\forall i\in N$, $u_i(x_i^*,x_{\hat{i}}^*)=\max\limits_{w_i\in X_i}u_i(w_i,x_{\hat{i}}^*)$. 所以 $\lambda=(u_1,\cdots,u_n)\in\Lambda_1$, Λ_1 是一个完备度量空间.

现在考虑模型 $M_1=\{\Lambda_1,X,F_1,R_1\}$, $\forall\lambda\in\Lambda_1$, $\forall x\in X$, 定义 $F_1(\lambda,x)=X$, $f_1(\lambda)=\{x\in X:x\in F(\lambda,x)\}=X$,

$$
R_1(\lambda,x)=\sup_{w\in X}\sum_{i=1}^{n}[u_i(w_i,x_{\hat{i}})-u_i(x_i,x_{\hat{i}})].
$$

引理 9.1.2　$R_1(\lambda,x)$ 在 (λ,x) 是下半连续的.

证明　我们只需证明 $\forall\lambda_m=(u_{m1},\cdots,u_{mn})\in\Lambda_1$, $\lambda_m\to\lambda$, $\forall x^m\in X$, $x^m\to x$, 则 $\varliminf\limits_{m\to\infty}R_1(\lambda_m,x^m)\geqslant R_1(\lambda,x)$.

$\forall\varepsilon>0,\exists w^0=(w_1^0,\cdots,w_n^0)\in X$, 使

$$
\sum_{i=1}^{n}[u_i(w_i^0,x_{\hat{i}})-u_i(x_i,x_{\hat{i}})]>R_1(\lambda,x)-\varepsilon.
$$

因

$$
\begin{aligned}
R_1(\lambda_m,x^m)-R_1(\lambda,x)&>\sum_{i=1}^{n}[u_{mi}(w_i^0,x_{\hat{i}}^m)-u_{mi}(x_i^m,x_{\hat{i}}^m)]-\sum_{i=1}^{n}[u_i(w_i^0,x_{\hat{i}})-u_i(x_i,x_{\hat{i}})]-\varepsilon\\
&=\sum_{i=1}^{n}[u_{mi}(w_i^0,x_{\hat{i}}^m)-u_i(w_i^0,x_{\hat{i}})]+\sum_{i=1}^{n}[u_i(x_i,x_{\hat{i}})-u_{mi}(x_i^m,x_{\hat{i}}^m)]-\varepsilon.
\end{aligned}
$$

记 $A_m=\sum_{i=1}^{n}[u_{mi}(w_i^0,x_{\hat{i}}^m)-u_i(w_i^0,x_{\hat{i}})]$, $B_m=\sum_{i=1}^{n}[u_i(x_i,x_{\hat{i}})-u_{mi}(x_i^m,x_{\hat{i}}^m)]$, 则

$$R_1(\lambda_m,x^m)-R_1(\lambda,x)>A_m+B_m-\varepsilon.$$

因

$$\begin{aligned}A_m&=\sum_{i=1}^{n}[u_{mi}(w_i^0,x_{\hat{i}}^m)-u_i(w_i^0,x_{\hat{i}})]\\&=\sum_{i=1}^{n}[u_{mi}(w_i^0,x_{\hat{i}}^m)-u_i(w_i^0,x_{\hat{i}}^m)]+\sum_{i=1}^{n}[u_i(w_i^0,x_{\hat{i}}^m)-u_i(w_i^0,x_{\hat{i}})]\\&\geqslant-\sup_{x\in X}\sum_{i=1}^{n}|u_{mi}(x)-u_i(x)|+\sum_{i=1}^{n}u_i(w_i^0,x_{\hat{i}}^m)-\sum_{i=1}^{n}u_i(w_i^0,x_{\hat{i}}),\end{aligned}$$

且 $x\to\sum_{i=1}^{n}u_i(w_i^0,x_{\hat{i}})$ 是下半连续的, 得

$$\varliminf_{m\to\infty}A_m\geqslant\varliminf_{m\to\infty}\sum_{i=1}^{n}u_i(w_i^0,x_{\hat{i}}^m)-\sum_{i=1}^{n}u_i(w_i^0,x_{\hat{i}})\geqslant 0.$$

因

$$\begin{aligned}B_m&=\sum_{i=1}^{n}[u_i(x_i,x_{\hat{i}})-u_{mi}(x_i^m,x_{\hat{i}}^m)]\\&=\sum_{i=1}^{n}[u_i(x_i,x_{\hat{i}})-u_i(x_i^m,x_{\hat{i}}^m)]+\left[\sum_{i=1}^{n}u_i(x_i^m,x_{\hat{i}}^m)-\sum_{i=1}^{n}u_{mi}(x_i^m,x_{\hat{i}}^m)\right]\\&\geqslant\sum_{i=1}^{n}u_i(x_i,x_{\hat{i}})-\sum_{i=1}^{n}u_i(x_i^m,x_{\hat{i}}^m)-\sup_{x\in X}\sum_{i=1}^{n}|u_i(x)-u_{mi}(x)|,\end{aligned}$$

且 $\sum_{i=1}^{n}u_i$ 在 x 是上半连续的, 得

$$\varliminf_{m\to\infty}B_m\geqslant\sum_{i=1}^{n}u_i(x_i,x_{\hat{i}})-\varlimsup_{m\to\infty}\sum_{i=1}^{n}u_i(x_i^m,x_{\hat{i}}^m)\geqslant 0.$$

这样

$$\varliminf_{m\to\infty}R_1(\lambda_m,x^m)-R_1(\lambda,x)\geqslant\varliminf_{m\to\infty}A_m+\varliminf_{m\to\infty}B_m\geqslant 0.$$

即 $\varliminf_{m\to\infty}R_1(\lambda_m,x^m)\geqslant R_1(\lambda,x)$, $R_1(\lambda,x)$ 在 (λ,x) 是下半连续的.

容易验证 $\forall(\lambda,x)\in\Lambda_1\times X$, $R_1(\lambda,x)\geqslant 0$ 且 $R_1(\lambda,x)=0$ 当且仅当 $x\in E_1(\lambda)$, 所以对模型 M_1, 定理 9.1.1~ 定理 9.1.4 都成立.

9.1.2 广义博弈

设 $N=\{1,\cdots,n\}$ 是局中人的集合, $\forall i\in N$, X_i 是第 i 个局中人的策略集, 它是度量空间 E_i 中的非空紧集, $G_i:X_{\hat{i}}\to P_0(X_i)$ 是第 i 个局中人的可行策略映射, 集值映射 G_i 连续, 且 $\forall x_{\hat{i}}\in X_{\hat{i}}$, $G(x_{\hat{i}})$ 是非空紧集, $u_i:X=\prod_{i=1}^{n}X_i\to R$ 是第 i 个局中人的支付函数, u_i 是连续的.

设 Λ_2 是所有以上广义博弈 $\lambda=(u_1,\cdots,u_n;G_1,\cdots,G_n)$ 的集合, 还满足 $\exists x^*=(x_1^*,\cdots,x_n^*)\in X$, 使 $\forall i\in N$, 有 $x_{\hat{i}}^*\in G_i(x_{\hat{i}}^*)$ 且 $u_i(x_i^*,x_{\hat{i}}^*)=\max\limits_{w_i\in G_i(x_{\hat{i}}^*)}u_i(w_i,x_{\hat{i}}^*)$, 这样的 $x^*\in X$ 称为广义博弈 $\lambda\in\Lambda_2$ 的平衡点, 记 $E_2(\lambda)$ 是广义博弈 λ 的所有平衡点的集合, 则 $E_2(\lambda)\neq\varnothing$.

$\forall\lambda_1=(u_{11},\cdots,u_{1n};G_{11},\cdots,G_{1n}),\lambda_2=(u_{21},\cdots,u_{2n};G_{21},\cdots,G_{2n})\in\Lambda_2$, 定义距离

$$\rho_2(\lambda_1,\lambda_2)=\sup_{x\in X}\sum_{i=1}^{n}|u_{1i}(x)-u_{2i}(x)|+\sup_{x\in X}\sum_{i=1}^{n}h_i(G_{1i}(x_{\hat{i}}),G_{2i}(x_{\hat{i}})),$$

其中 h_i 是 (X_i,d_i) 上的 Hausdorff 距离.

引理 9.1.3　(Λ_2,ρ_2) 是一个完备度量空间.

证明　设 $\{\lambda_m\}$ 是 Λ_2 中的任意一个 Cauchy 序列, 则 $\forall\varepsilon>0$, 存在正整数 $P(\varepsilon)$, 使 $\forall m,p\geqslant P(\varepsilon)$, 有

$$\rho_2(\lambda_m,\lambda_p)=\sup_{x\in X}\sum_{i=1}^{n}|u_{mi}(x)-u_{pi}(x)|+\sup_{x\in X}\sum_{i=1}^{n}h_i(G_{mi}(x_{\hat{i}}),G_{pi}(x_{\hat{i}}))\leqslant\varepsilon.$$

$\forall x\in X$, $\forall i\in N$, 存在 $u_i(x)$, 使 $\lim\limits_{p\to\infty}u_{pi}(x)=u_i(x)$, 存在紧集 $G_i(x_{\hat{i}})\subset X_{\hat{i}}$, 使 $\lim\limits_{p\to\infty}G_{pi}(x_{\hat{i}})=G_i(x_{\hat{i}})$, 且 $\forall m\geqslant P(\varepsilon)$, 有

$$\sup_{x\in X}\sum_{i=1}^{n}|u_{mi}(x)-u_i(x)|+\sup_{x\in X}\sum_{i=1}^{n}h_i(G_{mi}(x_{\hat{i}}),G_i(x_{\hat{i}}))\leqslant\varepsilon.$$

容易验证, $\forall i\in N$, u_i 在 X 上连续, G_i 在 $X_{\hat{i}}$ 上连续.

因 $\lambda_m=(u_{m1},\cdots,u_{mn};G_{m1},\cdots,G_{mn})\in\Lambda_2$, $\exists x^m=(x_1^m,\cdots,x_n^m)\in X$, 使 $\forall i\in N$, $x_{\hat{i}}^m\in G_{mi}(x_{\hat{i}}^m)$, 且 $u_{mi}(x_i^m,x_{\hat{i}}^m)=\max\limits_{w_i\in G_{mi}(x_{\hat{i}}^m)}u_{mi}(w_i,x_{\hat{i}}^m)$.

因 X 是紧集, 不妨设 $x^m\to x^*$. 因

$$h_i(G_{mi}(x_{\hat{i}}^m),G_i(x_{\hat{i}}^*))\leqslant h_i(G_{mi}(x_{\hat{i}}^m),G_i(x_{\hat{i}}^m))+h_i(G_i(x_{\hat{i}}^m),G_i(x_{\hat{i}}^*))\to 0,$$

得 $h_i(G_{mi}(x_{\hat{i}}^m), G_i(x_{\hat{i}}^*)) \to 0$. 因

$$\begin{aligned}&d_i(x_{\hat{i}}^*, G_i(x_{\hat{i}}^*)) \leqslant d_i(x_i^*, x_i^m) + d_i(x_{\hat{i}}^m, G_{mi}(x_{\hat{i}}^m)) + h_i(G_i(x_{\hat{i}}^m), G_i(x_{\hat{i}}^*))\\ =&d_i(x_i^*, x_i^m) + h_i(G_{mi}(x_{\hat{i}}^m), G_i(x_{\hat{i}}^*)) \to 0,\end{aligned}$$

得 $x_{\hat{i}}^* \in G_i(x_{\hat{i}}^*)$.

$\forall w_i \in G_i(x_{\hat{i}}^*)$, 由 $h_i(G_{mi}(x_{\hat{i}}^m), G_i(x_{\hat{i}}^*)) \to 0$, $\exists w_{mi} \in G_{mi}(x_{\hat{i}}^m)$, 使 $w_{mi} \to w_i$. 注意到 $u_{mi}(w_{mi}, x_{\hat{i}}^m) \leqslant u_{mi}(x_i^m, x_{\hat{i}}^m)$. 由

$$|u_{mi}(x_i^m, x_{\hat{i}}^m) - u_i(x_i^*, x_{\hat{i}}^*)| \leqslant |u_{mi}(x_i^m, x_{\hat{i}}^m) - u_i(x_i^m, x_{\hat{i}}^m)| + |u_i(x_i^m, x_{\hat{i}}^m) - u_i(x_i^*, x_{\hat{i}}^*)| \to 0,$$

得

$$u_{mi}(x_i^m, x_{\hat{i}}^m) \to u_i(x_i^*, x_{\hat{i}}^*).$$

由

$$u_i(w_{mi}, x_{\hat{i}}^m) = u_{mi}(w_{mi}, x_{\hat{i}}^m) + [u_i(w_{mi}, x_{\hat{i}}^m) - u_{mi}(w_{mi}, x_{\hat{i}}^m)],$$

且

$$|u_i(w_{mi}, x_{\hat{i}}^m) - u_{mi}(w_{mi}, x_{\hat{i}}^m)| \to 0,$$

得

$$u_i(w_i, x_{\hat{i}}^*) = \lim_{m\to\infty} u_i(w_{mi}, x_{\hat{i}}^m) = \lim_{m\to\infty} u_{mi}(w_{mi}, x_{\hat{i}}^m) \leqslant \lim_{m\to\infty} u_{mi}(x_i^m, x_{\hat{i}}^m) = u_i(x_i^*, x_{\hat{i}}^*).$$

这样, $\forall i \in N$, $u_i(x_i^*, x_{\hat{i}}^*) = \max\limits_{w_i \in G_i(x_{\hat{i}}^*)} u_i(w_i, x_{\hat{i}}^*)$, 所以, $\lambda = (u_1, \cdots, u_n; G_1, \cdots, G_n) \in \Lambda_2$, (Λ_2, ρ_2) 是一个完备度量空间.

现在考虑模型 $M_2 = \{\Lambda_2, X, F_2, R_2\}$, $\forall\lambda \in \Lambda_2$, $\forall x \in X$, 定义 $F_2(\lambda, x) = G(x) = \prod\limits_{i=1}^n G_i(x_{\hat{i}})$, $f_2(\lambda) = \{x \in X : x \in F_2(\lambda, x)\} = \{x \in X : x \in G(x)\}$, 由定理 6.4.1, 集值映射 f_2 是上半连续的, 且 $\forall\lambda \in \Lambda_2$, $f_2(\lambda)$ 必是非空紧集, $\forall\lambda \in \Lambda_2$, $\forall x \in f_2(\lambda)$, 定义

$$R_2(\lambda, x) = \max_{1\leqslant i\leqslant n} \left[\max_{w_i \in G_i(x_{\hat{i}})} u_i(w_i, x_{\hat{i}}) - u_i(x_i, x_{\hat{i}})\right].$$

引理 9.1.4 $R_2(\lambda, x)$ 在 (λ, x) 是连续的.

证明 我们只需证明 $\forall\lambda_m = (u_{m1}, \cdots, u_{mn}; G_{m1}, \cdots, G_{mn}) \in \Lambda_2$, $\lambda_m \to \lambda$, $\forall x^m \in X$, $x^m \to x$, 则 $R_2(\lambda_m, x^m) \to R_2(\lambda, x)$.

$\forall i \in N$, 因 $\{u_{mi}\}$ 是一个连续函数序列, $u_{mi} \to u_i$, u_i 是一个连续函数, $x_{\hat{i}}^m \to x_{\hat{i}}$, 且

$$h_i(G_{mi}(x_{\hat{i}}^m), G_i(x_{\hat{i}})) \leqslant h_i(G_{mi}(x_{\hat{i}}^m), G_i(x_{\hat{i}}^m)) + h_i(G_i(x_{\hat{i}}^m), G_i(x_{\hat{i}})) \to 0,$$

则由定理 2.2.9(1), 有

$$\max_{w_i\in G_{mi}(x_{\hat{i}}^m)} u_{mi}(w_i, x_{\hat{i}}^m) \to \max_{w_i\in G_i(x_{\hat{i}})} u_i(w_i, x_{\hat{i}}),$$

且在引理 9.1.3 的证明过程中已有 $u_{mi}(x_i^m, x_{\hat{i}}^m) \to u_i(x_i, x_{\hat{i}})$, 所以

$$\max_{1\leqslant i\leqslant n}\left[\max_{w_i\in G_{mi}(x_{\hat{i}}^m)} u_{mi}(w_i, x_{\hat{i}}^m) - u_{mi}(x_i^m, x_{\hat{i}}^m)\right] \to \max_{1\leqslant i\leqslant n}\left[\max_{w_i\in G_i(x_{\hat{i}})} u_i(w_i, x_{\hat{i}}) - u_i(x_i, x_{\hat{i}})\right],$$

即 $R_2(\lambda_m, x^m) \to R_2(\lambda, x)$, R_2 是连续的.

容易验证, $\forall\lambda\in\Lambda_2$, $\forall x\in f_2(\lambda)$, $R_2(\lambda,x)\geqslant 0$ 且 $R_2(\lambda,x)=0$ 当且仅当 $x\in E_2(\lambda)$, 所以对模型 M_2, 定理 9.1.1~ 定理 9.1.4 都成立.

注 9.1.2 注意到在 Λ_1 和 Λ_2 的定义中, $\forall i\in N$, 策略集 X_i 是度量空间 E_i 中的非空紧集, 没有要求 E_i 是线性赋范空间, 也没有要求 X_i 是凸集, 支付函数 u_i 和可行策略映射 G_i 都没有任何凸性条件, 但是将 Nash 平衡点或广义博弈平衡点的存在, 在 Λ_1 或 Λ_2 的定义中加以规定, 因为种种凸性条件只是 Nash 平衡点或广义博弈平衡点存在的充分条件.

9.2 有限理性与弱 Pareto-Nash 平衡点集的稳定性[123]

这一节我们将继续将上一节的结果用于多目标博弈与广义多目标博弈, 首先证明一个引理.

引理 9.2.1 设 X, Y 和 Z 是三个度量空间, 其中 Z 是紧的, $\{A_m\}$ 是 X 中一列非空紧集, $\{y_m\}$ 是 Y 中一个序列而 $\{\varphi^m(x,y,z)\}$ 是定义在 $X\times Y\times Z$ 上的一列连续函数, 如果 $h(A_m, A)\to 0$, 其中 h 是 X 上的 Hausdorff 距离, A 是 X 中的一个非空紧集, $y_m\to y\in Y$, 且

$$\sup_{(x,y,z)\in X\times Y\times Z} |\varphi^m(x,y,z) - \varphi(x,y,z)| \to 0,$$

其中 φ 是定义在 $X\times Y\times Z$ 上的一个连续函数, 则

$$\max_{w\in A_m}\min_{z\in Z}\varphi^m(w, y_m, z) \to \max_{w\in A}\min_{z\in Z}\varphi(w,y,z).$$

证明 $\forall m=1,2,3,\cdots$, 设 $f^m(x,y)=\min\limits_{z\in Z}\varphi^m(x,y,z)$, $f(x,y)=\min\limits_{z\in Z}\varphi(x,y)$, 因 $\varphi^m(x,y,z)$ 和 $\varphi(x,y,z)$ 是连续的, 由系 2.2.1(3), $f^m(x,y)$ 和 $f(x,y)$ 在 $X\times Y$ 上是连续的.

$\forall(x,y)\in X\times Y$, 因 Z 是紧集, 存在 $z_m(x,y)\in Z$, $z(x,y)\in Z$, 使

$$f^m(x,y)=\varphi^m(x,y,z_m(x,y)),$$

$$f(x,y)=\varphi(x,y,z(x,y)).$$

因

$$\begin{aligned}\varphi^m(x,y,z_m(x,y))-\varphi(x,y,z_m(x,y))&\leqslant f^m(x,y)-f(x,y)\\&\leqslant \varphi^m(x,y,z(x,y))-\varphi(x,y,z(x,y)),\end{aligned}$$

得

$$|f^m(x,y)-f(x,y)|\leqslant \max\{|\varphi^m(x,y,z_m(x,y))-\varphi(x,y,z_m(x,y))|,$$

$$|\varphi^m(x,y,z(x,y))-\varphi(x,y,z(x,y))|\}\leqslant \sup_{(x,y,z)\in X\times Y\times Z}|\varphi^m(x,y,z)-\varphi(x,y,z)|,$$

所以

$$\sup_{(x,y)\in X\times Y}|f^m(x,y)-f(x,y)|\leqslant \sup_{(x,y,z)\in X\times Y\times Z}|\varphi^m(x,y,z)-\varphi(x,y,z)|\to 0.$$

由引理 6.1.1, 有

$$\max_{w\in A_m}f^m(w,y_m)\to\max_{w\in A}f(w,y),$$

最后有

$$\max_{w\in A_m}\min_{z\in Z}\varphi^m(w,y_m,z)\to\max_{w\in A}\min_{z\in Z}\varphi(w,y,z).$$

9.2.1 多目标博弈

设 $N=\{1,\cdots,n\}$ 是局中人的集合, $\forall i\in N$, X_i 是第 i 个局中人的策略集, 它是度量空间 E_i 中的非空紧集, $U_i: X=\prod_{i=1}^n X_i\to R^{ki}$ 是第 i 个局中人的向量值支付函数,

$$\begin{aligned}\Lambda_3=\{\lambda=(U_1,\cdots,U_n):\ &\forall i\in N, U_i\text{ 在 }X\text{ 上连续且 }\exists x=(x_1,\cdots,x_n)\in X,\text{ 使}\\&\forall i\in N,\forall w_i\in X_i, U_i(w_i,x_{\hat{i}})-U_i(x_i,x_{\hat{i}})\notin \mathrm{int}R_+^{ki}\}.\end{aligned}$$

由 Λ_3 的定义, $\forall\lambda\in\Lambda_3$, 多目标博弈 λ 的所有弱 Pareto-Nash 平衡点的集合 $E_3(\lambda)\neq\varnothing$.

$\forall\lambda_1=(U_{11},\cdots,U_{1n}),\lambda_2=(U_{21},\cdots,U_{2n})\in\Lambda_3$, 定义距离

$$\rho_3(\lambda_1,\lambda_2)=\sup_{x\in X}\sum_{i=1}^n\|U_{1i}(x)-U_{2i}(x)\|_i,$$

其中 $\|\cdot\|_i$ 是 R^{ki} 中的模.

引理 9.2.2 (Λ_3,ρ_3) 是一个完备度量空间.

证明　设 $\{\lambda_m\}$ 是 Λ_3 中的任意一个 Cauchy 序列, 则 $\forall\varepsilon>0$, 存在正整数 $P(\varepsilon)$, 使 $\forall m,p\in P(\varepsilon)$, 有

$$\rho_3(\lambda_m,\lambda_p)=\sup_{x\in X}\sum_{i=1}^{n}\|U_{mi}(x)-U_{pi}(x)\|_i<\varepsilon.$$

$\forall x\in X,\forall i\in N$, 存在 $U_i(x)$, 使 $\lim\limits_{p\to\infty}U_{pi}(x)=U_i(x)$, 且 $\forall m\geqslant P(\varepsilon)$, 有

$$\sup_{x\in X}\sum_{i=1}^{n}\|U_{mi}(x)-U_i(x)\|_i\leqslant\varepsilon.$$

容易验证 $\forall i\in N$, U_i 在 X 上是连续的.

因 $\lambda_m=(U_{m1},\cdots,U_{mn})\in\Lambda_3$, $\exists x^m=(x_1^m,\cdots,x_n^m)\in X$, 使 $\forall i\in N$, $\forall w_i\in X_i$, 有

$$U_{mi}(w_i,x_{\hat{i}}^m)-U_{mi}(x_i^m,x_{\hat{i}}^m)\notin \mathrm{int}R_+^{ki}.$$

因 X 是紧集, 不妨设 $x^m\to x$. $\forall m\geqslant P(\varepsilon)$, 因

$$\begin{aligned}\|U_{mi}(w_i,x_{\hat{i}}^m)-U_i(w_i,x_{\hat{i}})\|_i\leqslant&\|U_{mi}(w_i,x_{\hat{i}}^m)-U_i(w_i,x_{\hat{i}}^m)\|_i\\&+\|U_i(w_i,x_{\hat{i}}^m)-U_i(x_i^m,x_{\hat{i}})\|_i\\\leqslant&\varepsilon+\|U_i(w_i,x_{\hat{i}}^m)-U_i(w_i,x_{\hat{i}})\|_i,\end{aligned}$$

且 U_i 在 X 上是连续的, 得

$$U_{mi}(w_i,x_{\hat{i}}^m)\to U_i(w_i,x_{\hat{i}}).$$

同样有 $U_{mi}(x_i^m,x_{\hat{i}}^m)\to U_i(x_i,x_{\hat{i}})$.

这样, $\forall i\in N$, $\forall w_i\in X_i$, 有

$$U_i(w_i,x_{\hat{i}})-U_i(x_i,x_{\hat{i}})\notin \mathrm{int}R_+^{ki}.$$

所以, $\lambda=(U_1,\cdots,U_n)\in\Lambda_3$, Λ_3 是一个完备度量空间.

现在考虑模型 $M_3=\{\Lambda_3,X,F_3,R_3\}$: $\forall\lambda\in\Lambda_3$, $\forall x\in X$, 定义 $F_3(\lambda,x)=X$,

$$f_3(\lambda)=\{x\in X:x\in F(\lambda,x)\}=X,$$

$$R_3(\lambda,x)=\max_{w\in X}\sum_{i=1}^{n}\min_{\|z\|_i=1,z\in R_+^{ki}}\langle z,U_i(w_i,x_{\hat{i}})-U_i(x_i,x_{\hat{i}})\rangle_i,$$

其中 $\langle\cdot,\cdot\rangle_i$ 表示 R_+^{ki} 中的内积.

引理 9.2.3　$\forall\lambda\in\Lambda_3$, $\forall x\in X$, $R_3(\lambda,x)\geqslant 0$ 且 $R_3(\lambda,x)=0$ 当且仅当 $x\in E_3(\lambda)$.

证明 $\forall\lambda\in\Lambda_3$, $\forall x\in X$, $\forall i\in N$, 令 $w_i=x_i$, 得 $R_3(\lambda,x)\geqslant 0$.

如果 $R_3(\lambda,x)=0$, 则 $\forall i\in N$, $\forall w_i\in X_i$,

$$\min_{\|z\|_i=1,z\in R_+^{ki}}\langle z,U_i(w_i,x_{\hat{i}})-U_i(x_i,x_{\hat{i}})\rangle_i\leqslant 0.$$

如果 $\exists w_i\in X_i$, 使 $U_i(w_i,x_{\hat{i}})-U_i(x_i,x_{\hat{i}})\in\text{int}R_+^{ki}$, 则 $\forall z\in R_+^{ki}$, $\|z\|_i=1$, 必有 $\langle z,U_i(w_i,x_{\hat{i}})-U_i(x_i,x_{\hat{i}})\rangle_i>0$. 因 $\{z\in R_+^{ki}:\|z\|_i=1\}$ 是紧集, 有

$$\min_{\|z\|_i=1,z\in R_+^{ki}}\langle z,U_i(w_i,x_{\hat{i}})-U_i(x_i,x_{\hat{i}})\rangle_i>0,$$

矛盾, 故 $\forall i\in N$, $\forall w_i\in X_i$, 有

$$U_i(w_i,x_{\hat{i}})-U_i(x_i,x_{\hat{i}})\notin\text{int}R_+^{ki},$$

从而 $x\in E_3(\lambda)$.

反之, 如果 $x\in E_3(\lambda)$, 则 $\forall i\in N$, $\forall w_i\in X_i$, 有

$$U_i(w_i,x_{\hat{i}})-U_i(x_i,x_{\hat{i}})\notin\text{int}R_+^{ki}.$$

记 $U_i(w_i,x_{\hat{i}})-U_i(x_i,x_{\hat{i}})=(U_{i1}(w_i,x_{\hat{i}})-U_{i1}(x_i,x_{\hat{i}}),\cdots,U_{iki}(w_i,x_{\hat{i}})-U_{iki}(x_i,x_{\hat{i}}))$, $J=\{j\in\{1,\cdots,ki\}:U_{ij}(w_i,x_{\hat{i}})-U_{ij}(x_i,x_{\hat{i}})\leqslant 0\}$, 则 $J\neq\varnothing$, 取 $j_0\in J$, 定义 $z^0=(z_1^0,\cdots,z_{ki}^0)$, 其中 $z_{j_0}^0=1$, 当 $j\neq j_0$ 时, $z_j=0$, 则 $z^0\in R_+^{ki}$, $\|z^0\|_i=1$. 由

$$\langle z^0,U_i(w_i,x_{\hat{i}})-U_i(x_i,x_{\hat{i}})\rangle_i\leqslant 0,$$

得

$$\min_{\|z\|_i=1,z\in R_+^{ki}}\langle z,U_i(w_i,x_{\hat{i}})-U_i(x_i,x_{\hat{i}})\rangle_i\leqslant 0,$$

从而 $R_3(\lambda,x)=0$.

引理 9.2.4 $R_3(\lambda,x)$ 在 (λ,x) 是连续的.

证明 $\forall\lambda_m=(U_{m1},\cdots,U_{mn})\in\Lambda_3$, $\lambda_m\to\lambda=(U_1,\cdots,U_n)$, $\forall x^m\in x$, $x^m\to x$, 我们要证明 $\forall i\in N$,

$$\begin{aligned}&\max_{w_i\in X_i}\min_{\|z\|_i=1,z\in R_+^{ki}}\langle z,U_{mi}(w_i,x_{\hat{i}}^m)-U_{mi}(x_i^m,x_{\hat{i}}^m)\rangle_i\\ \to&\max_{w_i\in X_i}\min_{\|z\|_i=1,z\in R_+^{ki}}\langle z,U_i(w_i,x_{\hat{i}})-U_i(x_i,x_{\hat{i}})\rangle_i.\end{aligned}$$

$\forall i\in N,\forall m=1,2,3,\cdots$, 定义 $\varphi_{mi}(w_i,x,z)=\langle z,U_{mi}(w_i,x_{\hat{i}})-U_{mi}(x_i,x_{\hat{i}})\rangle_i$, $\varphi_i(w_i,x,z)=\langle z,U_i(w_i,x_{\hat{i}})-U_i(x_i,x_{\hat{i}})\rangle_i$, 则 φ_{mi} 和 φ_i 在 $X_i\times X\times Z_i$ 上连续, 其中

$Z_i = \{z \in R_+^{ki} : \|z\|_i = 1\}$ 是紧集. $\forall (w_i, x, z) \in X_i \times X \times Z_i$, 因

$$\begin{aligned}|\varphi_{mi}(w_i,x,z)-\varphi_i(w_i,x,z)| =& |\langle z, U_{mi}(w_i,x_{\hat{i}})-U_{mi}(x_i,x_{\hat{i}})\rangle_i \\ &-\langle z, U_i(w_i,x_{\hat{i}})-U_i(x_i,x_{\hat{i}})\rangle_i| \\ \leqslant& |\langle z, U_{mi}(w_i,x_{\hat{i}})-U_i(w_i,x_{\hat{i}})\rangle_i| \\ &+|\langle z, U_i(x_i,x_{\hat{i}})-U_{mi}(x_i,x_{\hat{i}})\rangle_i| \\ \leqslant& \|z\|_i\|U_{mi}(w_i,x_{\hat{i}})-U_i(w_i,x_{\hat{i}})\|_i+\|z\|_i\|U_i(x_i,x_{\hat{i}}) \\ &-U_{mi}(x_i,x_{\hat{i}})\|_i \leqslant 2\rho_3(\lambda_m,\lambda),\end{aligned}$$

得

$$\max_{(w_i,x,z)\in(X_i\times X\times Z_i)}|\varphi_{mi}(w_i,x,z)-\varphi_i(w_i,x,z)| \leqslant 2\rho_3(\lambda_m,\lambda)\to 0.$$

因 X_i 和 Z_i 是紧集, $x^m \to x$, 由引理 9.2.1, 得

$$\begin{aligned}&\max_{w_i\in X_i}\min_{\|z\|_i=1,z\in R_+^{ki}}\langle z, U_{mi}(w_i,x_{\hat{i}}^m)-U_{mi}(x_i^m,x_{\hat{i}}^m)\rangle_i \\ \to &\max_{w_i\in X_i}\min_{\|z\|_i=1,z\in R_+^{ki}}\langle z, U_i(w_i,x_{\hat{i}})-U_i(x_i,x_{\hat{i}})\rangle_i.\end{aligned}$$

这样, 对模型 M_3, 定理 9.1.1~ 定理 9.1.4 都成立.

9.2.2　广义多目标博弈

设 $N=\{1,\cdots,n\}$ 是局中人的集合, $\forall i\in N$, X_i 是第 i 个局中人的策略集, 它是度量空间 E_i 中的非空紧集, $G_i: X_{\hat{i}}\to P_0(X_i)$ 是第 i 个局中人的可行策略映射, 集值映射 G_i 连续且 $\forall x_{\hat{i}}\in X_{\hat{i}}$, $G_i(x_{\hat{i}})$ 是非空紧集, $U_i: X=\prod_{i=1}^n X_i\to R^{ki}$ 是第 i 个局中人的向量值支付函数, U_i 是连续的.

设 Λ_4 是所有以上多目标广义博弈 $\lambda=(U_1,\cdots,U_n;G_1,\cdots,G_n)$ 的集合, 还满足 $\exists x^*=(x_1^*,\cdots,x_n^*)\in X$, 使 $\forall i\in N$, 有 $x_i^*\in G_i(x_{\hat{i}}^*)$ 且 $\forall w_i\in G_i(x_{\hat{i}}^*)$, 有 $U_i(w_i,x_{\hat{i}}^*)-U_i(x_i^*,x_{\hat{i}}^*)\notin \text{int}R_+^{ki}$. 这样的 $x^*\in X$ 称为广义博弈 $\lambda\in\Lambda_4$ 的弱 Pareto-Nash 平衡点, 记 $E_4(\lambda)$ 是多目标广义博弈 λ 的所有弱 Pareto-Nash 平衡点的集合, 则 $E_4(\lambda)\neq\varnothing$.

$\forall\lambda_1=(U_{11},\cdots,U_{1n};G_{11},\cdots,G_{1n})$, $\lambda_2=(U_{21},\cdots,U_{2n};G_{21},\cdots,G_{2n})\in\Lambda_4$, 定义距离

$$\rho_4(\lambda_1,\lambda_2)=\sup_{x\in X}\sum_{i=1}^n\|U_{1i}(x)-U_{2i}(x)\|_i+\sup_{x\in X}\sum_{i=1}^n h_i(G_{1i}(x_{\hat{i}}),G_{2i}(x_{\hat{i}})),$$

其中 $\|\cdot\|_i$ 是 R^{ki} 中的模, h_i 是 (X_i,d_i) 上的 Hausdorff 距离.

引理 9.2.5　(Λ_4,ρ_4) 是一个完备度量空间.

证明 设 $\{\lambda_m\}$ 是 Λ_4 中的任意一个 Cauchy 序列, 则 $\forall\varepsilon>0$, 存在正整数 $P(\varepsilon)$, 使 $\forall m,p\geqslant P(\varepsilon)$, 有

$$\rho_4(\lambda_m,\lambda_p)=\sup_{x\in X}\sum_{i=1}^{n}\|U_{mi}(x)-U_{pi}(x)\|_i+\sup_{x\in X}\sum_{i=1}^{n}h_i(G_{mi}(x_{\hat{i}}),G_{pi}(x_{\hat{i}}))<\varepsilon.$$

$\forall x\in X,\forall i\in N$, 存在 $U_i(x)$, 使 $\lim\limits_{p\to\infty}U_{pi}(x)=U_i(x)$, 存在紧集 $G_i(x_{\hat{i}})\subset X_{\hat{i}}$, 使 $\lim\limits_{p\to\infty}G_{pi}(x_{\hat{i}})=G_i(x_{\hat{i}})$, 且 $\forall m\geqslant P(\varepsilon)$, 有

$$\sup_{x\in X}\sum_{i=1}^{n}\|U_{mi}(x)-U_{pi}(x)\|_i+\sup_{x\in X}\sum_{i=1}^{n}h_i(G_{mi}(x_{\hat{i}}),G_i(x_{\hat{i}}))\leqslant\varepsilon.$$

容易验证, $\forall i\in N$, U_i 在 X 上连续, G_i 在 $X_{\hat{i}}$ 上连续.

因 $\lambda_m=(U_{m1},\cdots,U_{mn};G_{m1},\cdots,G_{mn})\in\Lambda_4$, $\exists x^m=(x_1^m,\cdots,x_n^m)\in X$, 使 $\forall i\in N$, $x_{\hat{i}}^m\in G_{mi}(x_{\hat{i}}^m)$ 且 $\forall w_i\in G_{mi}(x_{\hat{i}}^m)$, 有

$$U_{mi}(w_i,x_{\hat{i}}^m)-U_{mi}(x_i^m,x_{\hat{i}}^m)\notin \mathrm{int}R_+^{ki}.$$

因 X 是紧集, 不妨设 $x^m\to x^*$. $\forall m\geqslant P(\varepsilon)$, 因

$$\begin{aligned}h_i(G_{mi}(x_{\hat{i}}^m),G_i(x_{\hat{i}}^*))&\leqslant h_i(G_{mi}(x_{\hat{i}}^m),G_i(x_{\hat{i}}^m))+h_i(G_i(x_{\hat{i}}^m),G_i(x_{\hat{i}}^*))\\&\leqslant\varepsilon+h_i(G_i(x_{\hat{i}}^m),G_i(x_{\hat{i}}^*)),\end{aligned}$$

且 G_i 在 X 上是连续的, 得

$$h_i(G_{mi}(x_{\hat{i}}^m),G_i(x_{\hat{i}}^*))\to 0.$$

又由

$$\begin{aligned}d_i(x_{\hat{i}}^*,G_i(x_{\hat{i}}^*))&\leqslant d_i(x_i^*,x_i^m)+d_i(x_{\hat{i}}^m,G_{mi}(x_{\hat{i}}^m))+h_i(G_{mi}(x_{\hat{i}}^m),G_i(x_{\hat{i}}^*))\\&=d_i(x_i^*,x_i^m)+h_i(G_{mi}(x_{\hat{i}}^m),G_i(x_{\hat{i}}^*))\to 0,\end{aligned}$$

得 $x_{\hat{i}}^*\in G_i(x_{\hat{i}}^*)$.

$\forall w_i\in G_i(x_{\hat{i}}^*)$, 在引理 9.2.1 的证明过程中已有

$$U_{mi}(w_i,x_{\hat{i}}^m)\to U_i(w_i,x_{\hat{i}}^*),\quad U_{mi}(x_i^m,x_{\hat{i}}^m)\to U_i(x_i^*,x_{\hat{i}}^*).$$

因此 $\forall i\in N$, 有

$$U_i(w_i,x_{\hat{i}}^*)-U_i(x_i^*,x_{\hat{i}}^*)\notin \mathrm{int}R_+^{ki}.$$

这样, $\lambda=(U_1,\cdots,U_n;G_1,\cdots,G_n)\in\Lambda_4$, (Λ_4,ρ_4) 是一个完备度量空间.

现在考虑模型 $M_4=\{\Lambda_4,X,F_4,R_4\}:\forall\lambda\in\Lambda_4,\forall x\in X$, 定义 $F_4(\lambda,x)=G(x)=\prod_{i=1}^{n}G_i(x_{\hat{i}})$, $f_4(\lambda)=\{x\in X:x\in F_4(\lambda,x)\}=\{x\in X:x\in G(x)\}$, 由定理 6.4.1, 集值映射 f_4 是上半连续的, 且 $\forall\lambda\in\Lambda_4$, $f_4(\lambda)$ 必是紧集, $\forall\lambda\in\Lambda_4$, $\forall x\in f_4(\lambda)$, 定义

$$R_4(\lambda,x)=\max_{w\in G(x)}\sum_{i=1}^{n}\min_{\|z\|_i=1,z\in R_+^{ki}}\langle z,U_i(w_i,x_{\hat{i}})-U_i(x_i,x_{\hat{i}})\rangle_i.$$

引理 9.2.6 $\forall\lambda\in\Lambda_4$, $\forall x\in f_4(\lambda)$, $R_4(\lambda,x)\geqslant 0$ 且 $R_4(\lambda,x)=0$ 当且仅当 $x\in E_4(\lambda)$.

证明 $\forall\lambda\in\Lambda_4$, $\forall x\in f_4(\lambda)$, $\forall i\in N$, 令 $w_i=x_i\in G_i(x_{\hat{i}})$, 则 $R_4(\lambda,x)\geqslant 0$.

如果 $R_4(\lambda,x)=0$, 则 $\forall i\in N$, $\forall w_i\in G_i(x_{\hat{i}})$,

$$\min_{\|z\|_i=1,z\in R_+^{ki}}\langle z,U_i(w_i,x_{\hat{i}})-U_i(x_i,x_{\hat{i}})\rangle_i\leqslant 0.$$

如果 $\exists w_i\in G_i(x_{\hat{i}})$, 使 $U_i(w_i,x_{\hat{i}})\to U_i(x_i,x_{\hat{i}})\in \mathrm{int}R_+^{ki}$, 则 $\forall z\in R_+^{ki}$, $\|z\|_i=1$, 必有 $\langle z,U_i(w_i,x_{\hat{i}})-U_i(x_i,x_{\hat{i}})\rangle_i>0$. 因 $\{z\in R_+^{ki}:\|z\|_i=1\}$ 是紧集, 有

$$\min_{\|z\|_i=1,z\in R_+^{ki}}\langle z,U_i(w_i,x_{\hat{i}})-U_i(x_i,x_{\hat{i}})\rangle_i>0,$$

矛盾, 故 $\forall i\in N$, $\forall w_i\in G_i(x_{\hat{i}})$, 有

$$U_i(w_i,x_{\hat{i}})\to U_i(x_i,x_{\hat{i}})\notin \mathrm{int}R_+^{ki},$$

从而 $x\in E_4(\lambda)$.

反之, 如果 $x\in E_4(\lambda)$, 则 $\forall i\in N$, $\forall w_i\in G_i(x_{\hat{i}})$,

$$U_i(w_i,x_{\hat{i}})\to U_i(x_i,x_{\hat{i}})\notin \mathrm{int}R_+^{ki},$$

且与引理 9.2.3 相同, 有

$$\min_{\|z\|_i=1,z\in R_+^{ki}}\langle z,U_i(w_i,x_{\hat{i}})-U_i(x_i,x_{\hat{i}})\rangle_i\leqslant 0.$$

所以 $\forall i\in N$, 有

$$\max_{w_i\in G_i(x_{\hat{i}})}\min_{\|z\|_i=1,z\in R_+^{ki}}\langle z,U_i(w_i,x_{\hat{i}})-U_i(x_i,x_{\hat{i}})\rangle_i=0,$$

故 $R_4(\lambda,x)=0$.

引理 9.2.7 $R_4(\lambda,x)$ 在 (λ,x) 是连续的.

证明 $\forall\lambda_m=(U_{m1},\cdots,U_{mn};G_{m1},\cdots,G_{mn})\in\Lambda_4$, $\lambda_m\to\lambda=(U_1,\cdots,U_2;G_1,\cdots,G_n)$, $\forall x^m\in X$, $x^m\to x$, 我们只需证明 $\forall i\in N$, 有

$$\max_{w_i\in G_{mi}(x^m_{\hat{i}})}\min_{\|z\|_i=1,z\in R^{ki}_+}\langle z,U_{mi}(w_i,x^m_{\hat{i}})-U_{mi}(x^m_i,x^m_{\hat{i}})\rangle_i$$
$$\to\max_{w_i\in G_i(x_{\hat{i}})}\min_{\|z\|_i=1,z\in R^{ki}_+}\langle z,U_i(w_i,x_{\hat{i}})-U_i(x_i,x_{\hat{i}})\rangle_i.$$

$\forall i\in N$, $\forall m=1,2,3,\cdots$, 定义 $\varphi_{mi}(w_i,x,z)=\langle z,U_{mi}(w_i,x_{\hat{i}})-U_{mi}(x_i,x_{\hat{i}})\rangle_i$, $\varphi_i(w_i,x,z)=\langle z,U_i(w_i,x_{\hat{i}})-U_i(x_i,x_{\hat{i}})\rangle_i$, 则 φ_{mi} 和 φ_i 在 $X_i\times X\times Z_i$ 上是连续的, 其中 $Z_i=\{z\in R^{ki}_+:\|z\|_i=1\}$ 是紧集, 与引理 9.2.5 相同的,

$$\max_{(w_i,x,z)\in(X_i\times X\times Z_i)}|\varphi_{mi}(w_i,x,z)-\varphi_i(w_i,x,z)|\leqslant 2\rho_4(\lambda_m,\lambda)\to 0.$$

又因 $x^m\to x$, $h_i(G_{mi}(x^m_{\hat{i}}),G_i(x_{\hat{i}}))\to 0$, 由引理 9.2.1, 得

$$\max_{w_i\in G_{mi}(x^m_{\hat{i}})}\min_{\|z\|_i=1,z\in R^{ki}_+}\langle z,U_{mi}(w_i,x^m_{\hat{i}})-U_{mi}(x^m_i,x^m_{\hat{i}})\rangle_i$$
$$\to\max_{w_i\in G_i(x_{\hat{i}})}\min_{\|z\|_i=1,z\in R^{ki}_+}\langle z,U_i(w_i,x_{\hat{i}})-U_i(x_i,x_{\hat{i}})\rangle_i.$$

这样, 对模型 M_4, 定理 9.1.1～ 定理 9.1.4 都成立.

9.3 改进与推广

这一节内容是新的. 与 9.1 节相比较, 我们要进一步改进其假设条件, X 不必是紧度量空间, 只需是一般的度量空间, 主要的假设条件是:

(1) Λ 是完备度量空间, X 是度量空间;

(2) $f:\Lambda\to P_0(X)$ 上半连续, 且 $\forall\lambda\in\Lambda, f(\lambda)$ 是非空紧集;

(3) $R:\mathrm{graph}(f)\to R_+$ 是下半连续的;

(4) $\forall\lambda\in\Lambda, E(\lambda)\neq\varnothing$.

显然, 以上假设条件比 9.1 节中弱, 但是在减弱的条件下, 我们要证明定理 9.1.1～ 定理 9.1.4 都成立, 并给出其应用.

定理 9.1.1 的证明 (假设条件改进后) (1) 首先, $\forall\lambda\in\Lambda, E(\lambda)=\{x\in f(\lambda):R(\lambda,x)=0\}=f(\lambda)\cap\{x\in X:R(\lambda,x)\leqslant 0\}$, 因 R 是下半连续的, $\{x\in X:R(\lambda,x)\leqslant 0\}$ 必是闭集, 而 $f(\lambda)$ 是紧集, 故 $E(\lambda)$ 必是紧集, 由假设条件, $E(\lambda)\neq\varnothing$.

以下证明集值映射 E 在 $\lambda\in\Lambda$ 是上半连续的. 用反证法. 如果结论不成立, 则存在 X 中的开集 O, $O\supset E(\lambda)$, $\exists\lambda_n\to\lambda$, $\exists x_n\in E(\lambda_n)$, 而 $x_n\notin O$.

由 $x_n\in E(\lambda_n)$, 得 $x_n\in f(\lambda_n)$, 因集值映射 f 在 λ 是上半连续的, 且 $f(\lambda)$ 是非空紧集, 由引理 4.2.2(2), $\{x_n\}$ 必有聚点 $x\in f(\lambda)$, 即存在 $\{x_n\}$ 的子序列 $\{x_{n_k}\}$, 使

$x_{n_k} \to x$, 注意到 $x_{n_k} \in E(\lambda_{n_k})$ 有 $R(x_{n_k}, \lambda_{n_k}) = 0$. 因 R 在 (λ, x) 是下半连续的, 得 $R(\lambda, x) \leqslant \varliminf_{n_k \to \infty} R(x_{n_k}, \lambda_{n_k}) = 0$, 故 $x \in E(\lambda) \subset O$, 这与 $x_{n_k} \to x$, O 是开集而 $x_{n_k} \notin O$ 矛盾. 这样, 平衡映射 $E : \Lambda \to P_0(X)$ 是一个 usco 映射.

(2) 的证明与原证明相同.

定理 9.1.2 的证明 (假设条件改进后)　用反证法. 如果 M 在 $\lambda \in \Lambda$ 对 ε 平衡不是鲁棒的, 则 $\exists \delta_0 > 0$, $\exists \varepsilon_n \to 0$, $\exists \lambda_n \to \lambda$, 使

$$h(E(\lambda_n, \varepsilon_n), E(\lambda_n)) \geqslant \delta_0.$$

因 $E(\lambda_n) \subset E(\lambda_n, \varepsilon_n)$, 我们可以选取 $x_n \in E(\lambda_n, \varepsilon_n)$, 使

$$\min_{w \in E(\lambda_n)} d(x_n, w) > \frac{\delta_0}{2}.$$

因 $x_n \in E(\lambda_n, \varepsilon_n)$, 有 $x_n \in f(\lambda_n)$ 且 $R(\lambda_n, x_n) \leqslant \varepsilon_n$. 因 $\lambda_n \to \lambda$, $x_n \in f(\lambda_n)$, 集值映射 $f : \Lambda \to P_0(X)$ 在 λ 是上半连续的且 $f(\lambda)$ 是紧集, 由定理 4.2.2 (2) , $\{x_n\}$ 必有聚点 $x \in f(\lambda)$, 即存在 $\{x_n\}$ 的子序列 $\{x_{n_k}\}$, 使 $x_{n_k} \to x$.

因 M 在 $\lambda \in \Lambda$ 是结构稳定的, 则集值映射 $E : \Lambda \to P_0(X)$ 在 $\lambda \in \Lambda$ 是连续的, $h(E(\lambda_{n_k}), E(\lambda)) \to 0$. 由系 2.2.1(3), 有

$$\min_{w \in E(\lambda)} d(x, w) \geqslant \frac{\delta_0}{2}.$$

以下同原证明, 必引出矛盾, 故 M 在 $\lambda \in \Lambda$ 对 ε 平衡必是鲁棒的.

在假设条件改进后, 定理 9.1.3 和定理 9.1.4 的证明与原证明相同, 以下给出一些应用.

9.3.1　n 人非合作博弈

设 $N = \{1, \cdots, n\}$ 是局中人的集合, $\forall i \in N$, X_i 是第 i 个局中人的策略集, 它是一个完备度量空间, $u_i : X = \prod_{i=1}^{n} X_i \to R$ 是第 i 个局中人的支付函数,

$$\Lambda = \Big\{ \lambda = (u_1, \cdots, u_n; S_1, \cdots, S_n) :\ \forall i \in N, u_i \text{ 在 } X \text{ 上连续且} \sup_{x \in X} \sum_{i=1}^{n} |u_i(x)| < +\infty,$$
$$S_i \text{ 是 } X_i \text{ 中的非空紧集且 } \exists x \in S = \prod_{i=1}^{n} S_i,$$
$$\text{使} \forall i \in N, \text{ 有 } u_i(x_i, x_{\hat{i}}) = \max_{w_i \in S_i} u_i(w_i, x_{\hat{i}}) \Big\}.$$

$\forall\lambda_1=(u_{11},\cdots,u_{1n};S_{11},\cdots,S_{1n}),\lambda_2=(u_{21},\cdots,u_{2n};S_{21},\cdots,S_{2n})\in\Lambda$, 定义距离

$$\rho(\lambda_1,\lambda_2)=\sup_{x\in X}\sum_{i=1}^n|u_{1i}(x)-u_{2i}(x)|+\sum_{i=1}^n h_i(S_{1i},S_{2i}),$$

其中 $\forall i\in N$, h_i 是 X_i 上的 Hausdorff 距离.

引理 9.3.1 (Λ,ρ) 是一个完备度量空间.

证明 设 $\{\lambda_m\}$ 是 Λ 中的任意一个 Cauchy 序列, 则 $\forall\varepsilon>0$, 存在正整数 $P(\varepsilon)$, 使 $\forall m,p\geqslant P(\varepsilon)$, 有

$$\rho(\lambda_m,\lambda_p)=\sup_{x\in X}\sum_{i=1}^n|u_{mi}(x)-u_{pi}(x)|+\sum_{i=1}^n h_i(S_{mi},S_{pi})<\varepsilon.$$

$\forall x\in X,\forall i\in N$, 存在 $u_i:X\to R$, 使 $\lim\limits_{p\to\infty}u_{pi}(x)=u_i(x)$, 且 u_i 在 X 上是连续的, 存在 $S_i\subset X_i$, 使 $S_{pi}\to S_i$ 且 S_i 是非空紧集, 又 $\forall m\geqslant P(\varepsilon)$, 有

$$\sup_{x\in X}\sum_{i=1}^n|u_{mi}(x)-u_i(x)|+\sum_{i=1}^n h_i(S_{mi},S_i)\leqslant\varepsilon.$$

因 $\forall\lambda_m=(u_{m1},\cdots,u_{mn};S_{m1},\cdots,S_{mn})\in\Lambda$, $\exists x^m\in S_m=\prod\limits_{i=1}^n S_{mi}$, 使 $\forall i\in N$, 有 $u_{mi}(x_i^m,x_{\hat{i}}^m)=\max\limits_{w_i\in S_{mi}}u_{mi}(w_i,x_{\hat{i}}^m)$.

记 $S=\prod\limits_{i=1}^n S_i$, 因 $S_m\to S$, $x^m\in S_m$, 由定理 2.1.7, $\exists x\in S$, 使 x 是 $\{x^m\}$ 的聚点, 不妨设 $x^m\to x$.

容易验证, $\forall i\in N$, $u_{mi}(x_i^m,x_{\hat{i}}^m)\to u_i(x_i,x_{\hat{i}})$, 且 $\max\limits_{w_i\in S_{mi}}u_{mi}(w_i,x_{\hat{i}}^m)\to\max\limits_{w_i\in S_i}u_i(w_i,x_{\hat{i}})$, 故 $\forall i\in N$, 有 $u_i(x_i,x_{\hat{i}})=\max\limits_{w_i\in S_i}u_i(w_i,x_{\hat{i}})$, $\lambda=(u_1,\cdots,u_n;S_1,\cdots,S_n)\in\Lambda$, (Λ,ρ) 必是完备度量空间.

现在考虑模型 $M=\{\Lambda,X,F,R\}$, Λ 是一个完备度量空间, X 是一个度量空间, $\forall\lambda=(u_1,\cdots,u_n;S_1,\cdots,S_n)\in\Lambda$, $\forall x\in X$, 定义 $F(\lambda,x)=S=\prod\limits_{i=1}^n S_i$, $\forall\lambda\in\Lambda$, 集值映射 $f(\lambda)=\{x\in X:x\in F(\lambda,x)\}=S$, 它是连续的, 且 $\forall\lambda\in\Lambda$, $f(\lambda)$ 是非空紧集, $\forall\lambda\in\Lambda$, $\forall x\in f(\lambda)=S$, 定义

$$R(\lambda,x)=\sum_{i=1}^n[\max_{w_i\in S_i}u_i(w_i,x_{\hat{i}})-u_i(x_i,x_{\hat{i}})].$$

$\forall\lambda\in\Lambda$, 记 $E(\lambda)$ 是博弈 λ 的所有 Nash 平衡点的集合, 则 $E(\lambda)\neq\varnothing$.

引理 9.3.2 $R(\lambda, x)$ 在 (λ, x) 是连续的.

证明 $\forall \lambda_m = (u_{m1}, \cdots, u_{mn}; S_{m1}, \cdots, S_{mn}) \in \Lambda$, $\lambda_m \to \lambda = (u_1, \cdots, u_n; S_1, \cdots, S_n)$, $\forall x^m \in f(\lambda_m)$, $x^m \to x$, 我们来证明 $R(\lambda_m, x^m) \to R(\lambda, x)$.

$\forall i \in N$, 易证 $u_{mi}(x_i^m, x_{\hat{i}}^m) \to u_i(x_i, x_{\hat{i}})$, 且 $\max\limits_{w_i \in S_{mi}} u_{mi}(w_i, x_{\hat{i}}^m) \to \max\limits_{w_i \in S_i} u_i(w_i, x_{\hat{i}})$, 故 $R(\lambda_m, x^m) \to R(\lambda, x)$.

这样, 对以上模型, 定理 9.1.1～ 定理 9.1.4 都成立.

9.3.2 多目标最优化问题

设 X 是一个完备度量空间, $K(X)$ 是 X 中所有非空紧子集所成的集合, $G_m(X)$ 是 X 上所有有界连续向量值函数的集合, 具体来说, $G_m(X) = \{\varphi = (\varphi_1, \cdots, \varphi_m) : X \to R^m : \forall i = 1, \cdots, m, \varphi_i(x)$ 在 X 上连续, 且 $\sup\limits_{x \in X} \|\varphi(x)\| < +\infty\}$.

令 $\Lambda = C_m(X) \times K(X)$, $\forall \lambda_1 = (\varphi^1, A_1)$, $\lambda_2 = (\varphi^2, A_2) \in \Lambda$, 定义距离

$$\rho(\lambda_1, \lambda_2) = \sup_{x \in X} \|\varphi^1(x) - \varphi^2(x)\| + h(A_1, A_2),$$

其中 h 是 X 上的 Hausdorff 距离, 易证

引理 9.3.3 (Λ, ρ) 是一个完备度量空间.

$\forall \lambda = (\varphi, A) \in \Lambda$, 它定义了一个多目标最优化问题 $\min\limits_{x \in A} \varphi(x)$. 因 φ 连续且 A 是紧集, 必存在 $x \in A$, 使 $\forall y \in A$, 有 $\varphi(x) - \varphi(y) \notin \mathrm{int} R_+^m$, 称 x 是此多目标最优化问题的弱有效解, 记多目标最优化问题 $\lambda \in \Lambda$ 的所有弱有效解的集合是 $E(\lambda)$.

现在考虑模型 $M = \{\Lambda, X, F, R\}$, Λ 是一个完备度量空间, X 是一个度量空间, $\forall \lambda = (\varphi, A) \in \Lambda$, $\forall x \in X$, 定义 $F(\lambda, x) = A$, $\forall \lambda = (\varphi, A) \in \Lambda$, 集值映射 $f(\lambda) = \{x \in X : x \in F(\lambda, x)\} = A$, 它是连续的且 $\forall \lambda \in \Lambda$, $f(\lambda)$ 是非空紧集, $\forall \lambda = (\varphi, A) \in \Lambda$, $\forall x \in f(\lambda) = A$, 定义

$$R(\lambda, x) = \max_{y \in A} \min_{z \in Z} \langle z, \varphi(x) - \varphi(y) \rangle.$$

注意到因为 φ 连续, $\langle z, \varphi(x) - \varphi(y) \rangle$ 是 (x, y, z) 的连续函数, 而 $Z = \{z \in R_+^m, \|z\| = 1\}$ 是紧集, 故 $\min\limits_{z \in Z} \langle z, \varphi(x) - \varphi(y) \rangle$ 必是 (x, y) 的连续函数, 又 A 是紧集, 故 $\max\limits_{y \in A} \min\limits_{z \in Z} \langle z, \varphi(x) - \varphi(y) \rangle$ 存在.

引理 9.3.4 (1) $\forall \lambda = (\varphi, A) \in \Lambda$, $\forall x \in f(\lambda) = A$, $R(\lambda, x) \geqslant 0$, 且 $R(\lambda, xt) = 0$ 当且仅当 $x \in E(\lambda)$;

(2) $R(\lambda, x)$ 在 (λ, x) 是下半连续的.

证明 (1) 因 $x \in A$, 故 $R(\lambda, x) \geqslant \min\limits_{z \in R_+^m, \|z\| = 1} \langle z, \varphi(x) - \varphi(x) \rangle = 0$.

如果 $R(\lambda,x)=0$, 则 $\forall y\in A$, $\min\limits_{z\in R^m_+,\|z\|=1}\langle z,\varphi(x)-\varphi(y)\rangle\leqslant 0$. 如果 $x\notin E(\lambda)$, 则 $\exists y\in A$, 使 $\varphi(x)-\varphi(y)\in \mathrm{int}R^m_+$, $\forall z\in Z=\{z\in R^m_+,\|z\|=1\}$, 有 $\langle z,\varphi(x)-\varphi(x)\rangle>0$, 因 Z 是紧集, 必有 $\min\limits_{z\in R^m_+,\|z\|=1}\langle z,\varphi(x)-\varphi(y)\rangle>0$ 矛盾, 故 $x\in E(\lambda)$.

反之, 如果 $x\in E(\lambda)$, 即 $\forall y\in A$, $\varphi(x)-\varphi(y)\notin \mathrm{int}R^m_+$. 令 $I(y)=\{i:\varphi_i(x)-\varphi_i(y)\leqslant 0\}$, 则 $I(y)\neq\varnothing$. 取 $i_0\in I(y)$, 令 $z^0=(z_1,\cdots,z_m)$, 其中 $z_{i_0}=1$, $z_i=0(i\neq i_0)$, 则 $z^0\in R^m_+$, $\|z^0\|=1$, 且

$$\min_{z\in Z}\langle z,f(x)-f(y)\rangle\leqslant\langle z^0,f(x)-f(y)\rangle\leqslant 0.$$

于是 $R(\lambda,x)=\max\limits_{y\in A}\min\limits_{z\in Z}\langle z,\varphi(x)-\varphi(y)\rangle\leqslant 0$, 但前已证 $R(\lambda,x)\geqslant 0$, 故 $R(\lambda,x)=0$.

(2) 我们只需证明 $\forall\varepsilon>0,\forall\lambda_n=(\varphi^n,A_n)\in\Lambda,\lambda_n\to\lambda=(\varphi,A)\in\Lambda,\forall x_n\in A_n,x_n\to x\in A$, 则存在正整数 N, 使 $\forall n\geqslant N$, 有 $R(\lambda_n,x_n)>R(\lambda,x)-\varepsilon$.

首先, $\exists y\in A$, 使 $\min\limits_{z\in Z}\langle z,f(x)-f(y)\rangle=R(\lambda,x)$, 因 $\lambda_n\to\lambda$, 有 $\varphi^n\to\varphi$, $A_n\to A$, 因 $\varphi^n\to\varphi$, 存在正整数 N_1, 使 $\forall n\geqslant N_1$, 有 $\sup\limits_{x\in X}\|\varphi^n(x)-\varphi(x)\|<\dfrac{\varepsilon}{4}$. 因 $A_n\to A$, 且 $y\in A$, $\exists y_n\in A_n$, 使 $y_n\to y$. 因 $x_n\to x$, $y_n\to y$, 而 φ 在 x 和 y 都连续, 必存在正整数 N_2, 使 $\forall n\geqslant N_2$, 有 $\|\varphi(x_n)-\varphi(x)\|<\dfrac{\varepsilon}{4}$, $\|\varphi(y_n)-\varphi(y)\|<\dfrac{\varepsilon}{4}$.

令 $N=\max(N_1,N_2)$, 则 $\forall n\geqslant N$, 有

$$\|\varphi^n(x_n)-\varphi(x)\|\leqslant\|\varphi^n(x_n)-\varphi(x_n)\|+\|\varphi(x_n)-\varphi(x)\|<\frac{\varepsilon}{2},$$

$$\|\varphi^n(y_n)-\varphi(y)\|\leqslant\|\varphi^n(y_n)-\varphi(y_n)\|+\|\varphi(y_n)-\varphi(y)\|<\frac{\varepsilon}{2}.$$

$\forall z\in Z$, 用 Cauchy-Schwarz 不等式, 得

$$\begin{aligned}&|\langle z,(\varphi^n(x_n)-\varphi^n(y_n))-(\varphi(x)-\varphi(y))\rangle|\\ \leqslant{}&|\langle z,\varphi^n(x_n)-\varphi(x)\rangle|+|\langle z,\varphi^n(y_n)-\varphi(y)\rangle|\\ \leqslant{}&\|z\|\|\varphi^n(x_n)-\varphi(x)\|+\|z\|\|\varphi^n(y_n)-\varphi(y)\|<\varepsilon.\end{aligned}$$

于是 $\forall z\in Z$,

$$\langle z,\varphi^n(x_n)-\varphi^n(y_n)\rangle>\langle z,\varphi(x)-\varphi(y)\rangle-\varepsilon,$$

$$\min_{z\in Z}\langle z,\varphi^n(x_n)-\varphi^n(y_n)\rangle>\min_{z\in Z}\langle z,\varphi(x)-\varphi(y)\rangle-\varepsilon,$$

$$R(\lambda_n,x_n)\geqslant\min_{z\in Z}\langle z,\varphi^n(x_n)-\varphi^n(y_n)\rangle>\min_{z\in Z}\langle z,\varphi(x)-\varphi(y)\rangle-\varepsilon=R(\lambda,x)-\varepsilon.$$

这样, 对以上模型, 定理 9.1.1~ 定理 9.1.4 都成立.

如果仅将向量值目标函数看作参数, 则下半连续的条件足够了, 但 X 要求是紧度量空间. 设

$$\Lambda=\{\varphi=(\varphi_1,\cdots,\varphi_m):\ X\to R^m:\forall i=1,\cdots,m,\varphi_i\text{ 在 }X\text{ 上下半连续,}\\ \text{且 }\sup_{x\in X}\|\varphi(x)\|<+\infty\}.$$

$\forall\lambda_1=\varphi^1,\lambda_2=\varphi^2\in\Lambda$, 定义距离

$$\rho(\lambda_1,\lambda_2)=\sup_{x\in X}\|\varphi^1(x)-\varphi^2(x)\|.$$

易证

引理 9.3.5　(Λ,ρ) 是一个完备度量空间.

$\forall\lambda=\varphi\in\Lambda$, 它定义了一个多目标最优化问题 $\min\limits_{x\in X}\varphi(x)$. 因 φ 下半连续且 X 是紧集, 必存在 $x\in X$, 使 $\forall y\in X$, 有 $\varphi(x)-\varphi(y)\notin \mathrm{int}R^m_+$. 称 x 是此多目标最优化问题的弱有效解. 记多目标最优化问题 $\lambda\in\Lambda$ 的所有弱有效解的集合是 $E(\lambda)$.

考虑模型 $M=\{\Lambda,X,F,R\}$, Λ 是一个完备度量空间, X 是一个度量空间, $\forall\lambda=(\varphi,A)\in\Lambda$, $\forall x\in X$, 定义 $F(\lambda,x)=X$, $\forall\lambda=\varphi\in\Lambda$, 集值映射 $f(\lambda)=\{x\in X:x\in F(\lambda,x)\}=X$, 它是连续的且 $\forall\lambda\in\Lambda$, $f(\lambda)$ 是非空紧集, $\forall\lambda=\varphi\in\Lambda$, $\forall x\in f(\lambda)=X$, 定义

$$R(\lambda,x)=\sup_{y\in A}\min_{z\in Z}\langle z,\varphi(x)-\varphi(y)\rangle.$$

引理 9.3.6　(1) $\forall\lambda=\varphi\in\Lambda$, $\forall x\in f(\lambda)=X$, $R(\lambda,x)\geqslant 0$, 且 $R(\lambda,x)=0$ 当且仅当 $x\in E(\lambda)$;

(2) $R(\lambda,x)$ 在 (λ,x) 是下半连续的.

证明　(1) 同引理 9.3.4(1) 的证明.

(2) 我们只需证明 $\forall\varepsilon>0$, $\forall\lambda_n=\varphi_n\in\Lambda$, $\lambda_n\to\lambda=\varphi\in\Lambda$, $\forall x_n\in X$, $x_n\to x\in X$, 则存在正整数 N, 使 $\forall n\geqslant N$, 有 $R(\lambda_n,x_n)>R(\lambda,x)-\varepsilon$.

首先, 由上确界定义, $\exists y_0\in X$, 使 $\min\limits_{z\in Z}\langle z,\varphi(x)-\varphi(y)\rangle>R(\lambda,x)-\dfrac{\varepsilon}{2}$.

由 $\varphi_n\to\varphi$, 存在正整数 N_1, 使 $\forall n\geqslant N_1$, 有 $\rho(\varphi_n,\varphi)<\dfrac{\varepsilon}{6}$, $\forall z\in Z$, $\forall n\geqslant N_1$, 由 Cauchy-Schwarz 不等式, 有

$$|\langle z,\varphi_n(x_n)-\varphi(x_n)\rangle|\leqslant\|z\|\|\varphi_n(x_n)-\varphi(x_n)\|\leqslant\rho(\varphi_n,\varphi)<\frac{\varepsilon}{6},$$

同样地, 有

$$|\langle z,\varphi(y_0)-\varphi_n(y_0)\rangle|<\frac{\varepsilon}{6}.$$

$\forall i=1,\cdots,m$, 因 φ_i 在 x 下半连续且 $x_n\to x$, 存在正整数 N_2, 使 $\forall n\geqslant N_2$, 有 $\varphi_i(x_n)>\varphi_i(x_0)-\dfrac{\varepsilon}{6m}, i=1,\cdots,m$. $\forall z=(z_1,\cdots,z_m)\in Z$, 注意到 $\sum\limits_{i=1}^m z_i<m$, 有

$$\langle z,\varphi(x_n)-\varphi(x)\rangle=\sum_{i=1}^m z_i[\varphi_i(x_n)-\varphi_i(x)]>-\frac{\varepsilon}{6m}\sum_{i=1}^m z_i>-\frac{\varepsilon}{6}.$$

这样, 令 $N=\max(N_1,N_2)$, $\forall z\in Z$, $\forall n\geqslant N$,

$$\begin{aligned}&\langle z,\varphi(x_n)-\varphi_n(y_0)\rangle-\langle z,\varphi(x)-\varphi(y_0)\rangle\\=&\langle z,\varphi_n(x_n)-\varphi(x)\rangle+\langle z,\varphi(y_0)-\varphi_n(y_0)\rangle\\=&\langle z,\varphi_n(x_n)-\varphi(x_n)\rangle+\langle z,\varphi(x_n)-\varphi(x)\rangle+\langle z,\varphi(y_0)-\varphi_n(y_0)\rangle\\>&-\frac{\varepsilon}{6}-\frac{\varepsilon}{6}-\frac{\varepsilon}{6}=-\frac{\varepsilon}{2},\end{aligned}$$

$$R(\lambda_n,x_n)\geqslant\min_{z\in Z}\langle z,\varphi_n(x_n)-\varphi_n(y_0)\rangle\geqslant\min_{z\in Z}\langle z,\varphi(x)-\varphi(y_0)\rangle-\frac{\varepsilon}{2}=R(\lambda,x)-\varepsilon.$$

这样, 对以上模型, 定理 9.1.1～ 定理 9.1.4 都成立.

9.3.3 不动点问题

设 X 是一个有界完备度量空间, $\Lambda=\{\lambda=(\varphi,A):\varphi:X\to P_0(X)$ 上半连续, $\forall x\in X,\varphi(x)$ 是非空紧集, A 是 X 中的非空紧集, 且 $\exists x\in A$, 使 $x\in\varphi(x)\}$.

$\forall\lambda_1=(\varphi_1,A_1)$, $\lambda_2=(\varphi_2,A_2)\in\Lambda$, 定义距离

$$\rho(x_1,x_2)=\sup_{x\in X}h(\varphi_1(x),\varphi_2(x))+h(A_1,A_2),$$

其中 h 是 X 上的 Hausdorff 距离.

引理 9.3.7 (Λ,ρ) 是一个完备度量空间.

证明 设 $\{\lambda_m\}$ 是 Λ 中的任意 Cauchy 序列, 则 $\forall\varepsilon>0$, 存在正整数 $P(\varepsilon)$, 使 $\forall m,p\geqslant P(\varepsilon)$, 有

$$\rho(\lambda_m,\lambda_p)=\sup_{x\in X}h(\varphi_m(x),\varphi_p(x))+h(A_m,A_p)<\varepsilon.$$

存在 $\varphi:X\to P_0(X)$, 使 $\varphi_p(x)\to\varphi(x)$, 且 φ 在 X 上是上半连续的, $\forall x\in X$, $\varphi(x)$ 是非空紧集, 存在 X 中的非空紧集 A, 使 $A_p\to A$, 且 $\forall m\geqslant P(\varepsilon)$, 有

$$\sup_{x\in X}h(\varphi_m(x),\varphi(x))+h(A_m,A)\leqslant\varepsilon.$$

因 $\lambda_m=(\varphi_m,A_m)\in\Lambda$, $\exists x_m\in A_m$, 使 $x_m\in\varphi_m(x_m)$. 因 $h(A_m,A)\to 0$, $\exists x\in A$, 使 x 是 $\{x_m\}$ 的聚点, 不妨设 $x_m\to x$.

因 φ 在 x 是上半连续的, 存在正整数 $m_0 \geqslant P(\varepsilon)$, 使 $\forall m \geqslant m_0$, 有 $\varphi(x_m) \subset U(\varepsilon, \varphi(x))$. 这样, $\forall m \geqslant m_0$,

$$x_m \in \varphi_m(x_m) \subset U(2\varepsilon, \varphi(x_m)) \subset U(3\varepsilon, \varphi(x)).$$

令 $m \to \infty$, 得 $d(x, \varphi(x)) \leqslant 3\varepsilon$, 因 ε 是任意的, 得 $d(x, \varphi(x)) = 0$, $x \in \varphi(x)$, $\lambda = (\varphi, A) \in \Lambda$, (Λ, ρ) 是一个完备度量空间.

$\forall \lambda = (\varphi, A) \in \Lambda$, 它定义了一个不动点问题: 求 $x \in A$, 使 $x \in \varphi(x)$, 记不动点问题 $\lambda = \varphi \in \Lambda$ 的所有不动点的集合, 由 Λ 的定义, $E(\lambda) \neq \varnothing$.

考虑模型 $M = \{\Lambda, X, F, R\}$, Λ 是一个完备度量空间, X 是一个度量空间, $\forall \lambda = (\varphi, A) \in \Lambda$, $\forall x \in X$, 定义 $F(\lambda, x) = A$, $\forall \lambda \in \Lambda$, 集值映射 $f(\lambda) = \{x \in X : x \in F(\lambda, x)\} = A$, 它是连续的且 $\forall \lambda \in \Lambda$, $f(\lambda)$ 是非空紧集, $\forall \lambda \in \Lambda$, $\forall x \in f(\lambda) = A$, 定义

$$R(\lambda, x) = d(x, \varphi(x)) = \min_{y \in \varphi(x)} d(x, y),$$

其中 d 是 X 上的距离函数.

显然 $R(\lambda, x) \geqslant 0$. 如果 $R(\lambda, x) = 0$, 则 $x \in \varphi(x)$, $x \in E(\lambda)$. 反之, 如果 $x \in E(\lambda)$, 则 $x \in A$, $x \in \varphi(x)$, $R(\lambda, x) = 0$.

引理 9.3.8 $R(\lambda, x)$ 在 (λ, x) 是下半连续的.

证明 我们只需证明 $\forall \varepsilon > 0$, $\forall \lambda_n = (\varphi_n, A_n) \in \Lambda$, $\lambda_n \to \lambda = (\varphi, A) \in \Lambda$, $\forall x_n \in A_n$, $x_n \to x \in A$, 则存在正整数 N, 使 $\forall n \geqslant N$, 有 $R(\lambda_n, x_n) > R(\lambda, x) - \varepsilon$.

由系 2.2.1(2) , $d(x, \varphi(x)) = \min\limits_{y \in \varphi(x)} d(x, y)$ 对 x 是下半连续的, 故存在正整数 N_1, 使 $\forall n \geqslant N_1$, 有 $\min\limits_{y \in \varphi(x_n)} d(x_n, y) > \min\limits_{y \in \varphi(x)} d(x, y) - \dfrac{\varepsilon}{2}$.

$\forall n = 1, 2, 3, \cdots, \exists y_n \in \varphi_n(x_n)$, 使 $d(x_n, y_n) = \min\limits_{y \in \varphi_n(x_n)} d(x_n, y)$, 因 $h(\varphi_n(x_n), \varphi(x_n)) \to 0, y_n \in \varphi_n(x_n)$, 故存在正整数 N_2, 使 $\forall n \geqslant N_2$, $\exists y_n' \in \varphi(x_n)$, 而 $d(y_n', y_n) < \dfrac{\varepsilon}{2}$.

这样, 令 $N = \max\{N_1, N_2\}$, $\forall n > N$, 有

$$\begin{aligned} R(\lambda_n, x_n) &= \min_{y \in \varphi_n(x_n)} d(x_n, y) = d(x_n, y_n) \geqslant d(x_n, y_n') - d(y_n', y_n) \\ &\geqslant \min_{y \in \varphi(x_n)} d(x_n, y) - \frac{\varepsilon}{2} > \min_{y \in \varphi(x)} d(x, y) - \varepsilon = R(\lambda, x) - \varepsilon. \end{aligned}$$

这样, 对以上模型, 定理 9.1.1~ 定理 9.1.4 都成立.

注 9.3.1 注意到以上不动点问题中也没有凸性条件, 但是将不动点的存在在 Λ 的定义加以规定, 因为凸性条件只是不动点存在的充分条件.

第10章　良定问题

良定问题也是稳定性问题，本章对此作了简要的介绍，主要参考了文献 [124], [125], 特别重要的是, 第 10.3 节给出了与有限理性问题的内在联系.

10.1　统一模式：Tykhonov 良定和 Hadamard 良定问题

1966 年, Tykhonov[126] 对最优化问题提出了以后称之为 Tykhonov 良定的概念.

设 X 是一个 Hausdorff 拓扑空间, $f: X \to R$ 满足 $\inf\limits_{x\in X} f(x) > -\infty$, 如果存在唯一的 $x_0 \in X$, 使 $f(x_0) = \inf\limits_{x\in X} f(x)$, 且对任何 X 中的序列 $\{x_n\}$, $f(x_n) \to \inf\limits_{x\in X} f(x)$, 必有 $x_n \to x_0$, 则称此最优化问题是 Tykhonov 良定的.

良定问题也是稳定性问题, 一些学者发现还有一种解对 "参数" 的连续依赖性问题, 称之为 Hadamard 良定问题:

设 X 是一个 Hausdorff 拓扑空间, $f: X \to R$ 满足 $\inf\limits_{x\in X} f(x) > -\infty$, 如果存在唯一的 $x_0 \in X$, 使 $f(x_0) = \inf\limits_{x\in X} f(x)$, 且对任何 X 中的泛函序列 $\{f_n\}$, $f_n \to f$, 且对任何 f_n 在 X 上的极小点 x_n, 必有 $x_n \to x_0$, 则称此最优化问题是 Hadamard 良定的.

以上定义都要求 f 在 X 上的极小点是唯一的, 因此又有广义 Tykhonov 良定和广义 Hadamard 良定的概念. 文献 [127] 是研究良定最优化问题的一本专著. 此外, 之后的一些工作也将良定概念推广到良定鞍点问题、良定 Nash 平衡点问题、良定变分不等式问题等[128].

这一节我们将对良定问题给出一个统一的模式.

设 Y 是 "问题" 空间, $\forall y \in Y$, y 表示一个非线性问题, X 是 "介" 空间, 问题 y 的解都在 X 中, 用 $F(y)$ 表示 "问题"y 的解的全体, 则 $F: Y \to P_0(X)$ 就定义了一个集值映射.

$y \in Y$, 存在 $\varphi: X \to R_+$, 使 $\varphi(x) = 0$ 当且仅当 $x \in F(y)$. 如果 $F(y) = \{x\}$(单点集), 且 $\forall x_n \in X, \varphi(x_n) \to 0$, 必有 $x_n \to x$, 则称问题 y 是 Tykhonov 良定的, 如果 $\forall x_n \in X$, $\varphi(x_n) \to 0$, 必存在 $\{x_n\}$ 的子序列 $\{x_{n_k}\}$, 使 $x_{n_k} \to x \in F(y)$, 则称问题 y 是广义 Tykhonov 良定的.

如果 $F(y) = \{x\}$(单点集), 且 $\forall y_n \in Y$, $y_n \to y$, $\forall x_n \in F(y_n)$, 必有 $x_n \to x$, 则

称问题 y 是 Hadamard 良定的, 如果 $\forall y_n \in Y$, $y_n \to y$, $\forall x_n \in F(y_n)$, 必存在 $\{x_n\}$ 的子序列 $\{x_{n_k}\}$, 使 $x_{n_k} \to x \in F(y)$, 则称问题 y 是广义 Hadamard 良定的.

定理 10.1.1　设 $y \in Y$, 存在 $\varphi : X \to R_+$, 使 $\varphi(x) = 0$ 当且仅当 $x \in F(y)$, 又 $\forall x_n \in X$, 如果由 $\varphi(x_n) \to 0$ 可推出 $\exists y_n \in Y$, 使 $x_n \in F(y_n)$, 而 $y_n \to y$, 则

(1) 如果 $y \in Y$ 是广义 Hadamard 良定的, 则它必是广义 Tykhonov 良定的;

(2) 如果 $y \in Y$ 是 Hadamard 良定的, 则它必是 Tykhonov 良定的.

证明　我们只证 (1). $\forall x_n \in X$, 如果 $\varphi(x_n) \to 0$, 则 $\exists y_n \in Y$, 使 $x_n \in F(y_n)$, 而 $y_n \to y$. 因 y 是广义 Hadamard 良定的, 则 $\{x_n\}$ 必有子序列 $\{x_{n_k}\}$, 使 $x_{n_k} \to x \in F(y)$, 从而 y 必是广义 Tykhonov 良定的.

定理 10.1.2　设 X 和 Y 是两个 Hausdorff 拓扑空间, $F : Y \to P_0(X)$, $y \in Y$.

(1) 如果 X 满足 (C_1) 公理, 集值映射 F 在 y 是上半连续的, 且 $F(y)$ 是非空紧集, 则 y 必是广义 Hadamard 良定的;

(2) 如果集值映射 F 在 y 是上半连续的, 且 $F(y) = \{x\}$(单点集), 则 y 必是 Hadamard 良定的.

证明　(1) 我们首先来证明 $\forall y_n \in Y$, $y_n \to y$, $\forall x_n \in F(y_n)$, 则 $\exists x \in F(y)$, 使 x 是 $\{x_n\}$ 的聚点. 用反证法. 如果 $\{x_n\}$ 在 $F(y)$ 中没有聚点, 则 $\forall u \in F(y)$, 存在 u 在 X 中的开邻域 $O(u)$ 和正整数 $n(u)$, 使 $\forall n \geqslant n(u)$, 有 $x_n \notin O(u)$. 因 $F(y) \subset \bigcup\limits_{u \in F(y)} O(u)$, 而 $F(y)$ 是紧集, 存在 $u_1, \cdots, u_k \in F(y)$, 使 $F(y) \subset \bigcup\limits_{i=1}^{k} O(u_i)$. 取正整数 n_1, 使 $n_1 \geqslant n(u_i)$, $i = 1, \cdots, k$, 则 $\forall n \geqslant n_1$, 有 $x_n \notin \bigcup\limits_{i=1}^{k} O(u_i)$. 又因 $\bigcup\limits_{i=1}^{k} O(u_i)$ 是 X 中的开集, $\bigcup\limits_{i=1}^{k} O(u_i) \supset F(y)$, 而集值映射 F 在 y 是上半连续的, 则存在正整数 $n_2 \geqslant n_1$, 使 $\forall n \geqslant n_2$, 有 $x_n \in F(y_n) \subset \bigcup\limits_{i=1}^{k} O(u_i)$, 矛盾, 故 $\exists x \in F(y)$, 使 x 是 $\{x_n\}$ 的聚点. 因 X 满足 (C_1) 公理, 则 $\{x_n\}$ 必有子序列 $\{x_{n_k}\}$, 使 $x_{n_k} \to x$, y 必是广义 Hadamard 良定的.

(2) 用反证法. 如果 $\{x_n\}$ 不趋于 x, 则存在 x 的开邻域 $O(x)$ 及 $\{x_n\}$ 的子序列 $\{x_{n_k}\}$, 使 $x_{n_k} \notin O(x)$. 显然, $\{x_{n_k}\}$ 在 $F(y)$ 中必有聚点 $\bar{x}$, 但 $F(y) = \{x\}$, 故 $\bar{x} = x$, 矛盾, y 必是 Hadamard 良定的.

10.2　应用：最优化问题和鞍点问题[124],[125]

10.2.1　最优化问题

设 X 是一个 Hausdorff 紧空间,

$$C = \{f : X \to R : f \text{ 在 } X \text{ 上是下半连续的且 } \sup_{x\in X} |f(x)| < +\infty\}.$$

$\forall f, g \in C$, 定义距离

$$\rho(f,g) = \sup_{x\in X} |f(x) - g(x)|.$$

则 (C, ρ) 是一个完备度量空间.

定理 10.2.1 (1) 如果 X 满足 (C_1) 公理, 则 $\forall f \in C$, 最优化问题 f 必是广义 Hadamard 良定的;

(2) 如果 $X \in L$, 则存在 C 中的一个稠密剩余集 Q, 使 $\forall f \in Q$, 最优化问题 f 必是 Hadamard 良定的.

证明 (1) $\forall f \in C$, 因 f 在 Hausdorff 紧空间 X 上是下半连续的, 故最优化问题 f 的解集 $F(f) = \{x \in X : f(x) = \min\limits_{u\in X} f(u)\} \neq \varnothing$, 由定理 7.1.3, $F : C \to P_0(X)$ 是一个 usco 映射, 由定理 10.1.2(1), 最优化问题 f 必是广义 Hadamard 良定的.

(2) 因 $X \in L$, 由定理 7.1.4, 存在 C 中的一个稠密剩余集 Q, 使 $\forall f \in Q$, $F(f)$ 是单点集, 由定理 10.1.2, $\forall f \in Q$, 最优化问题 f 必是 Hadamard 良定的.

定理 10.2.2 (1) 如果 X 满足 (C_1) 公理, 则 $\forall f \in C$, 最优化问题 f 必是广义 Tykhonov 良定的;

(2) 如果 $X \in L$, 则存在 C 中的一个稠密剩余集 Q, 使 $\forall f \in Q$, 最优化问题 f 必是 Tykhonov 良定的.

证明 我们只证 (1). $\forall f \in C, \forall x \in X$, 定义 $\varphi(x) = f(x) - \min\limits_{u\in X} f(u)$, 则 $\varphi(x) \geqslant 0$ 且 $\varphi(x) = 0$ 当且仅当 $x \in F(f)$. $\forall x_n \in X$, 如果 $\varphi(x_n) = f(x_n) - \min\limits_{u\in X} f(u) = \varepsilon_n \to 0$, 定义 $f_n : X \to R$ 如下：

$$f_n(x) = \begin{cases} f(x) + \varepsilon_n, & f(x) \leqslant a - 2\varepsilon_n, \\ a - \varepsilon_n, & a - 2\varepsilon_n < f(x) \leqslant a, \end{cases}$$

其中 $a = \sup\limits_{u\in X} f(u)$.

易证 $f_n \in C$, 且由 $\sup\limits_{x\in X} |f_n(x) - f(x)| = \varepsilon_n \to 0$, 得 $f_n \to f$, 又 $\forall x \in X$, $f_n(x) \geqslant \min\limits_{u\in X} f(u) + \varepsilon_n$, 而 $f_n(x_n) = \min\limits_{u\in X} f(u) + \varepsilon_n$, 故 $x_n \in F(f_n)$. 这样, 由定理 10.2.1, 因 f 是广义 Hadamard 良定的, 则它必是广义 Tykhonov 良定的.

10.2.2 鞍点问题

设 X 和 Y 分别是 Hausdorff 局部凸空间 E 和 F 中的非空凸紧集,

$$C = \{f : X \times Y \to R : \ \forall x \in X, y \to f(x,y) \text{是下半连续和凸的}, \ \forall y \in Y, x \to f(x,y) \text{是上半连续和凹的, 且} \sup_{(x,y)\in X\times Y} |f(x,y)| < +\infty\}.$$

$\forall f,g\in C$, 定义距离

$$\rho(f,g)=\sup_{(x,y)\in X\times Y}|f(x,y)-g(x,y)|.$$

则 (C,ρ) 是一个完备度量空间.

$\forall f\in C$, 记 $F(f)$ 是 f 在 $X\times Y$ 中所有鞍点的集合, 由定理 4.3.5, $F(f)\neq\varnothing$, 再由定理 7.2.1, $F:C\to P_0(X\times Y)$ 是一个 usco 映射.

定理 10.2.3 (1) 如果 X 和 Y 满足 (C_1) 公理, 则 $\forall f\in C$, 鞍点问题 f 是广义 Hadamard 良定的;

(2) 如果 $X,Y\in L$, 则存在 C 中的稠密剩余集 Q, 使 $\forall f\in Q$, f 必是 Hadamard 良定的.

证明 我们只证明 (2). 由定理 7.2.2, 存在 C 中的稠密剩余集 Q, 使 $\forall f\in Q$, $F(f)$ 是单点集, 由定理 10.1.2(2), 鞍点问题 f 必是 Hadamard 良定的.

注 10.2.1 定理 10.2.1(2) 和定理 10.2.2(2) 表明, 最优化问题是通有良定的, 定理 10.2.3(2) 表明, 鞍点问题是通有良定的.

10.3 改进与推广

这一节内容是新的, 我们将应用 9.3 节中的结果, 给出非线性问题良定的几个定理.

设 Y 是 "问题" 空间或 "参数" 空间, $\forall y\in Y$, y 表示一个非线性问题或一个博弈, $f(y)$ 是问题 y 的可行域或博弈 y 的可行策略集, 其中 $f:Y\to P_0(X)$ 是一个集值映射, 每个 $x\in f(y)$ 表示问题 y 的一个可行解或博弈 y 的一个可行策略. $F(y)\subset f(y)$ 是问题 y 的解的全体或博弈 y 的平衡点的全体, $F(y)\neq\varnothing$. 注意到与 9.3 节比较, 这里的 Y 相当于 9.3 节中的 Λ, 问题 y 的解集 $F(y)$ 相当于 9.3 节中的 $E(\lambda)$.

定理 10.3.1 设 X 和 Y 是两个 Hausdorff 拓扑空间, 其中 X 满足 (C_1) 公理, $y\in Y$, 集值映射 $f:Y\to P_0(X)$ 在 y 上半连续且 $f(y)$ 是紧集, $R:\mathrm{graph}(f)\to R_+$ 是下半连续的, $R(y,x)=0$ 当且仅当 $x\in F(y)$, 其中 $F(y)=\{x\in f(y):R(y,x)=0\}$, 则问题 y 或博弈 y 必是广义 Hadamard 良定的.

证明 $\forall y_n\in Y$, $y_n\to y$, $\forall x_n\in F(y_n)$, 则 $x_n\in f(y_n)$, 且 $R(y_n,x_n)=0$. 因集值映射 f 在 y 上半连续且 $f(y)$ 是紧集, 由引理 4.2.2(2), $\{x_n\}$ 必有聚点 $x\in f(y)$. 因 X 满足 (C_1) 公理, 存在 $\{x_n\}$ 的子序列 $\{x_{n_k}\}$, 使 $x_{n_k}\to x$, 注意到 $x_{n_k}\in F(y_{n_k})$ 有 $R(y_{n_k},x_{n_k})=0$. 因 R 在 (y,x) 是下半连续的, 得 $R(y,x)\leqslant\varliminf_{n_k\to\infty}R(y_{n_k},x_{n_k})=0$, 故 $x\in F(y)$, 问题 y 或博弈 y 必是广义 Hadamard 良定的.

定理 10.3.2 设 X 和 Y 是两个 Hausdorff 拓扑空间, 其中 X 满足 (C_1) 公理, $y \in Y$, $f(y)$ 是非空紧集, $R: \mathrm{graph}(f) \to R_+$ 是下半连续的, $R(y,x)=0$ 当且仅当 $x \in F(y)$, 其中 $F(y)=\{x \in f(y): R(y,x)=0\}$, 令 $\varphi(x)=R(y,x)$, 则问题 y 或博弈 y 是广义 Tykhonov 良定的.

证明 $\forall x_n \in f(y)$, 即 x_n 应是问题 y 的可行解或博弈 y 的可行策略, 且 $\varphi(x_n) = R(y,x_n) \leqslant \varepsilon_n$, $\varepsilon_n \to 0$, 因 $f(y)$ 是非空紧集, $\{x_n\}$ 必有聚点 $x \in f(y)$. 因 X 满足 (C_1) 公理, 存在 $\{x_n\}$ 的子序列 $\{x_{n_k}\}$, 使 $x_{n_k} \to x \in f(y)$. 因 R 在 (y,x) 是下半连续的, 得 $R(y,x) \leqslant \varliminf\limits_{n_k\to\infty} R(y,x_{n_k})=0$, 故 $x \in F(y)$, 问题 y 或博弈 y 必是广义 Tykhonov 良定的.

以下定理包含定理 10.3.1 和定理 10.3.2.

定理 10.3.3 设 X 和 Y 是两个 Hausdorff 拓扑空间, 其中 X 满足 (C_1) 公理, $y \in Y$, 集值映射 $f: Y \to P_0(X)$ 在 y 上半连续且 $f(y)$ 是紧集, $R: \mathrm{graph}(f) \to R_+$ 是下半连续的, $R(y,x)=0$ 当且仅当 $x \in F(y)$, 其中 $F(y)=\{x \in f(y): R(y,x)=0\}$, 则 $\forall y_n \in Y$, $y_n \to y$, $\forall x_n \in f(y_n)$, 其中 $R(y_n,x_n) \leqslant \varepsilon_n$, $\varepsilon_n \to 0$, 则存在 $\{x_n\}$ 的子序列 $\{x_{n_k}\}$, 使 $x_{n_k} \to x \in F(y)$.

证明 因集值映射 f 在 y 上半连续且 $f(y)$ 是紧集, 由引理 4.2.2(2), $\{x_n\}$ 必有聚点 $x \in f(y)$. 因 X 满足 (C_1) 公理, 存在 $\{x_n\}$ 的子序列 $\{x_{n_k}\}$, 使 $x_{n_k} \to x$. 注意到 $R(y_{n_k},x_{n_k}) \leqslant \varepsilon_{n_k}$, 而 $\varepsilon_{n_k} \to 0$. 因 R 在 (y,x) 是下半连续的, 得 $R(y,x) \leqslant \varliminf\limits_{n_k\to\infty} R(y,x_{n_k})=0$, 故 $x \in F(y)$.

注 10.3.1 如果在定理 10.3.1 和定理 10.3.2 中假定 $F(y)=\{x\}$(单点集), 则问题 y 或博弈 y 必是 Hadamard 良定的或 Tykhonov 良定的, 注意到此时并不要求 X 满足 (C_1) 公理.

注 10.3.2 定理 10.3.3 及注 10.3.1 是一个统一的关于非线性问题良定的定理, 它包含了 Hadamard 良定和 Tykhonov 良定的结果. 结合第 9 章的有关内容, 不仅对最优化问题, 我们还可以得到非合作博弈、广义博弈、多目标博弈、广义多目标博弈、多目标最优化问题、不动点问题等一系列非线性问题有关良定的结果, 因为第 9 章已经对这些问题分别构造了行为映射 f 和理性函数 R, 并证明了所需连续性等结论, 这里就不一一给出了.

参 考 文 献

[1] J von Neumann, Morgenstern O. 博弈论与经济行为. 王文玉等译. 北京: 生活 · 读书 · 新知三联书店, 2004.

[2] J von Neumann. A model of general economic equilibrium. Review of Economic Studied, 1945, 13: 1~9.

[3] Nash J. Non-cooperative games. Ann. of Math. , 1951, 54: 286~295.

[4] Nash J. Equilibrium points in n-person games. Proc. Nat. Acad. Sci., 1950, 36: 48~49.

[5] Franklin J. 数理经济学方法. 俞建等译. 贵阳：贵州人民出版社, 1985.

[6] Border K C. Fixed Point Theorems with Applications to Economics and Game Theory. Cambridge: Cambridge University Press, 1985.

[7] Arrow K J, Debreu G. Existence of an equilibrium for a competitive economy. Econometrica, 1954, 22: 265~290.

[8] Simon H A. 管理决策新科学. 李柱流等译. 北京：中国社会科学出版社, 1982.

[9] Selten R. Reexamination of the perfectness concept for equilibrium points in extensive games. Inter. J. of Game Theory, 1975, 4: 25~55.

[10] Myerson R B. Refinements of the Nash equilibrium concept. Inter. J. of Game Theory, 1978, 7: 73~80.

[11] Kreps D, Wilson R. Sequential equilibria. Econometrica, 1982, 50: 863~894.

[12] Kalai E, Samet D. Persistent equilibria. Inter. J. of Game Theory, 1984, 13: 129~144.

[13] Wu W T, Jiang J H. Essential equilibrium points of N-person noncooperative games. Scientia Sinica, 1962, 11: 1307~1322.

[14] E van Damme. Stability and Perfection of Nash Equilibrium. Berlin: Springer-Verlag, 1991.

[15] Kohlberg E, Mertens J F. On the strategic stability of equilibrea. Econometrica, 1986, 54: 1003~1037.

[16] Jiang J H. Essential component of the set of fixed points of the multi-valued maps and its applications to the theory of games. Scientia Sinica, 1963, 12: 951~964.

[17] Hillas J. On the definition of the strategic stability of equilibria. Econometrica, 1990, 58: 1365~1390.

[18] Mentens J F. Stable equilibria a reformulation. Part I: definition and basic properties. Mathematics of Operations Research, 1989, 14: 575~623.

[19] 夏道行, 吴卓人, 严绍宗, 舒五昌. 实变函数论与泛函分析 (下册). 北京：高等教育出版社, 1985.

[20] Royden H L. 实分析. 叶培新译. 北京：机械工业出版社, 2006.

[21] Rudin W. 泛函分析. 刘培德译. 北京：机械工业出版社, 2004.

[22] Munkres J R. 拓扑学. 熊金城等译. 北京：机械工业出版社, 2006.

[23] Aliprantis C D, Border K C. Infinite Dimensional Analysis. Berlin: Springer-Verlag, 1999.

[24] Klein E, Thompson A C. Theory of Correspondences. New York: A Wiley-Inter science Publication, 1984.

[25] Delahaye J P, Denel J. The continuities of the point-to-set maps, definitions and equivalences. Mathematical Programming Study, 1979, 10: 8～12.

[26] Fort M K. Points of continuity of semicontinuous functions. Publ. Math. Debrecen, 1951, 2: 100～102.

[27] Browder F E. The fixed point theory of multi-valued mappings in topological vector spaces. Math. Ann. , 1968, 177: 283～302.

[28] Michael E. Continuous selections I. Ann. Math. , 1965, 63: 361～382.

[29] Cellina A. A theorem on the approximation of set-valued mappings. Rend. Ac. Na. Lincei, 1969, 47: 429～433.

[30] Aubin J P, Ekeland I. Applied Nonlinear Analysis. New York: Springer-Verlag, 1984.

[31] 俞建. Nash 平衡的存在性与稳定性. 系统科学与数学, 2002, 22: 296～311.

[32] Fan K. A generalization of Tgchonoff's fixed point theorem. Math. Ann. , 1961, 142: 305～310.

[33] Fan K. A minimax inequality and applications // Inequalities. Vol. 3 (Shisha O, ed.), 103～113. New York: Academic Press, 1972.

[34] 俞建. Fan Ky 引理的推广及其应用. 应用数学学报, 1988, 11: 423～428.

[35] Ding X P, Tan K K. A minimax inequality with applications to existence of equilibrium point and fixed point theorems. Colloquium Mathematicum, 1992, 63: 233～247.

[36] Fan K. Applications of a theorem concerning sets with convex sections. Math.Ann. , 1966, 163: 189～203.

[37] Kakutani S. A generalization of Brouwer's fixed point theorem. Duke Math. J. , 1941, 8: 457～459.

[38] Fan K. Fixed point and minimax theorems in locally convex topological linear spaces. Proc. Nat. Acad. Sci. U. S. A. , 1952, 38: 121～126.

[39] Glicksberg I L. A further generalization of the Kakutani fixed point theorem with applications to Nash equilibrium points. Proc. Amer. Math. Soc. , 1952, 3: 170～174.

[40] Yuan X Z. KKM Theory and Applications in Nonlinear Analysis. New York: Marcel Dekker, Inc., 1999.

[41] Tan K K, Yu J, Yuan X Z. Some new minimax inequalities and applications to existence of equilibria in H-spaces. Nonlinear Analysis. TMA, 1995, 24: 1457～1470.

[42] Yuan X Z, Isac G, Tan K K, Yu J. The study of minimax inequalities, abstract economics and applications to variational inequalities and Nash equilibria. Acta Applicandae Mathematicae, 1998, 54: 135～166.

[43] Fan K. Some properties of convex sets related to fixed point theorems. Math. Ann., 1984, 226: 519~537.

[44] Zhou J X, Chen G. Diagonal convexity conditions for problems in convex. analysis and quasi-variational inequalities. J. Math. Anal. Appl. , 1988, 132: 213~225.

[45] Tian G Q. Generalizations of the FKKM theorem and the Ky Fan minimax inequality, with applications to maximal elements, price equilibrium and complementarity. J. Math. Anal. Appl. , 1992, 170: 457~471.

[46] 夏道行, 吴卓人, 严绍宗, 舒五昌. 实变函数论与泛函分析 (上册). 北京：高等教育出版社, 1983.

[47] 复旦大学. 概率论 (第一册). 概率论基础. 北京：人民教育出版社, 1979.

[48] Tan K K, Yu J, Yuan X Z. Existence of Nash equilibria for non-cooperative N-person games. Inter. J. of Game Theory, 1995, 24: 217~222.

[49] Yu J. On Nash equilibria in N-person games over reflexive Banach spaces. J. Optim. Theory Appl. , 1992, 73: 211~214.

[50] Tan K K, Yu J. New minimax inequality with applications to existence theorems of equilibrium points. J. Optim. Theory Appl . , 1994, 82: 105~120.

[51] Han J Y, Huang Z H, Fang S C. Solvability of variational inequality problems. J. Optim. Theory Appl. , 2004, 122: 501~520.

[52] 韩继业, 修乃华, 戚厚铎. 非线性互补理论与算法. 上海：上海科学技术出版社, 2006.

[53] 张石生. 变分不等式和相补问题理论及应用. 上海：上海科技文献出版社, 1991.

[54] Tijs S H. Nash equilibria for noncooperative n-person games in normal form. SIAM Review, 1981, 23: 225~237.

[55] Tijs S H. ε-equilibrium point theorems for two-person games. Methods of Operations Research, 1977, 26: 755~766.

[56] Tan K K, Yu J, Yuan X Z. Note on ε-saddle point and saddle point theorems. Acta Math. Hunger , 1994, 65: 395~401.

[57] Yu J, Yuan X Z. New saddle point theorem beyond topological vector spaces. J. Optim. Theory Appl . , 1998, 96: 211~219.

[58] Sion M. On general minimax theorems. Pac. J. Math . , 1958, 8: 171~176.

[59] Yang H, Yu J. On essential components of the set of weakly Pareto-Nash equilibrium points. Applied Math. Letters, 2002, 15: 553~560.

[60] 杨辉, 俞建. 向量拟平衡问题的本质解及解集的本质连通区. 系统科学与数学, 2004, 24: 74~84.

[61] Wang S Y. Existence of a Pareto equilibrium. J. Optim. Theory Appl . , 1993, 79: 373~384.

[62] Yu J, Yuan X Z. The study of Pareto equilibria for multiobjective games by fixed point and Ky Fan minimax inequality methods. Computer. Math. Applic. , 1998, 35(9): 19~24.

[63] Luc D T, Vargas C. A saddle-point theorem for set-valued maps. Nonlinear Analysis TMA, 1992, 18: 1~7.

[64] Tan K K, Yu J, Yuan X Z. Existence theorems for saddle points of vector-valued maps. J. Optim. Theory Appl . , 1996, 89: 731~747.

[65] Pang J S, Fukushita M. Quasi-variational inequalities, generalized Nash equilibria and multi-follow games. Computational Management Science, 2005, 1: 21~56.

[66] Debreu G. 价值理论. 刘勇等译. 北京：北京经济学院出版社, 1988.

[67] Debreu G. Existence of competitive equilibrium // Handbook of Mathematical Economics. Vol. II(Arrow K J, Intriligator M D, ed.), 697~743. Amsterdam: North-Holland Publishing Company, 1982.

[68] Smale S. Golbal analysis and economics // Handbook of Mathematical Economics. Vol. I(Arrow K J, Intriligator M D, ed.), 331~370. Amsterdam: North-Holland Publishing Company, 1981.

[69] Mas-Colell A. The Theory of General Economic Equilibrium: A Differentiable Approach. Cambridge: Cambridge University Press, 1985.

[70] Aliprantis C D, Brown D J, Burkinshaw O. Existence and Optimality of Competitive Equilibria. Berlin: Springer-Verlag, 1989.

[71] Mas-Colell A, Whinston M D, Green J R. 微观经济学. 刘文忻等译. 北京：中国社会科学出版社, 2001.

[72] Tan K K, Yu J. Minimax inequalities and generalizations of the Gale-Nikaido-Debreu lemma. Bull. Austrla. Math. Soc . , 1994, 49: 267~275.

[73] Mehta G, Taratdar E. Infinite-dimensional Gale-Nikaido-Debreu theorem and a fixed point theorem of Tarafdar. J. Econom. Theory, 1987, 41: 333~339.

[74] Yannelis N C. On a market equilibrium theorem with an infinite number of commodities. J. Math. Anal. Appl . , 1985, 108: 595~599.

[75] Grandmont J M. Temporary general equilibrlum theory. Econometrica , 1977, 45: 535~572.

[76] 俞建. 对策论中的本质平衡. 应用数学学报, 1993, 16: 153~157.

[77] Yu J. Essential equilibria of n-person nocooperative games. J. Math. Economics, 1999, 31: 361~372.

[78] Kenderov P S. Most the optimization problems has unique solutions. Proceedings, Oberwolhfach on Parametric Optimization (B Brosowski, F Deutsch eds.), 203~216. Basel: Birkhauser, 1984.

[79] Beer G. On a generic optimization theorem of Kenderov. Nonlinear Analysis TMA, 1988, 12: 647~655.

[80] Engelking R. General Topology. Berlin: Springer-Verlag, 1989.

[81] Mazur S. Uber konvexe mengen in linearen normiexten Raumen. Studia Math. , 1933, 4: 70~84.

[82] Smale S. An infinite dimensional version of Sard's theorem. Ann. J. Math. , 1965, 87: 861～866.

[83] Phelps R R. Convex Functions, Monotone Operators and Differentiability. Berlin: Springer-Verlag, 1989.

[84] Coban M M, Kenderov P S, Revalski J P. Deusely defined selections of multivalued mappings. Trans. Amer. Math. Soc. , 1994, 344: 533～552.

[85] Yu J, Yuan X Z. The relationship between fragmentable spaces and class L spaces. Proc. Amer. Math. Soc. , 1996, 124: 3357～3359.

[86] Jiang J H. Essential fixed points of the multivalued mappings. Scientia Sinica, 1962, 11: 293～298.

[87] Tan K K, Yu J, Yuan X Z. The stability of coincident points for multivalued mappings. Nonlinear Analysis TMA, 1995, 25: 163～168.

[88] Yu J, Yang H. The essential components of the set of equilibrium points for set-valued maps. J. Math. Anal. Appl. , 2004, 300: 334～342.

[89] Fort M K. Essential and nonessential fixed points. Amer. J. Math. , 1950, 72: 315～322.

[90] 向淑文, 杨辉. 集值映射的图象拓扑与不动点的通有稳定性. 应用数学学报, 2001, 24: 221～225.

[91] Tan K K, Yu J, Yuan X Z. The stability of Ky Fan's points. Proc. Amer Math. Soc. , 1995, 123: 1511～1519.

[92] Blum E, Oettli W. Form optimization and variational inequalities to equilibrium problems. The Mathematics Student, 1994, 63: 123～145.

[93] 陈光亚. 向量极值问题的本质弱有效解. 系统科学与数学, 1983, 3: 120～124.

[94] Yu J. Essential weak efficient solution in multiobjective optimization problems. J. Math. Anal. Appl. , 1992, 166: 230～235.

[95] 胡毓达. 多目标规划有效性理论. 上海: 上海科学技术出版社, 1994.

[96] Yu J, Yuan X Z. The study of solutions for differential inclusions and differential equations in the sense of Baire category theory. Appl. Math. Letters, 1998, 11(4): 51～56.

[97] 尤秉礼. 常微分方程补充教程. 北京：人民教育出版社, 1981.

[98] Yu J, Xiang S W . The stability of the set of KKM points. Nonlinear Analysis TMA, 2003, 54: 839～844.

[99] Tan K K, Yu J, Yuan X Z. Stability of production economics. J. Austral. Math. Soc. (Series A) , 1996, 61: 162～170.

[100] Tan K K, Yu J, Yuan X Z. The stability of generalized quasi-variational inequalities. Pan American Mathematical Journal, 1995, 5(3): 51～60.

[101] Kenderov P S, Ribarska N K. Most of the two person zero-sum games have unique solution. Workshop / Mini-Conference on Functional Analysis and Optimization. Canberra, 1988: 73～82.

[102] Tan K K, Yu J, Yuan X Z. The uniqueness of saddle points. Bulletin of the Polish Academy of Sciences Mathematics, 1995, 43: 119~129.

[103] Yu J, Xiang S W. On essential components of the Nash equilibrium points. Nonlinear Analysis TMA, 1999, 38: 259~264.

[104] 俞建, 陈国强, 向淑文, 杨辉. 本质连通区的存在性和稳定性. 应用数学学报, 2004, 27: 201~209.

[105] Yu J, Yang H, Xiang S W. Unified approach to existence and stability of essential components. Nonlinear Analysis TMA, 2005, 63: e2415~e2425.

[106] Yu J, Luo Q. On essential components of the solution set of generalized games. J. Math. Anal. Appl. , 1999, 230: 303~310.

[107] Kinoshita S. On essential components of the set of fixed points. Osaka J. Math. , 1952, 4: 19~22.

[108] McLennan A. Fixed points of contractible valued correspondences. Inter. J. Game Theory, 1989, 18: 175~184.

[109] Isac G, Yuan X Z. The essential components of coincident points for weakly inward and outward set-valued mappings. Appl. Math. Letters, 1999, 12: 121~126.

[110] 周永辉, 俞建, 林志. 关于无限对策 Nash 平衡点集的本质连通区. 系统科学与数学, 2005, 25: 574~581.

[111] Zhou Y H, Yu J, Xiang S W. Essential stability in games with infinitely many pure strategies. Inter. J. Game Theory, 2007, 35: 493~503.

[112] Xiang S W. Minimal essential sets and essential components of the equilibria of production economics. Applied Mathematics and Mechanics , 2000, 21: 909~914.

[113] Luo Q. Essential component and essential optimum solution of optimization problems. J. Optim. Theory Appl. , 1999, 102: 433~438.

[114] Xiang S W, Zhou Y H. On essential sets and essential components of efficient solutions for vector optimization problems. J. Math. Anal. Appl. , 2006, 315: 317~326.

[115] Lin Z, Yang H. Yu J. On existence and essential components of the solution set for the system of vector quasi-equilibrium problems. Nonlinear Analysis TMA , 2005, 63: e2445~e2452.

[116] Wilson R. Computing simply stable equilibria. Econometrica, 1992, 60: 1039~1070.

[117] Ritzberger K. The theory of normal form games from differentiable viewpoint. I. J. Game Throry, 1994, 23: 207~236.

[118] Hillas J, Jensen M, Potters J, Vermeulen D. On the relation among some definitions of strategic stability. Mathematics of Operations Research, 2001, 26: 611~635.

[119] Govindan S, Wilson R. Essential equilibria. Proc. Nat. Acad. Sci., 2005, 102: 15706~15711.

[120] 俞建, 罗群. Ky Fan 点集的本质连通区. 应用数学学报, 2000, 23: 294~298.

[121] Yu C, Yu J. On structural stability and robustness to bounded rationality. Nonlinear Analysis TMA, 2006, 65: 583~592.

[122] Anderlini L, Canning D. Structural stability implies robustness to bounded rationality. J. Econom. Theory, 2001, 101: 395~422.

[123] Yu C, Yu J. Bounded rationality in multiobjective games. Nonlinear Analysis TMA, 2007, 67: 930~937.

[124] Yang H, Yu J. Unified approaches to well-posedness with some applications . J. Global Optim . , 2005, 31: 371~381.

[125] Yu J, Yang H, Yu C. Well-posed Ky Fan's point, quasi-variational inequality and Nash equilibrium problems. Nonlinear Analysis TMA , 2007, 66: 777~790.

[126] Tykhonov A N. On the stability of the functional optimization problem. USSR Compt. Math. Math. Phys . , 1966, 6: 631~634.

[127] Dontchev A L, Zolezzi T. Well-Posed Optimization Problems. Berlin: Springer-Verlag, 1993.

[128] Lucchetti R, Revalski J P (eds.) Recent Developments in Well-Posed Variational Problems. Dordrecht: Kluwer Academic Publishers, 1995.

《运筹与管理科学丛书》已出版书目

1．非线性优化计算方法　袁亚湘　著　2008 年 2 月

2．博弈论与非线性分析　俞　建　著　2008 年 2 月

3．蚁群优化算法　马良等　著　2008 年 2 月

4. 组合预测方法有效性理论及其应用　陈华友　著　2008 年 2 月